ECONOMICS & MANAGEMENT

高等学校经济管理类主干课程教材

会计与财务系列

Tax Planning

税务筹划学

（第8版）

主　编　盖　地
副主编　孙　莉

中国人民大学出版社
· 北京 ·

致读者

尽管美国第 109 号会计准则《所得税的会计处理》比较成熟和完善，且被美国财务会计准则委员会（FASB）及各国准则制定机构借鉴，但它毕竟属于财务会计规范，而非税务会计处理规范，更应指出的是，美国没有增值税税种，不会出现财务会计对价外计税的增值税进行会计处理的困惑。其会计领域的税负研究仅限于公司所得税，而且样本数据来自上市公司的财务报表，但在资产负债表债务法下，所得税费用并不等于应交所得税，只能作为替代变量用于分析，其准确性令人生疑。究其实质，是因为缺乏税务会计理论研究支撑，未在理论上正确界定税务会计与财务会计，也没有在实务中明确界定两种会计信息处理系统。

中国的税务会计理论与实务应该符合中国的税收制度与会计环境。在借鉴与创新中，更多的应该是创新，即构建符合中国国情的税务会计理论和实务体系，树立税务会计与财务会计彼此相依、互补共赢的基本理念。

根据本人近 40 年的理论研究和教学实践，初步构建了以税务会计目标为导向（起点），以基本前提、会计原则和会计要素等为基本支撑的税务会计概念框架（结构），界定了税务会计与财务会计的联系与区别。

在教材建设方面，为了适应不同高校、不同专业、不同层次的教学需要，从 2003 年开始我接受中国人民大学出版社的邀请，陆续出版了下列教材，并配备相应的数字学习平台。

一、教材

1. 税务会计学（第 15 版 · 数字教材版）

本书自 2009 年初版以来，已更新至第 15 版，足见其更新速度之快，为“十二五”普通高等教育本科国家级规划教材，适合单独开设税务会计课程的学校使用。2021 年，本教材第 14 版获首届全国教材建设奖全国优秀教材二等奖。

第 15 版每个章节增加了自测题，读者根据学习进度，可随时随地扫码做题。

2. 税务会计与税务筹划（第13版·数字教材版）

本书自2003年初版以来，已更新至第13版，适合不单独开设税务筹划课程的学校使用。

本书第1章比较系统地阐述了税务会计理论（概念）框架，第2章简述了企业纳税的基础知识，增加了“诚信纳税与纳税信用”，以体现课程思政的要求。第3～9章分别阐述增值税、所得税等主要税种的税制要素、会计确认、计量、记录与纳税申报等。第10章简述几个适用范围较广的小税种的税制要素和会计处理。最后两章是税务筹划内容，第11章较为完整地阐述了企业税务筹划的基本原理、方法、技术等；第12章简述分税种及按企业经营活动分类的税务筹划实务，同时，还简述了国际税务筹划的基本内容。

3. 税务筹划学（第8版）

本书自2009年初版以来，已更新至第8版。

本书第1章阐述了税务筹划的概念、动因与目标、原则与特点、手段与方法以及税务风险与防控等基本理论。第2～8章为税务筹划实务部分，按企业筹资、投资、经营、会计政策选择、收益分配、企业重组和转让定价等环节和业务板块展开，一方面可以更好地与其前导课程如财务会计、税务会计、财务管理等相衔接，使相关专业知识体系更系统、内容更完整；另一方面，可以避免按税种分述以偏概全，或导致税负前降后升，更符合会计专业人才的职业要求和基本理念。第9章国际投资的税务筹划主要包括境外投资、融资、资金回收的税务筹划，更符合“走出去”企业的国际税务筹划要求，有利于其进行投资、融资等相关决策。

4. 中国税制（第6版）

中国税制是高等院校应用经济类、工商管理类等各专业的核心课程或基础课。本书定名为《中国税制》，是基于它涵盖的面比《税法》要宽泛一些，兼具理论与实务。虽然《中国税制》和《税法》都依据我国现行税收法律、法规制度，但严格来讲，税法与税制是不能等同的。我认为，注册会计师考试的《税法》与本科专业教材的《中国税制》，两者的目标作用不同，内容结构也不同。有的学校以应试教材取代专门为本科生撰写的教材，不一定符合本科教学目标和教学大纲。

本书除适用于高等院校应用经济类、工商管理类等各专业教学外，也可以作为财政、税务、海关、企事业单位、中介服务机构等广大在职专业人员的业务学习用书。

二、数字学习平台

为了方便读者更好地学习，还给相关的教材配套了数字平台，提供丰富的教学和学习资源，读者可通过封面的数字教材学习卡序列号登录人大芸窗（www. rdyc. cn），获取如下学习资源：

（1）知识点库。全书按照章节提炼了多个知识点，以知识点为主线关联所有习题和部分教学资源。读者可根据教学或学习的进度，按知识点自动生成不同的试卷。

（2）课件。

（3）章前资料。每章配有教学大纲、学习指导等。

（4）习题。习题中包含单项选择题、多项选择题、判断题、思考题、业务题、案例分析题、计算题等多种题型。

读者在使用过程中有任何疑问，可拨打咨询电话：010－62519613，010－62515969，咨询邮箱为：service-rdyc@rucdigit. com。

于天津财经大学

前　言

税务筹划是在不违反国家税收法规等有关法律法规和国际公认规则的前提下，为实现纳税人财务目标而进行的旨在减轻、减缓税收负担的一种税务谋划、对策或安排。本书将税务筹划界定为符合税法和不违反税法，即广义的税务筹划。根据现代企业制度的权利义务观，税务筹划应该是纳税人的一项基本权利。税务筹划具有必然性和合理性，税务筹划是智者的文明行为，是新世纪的朝阳产业。

纳税人追求税收权益最大化的前提是纳税遵从，即不能违反税收法规，且不应损害他人利益，激进的税务筹划不是理性选择。理性税务筹划是适当、适度，应在企业经营的全局下进行税务筹划，服务于企业的整体利益和长远发展。

有媒体报道，美国会计师事务所的平均周工作时间从2010年5月的36.5小时降至目前的36.2小时，但雇员小时薪酬上涨了，从2010年5月的每小时30.43美元涨至目前的32.06美元，而促使整个会计部门蓬勃发展的最大功臣，源于税务筹划部门和薪酬服务部门的巨额盈利。看来，无论经济形势如何变幻，税收及其筹划都与每个纳税人的利益相关。

随着“税感”时代的快速到来，在我国，不仅企业法人关注自己的税收负担，作为公民的自然人也从对税收无感到对税收敏感，显现“税感焦虑症”。其实大可不必，只要认真学习税收法规，加强税务管理，控制税务风险，正确进行税务筹划，不论是企业法人还是自然人，完全可以从容应对——缴该缴的税，不多缴，不早缴，争取税后收益最大化。

本书适用于高校会计学、审计学、财务管理和税收学等专业，适用课程为税务（税收）筹划、纳税筹划等，也可作为在职财税专业人员业务学习用书。在构思本书结构时，为避免按税种阐述税务筹划与实务脱节，且易导致税负前轻后重，整体税负可能不降反增的弊端，除税务筹划基本理论、国际税务筹划内容外，其余章节基本上按企业经营环节设置，既避免内容重复，又与财务管理的基本模块相协调，可以更好地与其前导课程财务会计、税务会计及后续课程财务管理等衔接，使相关专业知识体系更为系统、完整。

近年来，我国税收立法进程明显加快。截至2025年1月，18个实体税种已有14个完成立法程序。为了支持实体经济发展，财政部、国家税务总局陆续颁布了对小微企业、高新技术企业、技术先进型服务企业、集成电路企业和中西部地区的多项减税降费优惠政策。在本书的每次重印和再版中，根据新的税收法规制度，及时调整修改相关内容。

本书参编作者及其分工是（按章序）：盖地（天津财经大学）撰写第1章，王晓燕（南京审计大学）撰写第2章，孙莉（南京审计大学）撰写第3章，程莹（南京审计大学）撰写第4章，张孝光（天津财经大学）撰写第5，6章，刘荣（天津财经大学）撰写第8章，梁咏（复旦大学）撰写第7，9章；盖地教授任本书主编，孙莉教授为副主编。

感谢中国人民大学出版社及本书策划编辑陈永凤老师，同时感谢本书的责任编辑、封面设计、版式设计等所有为本书做出贡献的人！竭诚欢迎广大读者对本书不吝指正。

盖地

于天津财经大学

目　录

本书课程思政

1. 课程思政基本目标

企业进行税务筹划要秉持对税法等相关法规的敬畏之心，法不可违，规不可破。坚守不违法底线，做遵纪守法人。

纳税人进行税务筹划，应与不断增强其纳税意识保持一致性和同步性。作为具有独立法人地位的企业，通过税务筹划等追求自身合法利益最大化无可厚非，但履行企业社会责任更是首要之责，正确处理两者关系，方为走大道。

税务筹划要有大格局，不为眼前小利和局部利益所迷惑，应该考虑企业整体利益，放眼长远目标，体现成本效益原则，树立大财务观。

2. 课程思政具体要求

在教学过程中，任课教师应根据各章的具体内容，针对每个知识点，设置思政元素，实现思政教育与专业教育的有机融合。

以税务筹划理论思考问题，启迪人生；用科学的教学理念、教学方法，培养具有家国情怀、创新思维的财税会计人才。

第1章

税务筹划理论概述

学习目标

1. 掌握税务筹划的基本含义、目标、原理、原则。
2. 理解税务筹划的基本手段和方法。
3. 了解税务风险及其与税务筹划的关系。

无论是对法人还是对自然人，纳税都是不可回避的现实。平心而论，谁也不喜欢纳税，然而如果谁也不纳税，政府就无法运转。① 这说明从情感上，没有人愿意纳税，但在理智上，任何人都知道该缴的税一定要缴。

如何做到既依法纳税、体现税法遵从，又不多缴税、不早缴税，能够降低自己的税收负担，从而实现税后收益最大化呢？首先要掌握税务筹划的基本理论——税务筹划概念、动因、目标、原理、原则和基本手段与方法等，铭记税务筹划的基本理念。

1.1 税务筹划的概念与意义

1.1.1 税务筹划的概念

税务筹划（tax planning）亦称税收筹划②、纳税筹划。在西方发达国家，纳税人对税务筹划耳熟能详，而在我国则处于认识的初始阶段。人们对此有极大的兴趣和需求，但又似乎有所顾忌。国际上对税务筹划概念的描述也不尽一致，比

---

① 罗纳德·杜斯卡，等. 会计伦理学. 北京：北京大学出版社，2005.

② 众所周知，税收会计与税务会计是两类不同的会计主体，前者是税务机关的税收征解会计，后者是纳税人的会计。为了与会计主体的称呼协调一致，也因税务比税收的含义宽泛，更加符合筹划的范围，本书将其称为税务筹划。

较有代表性的观点如下。

荷兰国际财政文献局（IBFD）的《国际税收词典》是这样定义的：税务筹划是指通过纳税人经营活动或个人事务活动的安排，达到缴纳最低的税收。

印度税务专家 N. J. 雅萨斯威在《个人投资和税务筹划》一书中认为，税务筹划是纳税人通过财务活动的安排，充分利用税务法规提供的包括减免在内的一切优惠，从而享得最大的税收利益。

中国注册会计师协会所编《税法》中的定义为：税务筹划是指在纳税行为发生之前，在不违反法律、法规（税法及其他相关法律、法规）的前提下，通过纳税主体（法人或自然人）的经营活动或投资行为等涉税事项做出事先安排，以达到少缴税或递延纳税目标的一系列谋划活动。①

美国南加州大学 W. B. 梅格斯、R. F. 梅格斯在其合著的《会计学》中援引知名法官勒尼德·汉德的一段名言："法院一再声称，人们安排自己的活动以达到低税负的目的，是无可指责的。每个人都可以这样做，不论他是富翁还是穷光蛋。而且这样做是完全正当的，因为他无须超过法律的规定来承担国家赋税；税收是强制课征的，而不是靠自愿捐款。以道德的名义来要求税收，不过是奢谈空论而已。"之后，又做了如下阐述："人们合理而又合法地安排自己的经营活动，使之缴纳尽可能少的税款。他们使用的方法可称为税务筹划。……少纳税和递延缴纳税款是税务筹划的目标所在。"他们接着说，美国联邦所得税已变得如此复杂，这使为企业提供详尽的税务筹划成为一种谋生的职业。现在几乎所有的公司都聘用专业的税务专家，研究企业主要经营决策的税收影响，为合法地少纳税制定计划。此外，他们还说，在纳税发生之前，系统地对企业经营或投资行为做出事先安排，以尽量减少缴纳所得税，这个过程就是筹划。在美国的海文营诉格雷戈里一案中，勒尼德·汉德法官在陈述时，有一句名言："任何人都可以安排他的事务以使其税负尽可能地低；在选择缴税的最佳方式时，他不受约束，甚至也没有一种爱国的义务要求增加他的税负。"②

当代著名经济学家萨缪尔森在其《经济学》中分析美国联邦税制时指出，比逃税更加重要的是合法地规避税负，原因在于议会制定的法规中有许多"漏洞"，听任大量的收入不纳税或以较低的税率纳税。

如果把时间追溯到更早，1935 年英国上议院议员汤姆林爵士就针对税务局长诉温斯特大公一案做了有关税务筹划的声明："任何人都有权安排自己的事业，依据法律这样做可以少纳税。为了保证从这些安排中得到利益……不能强迫他多纳税。"③ 汤姆林爵士的观点赢得了法律界的认同，英国、澳大利亚、美国等在以后的税收判例中经常援引这一原则精神。

本书认为，税务筹划是纳税人依据所涉及的税收环境，在遵守税法、尊重税法的前提下，规避涉税风险，控制或减轻税负，以有利于实现企业财务目标的谋划、对策与安排。

---

① 中国注册会计师协会．税法．北京：经济科学出版社，2016：539.

② 凯文·E. 墨菲，马克·希金斯．美国联邦税制．大连：东北财经大学出版社，2001.

③ Arthur Young. Taxation in Hong Kong，1984：447.

本书认为，税务筹划有狭义与广义之分。狭义的税务筹划仅指节税；广义的税务筹划既包括节税，又包括避税和税负转嫁。在税务筹划实务中，节税与避税（详见本章 1.4 节）在实务中往往难以严格划分。因此，本书所述是广义的税务筹划。

目前，欧盟各国法律规定纳税人、会计师事务所对税务筹划应履行强制披露义务，致使税务筹划总体上趋向于更易理解、更为公平。对企业来说，其税务的考虑更多是基于经营业务本身的需要，激进的税务筹划已不再是理性选择。

1.1.2　税务筹划的意义

税务筹划不仅对纳税人有积极意义，对政府也不能只看其消极作用，它同样有积极意义。

1. 有助于增强纳税人的法制观念，提高纳税人的纳税意识

社会经济发展到一定阶段后，企业开始重视税务筹划，税务筹划与纳税意识的增强具有同步性和客观一致性。

企业要想进行税务筹划，只有深刻理解、正确掌握税法，才能领会并顺应税收政策导向，做出理性选择。在一般情况下，税务筹划做得好的企业往往也是纳税意识比较强的企业。税务筹划与纳税意识的一致性体现在：

其一，税务筹划是企业纳税意识提高的表现，是与深化改革相适应的。只有税制改革与税收征管改革取得明显成效，税法的权威才得以体现，企业的纳税意识才能提高。

其二，企业纳税意识强与企业进行的税务筹划具有共同点，即企业税务筹划所安排的经济行为不能违反税法，而依法纳税更是企业纳税意识强的应有之义。

其三，设立完整、规范的会计账表和正确进行相关会计处理是企业进行税务筹划的基础。会计账证健全规范，也为以后提高税务筹划效率奠定基础；同时，依法建账、相关资料留存备查也是企业依法纳税的基本要求。

2. 有利于实现纳税人财务利益的最大化

企业作为市场经济的主体，在产权界定清晰的前提下，追求自身利益最大化符合经济人特征。在总收入一定的情况下，要实现财务利益最大化，就必须使总成本最小化。在税收契约执行过程中，理性的企业就会充分利用其与征税方信息的不对称以及契约的不完备性，对涉税会计事项进行管理控制，以谋求自身税收利益最大化。从这个意义上说，税务筹划的最大功效是满足了企业降低纳税成本的需要，也是国家会计政策和税收法规完善的市场动力。

税务筹划不仅可以降低纳税人的纳税费用，还可以防止纳税人陷入税法陷阱（tax trap）。税法陷阱是税法漏洞的对称。税法漏洞的存在给纳税人提供了避税的机会；而税法陷阱的存在又让纳税人不得不非常小心，否则会落入看似漏洞或优惠、实为陷阱的圈套。纳税人一旦陷入税法陷阱，就要缴纳更多的税款，影响自

身财务利益。税务筹划可以防止纳税人陷入税法陷阱，不缴不该缴纳的税款，有利于纳税人财务利益最大化。

3. 有助于提高企业的财务与会计管理水平

资金、成本、利润是企业经营管理和会计管理的三大要素。税务筹划有利于规范企业的行为，使其做出正确的财务决策，使企业的财务活动健康有序运行，即实现资金、成本和利润的最优效果，从而提高企业的经营管理水平。企业进行税务筹划离不开会计，会计人员既要熟知会计准则、会计制度，正确编报财务报表，更要熟知现行税法，按照税法要求设账、计税和填报纳税申报表及其附表，这有利于提高企业的财务与会计管理水平。

4. 有利于提高企业的竞争力

企业进行税务筹划，减轻了企业税收负担，增强了企业活力，有利于提高企业竞争力。从长远和整体上看，企业发展了，收入和利润增加了，税源丰盈，国家的收入自然也会随之增加。从长远看，税务筹划不仅不会减少国家的税收总量，甚至可能增加国家的税收总量。

5. 有利于塑造企业的良好形象

随着我国法制建设的不断健全和完善，社会成员法律意识、平等竞争意识日益增强，逃税等违法行为不仅会受到法律的惩处，还会因其破坏平等竞争环境而受到社会的谴责，使违法企业名誉受损。在社会主义市场经济条件下，失去信誉的企业将无法在竞争中生存。因此，企业既要努力保持其在社会上的良好纳税形象，又要最大限度地增加自身税收利益，税务筹划就是必然的选择。

6. 有助于优化产业结构和资源的合理配置

税务筹划有利于贯彻国家的宏观调控政策。纳税人根据税法中税基与税率的差别，考虑税收的各项优惠政策，进行投资决策、产品结构调整等，尽管在主观上是为了减轻税负，但在客观上是在国家税收的经济杠杆作用下，逐步走向了产业结构优化和生产力合理布局的道路，体现了国家的产业政策，有利于促进资本的流动和资源的合理配置。

7. 有助于不断健全和完善税制

有的税务筹划可能利用了现行税制的疏漏和缺陷，这样可以促使国家及时改进和修订税法，不断健全和完善税制，提高税收征管水平。

1.1.3 税务筹划的风险与成本

1. 税务筹划风险

在市场经济条件下，企业的任何经济活动都存在一定的风险，都需要一定的成本费用支出，企业纳税和税务筹划也不例外，可能给企业带来相应的风险。

（1）投资扭曲风险。建立现代税制的一个主要原则是税收的中立性，即中性原则。纳税人不应因国家征税而改变其既定的投资方向。但事实并不是这样，纳税人可能会因税收因素而放弃最优的甲投资方案而改为次优的乙投资方案，这种因课税而使纳税人被迫改变投资行为从而给企业带来机会损失的可能性，即为投资扭曲风险，这种风险源于税收的非中立性。可以说，税收非中立性越强，投资扭曲风险程度越高，相应的扭曲成本也就越大。

（2）经营损益风险。政府课税（尤其是企业所得税）体现为对企业既得利益的分享，但并未承诺承担相应比例经营损失风险的责任。尽管税法规定企业在一定期限内可以用以后实现的利润（税前利润）弥补前期发生的经营亏损，但这种风险是以企业在以后限定期间内拥有充分获利能力为假定前提的，否则一切风险损失将完全由企业自己承担（以税后利润弥补亏损）。由于弥补损失的来源并不是企业以前年度盈利时已缴税款的返还（我国税法不允许亏损前溯），而是企业以后年度实现的利润，这说明国家税收的立法意识在总体上是倾斜于政府的。已纳税款不能返还，意味着税款是提前缴付，也就意味着企业税负的相对加重。弥补前期亏损的结果是企业承担了大部分损失（若按现行25%的企业所得税税率，企业承担的则是75%）。

（3）税款支付风险。纳税作为企业对政府“负债”的偿还，具有单向、强制、完全现金支付的刚性约束。它不同于企业其他一般性债务的偿还。其他债务的偿还具有非完全现金支出的特点，有时不动用现金即可结清所欠债务，如双方互为债权债务、新旧债务调换、债务重组等。而企业所负的税收债务不可能采取与政府间债权债务互抵的途径予以结清，企业必须无条件用现金履行纳税义务，按期申报、缴纳税款；非经特别批准，不得展期缴纳；即使对已获纳税申报延期的企业，也必须按照税务机关核定的额度预缴税款。企业一旦现金不足而又无法融通时，不但要接受税务机关的经济惩罚（滞纳金、罚款，实行纳税抵押或提供纳税担保限制条件的纳税成本增加），而且要承受因企业信誉的降低而可能导致其市场价值潜在的有形、无形损失。

2. 税务筹划成本

税务筹划成本是企业因进行税务筹划而增加的成本。税务筹划成本可分为显性成本和隐性成本。显性成本是指在税务筹划中实际发生的相关费用；隐性成本是指纳税人因采用某一税务筹划方案而放弃的潜在利益，是一种机会成本。

企业要在有关法律的约束下，通过内在经营机制的优化谋取最大限度的利益增值，这是企业经营理财（含税务筹划）的行为准则和根本出发点。税务筹划作为企业维护自身利益的必要手段，不能仅考虑税负的减轻，还应将减轻税负置于企业的整体理财目标中，为此，要充分考虑（分析）：

（1）企业采取怎样的行为方式才能达到最佳的税务筹划效果，即有利于企业财务目标的最大化。

（2）税务筹划的实施对企业当前和未来发展是否会产生相应的成本。

（3）企业取得的税务筹划效应与机会成本配比的结果是否真正有利于企业内在经营机制的优化和良性循环。

（4）企业税务筹划行为的总体实施是否具有顺应动态市场的应变能力，即具有怎样的结构弹性、可能的结构调整成本及风险程度。

（5）企业进行的税务筹划是否存在受法律惩处的可能性，会给企业带来什么后果等。

如果单纯为筹划而筹划，就可能降低筹划的效果，甚至可能出现以下负效应：

（1）筹划的显性收益不能弥补筹划的显性成本（筹划费用过大，收不抵支）。

（2）筹划的显性收益虽然大于相应的显性成本，但其显性净收益低于机会成本。

（3）筹划的显性净收益虽然超过了机会成本（损失），但片面筹划动机导致筹资、投资或经营行为短期化，使企业资金营运的内在秩序受到干扰，影响企业资金未来的获利能力，形成潜在损失。

（4）存在触犯法律的可能性，形成有形或无形的机会损失（隐性成本）。

补充阅读

企业家、飞行员、电影制片人、导演、演员霍华德·休斯（1905—1976）是第一个财产超过10亿美元的美国人，他的税务律师简·拉塞尔为他创造了足够多的扣除，将其应纳税所得额降低至零，因而不必缴纳所得税。休斯的纳税申报表复印件中记载了每年向简·拉塞尔支付的57 300美元，共计支付20年。不知道税务律师为休斯每年实现的节税额是多少，因为只有将两者相比，才能界定是否符合成本效益原则（即有效税务筹划）；而且，还应关注休斯多年不缴所得税的潜在税务风险。

1.2 税务筹划的动因与目标

众所周知，税收是随着国家和私有财产制度的产生而产生的。正如马克思所指出的，“国家存在的经济体现就是捐税”①。可见税收对国家的重要性。但现代意义上的税收应该是在税法规范下的税收，即税收法定主义。这是社会经济发展到一定历史阶段的产物。这个阶段要求经济行为人依据一定规则和规范从事相关活动，而这些规则和规范又不会十分完善，难以防止或杜绝经济行为人有效地规避这些规则、规范的管制和约束，从而使其能够有效地规避某些应尽的义务或应承担的法律责任。

① 马克思，恩格斯. 马克思恩格斯选集：第1卷，北京：人民出版社，1972：181.

1.2.1　税务筹划是纳税人应有的权益

在市场经济条件下，国家承认企业的独立法人地位，企业行为自主化，企业利益独立化。企业作为独立法人所追求的目标是最大限度、合理合法地满足自身的经济利益。企业权益不是凭空产生的，不是国家或政府想给就给、不想给就不给，企业想要就要、不想要就不要，而应是社会发展的必然产物，是社会发展的客观需要。企业权益的满足是以社会需要的满足为条件的，企业生产的产品只有为社会所接受，才能补偿其生产经营耗费并实现盈利；否则，企业就无法生存和发展，自然也就谈不上企业应有的权益。

任何利益都产生于一定的权利。企业权利是客观存在的，是由企业赖以生存的社会经济条件及企业承担的义务决定的。可以说，有什么样的社会经济条件，就有什么样的企业义务，就有什么样的企业权利以及由此派生出来的企业利益。

在法制社会中，企业权利包括企业设立权、发展权、人权、财权、物权、借贷权、经营决策权、产品开发权和税务筹划权等。

企业权利作为社会经济发展到一定时期的产物，其内在质与量的规定性要由这种内容的形式表现并明确。这种形式就是法律。尽管企业权益有其客观的内在标准，但任何一个企业都不能以这种内在标准行使自己的权利，也不能凭借这种内在标准维护自己的利益，所依据的只能是法律形式和法律所规定的企业权益。法律对权利的规定是实施权利的前提，但需要企业在遵守法律的同时，主动实现其需求，即企业对自己采取的主动而有意识的行为及其结果事先要有所了解，能够预测将给企业带来的利益。税务筹划就是这种具有法律意识的主动行为。

纳税人有权选择最优税收策略。纳税人在法律允许或不违反税法的前提下，有从事经济活动、获取收益的权利，有选择生存与发展、兼并与破产的权利。税务筹划所取得的收益应属合法收益；承认纳税人的税务筹划权是法制文明的体现。

税务筹划是企业对其资产、收益的正当维护，属于企业应有的经济权利。税务筹划应在企业权利的边界内或边界线上；超越企业权利的范围和边界，必然构成对企业义务的违背、践踏，而超越企业义务的范围和边界，又必然构成对企业权利的破坏和侵犯。对纳税人来说，遵守权利的界限是其应承担的义务；坚守义务的界限又是其应有的权利。税务筹划是企业对社会赋予其权利的具体运用，属于企业应有的社会权利。企业的社会权利是指法律规定并允许的受社会保障的权利。它不应因企业的所有制性质、组织形式、经营状况、贡献大小不同而不等。如果对企业正当的税务筹划活动进行打压，恰恰助长了逃、抗、骗、欠税现象的滋生。因此，鼓励企业依法纳税、遵守税法，最明智的办法是让企业（纳税人）充分享受其应有的权利（其中包括税务筹划），而不是剥夺其权利，促使其走违法之途。

企业税务筹划的权利与企业的其他权利一样，都具有特定界限。超越这个界限就不再是企业的权利，就不再是合法，而是违法。企业的权利与义务不仅互为条件、相辅相成，而且可以相互转换。在纳税上，其转换的条件是：

（1）当税法中存在的缺陷被纠正或税法中不明确的地方被明确后，企业相应的筹划权利就会转换成纳税义务。例如，某种税由超额累进税率改为比例税率后，纳税人利用累进级距的不同税率而进行的税务筹划就不再存在。

（2）当国家对税法或条例中的某项（些）条款或内容重新解释并明确其适用范围后，纳税人原有的权利就可能转变成义务。由于税法或条例中的某项（些）条款或内容规定不明确或不适当，纳税人就有了税务筹划的权利。如果政府发现后予以重新解释或明确其适用范围，那么，纳税人就可能不再享有该筹划的权利，而且再发生这种经济行为就可能变为纳税义务。

（3）当税法或条例中的某项（些）特定内容被取消后，税务筹划的条件随之消失，纳税人的筹划权利就转换为纳税义务。例如，某项税收优惠政策（对某一地区或某一行业）取消后，纳税人就不能再利用这项优惠政策进行筹划，而只能履行正常的纳税义务。

（4）当企业因实施税务筹划而对其他纳税人的正常权利构成侵害时，企业的筹划权利就要受到制约，转变为尊重他人权利的义务。这就是说，企业税务筹划权利的行使是以不损害、不妨碍他人权利为前提的。

相关链接

我们拥有的是一个错综复杂的税收制度，我们相信纳税人应该有权为了利用预期激励而构建自己的交易项目，而不多缴税也是符合法律规定的。①（这是美国注册会计师协会税务执行委员会主席大卫·里夫森向国会作证时的陈述。）

1.2.2 税务筹划的主观动因

在市场经济条件下，企业作为商品生产经营的主体，有自己独立的经济利益，而无论在理论上对维护企业的共同社会利益定义得多么重要或多么必要，也无论税制本身制定得如何公正、公平与合理，对每个企业而言，纳税毕竟是其既得利益的一种直接减少或是政府对其财务成果的一种无偿占有。企业作为主要纳税人，必然要考虑在其纳税后是否确实有助于产生一种良好的社会效应，这种预期的社会效应何时在何种程度上显现出来，即使产生了预期的社会效应（社会秩序、公共设施和服务、市场环境等），本企业是否因此得益、得益多少，这些问题都带有不确定性、隐秘性及非对等性。更大的问题还在于纳税的实际结果与税务理论的偏差，一旦纳税的预期效应未能实现，甚至在某种程度上扰乱了企业内在的运行机制，或因时滞性而使企业久久感受不到社会秩序、市场环境的优化，纳税人就会对纳税的必要性产生质疑。况且，企业得益于社会秩序、市场环境的改善具有非计量性、隐秘性的特点，加之其受益程度与其纳税多少具有非对等性、非直接相关性，纳税人会认为社会效应对于各个企业通常都是无差别的，对企业的市场地位具有决定意义的还是其自身的竞争实力。上述情况是诱发企业在主观意念上

① 罗纳德·杜斯卡，布伦达·谢伊·杜斯卡．会计伦理学．北京：北京大学出版社，2005．

进行税务筹划的根本动机。

实际上，企业主观减轻税负的意识在很大程度上取决于政府对税收杠杆的利用效率，以及征收税款能在多长时间内、多大程度上给企业带来直接或间接的利益增值。如果这种积极作用能使纳税人在预期的时间内切实感受到，就有助于经济和社会效益好、纳税多的企业提升市场竞争能力，真正确立一种优胜劣汰的市场竞争机制，必然有助于企业在强化纳税意识的同时，淡化对履行纳税义务的抵触情绪。

1.2.3　税务筹划的客观条件

税务筹划的主观动因并不意味着企业的目的能够实现，要想使税务筹划变为现实，还必须具备某些客观条件。这里所说的客观条件是指税收制度的完善程度及税收政策导向的合理性、有效性。税收法制作为贯彻国家权力意志的杠杆，不可避免地会在其立法中体现国家推动整个社会经济运行的导向意图，颁布并实施一些有违公平税负、税收中性一般原则的优惠政策，如不同类型企业的税负差异，不同产品税基的宽窄，税率的高低，不同行业、不同项目进项税额的抵扣办法，减税、免税、退税等。因税收优惠政策，同种税在实际执行中有所差异，造成非完全统一的税收法制，无疑为企业选择自身利益最大化的经营理财行为，即进行税务筹划提供了客观条件。企业利用税收法制的差异或“缺陷”进行旨在减轻税负的税务筹划，如果仅从单纯、静态的税收意义上说，的确有可能影响国家收入的相对增长，但这是短期的，因为税制的这些差异或“缺陷”是国家对产业结构、资源配置主动进行的优化调整，即力图通过倾斜的税收政策诱导企业在追求自身利益最大化的同时，转换经营机制，实现国家和政府的产业调整意图。从长远发展来看，对企业、对国家都是有利的，这是国家为将来取得更大的预期收益可能支付的有限的机会成本。因此，企业利用税制的非完全统一性所实现的税负减轻，与其说是利用了税制的差异和“缺陷”，不如说可能是对税法意图的有效贯彻和执行。

在税收实践中，除了上述税收政策导向性的差异和“缺陷”，税收法律制度也会存在自身难以克服的各种纰漏，即真正的缺陷或不合理，如税法、条例、公告、税总函（发）等不配套，政策模糊、笼统、内容不完整等，这也为企业进行税务筹划提供了有利条件。对此，不论国家基于维护其声誉、利益的目的做出怎样的解释、结论，从理论上说，不能认为企业进行的税务筹划是不合法的，尽管它可能与国家税收立法意图是相背离的。国家只能不断努力完善税收法规制度，逐步提高税收执法水平。企业也应认识到，税务筹划应该尽可能地从长远考虑，过分看重眼前利益可能会招致更大的潜在损失。

1.2.4　税务筹划的目标

税务筹划可以在两个层面上进行：一是在企业既定的组织结构和经营条件下，

在日常经营活动中，通过对收入、收益、资产、费用等的会计确认、计量和记录方法的选择，以及企业投资、融资活动的筹划，实现减轻税负、提高盈利水平的目标；二是利用税法及相关法律法规，通过企业兼并重组等方式，达到减轻税负、增加企业营运资金和实现资本扩张的目的。

概言之，税务筹划的基本目标就是减轻税收负担、争取税后利润（收益）最大化，其外在表现是纳税最少、纳税最晚，即实现“经济纳税”。为理解税务筹划的基本目标，可以将税务筹划目标细化，具体是：

1. 正确履行纳税义务

正确（恰当、得当）履行纳税义务是税务筹划的最低目标，也是基础目标，旨在规避纳税风险，规避任何法定纳税义务之外的纳税成本（损失），避免因涉税而受到名誉损失，做到诚信纳税。税收具有强制性，如果偏离了纳税遵从，企业将面临涉税风险。为此，纳税人应做到纳税遵从，即依法进行税务登记，依法建账并进行发票、账证管理，依法申报纳税，在不超过税法规定的期限内缴纳该缴的税款。纳税人必须及时、正确、全面地掌握所涉税境的税法，尽可能避免纳税风险导致的机会成本，努力实现涉税低风险。

2. 努力降低纳税成本

纳税人为履行纳税义务，必然会发生相应的纳税成本。纳税成本包括直接纳税成本和间接纳税成本。前者是纳税人为履行纳税义务而付出的人力、物力和财力，后者是纳税人在履行纳税义务过程中所承受的精神负担、心理压力等。直接纳税成本容易确认和计量，间接纳税成本则需要估算或测算。税制公平，纳税人的心理就比较平衡；税收负担若在纳税人的承受能力之内，其心理压力就小；税收征管越透明、越公正，纳税人对税收的恐惧感就越小。纳税成本能否降低，除与纳税人是否不断提高专业水平、增强纳税意识等主观因素有关，还与税制是否合理、征管人员素质高低、征管手段与征管方式如何等有直接关系。应该看到，纳税人纳税成本的降低会使企业利润增加，从而增加应纳税所得额；对税务机关来说，可以增加税收收入，降低征管成本，这是一种双赢结果。纳税人的纳税成本与税务机关的税收征管成本具有相关性，而且一般呈正相关关系。

3. 税收负担最小化与税后收益最大化

公司的目标是在税务会计的限度内实现税负最小化及税后利润最大化。[①] 不论从理论角度还是实务角度，税务筹划都是企业财务管理的重要组成内容。减轻税负必须在纳税人整体收益增长的前提下才有实际意义，即减轻税负是为了实现税后收益最大化。因此，当实施某项税务筹划使税收负担最小与其税后收益最大呈正相关关系时，税收负担最小就是税务筹划的最高目标。当实施某项税务筹划使税收负担最小与税后收益最大呈负相关关系时，税务筹划的目标应该以企业的财

① 汉弗莱·H. 纳什. 未来会计：一种规范的增值会计方法. 北京：中国财政经济出版社，2001.

务目标为其最终目标，即税务筹划要服从、服务于企业的财务目标。从这个角度来说，税收负担最小化是手段而不是目的。

在企业经营中如何实现税负最小、收益（价值）最大，是一项复杂的系统工程，需要事先对企业的涉税事项进行总体运筹和安排，在法律（不限一国）规定、国际惯例、道德规范和经营管理需要之间寻求平衡，争取在涉税低风险下的企业税后收益（价值）最大化。税务筹划不能只考虑个别税种缴纳的多少，不能单纯以眼前税负的大小作为判断标准，而是以企业整体和长远利益作为判断标准，因此，企业可能会选择某种（些）税的税负较大而税后收益最大的方案。在考虑货币时间价值时，如果该税种是超额累进税率，还要考虑边际税率因素，因为边际税率的改变可能会抵消货币时间价值的作用。

税负最小化目标更多的是从经济观点而非税收角度来谋划和安排，税务筹划的焦点是现金流量、资源的利用收益、纳税人所得的最大化等。

税务筹划的具体目标不是截然分开的，不同企业可以有不同的具体目标，同一企业在同一时期可能有几种具体目标，其不同时期的具体目标也可能有所不同、有所侧重。

1.3 税务筹划的原理、原则与特点

1.3.1 税务筹划原理

1. 根据收益效应分类

当存在多种纳税方案可供选择时，纳税人以减轻税负为目的，选择税负最小的方案，无论是节税还是避税，都是为了取得最大的税后收益。根据收益效应分类，可以将税务筹划原理基本归纳为两大类：绝对收益筹划原理和相对收益筹划原理。

绝对收益筹划原理是指使纳税人的纳税总额绝对减少，从而取得绝对收益的原理。它又分为直接收益筹划原理和间接收益筹划原理。直接收益是指直接减少了一个纳税人的纳税绝对额而取得的收益；间接收益是指一个纳税人的纳税绝对额并没有减少，但减少了同一税收客体的纳税绝对总额而取得的收益。

相对收益筹划原理是指纳税人一定时期内的纳税总额并没有减少，但某种（些）税的纳税义务递延到以后的纳税期缴纳。因此，取得了递延纳税额的时间价值，从而取得相对收益。该原理主要考虑货币的时间价值。

2. 根据着力点分类

对影响纳税额的因素进行分析，从而决定如何进行税务筹划。根据筹划的着力点不同，可以把税务筹划原理分为税基筹划原理、税率筹划原理和税额筹划原理。

税基筹划原理是指纳税人通过缩小税基减轻税收负担甚至解除纳税义务的原理。可以将税基看作应纳税所得，即扣除额已经包括在税基之内。税基是计税的

基数，在适用税率一定的条件下，税额的大小与税基的大小成正比。税基越小，纳税人承担的纳税义务越轻。

税率筹划原理是指纳税人通过降低适用税率的方式来减轻税收负担的原理。

税额筹划原理是指纳税人通过直接减少应纳税额的方式来减轻税收负担或者解除纳税义务的原理，常常与税收优惠中的全部免征或部分免征（减征）相联系。

1.3.2 税务筹划原则

1. 守法原则

税务筹划最基本的原则是符合税法或者不违反税法，即一定要守法，不能公然挑战税法，这是其与逃、欠、抗、骗税的本质区别。税务筹划应该以现行税法及相关法律、国际惯例等为依据，在熟知税法规定和国际税收协定的前提下，利用税制构成要素中的税负弹性和不同税收环境，制定并选择合理的纳税方案。

2. 保护性原则

保护性原则即要体现自我保护。因此，企业的会计凭证要真实、完整，税务会计要符合税法要求。例如，我国大部分税种的税率、征收率不是单一税率，有的税种还有不同的扣除率、出口退税率，纳税人要避免多缴税款，在兼营不同税种、不同税率的货物、服务时，在出口货物时，在同时经营应税与免税货物时，要按不同税率（退税率）分别设账、分别核算（它与财务会计的设账原则不同）；在有混合销售行为时，要掌握计税原则。另外，由于增值税实行发票抵扣制，依法取得并比对认证、妥善保管发票是至关重要的。对纳税人来说，这都是保护性举措，否则不但不能减轻负担，还可能会加重税负。

3. 时效性原则

时效性原则体现为充分利用资金的时间价值，如销售收入的确认、准予扣除项目和金额的确认、增值税抵扣凭证的比对认证、销项税额的确认、出口退税的申报、税收优惠政策等，都有时效性问题。

4. 整体性原则

在进行一种税的税务筹划时，还要考虑与之相关的其他税种的税负效应，进行整体筹划、综合衡量，以求整体税负最轻、长期税负最轻，防止顾此失彼、前轻后重。综合衡量从小的方面说，不能只关注个别税种的税负高低，一种税少缴，另一种税是否可能多缴？要着眼于整体税负的轻重。另外，税金支付的减少不一定意味着资本总体收益的增加。如果有多种税收政策或多种经营方式选择，那么，总体收益最多但纳税并非最少的方案就应视为最优方案。也就是说，税务筹划要算大账，不能仅考虑税收因素对收益的影响，而应着眼于企业的整体利益。

5. 风险收益均衡原则

根据财务学中的资本资产定价模型，资产的期望收益率会随着其风险系数的增大而提高，随风险系数的减小而降低。即风险越大，收益越高；风险越小，收益越低。企业要想获得高收益，就要准备面对高风险，但高风险不一定会带来高收益；而在一般情况下，低风险当然不会带来高收益。税务筹划旨在获取收益，但不能缺失风险意识。企业应当遵循风险与收益均衡的原则，加强税务风险管理，采取措施，分散风险，化解风险，规避风险，综合权衡。

1.3.3 税务筹划特点

税务筹划范围较广，与企业的经营活动、财务安排密切相关，具有诸多特点，主要包括如下几个方面。

1. 事前性

税务筹划一般都是在应税行为发生之前进行规划、设计和安排的，它可以在事先测算税务筹划的结果，因而具有一定的前瞻性。在经济活动中，纳税义务通常具有滞后性。企业交易行为发生后，才缴纳有关流转税；收益实现或分配后，才缴纳所得税；财产取得或行为发生后，才缴纳财产税、行为税。这在客观上提供了纳税前事先做出筹划的可能性。另外，企业经营、投资和筹资活动是多方面的，税法规定也是有针对性的。纳税人和征税对象的性质不同，税收待遇也往往不同，这在另一方面向纳税人显示出可选择较低税负决策的机会。如果涉税行为已经发生，纳税义务已经确定，再去谋求少缴税款，则不能认为是税务筹划，而是涉嫌违法。

2. 目的性

目的性表示纳税人要取得税务筹划的税收利益。这有两层意思：一层是选择低税负。低税负意味着低的税收成本，低的税收成本一般意味着高的资本回报率。另一层是递延纳税（并非指不按税法规定期限缴纳税款的欠税行为）。在货币计量假设下，纳税期的推后也许可以减轻税收负担（如避免高边际税率），也许可以降低资本成本（如减少利息支出）。不管是哪种，其结果都应是税款的节省。

3. 普遍性

各个税种规定的纳税人、纳税对象、纳税地点、税目、税率、减免税政策及纳税期限等，一般都有差别。这就给所有纳税人提供了税务筹划的机会，也就决定了税务筹划的普遍性。

4. 多变性

税收政策尤其是各税种的实施细则等，随着政治、经济形势的变化会经常发生变化，因此，税务筹划也就具有多变性。纳税人应随时关注国家税收法规的变动，进行税务筹划的应变调整。

5. 专业性

专业性并不是指纳税人的税务筹划一定需要会计专业人员进行，而是指在面临全球经济一体化，国际经贸业务日益频繁、规模越来越大，而各国税制也越来越复杂的形势下，仅靠纳税人自身进行税务筹划已经显得力从不心，作为社会中介的税务代理、税务咨询便应运而生。当今各国尤其是发达国家的会计师事务所、律师事务所、税务师事务所和税务咨询公司等纷纷开展有关税务筹划的咨询业务，说明税务筹划呈现越来越专业化的特点。

1.4 税务筹划的基本手段与方法

本书将税务筹划界定为广义的税务筹划，包括节税、避税与税负转嫁。而税务筹划的基本手段就是节税、避税与税负转嫁。在每类税务筹划手段下，又有各自的具体筹划方法。在税务筹划实务中，这些手段与方法可能交叉运用或综合运用，因此，在本书以后各章中不再刻意划分。

1.4.1 节税手段

1. 节税的含义

节税（tax saving）是在税法规定的范围内，当存在多种税收政策、计税方法可供选择时，纳税人以税负最小为目的，对企业经营、投资、筹资等经济活动进行的涉税选择行为。

2. 节税的特点

（1）合法性。节税是在符合税法规定的前提下，在税法允许甚至鼓励的范围内进行的纳税优化选择。

（2）符合政府政策导向。税收作为有力的宏观调控手段（杠杆），各国政府都会根据纳税人谋求利润最大化的心态，有意识地通过税收优惠、政策鼓励，引导投资、引导消费。纳税人在实现节税目标的同时，也顺应了政府的政策导向。

（3）普遍性。各国的税收制度都强调中性原则，但在不同纳税人、征收对象（范围）、征收期限、地点、环节等方面总是存在差别，这就使纳税人的节税具有普遍性。

（4）多样性。各国的税法不同，会计准则也不尽一致，甚至在每个国家的不同时期，其税法、会计准则还会有变动，在不同地区、不同行业之间也存在差异。差异越大、变动越多，纳税人节税的余地越大、形式越多。

3. 节税方法

利用税收照顾性政策、鼓励性政策进行节税，是最基本的节税方法。除此之外，可以在税法规定的范围内，选择不同的会计政策、会计方法以求节税；也可以在企业组建、经营、投资与筹资过程中进行旨在节税的选择。具体方法包括免税方法、减税方法、税率差异方法、分割方法、扣除方法、抵免税方法、延期纳税方法、退税方法等。

相关链接

网上流传一个帖子，其内容是某四大会计师事务所在大量招收残疾人。为什么现在四大会计师事务所开始招收残疾人员工呢？据帖子所述，这是为了少缴残疾人就业保障金。

财政部、国家税务总局和中国残疾人联合会共同发布的《残疾人就业保障金征收使用管理办法》规定，残疾人就业保障金由未按规定安排残疾人就业的企业等缴纳，缴纳金额按照应安置的残疾人与实际安置的残疾人人数之差，乘以用人单位上年在职职工平均工资计算。据估计，四大会计师事务所的人均年工资在 30 万元以上，也就是说，多安置一个残疾人职工，就可以少缴 30 万元残疾人就业保障金，而招收一个残疾人的人工成本比非残疾人低很多。2016 年 5 月，财政部、国家税务总局发布《关于促进残疾人就业增值税优惠政策的通知》（财税〔2016〕52 号），进一步明确安置残疾人就业享受的税收优惠，招收残疾人可以降低企业残疾人就业保障金的缴纳金额，享受增值税退税。另外，残疾人工资还可以加计 100%扣除。因此，一些企业在可以满足需要的前提下，更乐意招收残疾人，以减轻税收负担。

无论是残疾人就业保障金，还是企业所得税加计扣除、增值税退税，政策目的都是促进残疾人就业。企业出于降低成本和节税的考虑而招收残疾人，同时实现了政府政策的初衷，是政府、企业和残疾人三方共赢。发帖人没有必要自视清高、不屑一顾，也没有资格站在道德高地对事务所予以谴责，还是应该回归理性。

1.4.2　避税手段

1. 避税的概念

我国唐代诗人杜荀鹤的诗中曾有“任是深山更深处，也应无计避征徭”，说明当时避税与反避税已是很普遍的行为，当然它是不能与现代避税同日而语的，因为在现代税制产生之前，法律是不认可纳税人权利的。以下是有关避税（tax avoidance）概念的代表性陈述。

（1）避税指以合法手段减少应纳税额，通常含有贬义。例如，此词常用以描述个人或企业通过精心安排，利用税法的漏洞、特例或其他不足之处来钻空取巧，达到避税目的。法律中的规定条款用以防范或遏制各类法律所不允许的避税行为者，可以称为反避税条款或对付合法避税的条款。①

（2）避税不是非法的，它是利用法律漏洞对自己所得与扣除进行谋划设计，

① 国家税务局税收科学研究所．国际税收辞汇．北京：中国财政经济出版社，1992．

试图通过合法的方法减少应纳税收。①

（3）避税是使用税法允许的合法方法使纳税义务最小化。避税通常是筹划计划中的交易以便得到一种特殊的纳税待遇。进一步说，避税建立在与一项交易的纳税处理有关的、公开的相关事实的基础上。②

（4）避税是对法律企图包括但由于这种或那种理由而未能包括进去的范围加以利用。避税可以定义为规避、降低或延迟纳税义务的一种方法。③

（5）避税是指纳税人通过个人或企业事务的人为安排，利用税法的漏洞、特例和缺陷，规避、减轻或延迟其纳税义务的行为。④

可见，尽管避税定义各有不同，但大多强调了避税的合法性。英国经济学家西蒙·詹姆斯在其《税收经济学》中指出，会计师们把避税称为税务筹划，以强调这种行为的合法性。⑤

本书认为，避税应是纳税人在熟知相关税境和税收法规的基础上，在不触犯税法的前提下，利用税法等有关法律法规的疏漏、模糊之处，通过对筹资活动、投资活动、经营活动等涉税事项的精心安排，达到规避或减轻税负目的的行为。

研究避税最初产生的缘由，不难发现，当初避税是纳税人因抵制政府过重的税政，维护自身利益而进行各种逃税、抗税等受到政府的严厉制裁后，为寻求更为有效的规避办法的结果。纳税人常常会发现，有些逃避纳税义务的纳税人受到政府的严厉制裁，损失惨重，而有些纳税人则坦然、轻松地面对政府的各项税收检查，顺利过关，不受任何损失或惩罚。究其原因，不外乎这些聪明的纳税人常常能够卓有成效地利用税法本身的纰漏和缺陷，轻松顺利地规避纳税义务而又未触犯法律。这就使越来越多的纳税人对避税趋之若鹜，政府也不得不将其注意力集中于完善健全税制和加强监管。这种对税法的避与堵，大大加快了税收法制建设，使税制不断健全完善，税收征管水平逐步提高，因而有助于社会经济的进步与发展。

避税是市场经济的必然产物，是历史发展的趋势，是早已存在、实际存在而且将继续存在的经济行为。

2. 避税的法律依据

避税实质上是纳税人对税法的一种规避行为，遵循的是法不禁止即允许的现代法治原则。既然税收是加诸纳税人的一种负担，从经济理性的角度分析，纳税人总是希望避免或减轻对自身的影响，因此，税收规避趋势在所难免。税收规避不同于税收节省（节税→合法），它不符合税收立法意图，但也不同于税收逃避（逃税→违法），它采取的是公开合法或不违法的方式，其法律形式是真实有效的。

避税实质上是纳税人在履行应尽法律义务的前提下，运用税法赋予的权利，

---

① 埃里希·科齐勒．税收行为的经济心理学．北京：中国财政经济出版社，2012.

② 凯文·E．墨菲，马克·希金斯．美国联邦税制．大连：东北财经大学出版社，2001.

③ 国家税务局税收科学研究所．偷税与避税．北京：中国财政经济出版社，1992.

④ 中国注册会计师协会．税法．北京：中国财政经济出版社，2021.

⑤ Simon James．The Economics of Taxation．Pearson Education Limited，2000.

保护其既得利益的一种手段。避税并没有、也不会、也不能不履行法律规定的义务，它不应是对法定义务的抵制和对抗。也有人认为，避税只是遵守法律的文字，而非恪守法律的精神。

应该指出，避税是纳税人应该享有的权利，即纳税人有权依据法律的“非不允许”进行选择和决策。国家针对避税活动暴露出的税法的不完备、不合理，采取修正、调整举措，也是国家的基本权力。如果用非法律的形式去矫正法律上的缺陷，只会带来诸多不良后果。因此，国家不能借助行政命令、政策、纪律、舆论来反对、谴责纳税人避税。退一步说，即使不承认避税是合法的、受法律保护的经济行为，它也肯定是不违法、不受法律制裁的经济行为。“法无明文不为罪”是法治的一项基本原则。

3. 避税的分类

可以从不同角度对避税进行分类，常见的分类如下。

（1）按避税涉及的税境分类。

1）国内避税。国内避税是纳税人利用国内税法所提供的条件和存在的可能性等进行的避税。

2）国际避税。国际避税比国内避税更普遍、更复杂。纳税人的避税活动一旦具备了某种涉外因素，与两个或两个以上国家的税收管辖权产生联系，就构成了国际避税，即国际避税是在不同税境（国境）下的避税。

国际避税产生的原因有很多，从纳税人的角度看，当然是为了追求企业（公司）利润最大化。从客观条件看，主要是因为各国税制存在差异（税收管辖权、税率、获利机会等），税收的国际协调不够，国家之间政治、经济以及税收方面的合作、协定不同，有的国家为了吸引外资以推动本国经济发展，在税收上制定了一些特定的优惠政策，加之各国税收征管的力度不等，这些都为国际避税提供了机会。发达国家往往认为国际避税产生的原因是发展中国家为吸引外资、技术、管理经验等而制定的税收优惠政策，这种看法有失偏颇，因为企业的获利除了税收因素，还受资金及资源供给、管理基础、公共基础设施、公共服务等诸多因素影响，实际上发达国家企业的获利能力和机会都远远高于发展中国家。

（2）按避税针对的税收法规制度分类。

1）利用选择性条款避税。即纳税人针对税法中某一项目、某一条款并列规定的内容，从中选择有利于自己的内容和方法，如纳税期限、折旧方法、存货计价方法等。

2）利用伸缩性条款避税。即纳税人针对税法中有些在执行中有弹性的条款，按有利于自己的理解去执行。

3）利用不明确条款避税。即纳税人针对税法中过于抽象、过于简化的条款，根据自己的理解，从有利于自身利益的角度进行筹划。

4）利用矛盾性条款避税。即纳税人针对税法相互矛盾、相互冲突的内容，做出有利于自己的决策。

上述几种避税行为中，有的可以使纳税人实现永久性避税（只要税法不变），给企业带来长期利益；有的则仅使纳税人利用时间差，暂时递延了纳税义务（在财务会计中，先发生递延税款贷项），从而获得资金营运上的好处（尽管是暂时的），相当于企业从政府获得了一笔无息贷款。而且，暂时性的避税利益也可能转化为永久性利益，如国家在此期间修改了税法，并对已实现的暂时性避税利益不再追溯。因此，企业要根据各种条件，随时注意情况的变化，运用可能运用的一切避税方法寻求其利益。

4. 避税的基本方法

（1）税境移动法。凡主权独立国家都有其税收管辖权，即对本国居民、非本国居民，仅就其发生或来源于该国境内的收入征税；或者行使收入来源地管辖权与居民收入管辖权，即除了对非本国居民仅就其来源或发生于该国境内的收入征税，也对本国居民来源于境内外的收入征税。前者的法律依据是涉税事项的发生地，后者则是纳税人的身份。因此，跨国经营企业可以通过对生产经营活动和居留时限的安排，回避税收管辖权（详见第9章）。

（2）价格转让法，亦称转让价格法、转移定价法。它是指两个或两个以上有经济利益联系的经济实体（关联企业）为共同获取更多利润和更多地满足整体经济利益的需要，以内部价格进行的销售（转让）活动，这是避税实践中最基本的方法。内部价格即转让定价，是关联各方之间在交易往来中人为确定的价格。

企业之间的经济往来有两种情况：一是没有经济利益联系的企业之间的经济往来；二是有经济利益联系的企业之间的经济往来。前者在购销活动中不易在价格方面做文章（一般由市场供求关系决定其价格），而对后者之间经常发生的大量交易往来，为保证集团（公司）的整体利润最大化，其价格会有扭曲现象，可能高于或低于正常成本，甚至根本不考虑成本，这种价格一般称为非正常交易价格、非竞争价格或非独立企业价格，局外人很难获得这种定价的全部真实资料。价格转让法一般都是在后者之间的业务往来中采用。经济合作与发展组织的《转让定价指南》明确规定，转让定价对纳税人和税务部门均具有重要意义，因为它们在很大程度上决定了在不同税制国家中各关联企业的收入、支出以及应纳税利润。

关联企业之间转让定价的动机有税务动机和非税务动机。前者包括减少公司所得税、预提税、关税和增加外国税收抵免额等动机，后者包括进入和控制市场、调节利润、转移资金、避免外汇奉献、加速成本回收和利润汇回、侵占合资方利益等动机。

在不同情况下采用转让定价，可以实现特定目的，发挥特定作用。不论是集团公司还是非集团公司，只要它们之间有经济利益关系，并且是非单一利润中心，即有互补性、合法性，既保持独立又进行联合，就能以转让定价方式进行避税。

（3）利用国际税收协定。国际税收协定一般都规定缔约国只能对常设机构的经常所得征税，在某些协定条款中，其原则的确定及其运用存在差异，税收协定会有一些税收庇护等。因此，跨国公司可通过设置直接的传输公司、踏脚石式的传输公司、外国低股权的控股公司进行避税。

（4）成本（费用）调整法。成本（费用）调整是通过对成本（费用）的合理调整或分配（摊销），抵消收益，减少利润，以达到规避纳税义务的避税方法。应该指出，合理的成本（费用）调整和分摊应是根据现行税收法规制度、会计准则等，在允许的范围内所做的一些技术处理，它既不违反有关法规制度，也不是乱摊成本、乱计费用。企业会计人员、管理人员业务素质的高低决定财务、会计管理水平的高低，衡量水平高低的一个重要标志就是如何最大限度地维护企业的利益，这是作为独立经济实体的必然要求。

成本（费用）调整法适用于各类企业、各种经济实体，在具体运用时，有发出或销售存货成本计算方法、库存存货成本计算方法、固定资产折旧计算方法、无形资产价值摊销方法、费用分配（摊）方法、资产减值准备计提方法、技术改造运用方法等。

（5）融资（筹资）法。融资法即利用融资技术使企业获利最大和税负最轻的方法。融资是关系企业生存和发展的一项重要理财活动。企业的融资渠道很多，但从避税的角度分析，企业内部集资（内部发行债券、吸收入股等）、企业之间资金拆借方式最好，向银行或其他金融机构贷款次之，而靠企业自我积累资金效果最差（自我积累资金的形成需时较长，归投资人所有的资金在企业内部使用也不会产生利息税前扣除）。

（6）租赁法。租赁可能使出租方与承租方双方获益，对承租方来说，它可以避免因长期拥有机器设备而增加负担和承担风险，同时又可以在经营活动中以支付租金的方式冲减企业利润，减少应纳税额；对出租方来说，不必为如何使用这些设备及提高利用效率而费心，获得的租金收入通常比经营利润享受更优惠的税收待遇，因此也是一种减轻税负的行为。

（7）低税区避税法。低税区避税法是最常见的避税方法。低税区包括税率较低、税收优惠政策多、税负较轻的国家和地区。我国的经济特区、国务院批准的经济技术开发区、新技术产业园区等就属于国内低税区。此外，有些国家或地区，如巴哈马、瑙鲁、开曼群岛、英属维尔京群岛等都属于国际避税港或低税区，但各国税务当局对这些避税地也会给予特别关注（列入黑名单、灰名单）。

5. 避税的发展趋势

避税作为市场经济的特有现象，会随着经济的发展而发展。随着各国法制建设的不断完善，避税将逐渐演变成一种高智商的经济技巧和经营艺术。

（1）国内避税与国际避税相互交织、相互促进，促进了避税实践、避税理论的长足发展。当今，避税活动已不是社会上少数人的偶然经济行为，它已成为有理论依据、有操作方法的社会经济活动。

（2）由于各种历史和现实的原因而产生的避税港、低税区日渐被纳税人认识和利用，使避税具有国际普遍性特征。从这个意义上讲，国际避税既可追求企业利益，又可维护国家利益。

（3）由于避税活动越来越普遍，各国政府的反避税措施越来越有力，避税不再仅仅由纳税人自己来运作，而且要借助社会中介力量，例如税务咨询公司、会计师事务所、税务师事务所等都将成为企业避税的主要依靠力量，越来越多的会计人员、法律工作者也加入这一队伍，成为避税专家，将为企业进行避税筹划当作一种职业。

（4）最初的避税都是通过会计手段，但随着避税条件的不断变化，税法、税收政策、税收征管等方面的避税机会得到广泛利用；再者，利用国际结算、外币折算方式方法也可以进行避税。因此，单纯以会计为手段的避税已经转向会计手段与非会计手段并用，避税日渐成为企业的一种经营行为。

各国的税收法规制度不断完善，各国也在不断实现税收的国际协调，作为税务筹划主要手段的避税也在不断发展，既着眼于国内又着眼于国际。

6. 避税与逃税

在早期，人们对避税与逃税并不做区分。在1860年英国的一起诉讼案中，法官L. J. 特纳（L. J. Turner）建议用逃税（tax evasion）代表纳税人合法地少纳税，而用税收违法（tax contravention）表示今天人们所说的逃税行为。现代意义上的"避税"与"逃税"概念最早在美国采用。1916年，Oliver Wendell Holmes in Bullen vs. Wisconsin案中使用了这两个概念，后来英国也开始接受这两个概念。到20世纪50年代，英国学界也开始使用"逃税"（tax evasion）和"避税"（tax avoidance）。但直到20世纪70年代，美、英等国还有许多人将这两个概念混用。因此，为了防止混淆，现在仍有人还使用"合法避税"与"违法逃税"的概念，以强调两者的区别。

目前，包括我国在内的各国法律一般都没有定义避税。维基百科（Wikipedia）对避税与逃税的界定是：避税是纳税人合法地利用税收制度，以便减少税法所要求其缴纳的税款金额。而逃税是个人、企业和其他组织用违法的手段逃避纳税义务。逃税一般是纳税人向税务机关弄虚作假，虚报或假报其经营情况，从而达到减少纳税义务的目的。逃税亦称税收欺诈，它是非法的，是不遵从的故意行为。

尽管国内外学界、实务界对避税有不同的理解和认识，但避税与逃税的基本区别还是容易界定的：（1）避税没有违反法律（税法、刑法等），而逃税是违反税法或刑法的；（2）避税是纳税人事先通过改变经营行为或经营方式避免纳税义务发生，而逃税是在纳税义务已经发生的情况下，通过篡改发票或账簿等手段隐瞒纳税义务，两者采取的手段不同。

虽然人们能够宣称合法性是逃税与避税的区分线，但实际上这条线是模糊的；有时法律本身不清晰，有时法律本身清晰但纳税人并不清楚，有时法律清晰但是在执法过程中忽视了特定交易或行为的特殊性（Slemrod et al.，2001）。①在税务筹划实务中，两者的界限并不十分清晰，从道德的角度也是难以区分避税与逃税的。正如英国前财政大臣丹尼斯·黑勒（Denis Healey）所言，避税与逃税的区别，就看监狱大墙的厚度。②

同样的税务筹划行为，有的时候、有的地方（国家、地区）可以被认定为避

① 转引自埃里希·科齐勒．税收行为的经济心理学．北京：中国财政经济出版社，2012.

② This article contrasts tax evasion，tax avoidance and tax mitigation. http://www.economicexpen.com/a/Tax:eva6ion.html.

税，有的则可能被界定为逃税，正所谓“橘生淮南则为橘，生于淮北则为枳”。

案例分析

勿以逃税做筹划

据中国裁判文书网上公开的一份已生效刑事判决书（云南省昆明市盘龙区人民法院 2019 年 12 月 29 日）披露，王某和高某分别是 A 会计师事务所有限公司负责人和财务人员，在 2016—2017 年期间，事务所安排公司员工注册成立 B 商务信息咨询有限公司、C 信息咨询服务部等商事主体，并实际控制 4 家公司和 6 家个体经营户。2016 年至 2019 年 3 月，事务所在无任何实际业务的情况下，以 4 家公司和 6 家个体经营户的名义，由被告人王某、高某经手，为自己虚开 505 份增值税专用发票，发票金额为 71 647 640.89 元，抵扣税款 2 114 477.65 元；虚开 20 份增值税普通发票，发票金额为 194 174.8 元，抵扣税款 5 825.2 元。王某、高某将这些发票纳入 A 会计师事务所账目，并向税务机关申报抵扣了税款。两被告人均积极参与并实施犯罪行为，分工合作，犯罪地位等同，不存在主从关系。

依据有关规定判处 A 会计师事务所有限公司犯虚开增值税专用发票、抵扣税款发票罪，判处罚金 50 万元；被告人王某犯虚开增值税专用发票、抵扣税款发票罪，判处有期徒刑 5 年；被告人高某犯虚开增值税专用发票、抵扣税款发票罪，判处有期徒刑 5 年。

主管税务部门依法对该会计师事务所在 2016 年 1 月 1 日至 2019 年 3 月 31 日期间，不缴或少缴税款的逃税行为做出追缴税款 2 048.5 万元，并加收滞纳金的行政处罚。

作为中介服务机构的事务所、注册会计师，本应是遵纪守法的践行者，自己却将逃税行为视为税务筹划，不遵职业操守，理应受到法律惩处。如果企业委托这样的事务所和注册会计师做税务筹划（咨询），其风险可想而知。唯有认真学习并掌握税务筹划的基本理论和方法，熟知相关法规，在遵法的前提下追求税收利益最大化，才是稳妥之策、正确之道。

1.4.3　税负转嫁手段

税负转嫁（tax translation）既可以视为避税方法的一种特殊类型（税负转移避税），也可以作为独立的税务筹划方法。税负转嫁主要是针对流转税，因为流转税在一般情况下都具有税负转嫁的特点，纳税人可能不是或不完全是该税的实际负税人。这种行为不是对缴税的回避，也不是对税法不完善和缺陷的利用，而是在纳税人直接缴纳税款后，再将其税负转移给他人，最终由他人负担。这种转移税负方式的成功与否，关键在于价格，而价格的高低则受市场的竞争环境和产品供求弹性的影响。

1. 税负转嫁的概念

（1）税负转嫁，即纳税人在缴纳税款之后，通过各种途径将自己的税收负担转移给他人的过程。也就是说，最初缴纳税款的法定纳税人不一定就是该项税收的最终负担者，他可以把所纳税款部分或全部地转移给其他人。只要某种税收的纳税人和负税人不是同一人，便有可能发生税负转嫁。

（2）税负归宿，即税收负担的最终归着点或税负转嫁的最后结果。税收经过转嫁过程，最终总要把负担落在一个（或几个）负税人身上。一旦税负转嫁过程结束，税负就有了归宿，即有了最终承担者。

税负的转嫁过程从纳税人到负税人，可能只经过一次税负转移，也可能要经过数次税负转移。如果一笔税款从纳税人到负税人，其转嫁过程发生一次，可称作一次转嫁。如果同一税额从纳税人到最后负税人，其转嫁过程发生两次或两次以上，可称作辗转转嫁。

税收负担可能全部转嫁出去，也可能部分转嫁出去，甚至转嫁不出去。如果纳税人通过转嫁将全部税负转移给他人负担，称为完全转嫁；如果纳税人通过转嫁仅将部分税负转移给他人，则称为部分转嫁。

2. 税负转嫁的特点

税负转嫁是在纳税人之间进行的，因此，它不会减少国家的税收总收入。税负转嫁一般仅适用于流转税（货物劳务税）。

3. 税负转嫁的方法

按照税负转嫁的不同途径，一般可以将税负转嫁分为以下四种方法（方式）。

（1）前转（forward shifting），亦称顺转、下转，即纳税人将其所纳税款，通过提高商品或生产要素价格的方法，向前转移给商品或生产要素的购买者或最终消费者负担的一种形式。一般来说，前转是税负转嫁最典型和最普遍的形式，多发生在商品和服务的应税上。

（2）后转（backward shifting），亦称逆转、上转，即纳税人将其所纳税款，通过压低生产要素进价的方法，向后转移给生产要素的提供者负担的一种形式。后转一般是在市场供求条件不允许纳税人以提高商品销售价格的办法向前转移税收负担时发生的，而且大多发生在生产要素的应税上。

（3）消转（diffused shifting），亦称税收转化，即纳税人对其所纳税款，既不向前转嫁，也不向后转嫁，而是通过改善经营管理、改进生产技术、延长劳动时间、压低工薪的方法，自己消化税收负担。因为消转并没有把税负转移给他人，也没有特定的负税人，所以严格地说，消转是一种特殊的税负转嫁形式。

（4）税收资本化（capitalization of taxation），亦称资本还原，即生产要素购买者将所购生产要素的未来应纳税款，通过从购入价格中预先扣除的方法，向后转嫁给生产要素的出售者的一种形式。税收资本化主要发生在某些资本品的交易中。最突出的例子就是对土地交易的征税。政府征收土地税，土地购买者便会将预期应纳的土地税折入资本，将税负转嫁给土地出售者，从而表现为地价下降。此后，名义上虽由土地购买者按期纳税，但实际上税款是由土地出售者负担的。因此，土地税和土地价格的关系经常表现为：土地税增加，地价必将下降；土地税减少，地价必将上升。

节税、避税、税负转嫁与逃、抗、欠、骗税的区别，可以用图 1-1 表示。

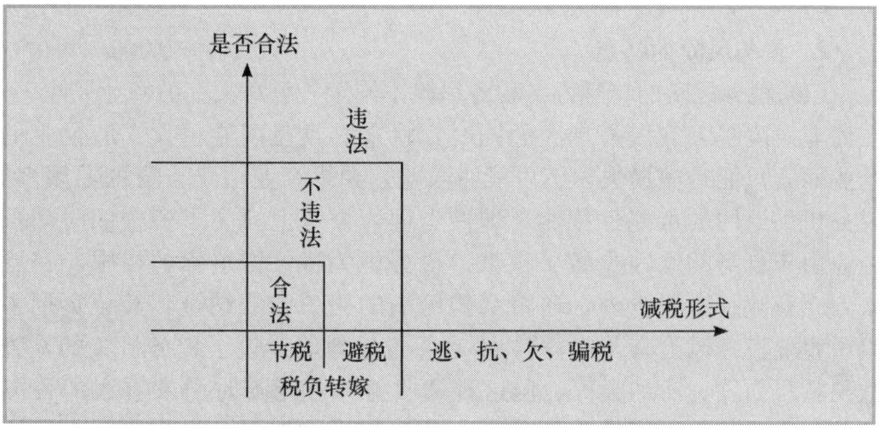

图 1-1　减税形式与合法性

1.5　税务风险及其防控

风险的产生源于现实世界的不确定性及人类对其认识的有限性，人类认识风险是因为风险通常与损失相联系。美国经济学家奈特（1921）在《风险、不确定性和利润》一书中，对风险与不确定性加以区分。他认为，如果某一经济行为者所面临的随机性能用具体的数值概率表述（这些概率可以像拿到彩票一样客观地确定，也可以反映自己的主观信念），就可以说这种情况涉及风险。若该经济行为者对不同的可能事件不能（或没有）指定具体的概率值，就说这种情况涉及不确定性。美国明尼苏达大学教授威廉姆斯和汉斯（1964）在《风险管理与保险》一书中，重新分析了风险与不确定性的问题。他们认为，风险是客观的状态，对任何人都是同样存在、同等程度的，但不确定性是主观判断，不同的人对同一风险会有不同的认识。

1.5.1　税务风险的定义和特点

1. 税务风险的定义

税务风险是税收征纳双方在涉税行为中因未正确有效地遵守税收法律法规的有关规定，而导致利益可能遭受的损失。纳税人在处理涉税事项和进行税务筹划时，都会面临税务风险；同样，税收执法、司法机关在行权过程中，也存在税务风险。因此，税收征纳双方都可能面对税务风险，但本节所述税务风险，仅指作为纳税人的企业的税务风险，即企业税务风险。企业税务风险包括三方面的含义：一是企业的经营行为因违反税收法规的有关规定，而导致补税、罚款、加收滞纳金、刑责（判刑、罚金）以及声誉损害等；二是企业经营行为适用税法不正确、不准确，没有充分利用有关税收政策，导致企业经济利益的损失，承担了不必要的税收负担；三是企业税务筹划失败所导致的税务风险。

2. 税务风险的特点

（1）税务风险的特殊性。税务风险不同于一般意义上的商业风险。一般认为，在商业风险越大、损失越大的同时，将来的收益可能越大。但企业税务风险对企业而言只能是净损失，不可能有收益。如果企业由于自身的原因多缴了税款，税务机关退回的可能性很小，即使退回，企业也损失了资金的时间价值；如果企业由于自身的原因少缴了税款，税务机关将保留追索的权限，一旦被检查出来，企业除补缴税款外，还将承担巨额的罚款和滞纳金，甚至负刑事责任。如果说企业税务风险有"收益"，那也不过是暂时避过了税务机关的检查而不用补缴税款、罚款、滞纳金等，但这种"收益"可能随时引发更大的税务风险，而且其"收益"的可能性将随着税收法治建设的加强、税收执法水平的提高而越来越小。

（2）税务风险的主观性。纳税人与税务机关对同一涉税业务可能存在不同理解，不同地区、不同税务机构对税收法规可能存在不同解释，税款征纳双方较难做到在"沟通中的认同"，这将导致税务风险的产生。

（3）税务风险的必然性。企业作为经济人，追求税务成本最小化、税后利润最大化是其永恒的目标，而税收又是一种强制性的分配，税收执法者具有解释权和自由裁量权，导致企业和政府间的信息不对称。加之国家税收执法环境不断变化，企业管理者、会计人员对税收政策法规理解有一定的局限性，企业难以完全规避税务风险。因此，税务风险会给企业带来潜在的持续影响。

税务筹划风险的产生可能往往不在于是否遵守和执行税收法规，而是对法规背后道德精神的领悟。法规不能违，道德不能失。

1.5.2 企业税务风险产生的原因和类型

1. 企业税务风险产生的内部原因

（1）企业管理者税务风险意识弱。目前，一些企业的管理者仅有财务管理概念，没有税务管理概念，缺乏对企业税务风险的基本认知。殊不知，如果企业的税务管理基础差，企业财务管理水平也不可能高。一些企业领导不注重税务管理人才的培养和职务设置，存在通过不合法、不合规行为降低企业税负的动机。随着我国税收征管体系的健全、税收征管力度的加大，企业税务不合法、不合规行为一旦被发现，将可能面临行政处罚和刑事处罚。要对企业税务规划（安排）的商业合理性和税务合规性有充分的依据、充足的理由。企业管理者在重视财务管理的同时，也应该重视税务管理，加深对企业税务风险的认识，加大对税务风险的防范。

（2）企业监管制度不健全。企业管理制度和监督制度不健全，税务管理基础差，导致不能从源头上防范和控制税务风险。企业应该建立健全管理制度、内部控制制度、内部审计制度、税务风险管理制度等，从组织架构、经营模式、业务流程上做好税务风险管理制度的设计、执行和监督，强化企业税务管理部门的职能作用，配备称职的专业人员。

（3）企业税务管理人员水平较低。企业税务管理人员的专业水平直接影响企业税务风险。例如，某些会计人员不能正确界定财务会计与税务会计的界限，造成应按会计准则处理的涉税事项，却按税收法规处理；而该按税收法规处理的涉税事项，却按会计准则处理。这样既降低财务报告信息质量，又不符合税收法规规定，可能在主观没有违法意图的情况下做出事实违法的税务行为，从而给企业带来损失。

2. 企业税务风险产生的外部原因

（1）税收法规制度不明晰。我国的税收法律法规层次较多，除了全国人民代表大会及其常务委员会制定的税收法律和国务院制定的税收法规外，还有税收主管部门制定的大量税收行政规章，这些行政规章往往不够明晰，甚至前后矛盾，但通常又是涉及税收实务操作、纳税成本运作的内容。在这种情况下，企业依据税收行政规章开展纳税活动，就有可能因对这些行政规章体现的税法精神理解错误而导致运作失败和纳税成本上升。

（2）税收行政执法不规范。我国代表国家征税的主体有税务机关、海关等多个机构，各机构之间税务行政执法职能有时会相互重叠，加之税务行政机关工作人员的专业水平、素质等因素的影响，税务行政执法不规范的情况时有发生，导致将企业本属于节约纳税成本的正常行为认定为拖欠税款或逃税行为，或者对企业明显违反税法规定的行为却放任不究，致使企业对错误的涉税行为产生错觉，可能会引发更大的错误，产生更大的风险。

（3）税收司法不公。税收司法包括税收行政复议和税收行政诉讼。我国实行的税收行政复议制度在上一级税收机关内部执行，很难保证其公正性。对于税收行政诉讼来说，由于缺乏专业的技术人员，难以保证税收司法结果的公正性。一旦征纳双方出现税收争议，司法系统仍需主管税务机关解释相关法条。因此，司法的公正性可能会大打折扣，这就可能给纳税人带来相应的税务风险。

上述外部原因的存在也会增加税务筹划的不确定性，从而增加企业的税务风险。

3. 企业税务风险的类型

根据企业税务风险产生的原因及其可控制程度，可以将税务风险分为以下五种类型。

（1）税收立法引起的税务风险。任何一个国家的纳税人都必须在现行税收法规约束下依法纳税。根据宏观经济发展需要，税收法律法规具有可变性，一旦国家的税收法律发生了变化，相对稳定的企业组织架构、经营方式等与变化的税收立法之间就可能产生不协调，由此导致税务风险。

（2）税收执法引起的税务风险。税收执法引起的税务风险是指在成文法规定下，税收执法主体依据法定职权，按照一定的执法程序和相关制度将税收实体法的法律法规适用于行政相对人或事件时，在程序法与实体法运用过程中，与行政相对人在具体适用上发生理解与执行的偏差而致使纳税人可能遭受的损失。

（3）税收司法引起的税务风险。税收司法引起的税务风险是指征纳双方针对特定的纳税事宜寻求公正解决途径时，司法处理不当，致使纳税人可能遭受的损失。

（4）税收违法引起的税务风险。税收违法引起的税务风险是指因纳税人违反国家现行税收法律法规的相关规定而遭受处罚所引起的损失。

（5）纳税不当引起的纳税机会风险。纳税不当引起的纳税机会风险是指纳税人在面临多种纳税方案时，因纳税人的选择导致多缴、早缴税款而失去其他投资机会所引起的损失，其中，税务筹划失败风险也属于这类风险。

1.5.3 税务风险的控制

风险控制是风险管理的重要内容，风险控制方法又是风险控制的主要内容和中心环节。

1. 税务风险评估和预警

（1）企业税务风险评估。风险评估是指在风险事件发生之后，对该事件导致的生产、经营、财产等方面的影响和损失进行预估、测度并量化的工作。企业税务风险评估是指企业税务风险管理人员依据税收法律法规，在检验企业税务风险的基础上，对企业存在的或潜在的税务风险，采用一定的方法进行预估、分类、测度并量化的工作。具体如下。

1）对税务风险本身的界定。包括税务风险发生的可能性、风险程度（强度）、风险持续时间（过程）、风险发生区域及关键风险点等。

2）对税务风险作用方式的界定。包括税务风险对企业的影响是直接还是间接的，是当期、下期还是以后各期，是否会引发其他相关风险，风险对企业的影响范围等。

3）对税务风险后果的界定。如果税务风险发生，会对企业造成多大损失？如果要避免或减少风险，为此要付出多大代价？对企业的社会形象、诚信度有无影响？如果有影响，企业直接与间接的经济损失有多大？

（2）企业税务风险预警。风险预警是指企业根据外部环境与内部条件的变化，对企业风险进行预测和报警。风险预警既是一种预警系统，又是一种预警机制。通过建立风险预警系统或机制，可以增强企业的免疫力、应变力和竞争力，保证企业处变不惊，做到防患于未然。在市场竞争日趋激烈的今天，企业要想在大浪淘沙中站稳脚跟，就必须建立风险预警机制。建立风险预警机制，可以在企业风险和危机尚未形成时就发出警报，引起管理层的重视，将危机消灭在尚未形成状态或者萌芽状态，从而使企业能够实现可持续发展。

企业税务风险预警是指企业税务风险管理人员依据税务风险评估结果，填制企业税务风险预警表，对相关部门提出预警。建立企业税务风险预警机制（系统），可以最大限度地降低企业税务风险，减少有形和无形损失。

2. 税务风险控制方法

企业税务风险控制方法是税务风险管理人员依据税收法律法规，对所发现的税务风险进行规划控制和安排的方法。

（1）税务风险规避法。税务风险规避法是为避免风险的发生而拒绝从事某一事件的方法。税务风险规避是避免税务风险最彻底的方法，但企业不能仅仅为了避免税务风险而放弃既定经营计划、投融资计划等，导致正常经济行为扭曲。因此，选择税务风险规避法时，应该谨慎周全，不能顾此失彼、得不偿失。常用的规避措施有停止某些特定的经营活动（行为），避免选择低回报率、高税务风险的投资项目，设定新的活动目标，制定有效防范税务风险的具体措施等。

（2）税务风险控制法。税务风险控制法是用以使税务风险程度和频率最小化的方法。税务风险控制的目的在于降低税务风险发生的可能性，减轻税务风险的损失程度。税务风险控制法更多的是事前控制，即对企业的经济业务操作模式进行合理的调整，减少税务风险触发的机会，或对内部纳税程序进行有效的控制，将不可预见税务风险事件导致的损失降低到可接受的范围。事中、事后税务风险控制是为了补救或减少税务风险的损失和不利影响，其实施的主要途径一般是：调整相关经济业务的处理计划或规程；调整有关会计处理方法；及早清偿所欠税款，以避免遭受更大的税务违规处罚。在实施税务风险事中或事后控制时，会计调整必须遵循如下原则：

第一，本年度会计差错问题，可以按照正常的会计处理程序，采用冲销调账法、补充调整法、转账调整法等，正确进行会计调整。

第二，上年度会计差错问题，如果对上年度税收产生直接影响，在上年度决算编报前发现的，可直接调整上年度会计账目；在上年度决算编报后查出的，应通过“以前年度损益调整”账户进行调整。

第三，上年度会计差错问题，如果不影响上年度税收，但与本年度核算有关，则应按上年度账目的差错金额影响本年财务成果的数额调整本年度有关账目。

在税收法规和会计准则有诸多差异的情况下，要正确区分一般纳税调整与特别纳税调整，正确掌握财务会计与税务会计的联系与区别。财务会计处理是以会计准则为依据，如果其会计处理不符合会计准则的要求，应按财务会计准则进行会计调整，不一定涉及税务调整；如果其会计处理不符合现行税收法规的要求，则需要税务会计进行税务调整。

（3）税务风险转移法。税务风险转移法是将税务风险转嫁给参与该项经营计划（行为）的其他企业，一般通过合约的形式将税务风险转移。如根据现行税收法规，通过兼并重组、合并分立、改变销售渠道或销售方式等手段，将税务风险转移给其他企业。

（4）税务风险保留法。税务风险保留法是风险融资的一种方法，是指遭遇税务风险的经济主体自己承担风险所带来的经济损失。其重心在于寻求和吸纳风险融资资金，但这取决于当事人对待风险的态度：一是在税务风险发生后，以积极的态度和行为承担税务风险带来的损失，即在法律法规和能力允许的范围内尽可能减少由处罚带来的风险支出；二是为可能出现的税务风险做好准备，事先预提风险准备金；三是在市场及法律法规允许的范围内，通过产品或服务重新定价弥补税务风险带来的损失。

1.5.4 税务稽查与企业税务风险防控

1. 税务稽查的意义

税务稽查是税务机关依法对纳税人、扣缴义务人和其他税务当事人履行纳税义务、扣缴义务及税法规定的其他义务等进行检查和处理工作的行政执法行为。税务稽查可以分为日常稽查、专项稽查和专案稽查三类。

（1）税务稽查是税收征管的最后一道防火墙。国际货币基金组织的专家曾把税收征管内容的结构比喻为一座金字塔，即从底部向上依次是为纳税人服务、纳税申报处理、税款缴纳、税务稽查、对违法行为的惩罚和税务诉讼。所以由税收实体法规定的纳税义务必须经征税主体对其发生、计量、履行和消亡等逐级进行确认后才能实现，而法定义务的确认、履行贯穿于纳税服务、税款征收、税务稽查的税收征管各环节，它们与法律救济构成了“四位一体”的现代税收管理体系。在这个体系中，税务稽查处于税收征管的最后一个环节，如果这个环节出现严重疏漏，就会动摇整个税收征管体系。

（2）税务稽查效率决定税收征管的质量与效率。在理想状态下，如果纳税人自觉在规定时间内准确计算并缴纳税款，则税务机关的任务仅为帮助纳税人实现缴付，但理想与现实总是存在偏离。这就要求税务机关必须通过各种措施加强管理，最大限度地修正这种偏离。正是基于这一考虑，任何一个现代政府在税收制度安排上，都会把建立完善的税收征管体系与税制设计作为同等重要的内容，以追求税收征管的质量和效率来实现税收的全部功能。税务稽查的效率取决于三个方面：一是对税收违法行为的有效查处概率，即一定时期内税务机关查处的税收违法行为与客观发生的税收违法行为之间的比例以及二者形成的查补收入与税款流失之间的比例；二是执法是否公平公正，即是否依照法定权限与执法程序，处理处罚是否公平公正；三是稽查执法成本，即查处税收违法行为所需的执法成本。

（3）税务稽查是有效提高纳税遵从的重要手段。在一定意义上，纳税遵从反映纳税人依法诚信纳税的法制意识和道德水平，因而也是衡量一个国家税收征纳关系是否和谐的主要标志。它包含两个层面的内容：一是反映纳税人在税收法律框架内的自律水平，即在不考虑税务机关监管的情况下，纳税人是否能够按照税收法律法规规定自觉缴纳应缴税款；二是反映纳税人在税收法律框架内的他律程度，即在考虑税务机关监管的情况下，纳税人是否或在何种程度上依照税收法律法规的规定缴纳应缴税款。在前一种情况下，纳税人即使不能自觉纳税，也不会承担法律责任；而在后一种情况下，纳税人一旦不能依法纳税，就很有可能受到税务机关的查处并承担相应的法律责任。

从企业的角度来看，税务稽查与企业税务风险防控密切相关。

2. 企业被税务稽查的原因

企业被税务稽查，一般有以下几种原因。

（1）被举报，尤其是被内部人举报。税务稽查的许多线索来自举报，尤其是内容翔实、证据确凿的内部人举报。举报的内部人可能是出于维护税收法律的尊严、维护国家利益的高度责任感，也可能是认为自己受到了不公正待遇。作为企业的管理者，应该遵纪守法，“要想人不知，除非己莫为”；还应善待员工，尊重每一个员工的权利和人格。当执法机关接到内部人举报时，实施检查的可能性非常大。

（2）被评估确定为稽查对象。许多稽查对象的确定是执法部门纳税评估的结果。如果纳税人税负长期小于行业平均水平，或者是跳跃性盈亏，则容易被确定为稽查对象，尤其是每年确定的重点检查行业中多年未被检查的企业。

（3）被牵连。有些企业被检查，是因为其关联企业被检查。执法机关在检查企业时，认为存在的某些比较严重的问题有可能同样存在于其关联企业，或发现其他线索，通知被查企业的关联企业主管部门进行检查。

（4）非税收原因。税务执法部门可能因需要配合其他部门的工作而开展税务稽查。

3. 税务稽查引发的税务风险

（1）补税、加收滞纳金和罚款。一旦查出企业存在少缴税款的问题，一般会进行补税并加收滞纳金。滞纳金相当于占用国家税款的时间成本，其性质类似于利息，但比利息要高出很多，以我国现行万分之五的滞纳金计算率，相当于按年利率 18%计缴税款罚息。罚款是违法行为应该付出的代价，至于罚款多少，是有一定弹性的。

（2）除补税、加收滞纳金和罚款之外，被媒体曝光。媒体经常有纳税人偷逃税款的报道，这些报道一般都是税务或海关等执法部门为发挥税务稽查的震慑作用主动向媒体爆料，使企业在有形损失之外又增加了无形损失。

（3）除补税、加收滞纳金、罚款和被曝光之外，还被追究刑事责任。因涉税而构成犯罪的，应依法追究刑事责任。根据刑法的有关条款，与税收有关的罪名包括逃税罪、抗税罪、逃避追缴欠税罪等罪名，最轻判处 3 年徒刑，最重可判无期徒刑。

4. 税务稽查风险的防控

针对税务稽查所引发的税务风险，企业应从以下几个方面进行防控：

（1）努力减少被稽查的税种、时间跨度和关联企业户数。如果稽查的税种涉及一两个，则争取不被稽查其他税种；如果稽查的时间是当年，则争取不被追溯到以往年度；如果稽查的户数是一家，则争取不被稽查关联企业。总之，稽查得越少越好、越短越好。

（2）争取较低的罚款倍数。如果出现少缴纳税款的情况，补缴税款、滞纳金一般没有讨价还价的余地，但罚款是有弹性的。根据《中华人民共和国税收征收管理法》（简称《税收征收管理法》）的规定，罚款的标准应在不缴或者少缴税款的 50%以上 5 倍以下，纳税人应尽量争取较低的罚款倍数。

（3）尽可能不被媒体曝光。被稽查企业不应在缴纳罚款、滞纳金导致经济利益受损之后再被媒体曝光，致使名利双失，即在有形损失之外，不要再发生无形损失。被媒体曝光给企业带来的损失虽然不能计量，但可能给企业带来更大、更长期的损失。

（4）不被追究刑事责任。发生被追究刑事责任的案例，是因为税务机关已将稽查案例移送公安机关。公安机关一旦立案侦查，一般会被判刑。如果是海关缉私的案例，海关可以直接移送检察机关，由检察机关提起公诉。纳税人务必应予避免的是，在名利双失之后，不能再失去人身自由。一旦失去自由，方知自由的可贵。

5. 主动配合税务稽查，努力降低税务风险

一般情况下，纳税人无法决定自己是否被稽查，但当纳税人不得不面对稽查时，如何主动配合税务稽查，以及恰当处理稽查过程中的有关问题，对能否控制税务风险有至关重要的意义。不少纳税人不知道如何配合税务稽查，最后导致经济利益遭受重大损失，企业形象毁于一旦，相关人员被追究刑事责任。面临税务稽查时，纳税人务必要做到不犯后果严重的低级错误。

配合税务稽查主要体现在以下三个方面：

（1）稽查地点选择。稽查地点既可以在企业，也可以将纳税人的账簿等相关材料调到执法机关。企业应尽量争取执法人员同意到企业现场稽查，这样既便于执法人员工作，又便于纳税人与执法人员及时有效地沟通，避免误判造成损失和不必要的麻烦。

（2）稽查后勤保障。如果能够征得执法人员同意现场检查，在后勤保障方面要做到周到、得当，以体现对稽查人员应有的尊重和诚意。

（3）稽查争议处理。在稽查过程中，执法人员可能会就某些问题与企业沟通，出现不同看法亦属正常。由于执法人员的素质参差不齐，在执法人员意见缺乏法规支持甚至明显失据的情况下，纳税人也应在对执法人员意见表示理解的同时，委婉地表达不同意见，切忌直接对立，甚至将业务问题变成面子问题，使简单的问题复杂化。

纳税人处理税务稽查风险，应该防控并举。“防”不是想办法不被稽查，而是想办法把税务风险消灭在日常工作中，防止税务风险的发生和积累。“控”是在风险发生时，控制风险蔓延。对纳税人而言，防止税务风险的发生和积累，比控制税务风险的蔓延更为重要。

复习思考题

1. 何为税务筹划？试述税务筹划的意义。
2. 纳税人为什么要进行税务筹划？其目标是什么？
3. 税务筹划应遵循哪些原理、原则？税务筹划有何特点？
4. 简述税务筹划的基本手段与方法。
5. 何为税务风险？其产生原因是什么？如何防范税务风险？
6. 简述税务风险与税务筹划、税务稽查的关系。

案例分析题

案例1　中化巧用“收购＋贷款金融锚”方式收购以色列最大农化企业

背景：在全球金融危机中，马克西姆阿甘公司（MA Industries）的母公司Koor Industries受到比较大的影响，2010年三季度大幅亏损，不得不出售旗下资产。2011年2月22日，《21世纪经济报道》发表题为《中化收购以色列最大农化企业》的文章。文中写道，中化本来可以全部收购该公司，但在这次并购中以特别的“金融锚”方式安排，即支付14.4亿美元收购款项，从而掌握其60%的控制性股权；此外，中化还为Koor Industries公司提供9.6亿美元（相当于40%的股权）贷款，以后者的剩余马克西姆阿甘公司股权作担保。按约定，贷款7年期满后，Koor Industries公司可以选择以现金方式归还贷款，也可以被抵押的股权作为偿付。

为什么做出这样的交易安排？因为转让方预测，以色列未来可能将现在24%的公司所得税税率降至18%，Koor Industries公司希望通过获得贷款的方式，延期获得出售马克西姆阿甘公司所有股权的所得，以此来降低其在当下可能要支付的所得税。

分析要求：做出这种交易安排，转让方出于何种考虑？收购方又是如何考虑的？

案例2　苹果公司避税

一、参议院的报告

美国参议院常设调查委员会发布的报告称，作为全球市值最高的企业，苹果持有1 450亿美元现金，其中的1 020亿美元位于海外。苹果位于以色列的一家附属公司在2011年赚取了220亿美元利润，但仅支付了1 000万美元税款。通过避税策略，苹果2011年在美国避税35亿美元，2012年避税额更是达到了90亿美元。苹果在2011年支付25亿美元联邦税，而在2012年支付60亿美元。参议院的报告披露了以下事实。

(1) 苹果几乎所有海外业务都由一家没有一个员工的爱尔兰企业经办。这家名为苹果运营国际（AOI）的公司告诉调查员，有关苹果国际业务的文件全部遗失，其中包括可以解释为何国际业务始于1980年的记录和为何AOI经手苹果全球销售的记录。

(2) 苹果在爱尔兰的企业所得税税率不超过2%。爱尔兰的税率本来就不高，经过协商还给予苹果特别优待，只按2%的税率纳税。2009—2011年，仅苹果在爱尔兰这一家负责国际销售的AOI就拥有收入380亿美元，纳税2 100万美元，实际纳税0.06%。

(3) 2009—2011年，30%的苹果全球净利润来自AOI，这家公司在哪个国家都没有纳税。美国规定可以在企业成立的所在地纳税，爱尔兰则规定可以在企业管理者的所在地纳税。因此，如果把企业的分支开设在爱尔兰，然后在美国遥控管理，就不必在这两个国家纳税。苹果就是这么做的，过去5年，AOI没有在任何一个国家纳税。

(4) 苹果的美国利润也可以转给爱尔兰的AOI。苹果不只避免海外市场的销售收入向美国纳税，还通过转移定价把在美国得到的盈利转给开设在爱尔兰的AOI。苹果与AOI签订了一份成本共享协议，协议规定，在美国进行研发得到的多数利润归AOI所有，AOI只负担较少的成本。2009—2012年，苹果将研发成本中的40亿美元划归美国的苹果公司，美国苹果的利润为387亿美元，而爱尔兰的AOI得到利润740亿美元，仅分担成本49亿美元。

(5) 苹果存在美国银行的大部分现金都归属海外。爱尔兰的苹果由美国的员工管理，爱尔兰的这些公司将大部分现金存入美国的金融机构。管理大部分现金的就是全球最大对冲基金——美国内华达州里诺市的Braeburn Capital。

(6) 让公司集体消失的“查看盒子”魔法。跨国企业最常用的逃税招数就是所谓的“查看盒子”（check-the-box）。它是指企业可以引导政府完全无视特定国外分支机构的应缴税款。苹果的AOI就是在全球收入分配网中利用“查看盒子”的漏网之鱼。按苹果全球分销网中的国外销售业绩评估，苹果由此可以避税125亿美元。

(7) 苹果看上去不擅长估计自己的应纳税款。2009—2011年三年的年报中，苹果都告诉投资者，公司拨备137亿美元用于负担美国联邦政府税款，可实际只支付了53亿美元。本来这些纳税拨款是提前估计的，奇怪的是每年都会多估出几十亿美元。苹果实际的美国税率只有20.1%，比该公司对外声称的24%～32%低得多。

调查委员会主席卡尔·莱文（Carl Levin）在听证会上说，通过一系列复杂的程序，苹果成功地避税数十亿美元。苹果公司将专利等知识产权转移至爱尔兰子公司，使得其他部门需要向这些子公司按照销售额缴纳授权费，而知识产权是苹果“会下金蛋的母鸡”。

二、苹果公司的回应

在遭到美国国会指控合法避税后，2013年5月21日，苹果公司CEO蒂姆·库克出席了美国参议院听证会，回应外界对苹果公司设立爱尔兰子公司避税数十亿美元的指控。库克作证时表现轻松，不但否认指控，还在辩解时将矛头转向了美国税制，呼吁税改。

库克表示，苹果是美国纳税金额最高的企业。2012 年公司在美国的有效税率为 30.5%，公司向美国财政支付了近 60 亿美元税金，今年将支付更多。在过去几年里，苹果在美国创造了 60 多万个就业岗位，其中 5 万个是直接由苹果公司提供的。

库克称，他们赚的每一块钱都是纳过税的，无须依赖税务漏洞。他说，爱尔兰子公司并未减少苹果在美国的税负。苹果只是未把在海外的利润汇回美国，从而避免了联邦政府对海外利润征收 35%的税收，这一做法在其他跨国公司中十分常见。

苹果高管辩称，苹果母公司保留了北美洲和南美洲的知识产权，只有海外销售的授权费会流向爱尔兰子公司。另外，这些爱尔兰子公司还承担了苹果加利福尼亚州库伯迪诺总部的部分研发成本。苹果认为，自己没有将知识产权转移到海外，也并未利用其将产品销售回美国以达到避税的目的。

对于苹果有 1 020 亿美元资金在海外，库克表示，苹果海外的分支机构持有 70%的现金是因为国际业务的快速增长。公司利用这些收益为海外业务筹资，比如将资金用于购买新的设备、建设苹果在全球的零售商店等。

库克还对美国税制进行了批评。他承认，在目前美国的税收体系下，将资金汇回是非常昂贵的。美国税收体系没有跟上数字时代的脚步。他认为，应简化美国的税收体系，降低企业所得税，对海外收入合理征税以鼓励资金流回美国。

分析要求：对美国参议院的调查报告，你是如何认识的？你是否认可苹果公司 CEO 蒂姆·库克的自我辩解？通过该案例，你对避税有何新的理解与认识？

案例 3　毕马威恶性避税

2005 年 8 月 26 日，四大会计师事务所之一的毕马威在位于纽约的地方初审法庭公开承认向客户兜售恶性避税，并同意支付 4.56 亿美元。按 2004 年毕马威 1 524 名美国在册合伙人计算，人均约 30 万美元。涉案的 8 名前税务合伙人和 1 名律师将另案受到起诉。

一、激进之祸

企业在经营中要进行合法的税务筹划。而偏激的筹划，即以避税（tax avoidance）或逃税（tax evasion）为目的的筹划，则称为纳税计谋（tax schemes），属非法行为。法律和税收条例提供了判别的原则和标准。根据美国国内收入署（Internal Revenue Service，IRS）的定义，避税手段（tax shelters）是指旨在规避联邦所得税而建立的合伙或其他实体，旨在规避联邦所得税而进行的投资或财务安排以及其他的计划或安排。实践中，避税合法性的判断存在一定的主观性。如果说避税手段在一定条件下尚属合法，那么恶性避税手段（abusive tax shelters）则属非法，它的一个显著特征是有违立法宗旨。

20 世纪 90 年代，恶性避税在美国渐呈蔓延之势，五大会计师事务所均有不同程度的染指。比如，在 2002 年 IRS 明确恶性避税非法之前，安永已向 132 个客户提供过此类服务，获得约2 780万美元收入。或有递延交易（contingent deferred swap）是安永的拳头避税产品，它通过复杂的交易设计将客户的营业收入报告为资本利得。由于资本利得的适用税率低于营业收入的税率，客户得到了避税的好处。2003年7月，安永以1 500万美元的罚款了结了IRS对它的指控。

毕马威是这次恶性避税的出头鸟。早在1997年，毕马威就成立了一个税务创新中心，专门研究避税产品的开发。该中心逐年制定非常激进的目标。以2001年为例，目标是150项产品提案。员工的各种提案会得到相应的奖励。有潜质的提案要经历一个冗长的开发和审批程序，包括税务创新中心的技术可行性和盈利现实性论证、纳税业务部的合法性和技术创新论证，以及实务与职业部的合法性和其他问题的再论证。其他问题主要有公司的风险管理和执业政策、对客户的风险披露、产品的私密性、营销限制、收费安排及对审计独立性的影响、事务所的声誉等。毕马威在推销中总是声称其产品的合法性。但现实中，盈利性往往会取代合法性而成为压倒一切的标准，尤其是在竞争压力较大的情况下。审计部门是产品推销的一个主渠道。2000年毕马威甚至推出联手方案，即让审计团队与税务团队合力推销。毕马威还同银行、律师事务所和其他会计师事务所共享客户资源以扩大市场。它还借法律意见书来打消客户对产品合法性的疑虑。保险也是毕马威的营销手段之一。

根据国会的调查，毕马威从四种避税手段（FLIP，BLIPS，OPIS和SC2）中获得1.24亿美元的收入。这些避税手段的一个共同特点就是能为纳税人带来可以抵消应税收益的虚假应税损失。1999—2000年，至少有186位富人在纳税中使用了BLIPS。由此，毕马威获得约5 300万美元的收入。IRS对避税的监管依赖三种信息：纳税申报、税务注册和客户登记。据调查，毕马威采用一系列手段来规避IRS的监管，包括不遵守注册、登记规定，让客户采用非常规的纳税申报方法，以及拒绝IRS的传唤等。多年来，毕马威从未对其避税产品予以注册。对客户，它声称其产品不属于避税。毕马威受到的指控还包括误导调查和隐匿证据。

二、处罚之斟

司法部称，毕马威的所作所为使国家税收遭受了25亿美元的损失，这是有史以来最大的一起税收刑事案，处罚不力将传递出错误的信息。但是，刑事起诉可能会将毕马威置于死地，重演安达信“猝死”的悲剧。为此，司法部陷入了两难境地。2005年6月底《华尔街日报》的报道称，美国证券交易委员会（SEC）正在制定紧急预案，以防毕马威刑事起诉之不测，因为司法部的刑事诉讼会立刻触发客户成批变更审计师，从而导致股票市场发生震荡。预案的设想之一就是暂时豁免上市公司审计与非审计业务分离的要求。美国国会下属的政府责任署（Government Accountability Office，GAO，该机构2004年以前的名称为General Accounting Office）在2004年发布的一份报告中警告说，四大会计师事务所成员的“猝死”将会导致严重的后果，因为它们的审计涵盖了约80%的美国上市公司。这里，我们有必要对安达信案的戏剧性过程进行简要的回顾，以便把握此次司法部对毕马威的量刑。

2001年12月2日，安然宣告破产，成为当时美国历史上最大的一起公司破产案。次年 3 月 14 日，美国司法部对安然审计师安达信提起刑事诉讼，罪名是销毁安然档案，阻挠司法调查。作为五大会计师事务所之一的安达信，当时拥有约 2 300 家上市客户。刑事诉讼使这些客户不得不立刻解聘安达信。2002 年 6 月 15 日，位于休斯敦的联邦法庭裁定安达信罪名成立。由此，安达信自动丧失上市公司的审计资格，其遍布于 84 个国家和地区的会员所也不得不"改换门庭"，并入四大会计师事务所。顷刻之间，一个在全球拥有约 8.5 万名员工的会计师事务所几乎化为乌有，仅在芝加哥总部保留了约 200 名员工，以处理诉讼等善后事宜。但是，2005 年 5 月 31 日安达信的上诉获得了成功，即美国最高法庭推翻了休斯敦法庭对安达信的有罪判决，其理由是法庭对陪审团的指令不当。这一终审裁决虽然在很大程度上为安达信洗刷了名声，却无法让它起死回生。"四大"已成现实。

但是，对司法部以及其他政府监管机构来说，这一看似亡羊补牢的判例具有相当微妙而深远的含义。3 年前，安达信的辩护律师在休斯敦法庭判决后就公开鸣冤：这是美国历史上最大的一起"公司谋杀案"。谁是元凶，不言自明。安然丑闻曝光后，美国大幅修改了公司法、证券法等立法，并显著加大了违规的处罚力度。这是矫枉过正之举，其必要性毋庸赘言。但随着时间的推移，人们开始感受到新法规的负面影响，尤其是高昂的实施成本。新的矫枉过正接踵而至。例如，2004 年以来媒体对《萨班斯-奥克斯利法案》（Sarbanes-Oxley Act）的质疑便时起时伏。应该说，该法案确实存在立法仓促的问题。如果说安达信的有罪判决给予投资者和安然员工以公道，其后的无罪判决则还了安达信员工以公道。安达信在美国曾有约 3 万名员工，绝大多数与安然丑闻毫无瓜葛，却成了无辜的殉葬品。因此，有人建议，对公司的刑事起诉应该慎之再慎。

司法部的立场是：违法者必须绳之以法，包括个人和法人。就此案而言，既然司法部认定为"刑事"，又为何放弃了刑事起诉？美国司法部长艾伯托·冈萨雷斯解释说，既要让毕马威承担责任、痛改前非，又不至于处罚过重，殃及无辜。这里，我们可以看到安达信案的影响，或者说是基于安达信案的一种矫枉过正。如前所述，涉案的 8 名前税务合伙人和 1 名律师将成为刑事起诉的主要对象。案发后，这些人业已脱离毕马威。作为法人，毕马威不仅要承担巨款罚款，而且必须接受独立督察的监督，至少为期 3 年。司法部已指派 SEC 前主席理查德·布里登（Richard Breeden）为独立督察。他曾担任法庭为世通公司（WorldCom，后更名为 MCI）指派的独立督察。毕马威一旦违反承诺，司法部在 5 年内仍保留起诉的权力。另外，毕马威还受到 30 天的"冻结客户"处罚，即 30 天内不得接纳新客户。在接受监督期间，IRS 还对毕马威向客户提供的税务意见享有额外的审查权。显然，司法部旨在传递一个信息：对违法行为严惩不贷。但有人不以为然，他们质疑：四大会计师事务所的影响之大已经到了法律也不得不妥协的地步。

IRS 将毕马威在 1997—2001 年期间提供的避税手段判为无效，这意味着客户将蒙受重大经济损失。因此，客户开始状告毕马威，声称他们轻信了毕马威对避税手段的合法性陈述。目前，毕马威和 SAB&W 律师行（Sidley Austin Brown & Wood）已原则同意向这些客户支付 1.95 亿美元的赔偿（其中毕马威承担 80%）；向控方律师支付 3 000 万美元赔偿。控方律师指出，这一金额实在是便宜了毕马威和 SAB&W，因为它是按客户的付费来确定的，而不是按客户的实际损失来计算的。值得一提的是，SAB&W 律师行系由芝加哥历史最悠久、规模最大的西-奥律师行（Sidley Austin）与纽约的布-伍律师行（Brown &Wood）于2001年合并而成。该律师行为毕马威的 ATS 出具法律意见书。

三、征管之迁

在美国，IRS 是税收的主要征管者。20世纪90年代末纳税人对 IRS 抱怨多多。国会曾为此举行公开听证，并于1998年通过了《IRS 重组与改革法案》（IRS Restructuring and Reform Act），旨在将 IRS 的职能由征税提升为服务。但是，这使 IRS 本来就非常有限的资源变得更加拮据。数据显示，1992年 IRS 对纳税人纳税申报的抽查审计率为0.66%，而2002年这一比率更降为0.16%。IRS 对恶性避税建议刑事诉讼的案例数也从1992年的2 073起减少为2002年的1 025起。也就是说，纳税人受到避税查处的可能性微乎其微。2000年2月，IRS 设立了避税调查办（Office of Tax Shelter Analysis，OTSA）。布什总统提议将2003年 IRS 预算增加5.25%。2004年10月22日，布什正式签署《增加就业法》（Jobs Creation Act），为遏制和打击避税提供了法律依据。同年12月，IRS 完成了对其230号条例（Circular 230）的修订。其幅度非常大，有人甚至将其喻为税收征管的《萨班斯-奥克斯利法案》。IRS 真正加大了对避税的调查与处罚。

IRS 明确了六种必须报告的交易类型，包括现实的和潜在的避税。它们分别是：

（1）定性的交易（listed transactions），即已被 IRS 明确的避税交易；

（2）私密性交易（confidential transactions），即限制纳税人披露业务设计和纳税安排的交易；

（3）合约保护交易（contractual transactions），即将付费同节税额挂钩，并在节税不果时悉数退还的交易；

（4）纳税亏损交易（loss transactions），即产生节税性亏损的交易；

（5）财税差异交易（book-tax difference），即导致财务报告和纳税申报出现巨额差异的交易；

（6）瞬间持有交易（brief holding period），即涉及短暂持有的交易。

（2）～（6）为潜在的避税，或者说，它们已经具备避税的特定征兆，因此必须重点审核。（1）为现实的避税。截至2005年5月24日，IRS 定性的避税交易有30种，其中绝大多数是2000年之后定性的。就交易内容而言，主要涉及合伙、雇员报酬、股票期权、信托、债券、租赁、外币期权、保险、捐赠、国外税收减免等。

《增加就业法》颁布之前，IRS 对避税手段也有披露要求，但并没有针对纳税人的处罚。根据《增加就业法》，IRS 可以处罚没有恰当披露应报告交易的纳税人，且不论其是否压低了应税收益。具体而言，自然纳税人为1万美元，而其他纳税人则为5万美元。如果涉及定性交易的披露，则分别为10万美元和50万美元罚款。IRS 对避税促销商的披露要求包括税务注册和客户登记两个方面。在《增加就业法》颁布之前，对不进行税务注册或提供不实、不全信息的处罚偏轻。具体处罚是避税手段投资总额的 1%或 500 美元，两者择大而定。而新的处罚则增加到 5 万美元。如果涉及定性交易的披露，则处罚为 20 万美元或所得收益的 50%，两者择大而定。关于客户登记，过去是遗漏一个客户处罚 50 美元，处罚总额最多不超过 10 万美元。而新的规定是：对接到书面通知 20 天后不提供客户名册的促销商处以每天 1 万美元的罚款。罚款总额不封顶。

对避税手段的恰当界定是问题的关键所在。纳税人同 IRS 的分歧只能付诸法庭裁决。法院建立的司法原则包括：

(1) 虚假交易原则 (sham transaction)。法院不允许两种虚假交易。第一，事实上的虚假，即那些根本没有发生过的虚构交易；第二，实质上的虚假，即那些发生了但缺乏经济实质和商业目的的避税交易。

(2) 经济实质原则 (economic substance)。税法要求的公司行为必须具有经济实质，即存在纳税利益之外的交易结果。

(3) 商业目的原则 (business purpose)。它讲求纳税人参与交易之动机，即是否具有纳税利益之外的商业目的。与经济实质相比，这一原则更加主观。

(4) 实质重于形式原则 (substance over form)。如果公司构建的复杂交易（弯路）与简单的交易（直径）在经济实质上别无二致，那么，不同交易路径的应税额应该相同。这一原则旨在防止以避税为目的的人为复杂交易。

(5) 分步交易原则 (step transaction)。该原则认为，如果公司构建一系列连环交易，那么各项分步交易都应具备经济目的，否则连环交易应视同一项单一交易。

资料来源：任明川，敖曼．毕马威“恶性避税”及其分析．中国注册会计师，2006 (1)：74-77.

分析要求：对毕马威的避税丑闻，为什么从法院的判例结果来看，司法部和 IRS 仍然是败多胜少？如何理解恶性避税？从该案例中，可以得到哪些启示？

案例 4　美国富人逃避税

根据美国政府问责局 2019 年报告，在联邦层面上，每年故意逃税和无意失误造成的税收损失约为 4 580 亿美元。① 美国财政部前部长劳伦斯·萨默斯、金融学教授娜塔莎·萨林进行的最新研究分析显示，在美国现行税法执行状况下，富人每年少缴税款达数千亿美元。如果不加大税收执法力度，收入最高的 1%的纳税人可能会避税约 5 万亿美元。

美国收入最高的 1%的群体约占美国漏报人群的 70%，他们采用相当复杂的避税组合策略降低税负。针对联邦税，纳税人典型的避税策略有：

(1) 通过投资增加财富。原因是现行联邦税收对正常工资征收的税率要高于投资收入。长期资本利得税税率最高为 20%，而个人所得税税率最高为 37%。

(2) 通过囤积资产而不出售，将税负降到最小。美国智库预算与政策优先中心指出，富有的个人可以等到对他们来说最合适的时候再出售，比如某一年他们会遭遇巨额资本损失，从而抵消收益。

① 扣除美国国内收入署 (IRS) 追究的逾期付款和执法行动挽回的损失后，这一数字为 4 060 亿美元。

(3) 利用营业收入漏洞减少个人应纳税额。2017年美国税改法案允许对通过合伙企业、独资企业和S型公司获得的某些营业收入减免20%。税收联合委员会的数据显示，美国最富有的1%的纳税人获得了此项改革61%的受益。

(4) 利用遗产税政策保持财富。2017年的税改将死者财产免缴遗产税的金额提高了一倍，从约550万美元提高到超过1 100万美元。

至于州税，不征收所得税和资本利得税的州，越来越具有吸引力。最典型的莫过于此前美国最富有的三个人——马斯克（特斯拉）、贝佐斯（亚马逊）和比尔·盖茨（微软），他们都居住在截至当时不征收个人所得税和资本利得税的州——马斯克在得克萨斯州，贝佐斯、比尔·盖茨在华盛顿州。根据美国《财富》杂志2020年12月的最新统计，当年不仅是马斯克，还有许多加利福尼亚州的商业领袖和公司都表示将逃离该州（年收入超过100万美元的最高税率为13.3%，还考虑将最高税率提高到16.8%，是美国个人所得税税率最高的州；其资本利得税税率也是美国最高的，为13.3%），前往税收更加友好的避风港。在500强企业中，如世邦魏理仕集团、嘉信理财和慧与科技都宣布要从加利福尼亚州搬到得克萨斯州。

分析要求：在美国，为什么纳税人越富有，其逃税、避税行为越普遍？

第2章

企业筹资的税务筹划

学习目标

1. 掌握企业利用负债筹资、权益筹资方式进行税务筹划的方法。
2. 理解筹资方式的选择在优化资本结构和减轻税负方面对税后利润的影响。
3. 了解资本结构的变动对税收成本和企业利润的影响。

筹资在企业的经营过程中占据着非常重要的地位，是企业一系列生产经营活动的先决条件。筹资决策是任何企业都要考虑的问题，其优劣直接影响企业生产经营的业绩。

市场经济环境下，企业可以从多种渠道以不同方式筹集所需的资金，而不同的筹资渠道和筹资方式组合将给企业带来不同的预期收益，也将使企业承受不同的税收负担。一般来说，筹集负债资金时支付的借款利息、债券利息、租金等都可计入企业的当期费用在税前列支，从而减少应纳税所得额，起到节税效果，即负债融资的杠杆效应；而筹集权益资金时支付给股东的股息、红利必须是税后利润，不能作为当期费用列支，因而会比筹集负债资金多缴纳所得税。但有时税收负担的减少（增加负债资金）并不一定等于所有者收益的增加。当负债的利息率高于息税前的投资收益率时，权益资本的收益会随着债务的增加而下降，此时如果再增加负债，企业的获利能力将大大降低。因此，在筹资过程中进行税务筹划，还应该考虑资本结构（负债资本与权益资本的比例）的变动对企业预期收益和税负水平的影响，以及怎样的资本配置才能使企业在有效抑制税负的同时，实现企业利益最大化目标。筹资作为一项相对独立的企业活动，其对经营收益的影响主要是借助资本结构变动产生的杠杆作用。利用不同筹资方式、不同筹资条件对税收的影响，精心设计企业筹资项目，实现税后利润或者股东收益最大化，是税务筹划的任务和目的。

2.1 企业筹资方式的税务筹划

企业的筹资渠道主要包括从金融机构借款、从非金融机构借款、发行债券、发行股票、融资租赁、企业自我积累和企业内部集资等。不同筹资方式的税法待遇及其所造成的税收负担不同为企业税务筹划提供了空间。由于各种筹资方式还会涉及相关筹资成本，因此，不能仅仅从税收负担角度来考虑各种筹资方式的优劣。

2.1.1 向金融机构、非金融机构借款方式的税务筹划

《中华人民共和国企业所得税法》（以下简称《企业所得税法》）第八条规定，企业实际发生的与取得收入有关的、合理的支出，包括成本、费用、税金、损失和其他支出，准予在计算应纳税所得额时扣除。《中华人民共和国企业所得税法实施条例》（以下简称《企业所得税法实施条例》）第三十八条规定，企业在生产经营活动中发生的下列利息支出，准予扣除：（1）非金融企业向金融企业借款的利息支出、金融企业的各项存款利息支出和同业拆借利息支出、企业经批准发行债券的利息支出；（2）非金融企业向非金融企业借款的利息支出，不超过按照金融企业同期同类贷款利率计算的数额的部分。这说明企业在生产经营过程中向金融机构借款的利息支出准予按照实际发生数扣除，向非金融机构借款符合条件的利息支出也可以在税前冲减企业利润，从而减少企业所得税。

按照我国现行法规的规定，企业之间不允许相互拆借资金，但实际情况是关联企业之间的资金往来和拆借现象比比皆是，两者难以严格区分，虽属违规拆借，但也法不责众。企业间的资金拆借可以为企业税务筹划提供以下便利条件：其一，资金拆借的双方一般是关联企业，而关联双方是有“亲缘”关系的，存在密切的供产销、资金重组、融资往来以及担保、租赁等事项。关联双方通过明确供销关系，可以优化资本结构和内部资源配置，提高资产的盈利能力，保证生产的正常进行和快速发展。其二，通过相互拆借资金，相互担保，及时筹措资金，可以有效地把握投资机会，降低机会成本，提高资金运营效率。其三，通过充分利用集团内部的生产资源，可以降低交易成本，提高上市公司的运营效率，有利于实现集团公司资本运营的目标。由此可见，正是这种“亲缘”关系的存在，为企业在税务筹划方面提供了可操作的空间。

大多数企业与银行没有关联关系，因此，向银行借款在税负的沟通上比企业自筹方式差，但好于企业自我积累的方式，因为企业仍可以利用在业务过程中与金融机构逐渐建立起来的特殊业务联系，实现一定程度减轻税负的目标。

企业向非金融机构借款的操作余地很大，如果做好筹划，税负会轻于银行借款。

2.1.2 发行债券方式的税务筹划

发行债券日益成为大公司筹资的主要方案。债券是经济主体为筹措资金而发行的用以记载和反映债权债务关系的有价证券。由企业发行的债券称为企业债券或公司债券。

债券发行有平价发行、溢价发行和折价发行三种方式。当债券票面利率与发行时市场利率相同时，债券按面值发行，即平价发行；当票面利率高于市场利率时，债券按高于面值的价格发行，即溢价发行，企业对其将来多付的利息事先获得补偿；当票面利率低于市场利率时，债券按低于面值的价格发行，即折价发行，企业对其将来少付的利息事先给予补偿。在债券溢价或折价发行时，必须在发行期内将溢价或折价摊销完毕。有关债券溢价、折价摊销的税务筹划在本章2.3节中具体论述。

发行债券的筹资方式由于筹资对象广、市场大，比较容易寻找降低筹资成本、提高整体收益的方法；另外，由于债券的持有者人数众多，有利于债券持有企业平均分担利润，避免利润过分集中带来较重的税收负担。

2.1.3 发行股票方式的税务筹划

发行股票仅仅属于上市公司筹资的选择方案之一，非上市公司没有权利选择这一筹资方式，因此，其使用范围相对比较狭窄。

股票是股份公司发行给股东的所有权凭证，可以分为普通股和优先股。普通股是指在公司的经营管理和盈利及财产的分配上享有普通权利的股份，代表满足所有债权偿付要求及优先股股东的收益权与求偿权要求后对企业盈利和剩余财产的索取权。它构成公司资本的基础，是股票的一种基本形式，也是发行量最大、最为重要的股票。普通股股票持有者按其所持有股份比例享有以下基本权利。

（1）公司决策参与权。普通股股东有权参与股东大会，并有建议权、表决权和选举权，也可以委托他人代表其行使股东权利。

（2）利润分配权。普通股股东有权从公司利润分配中得到股息。普通股的股息是不固定的，由公司盈利状况及其分配政策决定。普通股股东必须在优先股股东取得固定股息之后，才有权享受股息分配。

（3）优先认股权。如果公司需要扩张而增发普通股股票，现有普通股股东有权按其持股比例，以低于市价的某一特定价格优先购买一定数量的新发行股票，从而保持其对企业所有权的原有比例。

（4）剩余资产分配权。当公司破产或清算时，若公司的资产在偿还欠债后还有剩余，其剩余部分按先优先股股东、后普通股股东的顺序进行分配。

优先股是公司在筹集资金时给予投资者某些优先权的股票。这种优先权主要表现在两个方面：（1）优先股有固定的股息，不随公司业绩好坏而波动，并且可以先于普通股股东领取股息；（2）当公司破产进行财产清算时，优先股股东对公司剩余财产有先于普通股股东的要求权。但优先股一般不参加公司的红利分配，持股人亦无表决权，不能借助表决权参加公司的经营管理。因此，优先股与普通股相比较，虽然收益和决策参与权有限，但风险较小。

公司发行优先股主要出于以下考虑：（1）清偿公司债务；（2）帮助公司渡过财务难关；（3）想增加公司资产，又不影响普通股股东的控制权。

发行股票所支付的股息、红利是在税后利润中进行的，因此，无法像债券利息或借款利息那样享受税前抵扣的待遇。而且，发行股票筹资的成本相对来讲比较高，并非绝大多数企业所能选择的筹资方案。当然，发行股票筹资也有众多优点，比如，发行股票无须偿还本金，没有债务压力。成功发行股票对企业来讲也是一次非常好的宣传机会，会给企业带来其他方面的好处。

2.1.4 自我积累方式的税务筹划

企业以自我积累的方式进行筹资，由于其资金来源主要是税后利润，是企业长期经营的成果，因此，筹资所需要的时间比较长，无法满足绝大多数企业的生产经营需要。另外，从税收的角度来看，自我积累的资金不属于负债，因此，也不存在利息税前扣除的问题；加上资金的占用和使用融为一体，企业所承担的风险比较高。

2.1.5 企业内部集资入股的税务筹划

企业内部集资是指生产性企业为了加强内部集资管理，把企业内部集资活动引向健康发展的轨道，在自身生产资金短缺时，在本单位内部职工中以债券等形式筹集资金的借贷行为。这种筹资方式应当遵循自愿原则，不得以行政命令或其他手段硬性摊派。

企业内部集资入股筹资方式具有操作简便、时间短的优点，企业集资的利息支出还有同贷款一样减少税基的作用。

2.1.6 租赁方式的税务筹划

租赁是出资人以收取租金为条件，在契约或合同规定的期限内，将资产租给承租人使用的一种经济行为。它涉及四个基本要素：出租人、承租人、租赁资产、租金。按租赁业务的性质，租赁分为经营租赁和融资租赁两种。

1. 经营租赁

经营租赁也称为服务租赁，是出租人向承租人提供租赁设备，并提供设备维修和人员培训等服务性业务的租赁形式。经营租赁具有以下特点。

（1）经营租赁是一种服务。它适用于更新快、使用期短的设备租赁，出租设备一般由租赁公司根据市场需要选定，购入之后，再寻找承租企业。

（2）与设备资产的经济寿命相比，经营租赁的租期较短，承租人可以借此获得使用设备的机会，从而避免在不完全了解设备的情况下盲目购入的风险。

（3）在合理的限制条件下可以中途解约。

（4）经营租赁的租金一般比融资租赁高，但其维修、保养费等由出租人负担。

2. 融资租赁

融资租赁也称为资本租赁，是由出租人（租赁公司）按承租人（承租企业）的要求融资购买设备，并在契约或合同规定的较长时期内提供给承租人使用的信用业务。它通过融物来达到融资的目的，是现代租赁的主要形式。融资租赁具有如下特点：设备租赁期较长；不得任意终止租赁合同或契约；租金较高；租赁期满后，按事先约定的方式来处置资产，或退还或续租或留购等。

融资租赁是企业筹措资金的一种重要方法。采用这种租赁方式，企业可以获得租赁公司提供的设备的使用权，实际上相当于获得了企业购置设备所需的资金，所以它是一种将资金与设备租赁结合在一起的筹资方法。这一筹资方法由于具有特殊优点，已成为一种国际化的筹资手段。按其业务的特点，融资租赁有以下形式。

（1）直接租赁，即典型的融资租赁。它是出租人直接将购买的设备租给承租人，签订合同并收取租金的方法。不做特别说明时，通常所说的融资租赁即为直接租赁。典型的融资租赁由三方当事人和两个合同组成，即由出租人与供货人签订的购货合同和出租人与承租人签订的租赁合同组成。在实际操作中，符合下列一项或数项标准的，应当认定为融资租赁：

1）在租赁期届满时，租赁资产的所有权转移给承租人。

2）承租人有购买租赁资产的选择权，所订立的购买价款预计将远低于行使选择权时租赁资产的公允价值，因而在租赁开始日就可以合理确定承租人将会行使这种选择权。

3）尽管资产的所有权不转移，但租赁期占租赁资产使用寿命的大部分。

4）承租人在租赁开始日的最低租赁付款额现值，几乎相当于租赁开始日租赁资产公允价值；出租人在租赁开始日的最低租赁收款额现值，几乎相当于租赁开始日租赁资产公允价值。

5）租赁资产性质特殊，如果不做较大改造，只有承租人才能使用。

（2）售后回租。它是由承租人将所购置的设备出售给出租人，然后承租人租回设备使用的方法。该租赁业务进行的程序是先进行资产买卖交易，再进行资产租赁交易。在这种方式下，既可解决承租人资金急需问题，使其得到一笔相当于资产市场价格的现金用于其他资产的购置或现金支付，又在租赁期内用每年支付的租金换取原来属于承租人自己的资产的使用权。

（3）杠杆租赁。杠杆租赁是除典型的融资租赁方式以外在国际经济活动中应用最为普遍的一种租赁方式。杠杆租赁也称为平衡租赁，它是指租赁物购置成本的小部分（一般为 20%～40%）由出租人出资，大部分（一般为 60%～80%）由银行等金融机构提供贷款的一种租赁方式。它一般涉及承租人、出租人和贷款机构三方当事人。从承租程序看，它与其他形式无太大区别，不同的是，对于出租人而言，出租人只垫支购置资产设备所需现金的一部分（一般为20%～40%），其余部分则以该资产为担保向金融机构借入款项来支付。因此，在这种情况下，出租人既是资产的出借人，又是贷款的借入人；同时，既要向承租人收取租金，又要向贷款机构偿还债务。由于租赁收益大于借款成本，出租人借此获得财务杠杆好处，因此，这种租赁形式称为杠杆租赁。通常，杠杆租赁形式适用于金额较大的设备项目。

20世纪60年代以来，西方许多国家为了鼓励设备投资，给予设备购买人投资抵扣、加速折旧等税收优惠。对于出租人而言，采用杠杆租赁，既可以获得贷款人的信贷支持，又可以取得税收优惠待遇；对贷款人而言，其收回贷款的权利优先于出租人取得租金的权利，而且有租赁物作为担保，因此，贷款风险大大降低；对于承租人而言，由于出租人和贷款人都可以获得比普通租赁和贷款更高的利润，因此，它们往往将这部分收益通过降低租金的方式部分转移给承租人，这样，承租人也就获得了利益。正是由于杠杆租赁具有众多优势，它得以在国际租赁市场上迅速推广。国内企业也可以借鉴这种融资方式，获得最佳的融资收益。

在租赁筹资方式下，支付的租金可以按规定在税前列支，冲减企业所得税应纳税所得额，减小税基，从而减轻税收负担。

一般来讲，企业以自我积累方式筹资所承受的税收负担要重于向金融机构借款所承受的税收负担，贷款筹资所承受的税收负担要重于企业间拆借所承受的税收负担，企业间借贷的税收负担要重于企业内部集资所承受的税收负担。

另外，企业还可以通过联合经营的方式进行税务筹划。如以一个主体厂为中心，与有一定生产设备基础的若干企业联合经营，以解决筹资问题。由主体厂提供原材料，成员厂加工零配件，再卖给主体厂，主体厂组装完成产品并负责销售，这样就可以充分利用成员厂的场地、劳动力、设备和资源进行规模生产，提高效率。此外，适当利用各成员厂之间的关联关系，可以减轻整体的税收负担。国际大公司都是通过这种全球经营的方式来获得最佳经营效益的。国内企业也可适当借鉴这种联合经营的方式。

例2-1

某股份有限公司计划筹措1 000万元资金用于某高科技产品生产线的建设，相应制定了A，B，C三种筹资方案。假设企业所得税税率都为25%，扣除利息和所得税前的年利润均为300万元。

A方案：全部1 000万元资金都采用权益筹资方式，即向社会公开发行股票，每股计划发行价格为2元，共计500万股。

B方案：全部1 000万元资金都采用向商业银行借款的负债筹资方式，借款年利率为10%。

C方案：全部1 000万元资金都采用向其他企业借款的负债筹资方式，借款年利率为12%。

请分析各筹划方案。

【分析】

各筹划方案的分析如表2-1所示。

表 2-1　不同筹资方式的税务筹划　　单位：万元

项目	A 方案	B 方案	C 方案
负债筹资额	0	1 000	1 000
权益筹资额	1 000	0	0
息税前利润	300	300	300
利率	0	10%	12%
税前利润	300	200	180
应纳税所得额	300	200	200
应纳所得税额（t=25%）	75	50	50
税后利润	225	150	130

通过以上三种方案的对比可以看出，在息税前利润相同的条件下，企业的权益性筹资方式要比负债性筹资方式多缴纳企业所得税，表明债务筹资具有节税功能。因此，企业可以通过比较不同筹资方式带来的应纳税额与税后利润的不同，选择不同的筹资组合，实现股东收益率最大化。

2.2　企业筹资结构的税务筹划

企业从事生产经营活动所需要的资金有负债和权益两种来源。企业筹资决策的关键是决定各种资金来源在总资金中所占的比例，即资本结构。负债性资本来源包括向金融机构或非金融机构借款、向社会发行债券等方式；权益性资本来源包括发行股票、企业自我积累以及内部职工集资入股等方式。

资本结构是企业筹资决策的核心。在筹资的税务筹划过程中，寻找最佳资本结构，是筹资税务筹划的主要任务。

2.2.1　资本结构的内涵

资本结构是指企业各种资本的构成及其比例关系，它有广义与狭义之分。广义的资本结构是指企业全部资金来源的构成，不但包括长期资本，还包括短期负债，又称为财务结构。狭义的资本结构是指长期资本（长期债务资本与股权资本）的构成及其比例关系，而将短期债务列入营运资本。资本结构的税务筹划指的是长期资本结构的税务筹划。

2.2.2　资本结构税务筹划的基本思路

现代企业的资金来源除资本金（或权益资本）外，主要就是负债。从资本成本及筹资风险的分析来看，发行股票属于增加权益资本，其优点是风险小、稳定、无固定利息负担；缺点是其成本为股利，公司股东的股息在缴纳企业所得税以后才能予以扣除，并且股东获得股利后还要缴纳个人所得税或企业所得税。负债筹资具有节税、降低资本成本、使净资产收益率不断提高等杠杆作用和功能。根据现行税法的规定，公司负债的利息在符合税法规定限额的情况下，可以在计算企业所得税时予以税前扣除。因此，当公司需要一笔资金时，采取借债的方式显然比股东投资的方式在税法上有利，股东可以利用这一制度设计将部分资金采取借贷的方式投入公司，以减轻税收负担。所以，对外负债是企业采用的主要筹资方式。但负债也有缺点，即到期必须还本付息，当企业资不抵债时，可能要破产清算，因而风险大。因此，企业在筹资过程中，必须注意筹资的财务杠杆效应主要体现在节税和提高权益资本收益率（税前和税后）等方面。其中，节税功能反映为负债利息计入财务费用抵扣应纳税所得额，从而减少应纳所得税额。在息税前收益（或收益率）不低于负债成本总额（或负债成本率）的前提下，负债比率越高，额度越大，其节税效果越明显。因此，企业利用负债进行税务筹划时，必须合理确定负债的总规模，将负债控制在一定范围内，使负债融资带来的利益能够抵消负债筹资比重增大所带来的财务风险及筹资风险成本的增加。

这样，企业就面临资本结构的选择，是侧重发行股票筹集自有资本（权益资本），还是通过举债的方式借入资本（债务资本）。一般而言，在支付利息和所得税前的收益不低于负债成本总额的前提下，负债比例越高，额度越大，节税效果就越明显。另外，在负债比例未超过一定的界限时，权益资本收益率及普通股每股收益额随负债比率的上升而增大，充分体现出负债的税收庇护作用。其税务筹划的技巧是，通过在投资总额中适当压缩注册资本比例，增加贷款所支付的利息，不仅可以节省所得税支出，而且能够享受财务杠杆利益，即提高权益资本的收益水平或普通股每股收益。

负债筹资与权益筹资的比较如表2-2所示。

表2-2 负债筹资与权益筹资的比较

项目	负债筹资	权益筹资
筹资渠道	（1）发行债券 （2）银行/企业借款	（1）发行股票 （2）自我积累 （3）企业内部集资入股
税法规定	筹资费用和利息支出（符合条件的）可以在所得税税前扣除	只能扣除筹集费用，股息不能作为费用列支，只能在企业税后利润中分配
筹划目的	不同的筹资方式最终形成不同的资本结构。企业的目的是优化资本结构，实现税负最轻和企业价值最大化	
筹划策略	应该考虑尽量增加举债的数额，但负债过高会导致企业经营风险加大，因此企业必须在风险和收益之间进行权衡	

2.2.3 资本结构税务筹划案例

例2-2

某股份有限公司拟筹资9 000万元，经过认真的调查研究，设计了5种不同的筹资方案，备选的资本结构方案如表2-3所示。

表 2-3　某公司资本结构备选方案表　　单位：万元

项目	A 方案	B 方案	C 方案	D 方案	E 方案
负债比率	0	1∶1	2∶1	3∶1	4∶1
负债成本率	—	6%	7%	9%	10.5%
投资收益率	10%	10%	10%	10%	10%
负债额	0	4 500	6 000	6 750	7 200
权益资本额	9 000	4 500	3 000	2 250	1 800
普通股股数（万股）	90	45	30	22.5	18
年息税前利润额	900	900	900	900	900
减：负债利息成本	—	270	420	607.5	756
年税前净利润	900	630	480	292.5	144
所得税税率	25%	25%	25%	25%	25%
应纳所得税额	225	157.5	120	73.125	36
年税后利润	675	472.5	360	219.375	108
权益资本收益率	7.5%	10.5%	12%	9.75%	6%
普通股每股收益额（元）	7.5	10.5	12	9.75	6

【分析】

从以上 5 种备选方案可以看出，B，C，D 方案利用了负债筹资的方式，由于其负债利息可以在税前扣除，因此降低了所得税的税收负担，导致权益资本收益率和普通股每股收益额均高于完全靠权益资金筹资的 A 方案。

上述方案中假设随着企业负债比例的不断提高，企业筹资的成本也在不断提高，反映在表 2-3 中是负债成本率不断提高，这一假设是符合现实的。正是由于负债成本率的不断提高，增加的债务筹资成本逐渐超过其抵税作用带来的收益，这时通过增加负债比例进行税务筹划的空间就逐渐消失。上述 5 种方案所带来的权益资本收益率和普通股每股收益额的变化充分说明了这一规律。从 A 方案到 C 方案，随着企业负债比例的不断提高，权益资本收益率和普通股每股收益额也在不断提高，说明税收效应处于明显的优势，但从 C 方案到 D 方案则出现了权益资本收益率和普通股每股收益额逐渐下降的趋势，这就说明此时起主导作用的因素已经开始向负债成本转移，债务成本抵税作用带来的收益增加效应已经受到削弱与抵消，但与完全采用股权性筹资的方案相比，仍是有利可图的。然而到 E 方案时，债务筹资税收挡板作用带来的收益就完全被负债成本的增加抵消，而且负债成本已经超过节税效应，因此，E 方案的权益资本收益率和普通股每股收益额已经低于完全不进行债务融资时（即 A 方案）的收益，此时筹资所带来的就不是收益而是成本。

这一案例证明了前面的结论：只有当企业息税前投资收益率高于负债成本率时，增加负债比例才能提高企业的整体效益，否则会降低企业的整体效益。在筹资的税务筹划过程中，必须把降低纳税成本与控制企业的财务风险和经营风险紧密地结合起来，寻求企业的最优负债量，最大限度地降低纳税成本，同时确立了使股东财富最大化的企业资本结构。

在进行筹资的过程中，还必须注意的一个问题是防止出现资本弱化。资本弱化是指在企业的资本结构安排中，债务资本大于股权资本的现象。企业资本由权益资本和债务资本构成，但企业经营者和投资者为了自身利益最大化或其他目的，在融资和投资方式的选择上，提高贷款的比重，降低股本的比重，从而造成企业负债与所有者权益的比率超过一定的限额。根据经济合作与发展组织（OECD）的解释，企业权益资本与债务资本的比例应为1∶1，当权益资本小于债务资本时，即为资本弱化。由于各国税法通常规定债务资本所产生的利息可以在所得税税前列支，而股息收入必须课税，因此，不少企业把资本弱化作为有效的避税手段，以实现企业价值最大化。

我国《企业所得税法》中规定了防止资本弱化的内容，如企业从其关联方接受的债权性投资与权益性投资的比例超过规定标准而发生的利息支出，是不得在计算应纳税所得额时扣除的。因此，企业债权性资本和权益性资本的比例必须符合国家的规定，以减少涉税风险。

2.3 企业负债筹资的税务筹划

企业负债筹资的方式有多种，包括向银行借款、进行债券筹资、租赁筹资、向关联方借款等方式。每种负债筹资方式下又有多种情况，本节从多方面分析各种负债筹资的税务筹划。

2.3.1 负债的税务筹划

1. 短期负债的税务筹划

进行短期负债的税务筹划，主要是对各种短期负债筹资方式的资金成本进行比较，以选择成本最小的短期负债筹资方式。

（1）短期负债的形式和特点。短期负债的主要形式是短期借款和商业信用。

短期借款是指企业向银行或其他非银行金融机构借入的期限在1年以内的借款。我国目前的短期借款按照借款目的和用途不同，主要有生产周转借款、临时借款、结算借款等。按照国际通行做法，短期借款还可依偿还方式不同，分为一次性偿还和分期偿还借款；依利息支付方式不同，分为收款法借款、贴现法借款和加息法借款；依有无担保，分为抵押借款和信用借款。企业在申请借款时，应根据借款的条件和需要加以选择。

商业信用是指在商品交易中由于延期付款或预收货款所形成的企业间的借贷关系。商业信用最大的优点是容易取得。商业信用在短期负债中占相当大的比重。首先，对于多数企业来说，商业信用是一种持续性的信贷形式，且无须办理筹资手续。其次，如果没有现金折扣或使用不带息票据，商业信用筹资不负担成本。其缺陷在于期限较短，在放弃现金折扣时所付出的成本较高。商业信用的具体形式有应付账款、应付票据、预收账款等。

以短期负债筹资方式筹集的资金使用时间较短，一般不超过1年。短期负债筹资具有以下特点：

1）筹资速度快，容易取得。长期负债的债权人为了保护自身利益，往往要对债务人进行全面的财务调查，因而筹资所需时间一般较长，且资金不易取得。短期负债在较短时间内即可归还，故债权人顾虑较少，债务人较容易取得资金。

2）筹资富有弹性。举借长期负债，债权人或有关方面经常会向债务人提出很多限定性条件或管理规定；而短期负债的限制则相对宽松，使筹资企业的资金使用较为灵活，富有弹性。

3）筹资成本低。一般来说，短期负债的利率要低于长期负债，所以短期筹资的成本也较低。

4）筹资风险高。短期负债须在短期内偿还，因而要求筹资企业在短期内拿出足够的资金偿还债务。若企业届时资金安排不当，就会造成财务危机。此外，短期负债利率的波动比较大，有时高于长期负债的水平也是可能的。

（2）短期负债筹资的税务筹划。

1）短期借款的税务筹划。税法规定短期借款的利息和安排借款发生的辅助费用摊销在企业所得税税前直接扣除，因而实际借款成本要低于利息费用支出。企业面对相同的利率，如果适用的所得税税率不同，其短期借款的成本也不同，企业可以对此进行合理筹划。

2）商业信用的税务筹划。对附有现金折扣的商业信用，如果能以低于放弃现金折扣的成本利率借入资金，应在现金折扣期内享受折扣；如果在折扣期内短期投资所得的投资收益率高于放弃现金折扣的成本，则应放弃折扣。税收在其中的影响是借入资金在折扣期内付款，其借款利息可以在企业所得税税前扣除，实际上降低了借入资金的成本。

预收账款是卖方在交付货物之前向买方预先收取的部分或全部货款，相当于卖方借入资金后用货物抵偿。从税收上讲，它的实质是延期纳税，又不付利息，纳税人可尽可能多地运用。企业还会有一些存在于非商品交易中，也成为自发性融资的应付费用，如应缴税金，这也是一种短期筹资形式。企业在遵循税法的前提下，合理运用应缴税金，能起到延期纳税的作用。

（3）短期负债税务筹划案例。

例 2-3

某企业每天赊购 8 000 元的商品，赊购条件为“2/10，n/30”，银行短期贷款年利率为 8%。试比较采用现金折扣筹资与放弃现金折扣而利用银行借款对企业所得税的影响。该企业适用所得税税率为 25%。

【分析】

（1）享受现金折扣。享受现金折扣可以获得折扣收益，但需要支付借款利息。

折扣收益：每天少付 160 元（8 000×2%）的货币资金，全年节省支出 58 400 元（160×365）。假设年内购货全部消耗，则此举增加利润 58 400 元，所得税增加 14 600 元（58 400×25%），税后利润增加 43 800 元（58 400－14 600）。

借款利息：通过借入银行短期资金 160 000 元（8 000×30－8 000×10）来提前付款，每年利息支出增加 12 800 元（160 000×8%）。由于利息可以税前扣除，少缴所得税 3 200 元（12 800×25%），其承担的税后资金成本为 9 600 元（12 800－3 200），即税后利润下降 9 600 元。

因享受现金折扣，所得税增加 14 600 元，而借款利息又减少所得税 3 200 元，二者相抵，使所得税净增加 11 400 元（14 600－3 200）。

但因享受现金折扣带来的税后利润增加和借款带来的税后利润下降，二者相抵后，税后利润净增加额为 34 200 元（43 800－9 600）。

（2）不享受现金折扣。采购成本增加 58 400 元（8 000×2%×365），假设购货全年耗尽，可以少缴的所得税为 14 600 元（58 400×25%），税后利润减少 43 800 元（58 400－14 600）。

从此例来看，享受现金折扣尽管会带来所得税的增加，但税后利润也增加，对纳税人而言是有效的方案，这是因为用借款提前付款享受现金折扣的代价小于享受现金折扣的好处。

2. 长期借款的税务筹划

（1）长期借款的特点。长期借款是指企业根据借款协议或合同向银行或其他金融机构借入的款项。企业向银行等金融机构借入的期限在 1 年以上的各种借款都归为长期借款，它以企业的生产经营及获利能力为依托，用于满足企业长期投资和永久性流动资产的需要。与债券筹资相比，长期借款具有以下特点。

1）筹资速度快。长期借款的手续比发行债券简便得多，得到借款所花费的时间较短。

2）借款弹性较大。借款时企业与银行直接交涉，有关条件可谈判确定；用款期间发生变动，亦可与银行再协商。而债券筹资所面对的是社会广大投资者，协商改善筹资条件的可能性较小。

3）借款成本较低。长期借款利率一般低于债券利率，且借款属于直接筹资，筹资费用也较小，而且利息可以在税前列支。

4）银行为确保贷款的安全性，对借款的使用附加了很多约束性条款，制约了企业的生产经营。

（2）长期借款筹资的税务筹划。根据现行税法规定，纳税人发生的经营性借款费用，符合《企业所得税法实施条例》对利息水平的限定条件的，可以直接扣除。为购置、建造和生产固定资产、无形资产而发生的借款，在有关资产购建期间发生的借款费用，应作为资本性支出计入有关资产的成本；有关资产交付使用后发生的费用，可以在发生当期扣除。纳税人借款未指明用途的，其借款费用应按经营性活动和资本性支出占用资金的比例，合理计算应计入有关资产成本的借款费用和可直接扣除的借款费用。据此，企业可以根据国家对企业不同用途的借款费用政策进行税务筹划。另外，由于银行对企业长期借款的约束性条款较多，且对不同的还款方案有不同的费用条件，企业可就此进行筹划，选择有利于降低资金成本的还本付息方案。

（3）长期借款税务筹划案例。

例 2－4

某公司根据年度财务收支计划，当年资金缺口为 4 000 万元，拟通过 1 年期的银行借款来弥补资金缺口。企业当年除了正常的生产经营，为了提高管理的信息化水平，拟请某软件公司为本公司开发应用软件，软件开发期预计为 1 年，当年末即可投入使用，须支付软件费用 2 000 万元。假定公司当年及以后两年的息税前利润为 4 000 万元，银行 1 年期的正常贷款利率为 10%；企业处于正常的纳税期，没有享受企业所得税减免优惠。那么，怎样对该企业 4 000 万元银行借款进行筹划呢?

【分析】

(1) 假如以流动资金名义借款，当年扣除借款费用后的应纳税所得额为 3 600 万元（4 000－4 000×10%），应纳所得税为 900 万元（3 600×25%），第二年和第三年应纳企业所得税为 1 000 万元（4 000×25%）。

净现值＝(息税前利润－利息－应纳所得税)×复利现值系数
第一年净现值＝(4 000－400－900)×0.909 1
　　　　　　＝2 454.57(万元)
第二年净现值＝(4 000－1 000)×0.826 4
　　　　　　＝2 479.2(万元)
第三年净现值＝(4 000－1 000)×0.751 3
　　　　　　＝2 253.9(万元)
三年净现值累计＝2 454.57＋2 479.2＋2 253.9＝7 187.67(万元)

(2) 假如以组合名义借款，即企业在借款合同中注明 2 000 万元用于购置软件，另外 2 000 万元用于流动资金，购置软件的借款利息不能直接在税前扣除。

计入无形资产成本的借款费用可以在以后两年分期摊销到费用中，第二、三年每年可摊销的费用为 100 万元。企业当年扣除借款费用后的应纳税所得额为 3 800 万元（4 000－2 000×10%），应纳所得税为 950 万元（3 800×25%）。由于 400 万元的利息支出（即现金流出）在第一年发生，因此，在计算现金流量的现值时，400 万元全部放在第一年，但其抵税作用发生在第二、三年，即第二、三年的应纳税所得额为 3 900 万元（4 000－100）。

第一年净现值＝(4 000－400－950)×0.909 1
　　　　　　＝2 409.12(万元)
第二年净现值＝(4 000－3 900×25%)×0.826 4
　　　　　　＝2 499.86(万元)
第三年净现值＝(4 000－3 900×25%)×0.751 3
　　　　　　＝2 272.68(万元)
三年净现金累计＝2 409.12＋2 499.86＋2 272.68＝7 181.66(万元)

经比较可知，以流动资金的名义借款比以组合名义借款，三年净现值多 6.01 万元，因为其利息可以提早在税前扣除，获得资金的时间价值。

总之，企业在借款时，要根据自身实际情况，按照税法对不同借款费用的处理规定，在合理、合法和有效的前提下做好筹划，以降低借款的筹资成本。

2.3.2 债券筹资的税务筹划

在市场经济体制下，发行债券是大公司融资的重要方式之一。债券是经济主体为筹集资金而发行的、用以记载和反映债权债务关系的有价证券。由企业发行的债券称为企业债券或公司债券。债券发行筹资对象广、市场大，企业比较容易找到降低融资成本、提高整体收益的方法。

1. 债券筹资税务筹划的基本思路

税法规定，纳税人为经营活动需要承担的、与借入资金相关的利息费用，包括发行公司债券所支付的各期利息以及与债券相关的折价、溢价的摊销额，安排借款时发生的辅助费用的摊销额可在税前直接扣除。但扣除有一个限制，即纳税人在生产经营期间，向非金融机构借款的利息支出不得高于按照金融机构同类同期贷款利率计算的数额，否则不予扣除。可见，发行公司债券筹集长期资金，其资金成本比发行股票低，其允许税前扣除的利息抵减利润后，可达到降低所得税税负的目的。

企业债券可以平价发行，也可以溢价或折价发行。在溢价发行或折价发行时，必须在发行期内进行摊销。溢价或折价摊销额计入财务费用，冲减利息费用或增加利息费用。利息费用作为计算所得税应纳税所得额的扣除项目，可以在所得额中扣除，纳税人利息费用的多少直接影响纳税人应纳税所得额的多少。摊销方法有直线摊销法和实际利率摊销法两种。虽然两种方案不影响利息费用的总和，但会影响各年的利息费用摊销额，从而影响各年的应纳税所得额。因此，企业在发行债券筹集资金时，可以对这两种方法进行筹划，以实现延期纳税。

2. 债券溢价、折价摊销的税务筹划

（1）企业债券溢价摊销。

1）企业债券溢价摊销的直线法。这种方法是将债券的溢价按债券的存续年限平均分摊到各年以冲减利息费用。

2）企业债券溢价摊销的实际利率法。这种方法是以应付债券的现值乘以实际利率计算出来的利息与名义利息比较，将其差额作为溢价摊销额。其特点是：摊销溢价，使负债递减，利息也随着递减，溢价摊销额则相应地逐年增加。

（2）企业债券折价摊销。

1）企业债券折价摊销的直线法。这种方法是将债券的折价按债券存续年限平均分摊到各年以增加利息费用。

2）企业债券折价摊销的实际利率法。这种方法是以应付债券的现值乘以实际利率计算出来的利息与名义利息比较，将其差额作为折价摊销额。其特点是：摊销折价，使负债递增，利息也随着递增，折价摊销额则相应地逐年递减。

（3）债券溢价、折价摊销的税务筹划案例。

例 2-5

某公司某年 1 月 1 日发行债券 200 000 元，期限为 5 年，票面利率为 10%，每年支付一次利息。公司按溢价 216 060 元发行，市场利率为 8%。

【分析】

该公司债券溢价按直线法摊销，如表 2-4 所示。

表 2-4　公司债券溢价直线法摊销　　单位：元

付息日期	实付利息	利息费用	溢价摊销	未摊销溢价	账面价值
第一年初				16 060	216 060
第一年末	20 000	16 788	3 212	12 848	212 848
第二年末	20 000	16 788	3 212	9 636	209 636
第三年末	20 000	16 788	3 212	6 424	206 424
第四年末	20 000	16 788	3 212	3 212	203 212
第五年末	20 000	16 788	3 212	0	200 000
合计	100 000	83 940	16 060	—	—

说明：实付利息＝债券面值×票面利率；利息费用＝实付利息－溢价摊销；溢价摊销＝溢价总额÷5（年）；未摊销溢价＝期初未摊销溢价－本期溢价摊销；账面价值＝期初账面价值－本期溢价摊销。

该公司债券溢价按实际利率法摊销，如表 2-5 所示。

表 2-5　公司债券溢价实际利率法摊销　　单位：元

付息日期	实付利息	利息费用	溢价摊销	未摊销溢价	账面价值
第一年初				16 060	216 060
第一年末	20 000	17 284.8	2 715.2	13 344.8	213 344.8
第二年末	20 000	17 067.6	2 932.4	10 412.4	210 412.4
第三年末	20 000	16 833.0	3 167	7 245.4	207 245.4
第四年末	20 000	16 579.6	3 420.4	3 825.0	203 825.0
第五年末	20 000	16 175*	3 825	0	200 000
合计	100 000	83 940	16 060	—	—

说明：实付利息＝债券面值×票面利率；利息费用＝账面价值×市场利率；溢价摊销＝实付利息－利息费用；未摊销溢价＝期初未摊销溢价－本期溢价摊销；账面价值＝期初账面价值－本期溢价摊销。

* 尾数调整。

通过以上数据可以看出，债券溢价摊销方法不同，不会影响利息费用总和，但会影响各年度的利息费用摊销额。在直线摊销法下，每年的利息费用不变，而实际利率法下，前几年的溢价摊销额少于直线法的摊销额，前几年的利息费用大于直线法的利息费用。公司前期缴税较少，后期缴税较多。由于货币时间价值的存在，企业采用实际利率法对债券的溢价进行摊销，可以获得延期纳税的利益。

同理可证，债券折价摊销方法不同，也不会影响利息费用的总和，但会影响各年度的利息费用摊销额。如果采用实际利率法，前几年的折价摊销额少于直线法的摊销额，前几年的利息费用也少于直线法的利息费用。公司前期缴纳的税款较多，后期缴纳的税款较少。由于货币时间价值的存在，企业采用直线法对债券的折价进行摊销，可获得延期纳税的利益。

2.3.3 专门借款费用的税务筹划

1. 专门借款税务筹划的基本思路

根据现行企业所得税政策，企业实际发生的与取得收入有关的合理的支出，包括成本、费用、税金、损失和其他支出，准予在计算应纳税所得额时扣除。企业在生产经营活动中发生的合理的无须资本化的借款费用，准予扣除。企业为购置、建造固定资产、无形资产和经过12个月以上的建造才能达到预定可销售状态的存货发生借款的，在有关资产购置、建造期间发生的合理的借款费用，应当作为资本性支出计入有关资产的成本，并依照《企业所得税法实施条例》的规定扣除。

纳税人发生的经营性借款费用，符合《企业所得税法实施条例》对利息水平限定条件的，可以直接扣除。为购置、建造和生产固定资产、无形资产而发生的借款，在有关资产购建期间发生的借款费用，应作为资本性支出计入有关资产的成本；有关资产交付使用后发生的借款费用，可在发生当期扣除。纳税人借款未指明用途的，其借款费用应按经营性活动和资本性支出占用资金的比例，合理计算应计入有关资产成本的借款费用和可直接扣除的借款费用。

由此可见，经营性借款或者说流动性借款利息可以直接扣除，但有一定的上限，超过的部分不能扣除。专门性借款即固定资产借款利息不能直接扣除，只能随固定资产一起折旧，但没有扣除限额。纳税人可以充分利用这种规定进行税务筹划，即将不能扣除的一般性经营性借款利息转化为固定资产利息。

2. 专门借款税务筹划案例

例2-6

某年底，某公司对下一年度生产经营所需资金数量进行预测后得出结论：下一年1月1日将需要借入资金总计6 000万元，其中为购建固定资产（普通大型设备）需要借入资金3 000万元，日常生产经营需要3 000万元。但考虑到本年的借款与还款情况，下一年只能从银行借入资金4 000万元，借款期限为2年，年利率为4%；余下的2 000万元则需要从其他企业借入，借款期限也为2年，年利率为10%。购建固定资产活动从下年1月1日开始，同年12月31日结束。针对上述情况，请提出税务筹划方案。

【分析】

该公司有两种方案可供选择：

第一种方案是将从银行借入的款项用于购建固定资产，而将从其他企业借入的款项用于经营性支出。由于购建固定资产只需要3 000万元，因此

计入固定资产的借款利息总额＝3 000×4%＝120(万元)

允许当年在税前扣除的利息＝3 000×4%＝120(万元)

不得在税前扣除的利息＝2 000×(10%－4%)＝120(万元)

该利息在以后年度也不能扣除，因此，企业需要为此多缴纳企业所得税：

120×25%＝30(万元)

第二种方案是将从其他企业借入的2 000万元用于购建固定资产，但购建固定资产实际需要资金3 000万元，因此还需将从银行借入的1 000万元用于购建固定资产。同时，将从银行借入的其余3 000万元用于经营性支出。那么

企业可以在税前扣除的利息＝3 000×4%＝120(万元)

计入固定资产的利息支出＝2 000×10%＋1 000×4%＝240(万元)

这240万元的支出在以后年度可以通过固定资产折旧的形式逐渐得到弥补。在该方案中，企业不需要多缴企业所得税，为企业减轻税收负担30万元。

2.3.4　租赁筹资的税务筹划

租赁是出资人以收取租金为条件，在契约或合同规定的期限内，将资产租给承租人使用的一种经济行为。租赁的方式不同，会带来不同的效果。

1. 企业租赁筹资税务筹划的思路

(1) 流转税方面。对出租方来说，尽管纳税人购进的贷款服务的进项税额不得抵扣，但从上述规定可以看出，这种差额计税方法下，融资租赁公司借入资金支付的贷款利息由于可以从租金收入中扣除，实际上变相进行了进项税额的抵扣。而且由于不动产租赁的税率是9%，动产租赁的税率是13%，将利息支出自租金收入中扣除，实际相当于按照9%或13%少计提销项税额。比允许贷款利息按6%抵扣进项税额带来的应纳税额的减少更多。

对承租方来说，贷款利息支出对应的进项税额不得抵扣，但融资租赁租金支出可以抵扣进项税额，为纳税人调整融资模式，更多地通过融资租赁解决资金问题提供了很大的空间，也为租赁公司拓展业务提供了极大的利好。

(2) 所得税方面。银行贷款购买设备支付的贷款利息可以在企业所得税前扣除，企业对设备计提的折旧也可以在所得税前列支。

对于租赁方式获得的设备，承租方支付的租金可以抵税。对于租赁费的扣除，《企业所得税法实施条例》规定，企业根据生产经营活动的需要租入固定资产支付的租赁费，按照以下方法扣除：1）以经营租赁方式租入固定资产发生的租赁费支出，按照租赁期限均匀扣除。2）以融资租赁方式租入固定资产发生的租赁费支出，按照规定构成融资租入固定资产价值的部分应当提取折旧费用，分期扣除。因此，经营租赁只有支付的租赁费可以直接在税前扣除，但企业不得对租入的设备计提折旧，租入设备的损耗不能抵税。由于企业可以对融资租入的设备计提折旧，这些折旧可以在税前扣除。企业应将这几种获得设备的方式所承担的税负进行比较，考虑资金的时间价值，选择对企业最为有利的方式。

另外，如果税法对所得税采用累进税率，集团公司可以利用租赁方式来进行

税务筹划。例如，某集团公司有 A 企业和 B 企业，A 企业的利润是 B 企业的 2 倍。B 企业可以将一部分设备以较高的租金出租给 A 企业，使两个企业利润达到基本一致。在累进税率下，通过这样的租赁安排，企业的整体税负将大大降低。拥有出租设备的一方可以利用税种的差异来进行税务筹划。

2. 租赁筹资税务筹划案例

（1）融资租赁与借款购买设备的流转税筹划。

例 2-7

A 公司需要一台设备，假设该设备不含税售价为 100 万元。A 公司如果用自有资金购买，需支付价款 100 万元、税金 13 万元，共需 113 万元，但公司资金紧张，无法完成该交易。于是财务部门提出两种方案：方案一是全部贷款 113 万元，利率是 10%，需要支付 11.3 万元的利息，总支出为 124.3 万元；方案二是通过 B 租赁公司取得该设备，B 租赁公司购买这台设备，价款为 100 万元，税金为 13 万元。B 租赁公司收取租金 125 万元，给 A 公司开具价款 110.6 万元、税款 14.4 万元的增值税专用发票。该企业应选择哪种方式获得该设备？

【分析】

方案一：A 公司总支出是 124.3 万元，因为利息支出进项税额不得抵扣，设备价款的进项税额 13 万元可以抵扣，因此总成本是 111.3 万元。

方案二：A 公司总支出是 125 万元，比方案一增加了 0.7 万元，但是由于可以抵扣进项税额 14.4 万元，所以实际成本是 110.6 万元，比方案一减少 0.7 万元的成本。

根据上述分析，A 公司应该选择融资租赁的方式获得该设备，解决资金紧张问题。当然，这在某种程度上取决于融资租赁方式下租金总额的大小，当租金总额增加到一定金额时，企业会有相反的选择。

（2）融资租赁与借款选择的所得税筹划。

例 2-8

某公司计划增添一项大型设备，总共需要资金 100 万元，预计使用寿命为 6 年①，净残值为 4 万元。采用平均年限法，按 10% 的利率进行折现。该企业获得该设备可以选择哪些方案？请进行税务筹划。

【分析】

对于企业来讲，要引进一项新设备，主要有三种方式：用自有资金购买、用长期贷款购买和融资租赁。这三种方式均能实现增加生产设备的目标，但不同融资方式所引起的净现金流量不同。

该企业有三种方案可供选择：第一，用自有资金购买；第二，贷款购买，银行提供 5 年期的长期贷款，每年偿还 20 万元本金及利息，利率为 10%；第三，融资租赁，5 年后取得所有权，每年支付租赁费 20 万元，手续费为 1%，融资利率

① 现行税法规定的最短折旧年限为 10 年，此处为简化计算，特假定使用寿命为 6 年。

为 9%。通过比较分析每种方案的税后现金流出量现值的大小来选择最佳方案。具体筹划方案分析如下（有关净残值的处理不影响方案的选择，故在下述表格中没有列出净残值数据）。

第一种方案的现金流出量现值计算表如表 2－6 所示。

表 2－6　现金流出量现值计算表一　　单位：万元

年份 ①	购买成本 ②	折旧费 ③	节税额 ④＝③×25%	税后现金流出量 ⑤＝②－④	折现系数* ⑥	税后现金流出量现值 ⑦＝⑤×⑥
第一年初	100			100		100
第一年末	—	16	4	－4	0.91	－3.64
第二年末	—	16	4	－4	0.83	－3.32
第三年末	—	16	4	－4	0.75	－3
第四年末	—	16	4	－4	0.68	－2.72
第五年末	—	16	4	－4	0.62	－2.48
第六年末	—	16	4	－4	0.56	－2.24
合计	100	96	24	76	—	82.6

* 为简便计算，本例中折现系数保留两位小数。

第二种方案的现金流出量现值计算表如表 2－7 所示。

表 2－7　现金流出量现值计算表二　　单位：万元

年份 ①	偿还本金 ②	利息 ③	本利和 ④＝②＋③	折旧费 ⑤	节税额 ⑥＝(③＋⑤)×25%	税后现金流出量 ⑦＝④－⑥	折现系数 ⑧	税后现金流出量现值 ⑨＝⑦×⑧
第一年末	20	10	30	16	6.5	23.5	0.91	21.385
第二年末	20	8	28	16	6	22	0.83	18.26
第三年末	20	6	26	16	5.5	20.5	0.75	15.375
第四年末	20	4	24	16	5	19	0.68	12.92
第五年末	20	2	22	16	4.5	17.5	0.62	10.85
第六年末	—	—	—	16	4	－4	0.56	－2.24
合计	100	30	130	96	31.5	98.5	—	76.55

第三种方案的现金流出量现值计算表如表 2－8 所示。

表 2－8　现金流出量现值计算表三　　单位：万元

年份 ①	租赁成本 ②	手续费 ③＝②×1%	融资利息 ④	租赁总成本 ⑤＝②＋③＋④	折旧费 ⑥	节税额 ⑦＝(③＋④＋⑥)×25%	税后现金流出量 ⑧＝⑤－⑦	折现系数 ⑨	税后现金流出量现值 ⑩＝⑧×⑨
第一年末	20	0.2	9	29.2	16	6.3	22.9	0.91	20.84
第二年末	20	0.2	7.2	27.4	16	5.85	21.55	0.83	17.89
第三年末	20	0.2	5.4	25.6	16	5.4	20.2	0.75	15.15

续表

年份 ①	租赁成本 ②	手续费 ③= ②×1%	融资利息 ④	租赁总成本 ⑤=②+ ③+④	折旧费 ⑥	节税额 ⑦=(③+ ④+⑥) ×25%	税后现金流出量 ⑧= ⑤−⑦	折现系数 ⑨	税后现金流出量现值 ⑩= ⑧×⑨
第四年末	20	0.2	3.6	23.8	16	4.95	18.85	0.68	12.82
第五年末	20	0.2	1.8	22	16	4.5	17.5	0.62	10.85
第六年末	—	—	—	—	16	4	−4	0.56	−2.24
合计	100	1	27	128	96	31	97	—	75.31

分析以上三种方案可以看出，若仅仅从节税的角度来看，用贷款购买设备所享受的税收优惠最大，因为这部分资金的成本（贷款利息）可以在税前扣除；而用自有资金购买设备就不能享受税前扣除的待遇，所获得的税收优惠是最小的；但是从税后现金流出量现值来看，融资租赁所获得的利益是最大的，用贷款购买设备次之，用自有资金购买设备是最次方案。

该案例的分析也充分体现了前面对相关问题的分析结论，比如，利用自有资金达到融资目的无法享受债权性融资产生的税收挡板作用带来的节税利益，因此，通过负债的方式达到融资目的是较优的选择；而在贷款融资和融资租赁的比较中，一般来讲后者较优，但仍需要具体比较和分析租赁期间、偿还贷款的时间、融资的利率和贷款的利率等主要指标。一般来讲，时间越长，利率越低，税收利益也就越大。

（3）同一集团公司内租赁的税务筹划。当出租人和承租人属于同一利益集团时，租赁可以使它们之间直接、公开地将资产从一个企业转给另一个企业。同一利益集团中的甲企业出于税收的目的，将其盈利高的生产项目连同设备一道以租赁的形式转租给乙企业，并按照有关规定收取适当的租金，可使该利益集团税负得以降低。此种节税效果并非只能在同一集团内部实现，即使在专门租赁公司提供租赁设备的情况下，承租人也可以获得好处。

例2-9

某集团公司有若干个下属子公司，其中预计子公司甲在某年盈利1 000万元，而子公司乙同年将亏损800万元。集团公司经过筹划，做了经营性调整，将甲公司的一个年盈利能力800万元的生产流水线（正好是一个独立的车间）出租给乙公司，并向乙公司收取200万元的租赁费，甲、乙公司的所得税税率均为25%。

【分析】

在税务筹划前：

甲公司应纳所得税=1 000×25%=250(万元)

乙公司亏损800万元，不缴纳所得税。

在税务筹划后：

甲公司应纳所得税=(1 000−800+200)×25%=100(万元)

乙公司亏损200万元，不缴纳所得税。

通过筹划，该集团利用这笔租赁业务减轻税收负担 150 万元（250－100）。

2.3.5　向关联方借款的税务筹划

关联方是指与企业有下列关联关系之一的企业、其他组织和个人：

（1）在资金、经营、购销等方面存在直接或间接的控制关系；

（2）直接或间接地同为第三者控制；

（3）在利益上具有相关联的其他关系。

1. 企业从关联方获得的资金

企业从关联方获得的资金包括权益性投资或债权性投资。权益性投资是指企业接受的无须偿还本金和支付利息，投资人对企业净资产拥有所有权的投资。其范围包括投资人对企业投入资本以及形成的资本公积、盈余公积和未分配利润等。权益性投资反映的是所有者对企业资产的剩余索取权，是企业资产中扣除负债后应由所有者享有的部分，反映所有者投入资本的保值增值情况。

企业间接从关联方获得的债权性投资包括：

（1）关联方通过无关联第三方提供的债权性投资；

（2）无关联第三方提供的由关联方担保且负有连带责任的债权性投资；

（3）其他间接从关联方获得的具有负债实质的债权性投资。

债权性投资不仅包括贷款和债券等传统方式，融资租赁、补偿贸易、背靠背贷款或者委托贷款等各种具有负债实质的投资也应认定为债权性投资。

2. 向关联方借款的税务筹划的基本思路

据现行企业所得税政策，企业从其关联方接受的债权性投资与权益性投资的比例超过规定标准而发生的利息支出，不得在计算应纳税所得额时扣除。债权性投资是指企业直接或者间接从关联方获得的、需要偿还本金和支付利息或者需要以其他具有支付利息性质的方式予以补偿的融资。

《财政部 国家税务总局关于企业关联方利息支出税前扣除标准有关税收政策问题的通知》（财税〔2008〕121 号）规定企业在计算应纳税所得额时：

> 企业实际支付给关联方的利息支出，不超过以下规定比例和税法及其实施条例有关规定计算的部分，准予扣除，超过的部分不得在发生当期和以后年度扣除。
>
> 企业实际支付给关联方的利息支出，除符合本通知第二条规定外，其接受关联方债权性投资与其权益性投资比例为：（一）金融企业，5∶1；（二）其他企业，2∶1。
>
> 企业如果能够按照税法及其实施条例的有关规定提供相关资料，并证明相关交易活动符合独立交易原则的；或者该企业的实际税负不高于境内关联方的，其实际支付给境内关联方的利息支出，在计算应纳税所得额时准予扣除。

按照上述标准，如果企业获得的债权性投资已经超过上述标准，企业可以考虑通过非关联企业获得债权性投资来进行税务筹划。

3. 向关联方借款的税务筹划案例

例 2-10

某非金融企业接受的权益性投资总额为 1 000 万元，某年度计划从其关联企业借款 5 000 万元，借款利率为 7%（不高于同期同类金融机构贷款利率）。在不考虑借款利息的情况下，该企业本年度应纳税所得额预计为 1 000 万元。该企业应当如何进行税务筹划？

【分析】

由于该企业接受的债权性投资与权益性投资的比例已经达到 5（即 5 000÷1 000），超过了 2 倍的上限，超过部分的利息不能扣除。

该企业当年应当支付的总利息＝5 000×7%＝350(万元)
可以扣除的利息＝2 000×7%＝140(万元)
不能扣除的利息＝3 000×7%＝210(万元)
该企业当年应纳税所得额＝1 000－140＝860(万元)
应纳税额＝860×25%＝215(万元)

如果该企业通过一个非关联企业进行借款（关联企业通过一定的调整可以转变为非关联企业），那么，上述 350 万元的利息都可以扣除，该企业可以减轻税收负担 52.5 万元（210×25%）。

2.3.6 不同还款方式的税务筹划

在长期借款筹资的税务筹划中，借款偿还方式的不同也会导致不同的税收待遇，同样存在税务筹划的空间。

例 2-11

某公司为了引进一条先进的生产线，从银行贷款 1 000 万元，年利率为 10%，年投资收益率为 18%，5 年内还清全部本息。经过税务筹划，该公司可选择的方案主要有 4 种：

（1）期末一次还本付息；
（2）每年偿还等额的本金和利息；
（3）每年偿还等额的本金 200 万元及当期利息；
（4）每年支付等额利息 100 万元，并在第五年末一次性还本。

在以上各种不同的偿还方式下，年偿还额、总偿还额、税额、税后现金流出额及其现值都是不同的。通过表 2-9 至表 2-12 所列数据对每种方案进行分析。

【分析】

第一种方案：期末一次还本付息（见表 2-9）。

表 2-9　期末一次还本付息法下的现金流　单位：万元

年份	本年还款	本年本金	本年利息	税后现金流出额	折现系数*	税后现金流出额现值
第一年末	0	0	0	0	0.91	0
第二年末	0	0	0	0	0.83	0
第三年末	0	0	0	0	0.75	0
第四年末	0	0	0	0	0.68	0
第五年末	1 610.5	1 000	610.5	1 457.9	0.62	903.9
合计	1 610.5	1 000	610.5	1 457.9	—	903.9

* 为简便计算，本例中折现系数保留两位小数。

第二种方案：每年偿还等额本金和利息（见表 2-10）。

表 2-10　每年偿还等额的本金和利息法下的现金流　单位：万元

年份	本年还款	本年本金	本年利息	税后现金流出额	折现系数	税后现金流出额现值
第一年末	263.8	163.8	100	238.8	0.91	217.3
第二年末	263.8	180.2	83.6	242.9	0.83	201.6
第三年末	263.8	198.2	65.6	247.4	0.75	185.6
第四年末	263.8	218.0	45.8	252.4	0.68	171.6
第五年末	263.8	239.8	24.0	257.8	0.62	159.8
合计	1 319.0	1 000.0	319.0	1 239.3	—	935.9

第三种方案：等额本金偿还（见表 2-11）。

表 2-11　等额本金偿还法下的现金流　单位：万元

年份	本年还款	本年本金	本年利息	税后现金流出额	折现系数	税后现金流出额现值
第一年末	300	200	100	275	0.91	250.3
第二年末	280	200	80	260	0.83	215.8
第三年末	260	200	60	245	0.75	183.8
第四年末	240	200	40	230	0.68	156.4
第五年末	230	200	30	222.5	0.62	138.0
合计	1 310	1 000	310	1 232.5	—	944.3

第四种方案：每年支付等额利息，期末还本（见表 2-12）。

表 2-12　每年支付等额利息，期末还本法下的现金流　单位：万元

年份	本年还款	本年本金	本年利息	税后现金流出额	折现系数	税后现金流出额现值
第一年末	100	0	100	75	0.91	68.3
第二年末	100	0	100	75	0.83	62.3
第三年末	100	0	100	75	0.75	56.3
第四年末	100	0	100	75	0.68	51.0
第五年末	1 100	1 000	100	1 075	0.62	666.5
合计	1 500	1 000	500	1 375	—	904.4

一般而言，第一种方案给企业带来的节税额最大，但它给企业带来的经济效益是最差的，企业最终所获利润低，而且现金流出量大，不可取。第三种方案尽管使企业缴纳了较多的企业所得税，但其税后收益是最高的，而且现金流出量是最小的，因此，它是最优的方案。第二种方式是次优的，它给企业带来的经济利益小于第三种方案，但大于第四种方案。长期借款筹资偿还方式的一般原则是分期偿还本金和利息，尽量避免一次性偿还本金或者本金加利息。

2.3.7 借款阶段选择的税务筹划

根据现行企业所得税政策，企业在生产经营活动中发生的合理的、无须资本化的借款费用，准予扣除。企业为购置、建造固定资产、无形资产和经过 12 个月以上的建造才能达到预定可销售状态的存货发生借款的，在有关资产购置、建造期间发生的合理的借款费用，应当作为资本性支出计入有关资产的成本，并依照《企业所得税法实施条例》的规定扣除。

为了尽多、尽早地列支费用，减少早期缴纳的企业所得税额，获取更多的收益，企业应尽量选择盈利年度进行借款，通过借款利息的支出抵消盈利，从而减轻税收负担。

例 2 - 12

某公司根据年度财务收支计划，当年资金缺口为 4 000 万元，拟通过 1 年期的银行借款来弥补资金缺口。企业当年除了正常的生产经营，为了提高管理的信息化水平，拟请某软件公司为本公司开发应用软件，软件开发期预计为 1 年，当年末即可投入使用，须支付软件费用 2 000 万元。假定公司当年及以后两年的息税前利润为 4 000 万元，银行 1 年期的正常贷款利率为 10%；企业处于免税期的最后一年。那么，怎样对该企业 4 000 万元银行借款进行筹划呢？

【分析】

该企业如以流动资金名义借款，当年扣除借款费用后的应纳税所得额为 3 600 万元，由于免税，应缴纳的所得税为 0，第二年和第三年应纳企业所得税1 000 万元（4 000×25%）。

净现值＝(息税前利润－利息－应纳所得税)×复利现值系数

第一年净现值＝(4 000－400)×0.909 1＝3 272.76(万元)

第二年净现值＝(4 000－1 000)×0.826 4＝2 479.2(万元)

第三年净现值＝(4 000－1 000)×0.751 3＝2 253.9(万元)

三年净现值累计＝3 272.76＋2 479.2＋2 253.9＝8 005.86(万元)

假如以组合名义借款，即企业在借款合同中注明 2 000 万元用于购置软件，另外 2 000 万元用于流动资金，则购置软件的借款利息不能直接在税前扣除。

借入无形资产成本的借款费用可以在以后两年分期摊销到费用中，第二、三年每年可摊销的费用为 100 万元。企业当年扣除借款费用后的应纳税所得额为 3 800 万元（4 000－2 000×10%），由于免税，应缴纳的所得税为 0。由于 400 万元的利息支出（即现金流出）在第一年发生，因此，在计算现金流量的现值时，

400 万元全部放在第一年，但其抵税作用发生在第二、三年，即第二、三年的应纳税所得额为 3 900 万元（4 000－100）。

第一年净现值＝(4 000－400)×0.909 1＝3 272.76(万元)

第二年净现值＝(4 000－3 900×25%)×0.826 4＝2 499.86(万元)

第三年净现值＝(4 000－3 900×25%)×0.751 3＝2 272.68(万元)

三年净现值累计＝3 272.76＋2 499.86＋2 272.68＝8 045.3(万元)

经比较可知，当企业处于免税优惠期间，如该企业借款的当年正处于所得税免税的最后一年，以流动资金名义借款，三年净现值累计为 8 005.86 万元。以组合名义借款，三年净现值累计为 8 045.3 万元。以组合名义借款比以流动资金名义借款三年净现值累计多 39.44 万元。因此，以组合名义借款较好。

与例 2－4 比较可知，由于企业所处时期不同，其节税方案也应进行相应调整。

2.4 企业权益筹资的税务筹划

企业的权益资金是通过吸收直接投资、发行股票、内部留存收益等方式取得的。权益资金一般成本较高，风险相对较小。

2.4.1 吸收直接投资的税务筹划

1. 吸收直接投资的优缺点

吸收直接投资是指企业以协议、合同等形式吸收国家、其他企业、个人和外商等直接投入的资金，形成企业资本金的一种筹资方式。它不以股票为媒介，适用于非股份制企业，是非股份制企业筹集股权资本最主要的形式。吸收直接投资有吸收现金投资和非现金投资两种。

（1）吸收直接投资的优点。吸收直接投资是我国大多数非股份制企业筹集资本金的主要方式，它具有以下优点：

1）吸收直接投资所筹资本属于股权资本，与债务资本相比，它能提高企业对外负债的能力。吸收的直接投资越多，举债能力就越强。

2）吸收直接投资不仅可以筹集现金，而且能够直接取得所需的先进设备和技术（在投资者以专利权、商标权、非专有技术、土地使用权等无形资产投资的情况下），从而尽快形成企业的生产能力。

3）吸收直接投资方式与股票筹资相比，其履行的法律程序相对简单，筹资速度相对较快。

4）从宏观层面看，吸收直接投资有利于资产组合与资产结构调整，为企业规模调整与产业结构调整提供了客观的物质基础，也为产权交易市场的形成与完善提供了条件。

（2）吸收直接投资的缺点。吸收直接投资方式也存在一定的缺点，主要表现在：

1）吸收直接投资成本较高。因为投资者参与利润分红，如果企业有可观的利润，这笔分红将大大高于企业融资的成本。这也是一些业绩好的企业倾向于举债的原因。

2）由于不以证券为媒介，在产权关系不明确的情况下吸收投资容易产生产权纠纷。同时，产权交易市场的交易能力较差，不利于吸引广大投资者投资，也不利于股权转让。

2. 吸收直接投资的税务筹划

企业通过吸收直接投资筹集的资金构成企业的权益资金，其支付的红利不能在税前扣除，这与发行普通股所支付的股利在税收效应上是一致的，其税务筹划的具体方法请参见本节以下内容。

2.4.2 向企业职工融资的税务筹划

1. 税务筹划思路

根据现行企业所得税政策，企业发生的合理的工资、薪金支出，准予扣除。企业在生产经营活动中发生的下列利息支出，准予扣除：

（1）非金融企业向金融企业借款的利息支出、金融企业的各项存款利息支出和同业拆借利息支出、企业经批准发行债券的利息支出；

（2）非金融企业向非金融企业借款的利息支出，不超过按照金融企业同期同类贷款利率计算的数额的部分。

通过职工进行筹资可以通过提高工资、薪金的方式间接支付部分利息，使超过银行贷款利率部分的利息得以扣除，从而达到在计算应纳税所得额时予以全部扣除的目的。

2. 税务筹划案例

例2－13

某企业在生产经营中需要1 000万元贷款，贷款期限为3年。由于各种原因难以继续向银行贷款，企业财务主管提出三种融资方案：第一种是向其他企业贷款，贷款利率为10%，需提供担保；第二种是向社会上的个人贷款，贷款利率为12%，无须提供担保；第三种是向本企业职工集资，该企业职工人数为1 000人，每人集资10 000元，利率为12%，其中7%的部分以利息方式支付，另外5%以职工工资的方式支付。该企业人均月工资为4 500元，同期银行贷款利率为7%。该企业应当如何决策？

【分析】

虽然向其他企业贷款的利率较低，但需要提供担保，贷款条件和银行基本相当，而且超过银行同期同类贷款利率的利息不得列支，因此不是最佳选择。

如果选择向社会上的个人贷款，企业所支付的超过银行同期贷款利率的利息不能扣除，应当调增的应纳税所得额＝1 000×10 000×（12%－7%）＝500 000元，多缴纳的企业所得税＝500 000×25％＝125 000元，增加了企业的税收负担。同时应当代扣代缴的个人所得税＝10 000 000×12％×20％＝240 000元。

如果向本企业职工集资，由于将超过银行同期同类贷款利率7％以上的5％部分的利息以职工工资的方式支付，而且该企业职工月工资为4 500元，加上41.67元（10 000×5％÷12）的利息，没有超过《中华人民共和国个人所得税法》（以下简称《个人所得税法》）规定的免征额，职工无须为此缴纳个人所得税。同时，企业将少缴纳125 000元的企业所得税，而且减少企业代扣代缴的个人所得税＝10 000 000×5％×20％＝100 000元。因此，这种方案不仅能减少企业的税收负担，还能提高职工的税后收益，可谓一举两得，企业和职工都获得了税收利益。

2.4.3　发行股票筹资的税务筹划

股票是股份公司发行给股东的所有权凭证，分为普通股和优先股。从税收上讲，股利在税后利润中支付，不像债券那样，其利息作为费用在税前列支，因而不具有抵税作用。在我国税法中，个人股东分得的股利还要缴纳个人所得税。另外，普通股的发行费用一般较高，但可以作为费用在税前列支。因此，设计方案时需要考虑股票和债券的发行数量、年息税前利润额以及债券利率等因素；实际操作中，还要考虑债券本息偿还等财务风险。

例2－14

某股份有限公司利润表数据如表2－13所示。

表2－13　某股份有限公司利润表　　单位：元

息税前利润	10 000 000
利息	400 000
税前利润	9 600 000
所得税（税率为25％）	2 400 000
税后利润	7 200 000
普通股股数（每股为1元）	3 000 000股
每股收益	2.4

现在有一个项目可增加息税前利润500万元，需筹资2 000万元，企业面临三种筹资方案。

方案1：向银行举借长期借款2 000万元，年利率为10％。

方案2：按面值发行公司债券2 000万元，年利率为10％；发行费用为50万元，分5年平均摊销。

方案3：溢价发行普通股筹资净额2 000万元，预计发行总股数为50万股。发行费用100万元已在溢价中抵减。

【分析】

根据资料计算的三种筹资方案如表2－14所示。

表2-14 三种筹资方案的税收效果比较 单位：元

项目	方案1	方案2	方案3
息税前利润	15 000 000	15 000 000	15 000 000
利息、费用分摊	2 400 000	2 500 000	400 000
税前利润	12 600 000	12 500 000	14 600 000
所得税（税率为25%）	3 150 000	3 125 000	3 650 000
税后利润	9 450 000	9 375 000	10 950 000
普通股股数	3 000 000	3 000 000	3 500 000
每股收益	3.15	3.125	3.129

从以上分析可知，长期借款筹资优于发行公司债券和股票，每股收益比发行公司债券增加0.025元，比发行股票增加0.021元；而发行股票又优于公司债券，普通股筹资每股收益比债券筹资增加0.004元。如果其他条件不变，发行普通股股数变化，情况就可能发生变化。

2.4.4 留存收益的税务筹划

留存收益是企业实现的盈利未向股东派发而留于企业使用的部分，包括未分配利润和提取的盈余公积。留存收益属于企业的内源融资，留存收益的多少取决于企业的股利分配政策。

1. 股利支付的类型

股利支付的类型通常有现金股利、股票股利和财产股利。目前，股票回购作为一种替代现金股利的形式越来越受到重视。

现金股利是指企业将当期盈余或累计留存收益中的一部分以现金的形式向股东发放，是一种最常见的股利支付形式。

股票股利是以股票形式发放的股利，即股票股利对企业来说，没有现金流出企业，只不过是将资本从留存收益账户转移到其他股东权益账户，没有改变每位股东的权益比例，同时因增加流通在外的股票数量，会降低股票的每股价值。

财产股利是以现金之外的其他财产发放的股利，是一种不常用的股利分配方式，我国的上市公司不允许支付财产股利。

股票回购是指公司出资购回其本身发行的流通在外的股票。购回的股票通常称为库藏股票，如果需要可以重新出售。实际上是公司利用多余现金去回购自己的股票而代替发放现金股利，这已成为公司向股东分配利润的一种重要形式。

2. 现金股利和股票股利的税务筹划

在我国的税收制度上，现金股利和股票股利存在一定的差别：现金股利按发放的全额计税，而股票股利只是按照面值而非市值全额计税。因此，在动用相同金额的当前盈余或累计留存收益发放股利时，二者存在较大的税负差异。

例 2－15

某公司发行在外的普通股为 5 000 万股，每股市价为 20 元。假定有 9 000 万元的留存收益可供分配，为了方便比较，假定现金股利与股票股利动用同样的留存收益，股东均为个人。

方案 1：发放现金股利 9 000 万元，每股股利为 1.8 元。

方案 2：发放股票股利，每 10 股发放 1 股，共 500 万股，除权价约等于 18.18 元。

【分析】

首先，比较两种方案应缴纳的个人所得税的差异。

方案 1 应纳个人所得税＝9 000×50％×20％＝900(万元)

方案 2 应纳个人所得税＝500×50％×20％＝50(万元)

显然，发放股票股利的税负要比发放现金股利的税负轻。

其次，比较两个方案对股东财富的影响（见表 2－15）。

表 2－15　现金股利与股票股利对税后股东财富的影响

项目	当前情况	派发现金股利后	派发股票股利后
股数（万股）	5 000	5 000	5 500
市价（元）	20	18.2	18.18
总市值（亿元）	10	9.1	10
税前股东财富（亿元）	10	10	10
税后股东财富（亿元）	10	9.91	9.995

说明：派发现金股利后的税后股东财富＝总市值＋现金股利－税金；派发股票股利后的税后股东财富＝总市值－税金。

当然，股票股利除了能够节税，对于派发股利的企业而言，还能够起到保留现金、增加投资机会的作用；对于股东而言，股价在除权时可能大幅下降，但对于一个成长性较好的公司，随后的股价可能上升。因此，在一定意义上，股票股利往往是公司成长的信号。

复习思考题

1. 税务筹划对筹资决策有何影响？
2. 短期负债筹资有哪些特点和主要方式？
3. 比较不同筹资方式下的企业税收负担。
4. 简述企业资本结构税务筹划的基本思路。

案例分析题

案例 1

某股份公司计划筹措 1 亿元资金用于新产品生产线的建设，相应制定了甲、乙、丙三种筹资方案。假设该公司的资本结构（借贷筹资与权益筹资的比例）如下：三种方案的借款年利率都为8%，企业所得税税率都为25%，三种方案扣除利息和所得税前的年利润都为1 000万元。

方案1：全部1亿元资金都采用权益筹资方式，即向社会公开发行股票，每股计划发行价格为2元，共计5 000万股。

方案2：采用负债筹资与权益筹资相结合的方式，向商业银行借款2 000万元，向社会公开发行股票4 000万股，每股计划发行价格为2元。

方案3：采用负债筹资与权益筹资相结合的方式，但二者适当调整，向银行借款6 000万元，向社会公开发行股票2 000万股，每股计划发行价格为2元。

分析要求： 分析上述三个方案的优劣。

案例2

某企业欲筹资100万元，期限为6个月。如果利用商业票据，年利率为6%，筹资费用为2 000元；如果利用银行借款，年利率为8%，假定没有筹资费用。假定当年该企业息税前利润为50万元，企业适用所得税税率25%。

分析要求： 分析这两种筹资方式对企业所得税的影响。

案例3

某企业欲购置生产设备，但由于资金紧张，从银行借款2 000万元，借款期限为5年，年利率为10%，假定该企业的年投资收益率为15%。在贷款时，银行方面提供了以下还本付息方案。

方案1：期末一次还清全部本息；

方案2：每年支付利息200万元，到期一次性支付本金及利息2 200万元；

方案3：每年偿还等额本息527.6万元。

分析要求： 分析这三种方案对企业的影响。

案例4

某企业预计第一年应纳税所得额为35万元；第二年由于进行重大投资，将亏损10万元；第三年预计应纳税所得额为0；第四年将实现盈利10万元；第五年将实现盈利20万元。该企业原计划在第二年开始从银行贷款，贷款期限为3年，每年支付贷款利息5万元（该企业从业人数为80人，资产总额为6 000万元）。

分析要求： 分析该企业应当如何进行税务筹划。

案例5

A公司所得税税率为25%。该公司为扩大生产规模，拟筹集资金5 000万元。现有下述方案可供选择。

方案1：增发普通股5 000万股，每股为1元。

方案2：增发普通股3 000万股，每股为1元；发行债券2 000万元，债券票面年利率为5%。

方案3：增发普通股2 000万股，每股为1元；发行债券3 000万元，债券票面年利率为6%。

方案4：增发普通股1 000万股，每股为1元；发行债券4 000万元，债券票面年利率为10%。

该公司扩大生产前每年息税前利润为500万元，年息税前投资收益率为10%。为分析方便，假定上述债券利率均不高于同期银行贷款利率。

分析要求：试比较各方案的优劣。

第3章 企业投资的税务筹划

学习目标

1. 掌握企业设立、扩张时组织形式的税务筹划方法。
2. 理解企业投资方向、投资地点、投资规模的税务筹划。
3. 了解企业投资时间、投资决策、企业清算的税务筹划。

投资是指投资主体以获得未来预期收益为目的，将货币资金、物资、土地、劳动力、技术及其他生产要素投入社会再生产的过程。企业投资主要是为了维持企业的生存和发展，提升企业的资产价值，增强企业的综合实力。投资报酬的高低关系着企业的生存与发展，而税收是影响投资报酬的重要因素之一。税收对投资的影响不仅涉及投资行为本身，而且涉及投资有效期内的经营以及投资收益的分配。本章主要探讨进行投资决策时企业组织的选择、投资区域的选择、投资方向的选择、投资方式的选择等方面的税务筹划。

3.1 企业组织形式的税务筹划

企业组织形式不同，相关税收规定也存在差异，因此，在投资活动开始之时，有必要对企业组织的设立进行税务筹划。企业组织的设立可分为新创设组织和组织扩张两种情况。

3.1.1 企业设立时组织形式的税务筹划

由于我国企业组织的形式不同，税收政策不同，因此，在创设企业组织时，应围绕企业组织形式的选择进行税务筹划。

1. **个人独资企业、合伙企业和公司制企业税收政策**

现代企业的组织形式一般有个人独资企业、合伙企业与公司制企业三种，三者之间税收制度的差异主要体现在所得税方面。

个人独资企业是指依照法律在我国境内设立的，由一个自然人投资，财产为投资人所有，投资人以其个人财产对企业债务承担无限责任的经营实体。根据我国现行《个人所得税法》的相关规定，个人独资企业的生产、经营所得作为投资者的生产、经营所得，按照“经营所得”项目，适用5%～35%的五级超额累进税率，计算征收个人所得税。

合伙企业是指自然人、法人和其他组织依照《中华人民共和国合伙企业法》（以下简称《合伙企业法》）在中国境内设立的普通合伙企业和有限合伙企业。普通合伙企业由2个以上普通合伙人组成，合伙人对合伙企业债务承担无限连带责任。有限合伙企业由2个以上50个以下普通合伙人和有限合伙人设立，普通合伙人对合伙企业债务承担无限连带责任，有限合伙人以其认缴的出资额为限对合伙企业债务承担责任。合伙企业财产为合伙人共有，合伙企业的利润分配、亏损分担，按照合伙协议的约定办理；合伙协议未约定或者约定不明确的，由合伙人协商决定；协商不成的，由合伙人按照实缴出资比例分配、分担；无法确定出资比例的，由合伙人平均分配、分担。我国现行税法规定，合伙企业的生产、经营所得和其他所得，按照国家有关税收规定，由合伙人分别缴纳所得税。合伙人为自然人的，征收个人所得税。根据我国现行《个人所得税法》相关规定，合伙企业的投资者分得的所得按照“经营所得”项目，适用5%～35%的五级超额累进税率，计算征收个人所得税。合伙人为法人或其他组织的，征收企业所得税。合伙人为法人或其他组织的，合伙人在计算缴纳其企业所得税时，不得用合伙企业的亏损抵减其盈利。合伙企业的合伙人按照下列顺序确定应纳税所得额：（1）合伙企业的合伙人以合伙企业的生产、经营所得和其他所得，按照合伙协议约定的分配比例确定应纳税所得额。（2）合伙协议未约定或者约定不明确的，以全部生产、经营所得和其他所得，按照合伙人协商决定的分配比例确定应纳税所得额。（3）协商不成的，以全部生产、经营所得和其他所得，按照合伙人实缴出资比例确定应纳税所得额。（4）无法确定出资比例的，以全部生产、经营所得和其他所得，按照合伙人数量平均计算每个合伙人的应纳税所得额。合伙企业除了要承担所得税外，还要缴纳与企业经营有关的一些税金，如印花税、增值税、消费税、关税等。

公司是依《中华人民共和国公司法》（以下简称《公司法》）规定在我国境内设立的企业法人，包括有限责任公司和股份有限公司。有限责任公司由50个以下的股东共同出资设立，股东以其出资额为限对公司承担责任，公司以其全部资产对公司的债务承担责任。另外，国家授权的机构或国家授权的部门可以单独投资设立国有独资的有限责任公司，即国有独资公司。股份有限公司的全部资本分为等额股份，股东以其所持股份为限对公司承担责任，公司以其全部资产对公司的债务承担责任。无论是股份有限公司、有限责任公司还是国有独资公司，作为企业法人，都要根据我国现行《企业所得税法》的规定，缴纳企业所得税。公司制企业要在做了相应的扣除和调整后的应纳税所得额的基础上计算所得税。对于投资者而言，公司制的企业需要缴纳两个层次的所得税，首先，企业实现的利润需要缴纳企业所得税（国际上通常称为公司所得税）；其次，在利润分配给投资者以后，往往还需要缴纳一道所得税，如果投资者是个人，需要缴纳个人所得税，而如果投资者是企业，则需要缴纳企业所得税。此外，公司还要缴纳印花税、增值税、消费税、关税、财产税等。

2. 企业设立时组织形式的筹划

我国税法规定，个人独资企业和合伙企业征收个人所得税，不征收企业所得税，而公司制企业存在双重征税问题。如果股东为自然人，则既要征收企业所得税又要征收个人所得税。如果股东是法人，我国采取免税法避免双重征税，即居民法人股东从居民法人企业取得的股息、红利所得属于免税收入，免于征收企业所得税。因此，投资者创设企业时，需要在公司制企业、合伙企业或个人独资企业之间进行选择。如果仅仅从税收负担的角度来考虑，需要比较在同等应纳税所得额的条件下个人独资企业、合伙企业与公司制企业的应纳税额。

我国现行税法规定，企业所得税的基本税率为25%，小型微利企业① 适用优惠税率20%。根据财税〔2019〕13号和国家税务总局公告2021年第8号的规定，自2021年1月1日至2022年12月31日，小型微利企业年应纳税所得额不超过100万元的部分，减按12.5%计入应纳税所得额，按20%的税率缴纳企业所得税；对年应纳税所得额超过100万元但不超过300万元的部分，减按50%计入应纳税所得额，按20%的税率缴纳企业所得税。即小型微利企业的名义税率为比例税率20%，实际税率变成两级超额累进税率（见表3-1）。

表3-1 小型微利企业实际税率及速算扣除表

级数	年应税所得	税率（%）	速算扣除数
1	不超过1 000 000元的部分	2.5	0
2	超过1 000 000元至30 000 000元的部分	10	75 000

个人独资企业和个体工商户从2019年1月1日起按“经营所得”征收个人所得税，采用五级超额累进税率（见表3-2）。

表3-2 经营所得个人所得税税率及速算扣除表

级数	年应税所得	税率（%）	速算扣除数
1	不超过30 000元的部分	5	0
2	超过30 000元至90 000元的部分	10	1 500
3	超过90 000元至300 000元的部分	20	10 500
4	超过300 000元至500 000元的部分	30	40 500
5	超过500 000元的部分	35	65 500

① 财税〔2019〕13号规定，小型微利企业是指从事国家非限制和禁止行业，且同时符合年度应纳税所得额不超过300万元、从业人数不超过300人、资产总额不超过5 000万元等三个条件的企业。

例3-1

在相同应纳税所得额的条件下，计算个人独资企业、两人合伙企业和公司制企业的应纳税额差异。假设：

(1) 应税所得额分为14级，分别为3万元、6万元、10万元、20万元、40万元、60万元、80万元、100万元、120万元、200万元、300万元、320万元、600万元、620万元。

(2) 合伙企业为两人合伙，且两人出资额相同。合伙人分为自然人个人和法人企业两种类型，其应纳税所得额为合伙企业分配所得。合伙人为法人的，其从业人数为100人，资产总额为3 000万元；年应纳税所得额低于（含）300万元的，属小型微利企业。其年应税所得不超过100万元的部分，减按12.5%计入应纳税所得额，按20%的税率缴纳企业所得税；年应纳税所得额超过100万元但不超过300万元的部分，减按50%计入应纳税所得额，按20%的税率缴纳企业所得税；年应税所得超过300万元的，为一般企业，适用的税率为25%。

(3) 公司制企业的股东分为居民自然人个人和居民法人企业两种类型。公司制企业从业人数为200人，资产总额为4 000元。年应税所得低于300万元的属小型微利企业，适用财税〔2019〕13号和国家税务总局公告2021年第8号相关规定。年应税所得超过300万元的属一般企业，适用25%的企业所得税税率。

(4) 两自然人合伙的应纳税额=(全年应税所得额÷2×税率－速算扣除数)×2
两法人合伙的应纳税额1=(全年应税所得额÷2×税率－速算扣除数)×2
两法人合伙的应纳税额2=全年应税所得额÷2×税率×2

(5) 公司制企业在缴纳企业所得税以后，税后利润全部用于分配。其中居民自然人个人股东按股息红利所得20%的比例税率计算缴纳个人所得税。

$$\begin{array}{c}\text{两自然人个人}\\\text{股东应纳税总额}\end{array}=\left(\begin{array}{c}\text{公司制企业全年}\\\text{应税所得额}\end{array}-\begin{array}{c}\text{企业应纳}\\\text{所得税}\end{array}\right)\div 2\times 20\%\times 2$$

$$=(\text{公司制企业全年应税所得额}-\text{企业应纳所得税})\times 20\%$$

股东为居民法人企业的，其所取得的股息免征收企业所得税。

不同组织形式计算的结果如表3-3所示。

表3-3 独资企业、合伙企业与公司制企业应纳税额的对比 单位：万元

全年应税所得额	个人独资的应纳税额	合伙人应纳税总额		公司制企业双重纳税				
				公司应纳企业所得税额	自然人股东		法人股东	
		自然人	法人		股东纳税	双重纳税	股东纳税	双重纳税
3	0.15	0.15	0.075	0.075	0.585	0.66	0	0.075
6	0.45	0.3	0.15	0.15	1.17	1.32	0	0.15
10	0.95	0.7	0.25	0.25	1.95	2.2	0	0.25
20	2.95	1.9	0.5	0.5	3.9	4.4	0	0.5

续表

全年应税所得额	个人独资的应纳税额	合伙人应纳税总额		公司制企业双重纳税				
				公司应纳企业所得税额	自然人股东		法人股东	
		自然人	法人		股东纳税	双重纳税	股东纳税	双重纳税
40	7.95	5.9	1	1	7.8	8.8	0	1
60	14.45	9.9	1.5	1.5	11.7	13.2	0	1.5
80	21.45	15.9	2	2	15.6	17.6	0	2
100	28.45	21.9	2.5	2.5	19.5	22	0	2.5
120	35.45	28.9	3	4.5	23.1	27.6	0	4.5
200	63.45	56.9	5	12.5	37.5	50	0	12.5
300	98.45	91.9	15	22.5	55.5	78	0	22.5
320	105.45	98.9	17	80	48	128	0	80
600	203.45	196.9	45	150	90	240	0	150
620	210.45	203.9	155	155	93	248	0	155

结论：

（1）个人独资与个人合伙相比，只有在年应纳税所得额小于等于3万元时，两者税负相同。

（2）个人独资与个人股东相比，年应纳税所得额小于等于40万元或超过300万元时，个人独资税负较轻；年应纳税所得额超过40万元但小于等于300万元时，个人独资税负较重。

（3）个人合伙与个人股东相比，年应纳税所得额小于等于100万元或大于300万元时，个人合伙税负较轻；年应纳税所得额大于等于120万元但小于等于300万元时，个人股东税负较轻。

（4）个人合伙与法人合伙相比，法人合伙税负较轻。

（5）法人合伙与法人股东相比，年应纳税所得额小于等于100万元或大于600万元时，两者税负相同；年应税所得额大于100万元但小于等于600万元时，法人合伙税负较轻（见表3-4）。

表3-4 两种类型企业税率与税负比较

级距	税率				税负	
	合伙企业	速算扣除数	公司制企业	速算扣除数	合伙企业	公司制企业
年应纳税所得额≤100万元	2.5%	0	2.5%	0	相同	相同
100万元<年应纳税所得额≤200万元	2.5%	0	10%	7.5万元	轻	重
200万元<年应纳税所得额≤300万元	10%	15万元	10%	7.5万元	轻	重
300万元<年应纳税所得额≤600万元	10%	15万元	25%	0	轻	重
年应纳税所得额>600万元	25%	0	25%	0	相同	相同

（6）个人股东与法人股东相比，由于个人股东存在重复征税，而法人股东采用免税法避免重复征税，因而个人股东承受的税收负担高。

总体而言，个人股东的公司制企业税负最高，个人独资企业次之，法人合伙企业税负最低。因此，如果只考虑税收负担因素，若是个人投资者，注册为合伙企业优于独资企业，独资企业又优于公司制企业。

例3-2

有5个个人投资者，计划每人出资5 000 000元设立一个水产批发企业，投资总额为25 000 000元，预计企业年应纳税所得额为2 000 000元。企业在设立时有两个方案可供选择。

【分析】

方案1：订立合伙协议，设立合伙企业，合计出资总额为25 000 000元。

每人缴纳个人所得税＝2 000 000÷5×30%－40 500＝79 500（元）

5个合伙人合计纳税＝79 500×5＝397 500（元）

税后利润＝（2 000 000÷5－79 500）×5＝1 602 500（元）

方案2：设立有限责任公司，注册资本为25 000 000元。假设公司税后利润全部作为股利平均分配给5个投资者。

公司符合小微企业条件。

公司先缴纳企业所得税＝2 000 000×50%×20%－75 000＝125 000（元）

每个股东缴纳个人所得税＝（2 000 000－125 000）÷5×20%＝75 000（元）

5个股东合计纳税＝75 000×5＝375 000（元）

税后利润＝2 000 000－125 000－375 000 ＝1 500 000（元）

与方案2相比，方案1少负担所得税（125 000＋375 000）－397 500＝102 500元。因此，若只考虑税负因素，投资者应选择设立合伙企业。

但公司制企业的投资者一般以其出资额对公司债务承担有限责任，合伙企业的合伙人对企业债务承担连带无限责任。而且，合伙企业由于不具备独立法人资格，一般不能享受各种税收优惠待遇和税收协定优惠待遇。此外，在进行税务筹划时，还要考虑企业的经营风险、经营规模、管理模式及筹资金额等因素，对各方面的因素加以权衡，根据投资者的实际状况对企业组织形式做出选择。

在所得税方面，个体工商户的经营所得适用五级超额累进税率，年应纳税所得额不超过100万元的部分，在现行优惠政策基础上，再减半征收个人所得税（国家税务总局公告2021年第8号）。私营企业若年度应纳税所得额不超过300万元，从业人数不超过300人，资产总额不超过5 000万元，为小型微利企业，适用20%的企业所得税税率，根据财税〔2019〕13号和国家税务总局公告2021年第8号的规定，自2021年1月1日至2022年12月31日，其所得不超过100万元的部分，减按12.5%计入应纳税所得额，所得超过100万元但不超过300万元的部分，减按50%计入应纳税所得额；所得超过300万元的，按一般企业25%的税率缴纳企业所得税。

例3-3

小张为今年刚毕业的大学生，考虑目前的就业压力比较大，他决定自己创业，开办一家餐饮店，需注册资金100 000元。经初步测算，每年可盈利30 000元（不考虑其他差异，年应纳税所得额也为30 000元）。现有两种方案可供选择。

方案1：注册为个体工商户，则小张应缴纳个人所得税。

应纳税额＝30 000×5%×50%＝750(元)

税后收益＝30 000－750＝29 250(元)

方案2：注册成立私营企业，则小张应缴纳企业所得税。

应纳税额＝30 000×12.5%×20%＝750(元)

税后收益＝30 000－750＝29 250（元）

显然，小张选择注册为个体工商户或私营企业都可以。

若年应纳税所得额达到60 000元，如果小张注册为个体工商户，则

应纳个人所得税＝(60 000×10%－1 500)×50%＝2 250(元)

如果小张注册为私营企业，则

应纳企业所得税＝60 000×12.5%×20%＝1 500(元)

因此，小张应该选择注册为私营企业。

从上例可以看出，预测年应税所得额的高低不同可以选择不同的组织形式。在年应税所得低于30 000元时，个体工商户和私营企业税负相同；年应税所得超过30 000元时，私营企业税负较轻，具体如表3-5所示。

表3-5 个体工商户与私营企业税负比较

级距	个体工商户		私营企业		税负	
	税率	速算扣除数	税率	速算扣除数	个体工商户	私营企业
年应纳税所得额≤30 000元	2.5%	0	2.5%	0	相同	相同
30 000元＜年应纳税所得额≤90 000元	5%	750	2.5%	0	重	轻
90 000元＜年应纳税所得额≤300 000元	10%	5 250	2.5%	0	重	轻
300 000元＜年应纳税所得额≤500 000元	15%	20 250	2.5%	0	重	轻
500 000元＜年应纳税所得额≤1 000 000元	17.5%	32 750	2.5%	0	重	轻
1 000 000元＜年应纳税所得额≤3 000 000元	35%	65 500	10%	75 000	重	轻
年应纳税所得额＞3 000 000元	35%	65 500	25%		重	轻

在运用企业组织形式进行税务筹划时，应注意以下问题。

(1) 经营收益与风险。从不同企业组织形式应纳税额的比较来看，在同等应纳税所得额的条件下，个人独资企业与合伙企业的应纳税额要低于公司制企业。但个人独资企业与合伙企业的投资人须对债权人承担无限责任，在风险比较大的企业，无限责任会进一步加大投资人的风险。个人独资企业与合伙企业同公司制企业相比，举债能力较差，在同等规模下，作为业主（即不考虑债务），投资人自

己投资的额度会增加。因此，在权衡收益与风险时，需要考虑税收利益、投资人的投资额以及必要报酬率的变化，几个因素综合在一起，体现为投资人的净现值的增加额。在永续年金的条件下，计算公式为：

$$\Delta NPV=\frac{\Delta T}{\Delta K}-\Delta I$$

式中，ΔNPV 为净现值的增加额；ΔT 为追加的税收利益；ΔK 为追加投资以后投资人必要报酬的提高部分；ΔI 为投资人追加的投资。

例3-4

以表3-3中应税所得额30 000元为例。两个自然人成立合伙企业的应纳税额为1 500元，而成立公司制企业应纳税总额为6 600元，相差5 100元。如果因为从有限责任变成无限责任，投资人期望的报酬率从10%增加到30%，即增加20%，投资人比在公司制的条件下多投资100 000元，则对于投资人而言净现值的变化为：

$$\Delta NPV=5\ 100\div 20\%-100\ 000=-74\ 500(\text{元})$$

可见，尽管两自然人合伙时，所缴的所得税比公司制情况下少，但由于风险增加，投资也增加，净现值反而下降。因此，在选择企业组织形式时需要综合考虑经营收益与风险。

（2）综合税负。在比较不同企业组织形式的税负大小时，不能仅看名义上的差别，更重要的是看实际的差别。要比较合伙企业和公司制企业的税基、税率结构，以及企业盈利水平、股利分配政策、投资者人数、股东性质、税收征管方式和税收优惠待遇等多种因素，因为综合税负是多种因素共同作用的结果，不能只考虑一种因素，以偏概全。例如，公司制企业在某些地区或行业会享有个人独资企业及合伙企业所不能享有的税收优惠政策，在进行具体税务筹划操作时，必须考虑这些因素，然后从总体上考察实际税收负担的大小。

（3）居民身份的国别。在合伙企业构成中，如果投资者既有本国居民，也有国外居民，则出现合伙制跨国现象。在这种情况下，投资者由于居民身份国别不同，税负将出现差异。

3.1.2　企业扩张时组织形式的筹划

企业由于扩大生产规模，或开拓销售市场，或稳定供货渠道等原因，往往需要增设分支机构。选择不同形式的分支机构，其税收负担不同，需要进行合理筹划。

1. 子公司与分支机构税收政策

（1）子公司税收政策。当一个公司拥有另一个公司一定比例以上的股份，并足以控制其股份时，该公司即为母公司；反之，受控制的公司即为子公司。就法律地位而言，子公司与母公司均为独立的法人，各自以其名义独立对外进行经营活动。在财产责任上，母公司与子公司各自以其独立的财产承担责任，互不连带。母公司在控股权基础上对子公司行使权利，享有对子公司重大事务的决定权，实际上控制子公司的经营。

1）母公司为其子公司（以下简称子公司）提供各种服务而发生的费用，应按照独立企业之间公平交易原则确定服务的价格，作为企业正常的劳务费用进行税务处理。母子公司未按照独立企业之间的业务往来收取价款的，税务机关有权予以调整。

2）母公司向其子公司提供各项服务，双方应签订服务合同或协议，明确规定提供服务的内容、收费标准及金额等。凡按上述合同或协议规定所发生的服务费，母公司应作为营业收入申报纳税，子公司作为成本费用在税前扣除。

3）母公司向其多个子公司提供同类项服务，其服务费可以采取分项签订合同或协议的方式收取；也可以采取服务分摊协议的方式，即由母公司与各子公司签订服务费用分摊合同或协议，以母公司为其子公司提供服务所发生的实际费用并附加一定比例利润作为向子公司收取的总服务费，在各服务受益子公司（包括盈利企业、亏损企业和享受减免税企业）之间按《企业所得税法》第四十一条第二款规定“企业与其关联方共同开发、受让无形资产，或者共同提供、接受劳务发生的成本，在计算应纳税所得额时应当按照独立交易原则进行分摊”合理分摊。

4）母公司以管理费形式向子公司提取费用，子公司因此支付给母公司的管理费，不得在税前扣除。

5）子公司申报税前扣除向母公司支付的服务费用，应向主管税务机关提供与母公司签订的服务合同或者协议等与税前扣除该项费用相关的材料；不能提供相关材料的，支付的服务费用不得税前扣除。

（2）分公司税收政策。按照公司分支机构的设置和管辖关系，可将公司分为总公司和分公司。总公司指依法首先设立的管辖全部组织的总机构；分公司则指受总公司管辖的分支机构。分公司可以有自己的名称，但没有法人资格，没有独立的财产，其经营活动所有后果由总公司承担。分公司税收问题主要涉及跨省市总分机构企业的企业所得税政策。

1）跨省市总分机构企业。跨省市总分机构企业是指跨省（自治区、直辖市和计划单列市，下同）设立不具有法人资格分支机构的居民企业。

2）适用范围。跨省市总分机构企业适用《跨地区经营汇总纳税企业所得税征收管理办法》（国家税务总局公告2012年第57号），但不包括缴纳所得税未列入中央、地方分享范围的企业，如铁路运输企业、国有邮政企业（包括中国邮政集团有限公司及其控股公司和直属单位）、中国工商银行股份有限公司、中国农业银行股份有限公司、中国银行股份有限公司、国家开发银行、中国农业发展银行、中国进出口银行、中国投资有限责任公司、中国建设银行股份有限公司、中国建银投资有限责任公司、中国信达资产管理股份有限公司、中国石油天然气股份有限公司、中国石油化工股份有限公司、海洋石油天然气企业（包括中国海洋石油集团有限公司、中海石油（中国）有限公司、中海油田服务股份有限公司、海洋石油工程股份有限公司)、中国长江电力股份有限公司等企业总分机构。

3）基本办法。跨省市总分机构企业缴纳的企业所得税，按照统一规范、兼顾总机构和分支机构所在地利益的原则，实行“统一计算、分级管理、就地预缴、汇总清算、财政调库”的处理办法，总分机构统一计算的当期应纳税额的地方分享部分中，25%由总机构所在地分享，50%由各分支机构所在地分享，25%按一定比例在各地间进行分配。

统一计算是指居民企业应统一计算包括各个不具有法人资格营业机构在内的企业全部应纳税所得额、应纳税额。总机构和分支机构适用税率不一致的，应分别按适用税率计算应纳所得税额。分级管理是指居民企业总机构、分支机构，分别由所在地主管税务机关属地进行监督和管理。就地预缴是指居民企业总机构、分支机构，应按本办法规定的比例分别就地按月或者按季向所在地主管税务机关申报、预缴企业所得税。汇总清算是指在年度终了后，总分机构企业根据统一计算的年度应纳税所得额、应纳所得税额，抵减总机构、分支机构当年已就地分期预缴的企业所得税款后，多退少补。财政调库是指财政部定期将缴入中央总金库的跨省市总分机构企业所得税待分配收入，按照核定的系数调整至地方国库。

4）就地分摊缴纳企业所得税。总机构和具有主体生产经营职能的二级分支机构就地预缴企业所得税。三级及三级以下分支机构，其营业收入、职工薪酬和资产总额等统一并入二级分支机构计算。

二级分支机构是指汇总纳税企业依法设立并领取非法人营业执照（登记证书），且总机构对其财务、业务、人员等直接进行统一核算和管理的分支机构。总机构应及时将其所属二级分支机构名单报送总机构所在地主管税务机关，并向其所属二级分支机构及时出具有效证明（支持证明的材料包括总机构拨款证明、总分机构协议或合同、公司章程、管理制度等）。二级分支机构在办理税务登记时应向其所在地主管税务机关报送非法人营业执照（复印件）和由总机构出具的二级分支机构的有效证明。其所在地主管税务机关应对二级分支机构进行审核鉴定，督促其及时预缴企业所得税。

总机构设立具有独立生产经营职能部门，且具有独立生产经营职能部门的经营收入、职工工资和资产总额与管理职能部门分开核算的，可将具有独立生产经营职能的部门视同一个分支机构，就地预缴企业所得税。具有独立生产经营职能部门与管理职能部门的经营收入、职工工资和资产总额不能分开核算的，具有独立生产经营职能的部门不得视同一个分支机构，不就地预缴企业所得税。以总机构名义进行生产经营的非法人分支机构，无法提供有效证据证明其二级及二级以下分支机构身份的，应视同独立纳税人计算并就地缴纳企业所得税。

以下二级分支机构不就地分摊缴纳企业所得税：

①不具有主体生产经营职能，且在当地不缴纳增值税的产品售后服务、内部研发、仓储等汇总纳税企业内部辅助性的二级分支机构，不就地分摊缴纳企业所得税。

②上年度认定为小型微利企业的，其二级分支机构不就地分摊缴纳企业所得税。

③新设立的二级分支机构，设立当年不就地分摊缴纳企业所得税。

④当年撤销的二级分支机构，自办理注销税务登记之日所属企业所得税预缴期间起，不就地分摊缴纳企业所得税。

⑤汇总纳税企业在中国境外设立的不具有法人资格的二级分支机构，不就地分摊缴纳企业所得税。

5）税款预缴。由总机构统一计算企业应纳税所得额和应纳所得税额，并分别由总机构、分支机构按月或按季就地预缴。

①分支机构分摊预缴税款。总机构在每月或每季度终了之日起10日内，按照上年度各省市分支机构的营业收入、职工薪酬和资产总额三个因素，将统一计算的企业当期应纳税额的50%在各分支机构之间进行分摊（总机构所在省市同时设有分支机构的，同样按三个因素分摊），各分支机构根据分摊税款就地办理缴库，所缴纳税款收入由中央与分支机构所在地按60∶40分享。分摊时三个因素权重依次为0.35，0.35和0.3。当年新设立的分支机构第二年起参与分摊；当年撤销的分支机构自办理注销税务登记之日起不参与分摊。

分支机构营业收入是指分支机构销售商品、提供劳务、让渡资产使用权等日常经营活动实现的全部收入。其中，生产经营企业分支机构营业收入是指生产经营企业分支机构销售商品、提供劳务、让渡资产使用权等取得的全部收入；金融企业分支机构营业收入是指金融企业分支机构取得的利息、手续费、佣金等全部收入；保险企业分支机构营业收入是指保险企业分支机构取得的保费等全部收入。分支机构职工薪酬是指分支机构为获得职工提供的服务而给予职工的各种形式的报酬。分支机构资产总额是指分支机构在12月31日拥有或者控制的资产合计额。

各分支机构分摊预缴额按下列公式计算：

$$\begin{matrix}\text{各分支机构}\\\text{分摊预缴额}\end{matrix}=\begin{matrix}\text{所有分支机构}\\\text{应分摊的预缴总额}\end{matrix}\times\begin{matrix}\text{该分支机构}\\\text{分摊比例}\end{matrix}$$

式中

$$\begin{matrix}\text{所有分支机构}\\\text{应分摊的预缴总额}\end{matrix}=\begin{matrix}\text{统一计算的企业}\\\text{当期应纳所得税额}\end{matrix}\times 50\%$$

$$\begin{matrix}\text{该分支机构}\\\text{分摊比例}\end{matrix}=\left(\frac{\text{该分支机构营业收入}}{\text{各分支机构营业收入之和}}\right)\times 0.35+\left(\frac{\text{该分支机构职工薪酬}}{\text{各分支机构职工薪酬之和}}\right)\times 0.35+\left(\frac{\text{该分支机构资产总额}}{\text{各分支机构资产总额之和}}\right)\times 0.3$$

以上公式中的分支机构仅指需要参与就地预缴的分支机构，该税款分摊比例按上述方法一经确定后，当年不做调整。

②总机构就地预缴税款。总机构应将统一计算的企业当期应纳税额的25%，就地办理缴库，所缴纳税款收入由中央与总机构所在地按60∶40分享。

③总机构预缴中央国库税款。总机构应将统一计算的企业当期应纳税额的剩

余 25%，就地全额缴入中央国库，所缴纳税款收入中 60%为中央收入，40%由财政部按照 2004—2006 年各省市 3 年实际分享企业所得税占地方分享总额的比例定期向各省市分配。

6）汇总清算。企业总机构汇总计算企业年度应纳所得税额，扣除总机构和各境内分支机构已预缴的税款，计算出应补应退税款，分别由总机构和各分支机构（不包括当年已办理注销税务登记的分支机构）就地办理税款缴库或退库。

①补缴的税款按照预缴的分配比例，50%由各分支机构就地办理缴库，所缴纳税款收入由中央与分支机构所在地按 60∶40 分享；25%由总机构就地办理缴库，所缴纳税款收入由中央与总机构所在地按 60∶40 分享；其余 25%部分就地全额缴入中央国库，所缴纳税款收入中 60%为中央收入，40%由财政部按照 2004—2006 年各省市 3 年实际分享企业所得税占地方分享总额的比例定期向各省市分配。

②多缴的税款按照预缴的分配比例，50%由各分支机构就地办理退库，所退税款由中央与分支机构所在地按 60∶40 分担；25%由总机构就地办理退库，所退税款由中央与总机构所在地按 60∶40 分担；其余 25%部分就地从中央国库退库，其中 60%从中央级 1010442 项“总机构汇算清缴所得税”下有关科目退付，40%从中央级 1010443 项“企业所得税待分配收入”下有关科目退付。

分支机构的各项财产损失，应由分支机构所在地主管税务机关审核并出具证明后，再由总机构向所在地主管税务机关申报扣除。

2. 子公司与分公司的优缺点

（1）子公司优缺点。一般而言，作为独立法人的子公司在税务筹划中具有如下优点：

1）子公司可享有东道国给予其居民公司同等的优惠待遇，单独享受税收的减免、退税等权利。

2）东道国适用税率低于居住国时，子公司的累积利润可得到递延纳税的好处。

3）许多国家允许在境内企业集团内部公司之间的盈亏互抵，子公司可以加入某一集团以实现整体利益上的税务筹划。

4）子公司向母公司支付的诸如特许权使用费、利息、其他间接费等，容易得到税务当局的认可。

5）子公司利润汇回母公司的方式灵活，在母公司所在国允许推迟课税的条件下，母公司的投资所得、资本利得可以保留在子公司，或者可以选择税负较轻的时间汇回，得到额外的税收利益。

6）母公司转售境外子公司的股票利得，通常可享有免税照顾。

7）境外子公司之间的转让资本一般不征税。

8）许多国家对子公司向母公司支付的股息，规定减征或免征预提所得税。

9）某些国家子公司适用的所得税税率较低。

由于母、子公司分别是两个资产相互独立的法人，除特殊情况可合并纳税外，一般情况下各项税收的计算、缴纳，子公司均独立于母公司，这样，子公司的亏损是不能冲抵母公司利润的，在进行税务筹划时，这一点是设立子公司的不利之处。

（2）分公司优缺点。设立分公司，在税务筹划中具有如下优点：

1）设立分公司的手续相对比较简单，许多国家一般不要求分公司在从事业务活动前缴纳注册登记资金，总公司拥有分公司的资本，在东道国通常也不必缴纳资本税或印花税。

2）分公司交付给总公司的利润通常不必缴纳预提所得税。

3）在经营初期，企业往往出现亏损，分公司的亏损在汇总纳税时，可以冲抵总公司的利润，减轻税收负担，但不得用境外总公司盈利弥补境外分公司亏损。

4）分公司与总公司之间的资本转移因不涉及所有权变动，不必缴纳税款。

但是，分公司在向总公司支付利息、特许权使用费，或汇回利润时，税务当局一般设有严格的限制条件，在进行税务筹划时空间较小。

综上所述，子公司和分公司各有利弊，不可简单比较其优劣。企业在选择分支机构的形式时，须综合考虑分支机构的经营情况以及总机构与分支机构所享受的税收优惠的差异等各项因素。

3. 子公司与分公司的选择

（1）总机构与分支机构（母公司与子公司）均在中国境内，亏损弥补政策存在差异。

例3-5

甲公司经营情况良好，准备扩大规模，在中国境内增设一分支机构乙公司。甲公司和乙公司均适用25%的企业所得税税率，公司利润均不分配。假设乙公司设立后5年内经营情况预测如下。

（1）甲公司5年内每年均盈利，每年应纳税所得额为200万元；乙公司经营初期亏损，5年内的应纳税所得额分别为：−50万元、−15万元、10万元、30万元、80万元（见表3-6）。

表3-6 经营情况表（一） 单位：万元

项目		第一年	第二年	第三年	第四年	第五年	合计
甲公司应纳税所得额		200	200	200	200	200	1 000
乙公司应纳税所得额		−50	−15	10	30	80	55
乙公司为分公司	企业集团应纳税所得额	150	185	210	230	280	1 055
	企业集团应纳税额	37.5	46.25	52.5	57.5	70	263.75
乙公司为子公司	乙公司应纳税额	0	0	0	0	13.75	13.75
	企业集团应纳税额	50	50	50	50	63.75	263.75

（2）甲公司5年内每年均盈利，每年应纳税所得额为200万元；乙公司5年内也都盈利，应纳税所得额分别为：15万元、20万元、40万元、60万元、80万元（见表3-7）。

表3-7　经营情况表（二）　单位：万元

项目		第一年	第二年	第三年	第四年	第五年	合计
甲公司应纳税所得额		200	200	200	200	200	1 000
乙公司应纳税所得额		15	20	40	60	80	215
乙公司为分公司	企业集团应纳税所得额	215	220	240	260	280	1 215
	企业集团应纳税额	53.75	55	60	65	70	303.75
乙公司为子公司	乙公司应纳税额	3.75	5	10	15	20	53.75
	企业集团应纳税额	53.75	55	60	65	70	303.75

（3）甲公司在分支机构设立后前两年亏损，5年内的应纳税所得额分别为：－50万元、－30万元、100万元、150万元、200万元；乙公司5年内都是盈利，应纳税所得额分别为：15万元、20万元、40万元、60万元、80万元（见表3-8）。

表3-8　经营情况表（三）　单位：万元

项目		第一年	第二年	第三年	第四年	第五年	合计
甲公司应纳税所得额		－50	－30	100	150	200	370
乙公司应纳税所得额		15	20	40	60	80	215
乙公司为分公司	企业集团应纳税所得额	－35	－10	95	210	280	585
	企业集团应纳税额	0	0	23.75	52.5	70	146.25
乙公司为子公司	乙公司应纳税额	3.75	5	10	15	20	53.75
	企业集团应纳税额	3.75	5	15	52.5	70	146.25

（4）甲公司在分支机构设立后前两年亏损，5年内的应纳税所得额分别为：－50万元、－30万元、100万元、150万元、200万元；乙公司经营初期亏损，5年内的应纳税所得额分别为：－50万元、－15万元、10万元、30万元、80万元（见表3-9）。

表3-9　经营情况表（四）　单位：万元

项目		第一年	第二年	第三年	第四年	第五年	合计
甲公司应纳税所得额		－50	－30	100	150	200	370
乙公司应纳税所得额		－50	－15	10	30	80	55
乙公司为分公司	企业集团应纳税所得额	－100	－45	－35	145	280	425
	企业集团应纳税额	0	0	0	36.25	70	106.25
乙公司为子公司	乙公司应纳税额	0	0	0	0	13.75	13.75
	企业集团应纳税额	0	0	5	37.5	63.75	106.25

【分析】

第一种情况下，当总机构盈利，而分支机构开办初期有亏损时，从表3-6可以看出，虽然两种方式下企业集团应纳税额在5年内均为263.75万元，但采用分公司形式在第一年、第二年纳税较少，可以延迟纳税义务发生，缓解企业资金紧张，因此适宜采用分公司形式。

第二种情况下，当总机构和分支机构均有盈利时，从表3-7可以看出，采用分公司形式或子公司形式对企业集团应纳所得税额没有影响，这时企业可以考虑其他因素，如分支机构是否便于管理、客户对分支机构的信赖程度等情况，以决定分支机构形式。

第三种情况下，当在分支机构设立初期，总机构亏损，而分支机构盈利时，从表3-8可以看出，采用分公司形式和子公司形式虽然在5年内应纳税总额相等，但采用分公司形式可以使总机构在初期的亏损与分公司之间的盈利相互冲抵，使企业集团在第一年、第二年的应纳税额为0，起到了延迟纳税的作用。

第四种情况下，当总机构和分支机构在分支机构设立初期均为亏损时，从表3-9可以看出，采用分公司形式同样能起到延迟纳税的作用。

以上分析表明，当总机构和分支机构不享受税收优惠，税率也相同时，无论总机构和分支机构是盈利还是亏损，企业集团采用分公司形式或子公司形式的应纳税总额都是相同的。但在某些情况下，采用分公司形式可以充分利用亏损弥补优惠政策，使企业集团延迟纳税。财税〔2018〕76号文件规定，自2018年1月1日起，将高新技术企业和科技型中小企业亏损最长结转年限由5年延长至10年。因而在税务筹划时仅仅需要考虑总分支机构之间的盈利情况，能否盈亏相抵是最为关键的因素。如果总分支机构都是盈利或都是亏损的，则分支机构不管如何设置，应该都不会影响总体税负水平。但如果一方是亏损的，特别是当预期新设的分支机构在经营初期是亏损的，则设置的分支机构最好是能够汇总纳税的非独立核算的分公司，以获得延迟纳税的利益。

例3-6

永生公司今年实现盈利2 000万元，准备在上海设立分支机构A。预计分支机构在设立之后最初两年会亏损，第一年为－200万元，第二年为－50万元，以后每年盈利300万元，有效期为10年，所得税税率为25%，贴现率为6%。

方案1：设立非独立核算的分公司，可以实现汇总纳税。

方案2：设立子公司，不可以汇总纳税。

假设永生公司今后每年可实现应纳税所得额2 000万元。

【分析】

企业3年应纳税额计算如表3-10所示。

表3-10 应纳税额计算表 单位：万元

项目		第一年	第二年	第三年	合计
永生公司应纳税所得额		2 000	2 000	2 000	6 000
A公司应纳税所得额		—200	—50	300	50
A公司为分公司	企业集团应纳税所得额	1 800	1 950	2 300	6 050
	企业集团应纳税额	450	487.5	575	1 512.5
	企业集团应纳税额现值	424.53	433.875	482.77	1 341.175
A公司为子公司	A公司应纳税额	0	0	12.5*	12.5
	企业集团应纳税额	500	500	512.5	1 512.5
	企业集团应纳税额现值	471.7	445	430.295	1 346.995

说明：(*P*/*F*，6%，1)＝0.943 4，(*P*/*F*，6%，2)＝0.890 0，(*P*/*F*，6%，3)＝0.839 6。

* (300—200—50)×25%＝12.5。

两种方案的应纳税总额均为1 512.5万元，但折算为现值后，方案2比方案1多5.82万元。可见，设立非独立核算的分公司比子公司好。

(2) 总机构与分支机构（母公司与子公司）分别在中国境内和境外，消除双重征税方法存在差异。

例3-7

A公司为中国居民企业，某年实现盈利1 000万元，企业所得税税率为25%，现在正在考虑设立B分公司（子公司）。假定分公司（子公司）在设立之后第一年盈利100万元。

方案1：在中国境内设立B分公司，可以汇总纳税，已知B公司所在地税率为20%。

方案2：在中国境外设立B分公司，已知东道国企业所得税税率为20%。

方案3：在中国境内设立全资B子公司，税后利润全部分配，已知B公司所在地企业所得税税率为20%。

方案4：在中国境外设立全资B子公司，税后利润全部分配，已知东道国企业所得税税率为20%，预提所得税税率为5%。

【分析】

A，B公司税负情况如表3-11所示。

表3-11　A，B公司税负情况表　单位：万元

方案	B公司应纳税额	允许抵免税额	A公司应纳税额	A，B公司总体税负
1	A公司汇总纳税	—	270	270
2	20	20	255	275
3	20	—	250	270
4	24*	24	251	275

* 24=100×20%+100×(1-20%)×5%。

从表3-11中可以看出，对于这四个方案，可以进一步分析：

(1) 分公司设在境外，比较方案2和方案4，A公司在中国境内的应纳税额方案4低于方案2，纳税人还可以通过推迟境外子公司利润分配的时间来延迟纳税义务发生时间，纳税人选择设立子公司更有利，但境外子公司设在税率低于25%一半以上的国家或地区除外。

(2) 分公司分设在境内和境外，比较方案1和方案2，由于我国对境内分公司实行汇总纳税，如果总分公司税率不同，则按各自的税率计算应纳税额后加总计算出汇总企业的应纳所得税总额，对从境外分公司取得的所得实行限额抵免法，不管境外税率的高低，纳税人总是承担较高税收负担。A，B两公司总体税负，方案1低于方案2，且B公司所在地税率越低，选择方案1对纳税人越有利。

(3) 子公司分设在境内和境外，比较方案3和方案4，由于我国对从境内和境外企业取得的股息、红利等权益投资收益采取不同的消除双重征税方法，对从境内企业取得的股息实行免税法，对从境外企业取得的股息实行限额抵免法，对于A公司在中国境内的应纳税额和A，B两公司总体税负，方案3均低于方案4，且

B公司所在地税率越低，选择方案3对纳税人越有利。

（3）总机构与分支机构（母公司与子公司）费用扣除差异。现行《企业所得税法》规定的许多税前扣除项目都有扣除限额，超过扣除限额的部分不得在当年扣除。扣除限额一般都是根据销售（营业）收入或利润额的一定比例计算的，因此，可以通过设立具有独立法人身份的子公司，扩大扣除限额的计算基数，从而扩大税前列支金额，减轻纳税人的总体税负。

例3-8①

东方公司为生产、销售机电产品的生产企业，某年销售收入为8 000万元，发生广告费用1 500万元、业务招待费80万元，实现税前利润70万元，适用所得税税率为25%。

【分析】

方案1：设立非独立核算的销售公司。该公司应纳税额计算如下。

（1） 业务招待费的扣除限额＝8 000×5‰＝40(万元)
允许扣除额＝80×60%＝48(万元)
不得扣除的业务招待费＝80－40＝40(万元)

（2） 广告费的扣除限额＝8 000×15%＝1 200(万元)
不得扣除的广告费＝1 500－1 200＝300(万元)

（3） 该公司应纳所得税额＝(70＋40＋300)×25%＝102.5(万元)

（4） 该公司税后利润＝70－102.5＝－32.5(万元)

方案2：设立独立核算的销售公司。生产公司将所有产品以7 500万元销售给独立核算的销售公司，发生业务招待费40万元、广告费1 000万元，扣除各种成本费用后，生产公司获得利润60万元。销售公司再以8 000万元对外销售，发生业务招待费40万元、广告费500万元，扣除各种成本费用后，销售公司获得利润10万元。

该生产公司应纳税额计算如下：

（1） 业务招待费的扣除限额＝7 500×5‰＝37.5(万元)
允许扣除额＝40×60%＝24(万元)
不得扣除的业务招待费＝40－24＝16(万元)

（2） 广告费的扣除限额＝7 500×15%＝1 125(万元)

广告费1 000万元可以全额扣除。

（3） 公司应纳所得税额＝(60＋16)×25%＝19(万元)

（4） 公司税后利润＝60－19＝41(万元)

销售公司应纳税额计算如下：

（1） 业务招待费的扣除限额＝8 000×5‰＝40(万元)
允许扣除额＝40×60%＝24(万元)
不得扣除的业务招待费＝40－24＝16(万元)

① 中国国际经济科技法律人才学会，等. 税务筹划师理论与实务. 内部培训教材，2008. 本书引用时根据新法规做了调整。

(2)　广告费的扣除限额＝8 000×15%＝1 200(万元)

广告费500万元可以全额扣除。

(3)　公司应纳所得税额＝(10＋16)×25%＝6.5(万元)

(4)　公司税后利润＝10－6.5＝3.5(万元)

两个公司总体税负为25.5万元（19＋6.5），比方案1少77万元（102.5－25.5）。税后总收益为44.5万元（41＋3.5），比方案1多77万元（44.5－(－32.5)）。

3.2　企业投资地点的税务筹划

世界各国的发展不是同步的，每个国家内部的发展也不可能是完全平衡的，因此，反映经济发展要求的税法必然会体现出税收政策倾斜的地区性。也正是税收待遇的地区性差异，使企业投资地点的税务筹划成为可能。

3.2.1　注册地点的税务筹划

我国现行《企业所得税法》规定，根据注册地点和实际管理机构所在地两个标准，将企业所得税的纳税人分为居民企业和非居民企业两种。

1. 居民企业与非居民企业税收政策

居民企业是指依据中国的法律、行政法规，在中国境内成立并取得收入的经济组织；或者依照外国（地区）法律在中国境外成立，但实际管理机构在中国境内且取得收入的经济组织。实际管理机构是指对企业的生产经营、人员、账务、财产等实施实质性全面管理和控制的机构。

《国家税务总局关于境外注册中资控股企业依据实际管理机构标准认定为居民企业有关问题的通知》（国税发〔2009〕82号）规定，境外中资企业是指由中国境内的企业或企业集团作为主要控股投资者，在境外依据外国（地区）法律注册成立的企业。对于实际管理机构的判断，应当遵循实质重于形式的原则。境外中资企业同时符合以下条件的，应判定其为实际管理机构在中国境内的居民企业：

(1) 企业负责实施日常生产经营管理运作的高层管理人员及其高层管理部门履行职责的场所主要位于中国境内；

(2) 企业的财务决策（如借款、放款、融资、财务风险管理等）和人事决策（如任命、解聘和薪酬等）由位于中国境内的机构或人员决定，或需要得到位于中国境内的机构或人员批准；

(3) 企业的主要财产、会计账簿、公司印章、董事会和股东会议纪要档案等位于或存放于中国境内；

(4) 企业1/2（含1/2）以上有投票权的董事或高层管理人员经常居住于中国境内。

非境内注册居民企业从中国境内其他居民企业取得的股息、红利等权益性投资收益，作为其免税收入。非境内注册居民企业的投资者从该居民企业分得的股息、红利等权益性投资收益，属于来源于中国境内的所得，应当征收企业所得税；该权益性投资收益中符合“居民企业直接投资于其他居民企业取得的投资收益”规定的部分，可作为收益人的免税收入。

境外中资企业被判定为非境内注册居民企业的，按照《企业所得税法》第四十五条以及受控外国企业管理的有关规定，不视为受控外国企业。

非居民企业是指依照外国（地区）法律在中国境外成立且实际管理机构不在中国境内，但在中国境内设立机构、场所的，或者在中国境内未设立机构、场所，但有来源于中国境内所得的企业。

居民企业包括在中国注册或在外国注册成立但实际管理机构在中国境内的中国企业和外国企业。居民企业在我国承担无限纳税义务，应就其来源于中国境内、境外的全部所得在我国纳税。非居民企业则是指在外国注册成立且实际管理机构在中国境外的外国企业，根据是否在中国设立机构、场所又分成两类。非居民企业在我国承担有限纳税义务，只就其来源于中国境内的所得在我国纳税。非居民企业在我国设立的机构、场所，按照国际惯例视同我国的居民企业，该机构、场所来源于我国境内和境外所得也须在我国缴纳企业所得税；而对没有在我国设立机构、场所的非居民企业来源于我国境内的所得，减按10%征收预提所得税。

2. 注册地点的选择

注册地点的选择关系到纳税人居民身份的判定。不同身份的纳税人在我国承担的纳税义务不同。居民企业和非居民企业设立在中国境内的机构、场所的所得，按25%的税率计算缴纳企业所得税，并对其来源于我国境外的所得已经在境外缴纳的所得税进行税额抵免。在我国没有设立机构、场所的非居民企业来源于我国境内的所得则全额按10%计算缴纳预提所得税。同时，居民企业可以享受我国的相关税收优惠政策，非居民企业能享受的税收优惠则很少。

例3-9

英国居民公司A在中国投资建立一个生产基地B。某年A公司准备转让一项专利技术给中国的居民企业C，转让价为人民币2 000万元（不含税价）。已知B基地当年在中国获得利润总额2 500万元，其中包括单独核算技术转让所得800万元。

【分析】

有以下三个方案。

方案1：B基地在中国注册成立，为中国居民企业，适用25%的企业所得税税率。由B基地成立研发部门组织开发该专利技术，发生研发支出1 200万元，再由B基地将该专利技术转让给C企业。

自2016年5月1日起，纳税人转让无形资产应按6%缴纳增值税。但财税〔2016〕36号文件附件3《营业税改征增值税试点过渡政策的规定》又规定，纳税人提供技术转让、技术开发和与之相关的技术咨询、技术服务，免征增值税。

《财政部 税务总局关于进一步完善研发费用税前加计扣除政策的公告》（财政部 税务总局公告2021年第13号）规定，制造业企业开展研发活动中实际发生的研发费用，未形成无形资产计入当期损益的，在按规定据实扣除的基础上，自2021年1月1日起，再按照实际发生额的100%在税前加计扣除；形成无形资产的，自2021年1月1日起，按照无形资产成本的200%在税前摊销。另外，技术转让所得不超过500万元的部分免征企业所得税，超过500万元的部分减半征收企业所得税。

$$\text{B基地在中国应纳所得税额}=(2\,500-1\,200\times100\%-800)\times25\%+(800-500)\times25\%\times50\%=162.5(\text{万元})$$

方案2：B基地为A公司设在中国的生产机构，没有在中国注册，其实际管理机构在英国，不具备中国居民身份。由B基地成立研发部门组织开发该专利技术，发生研发支出1 200万元，再由B基地将该专利技术转让给C企业。

B基地在中国境内转让专利技术在中国境内使用，可免征增值税。但B基地非中国居民，不能享受加计扣除和减免技术转让所得的所得税优惠，应对B基地取得的技术转让所得视同居民所得按25%的税率征税。

$$\text{B基地在中国应纳所得税额}=2\,500\times25\%=625(\text{万元})$$

方案3：B基地在中国注册成立，为中国居民企业。由A公司在英国成立研发部门组织开发该专利技术，发生研发支出1 200万元，然后直接转让给C企业。

B基地在中国境内转让专利技术在中国境内使用，可免征增值税。该技术转让收入不是通过A公司在中国境内的B基地取得的，应全额征收预提所得税。A公司在中国应纳预提所得税额＝2 000×10%＝200万元，同时B基地在中国应纳企业所得税额＝2 500×25%＝625万元，合计在中国纳税825万元。

显然，通过中国境内的居民企业转让该专利技术税负最低，由境外居民企业直接转让该专利技术税负最高。但在筹划时必须考虑：境内的居民企业或机构是否具有研发能力；境外居民企业是否在中国境内已有分支机构，因为新建一个机构、场所或注册成立一个新居民企业均要符合一定条件。

3.2.2 跨国投资区域的税务筹划

在全球经济一体化的今天，我国有越来越多的企业开始走出国门，到境外投资进行生产经营活动。从全球范围看，各国税收制度的差别为跨国公司进行税务筹划提供了必要的外部条件。跨国公司在选择境外投资地点时，除了要考虑市场、资源、人力成本等因素，还要考虑税收因素，选择合适的国家或地区进行投资，以尽可能获取税收利益。

1. 跨国投资的税收政策

目前我国与跨国投资相关的税收政策主要包括：

对纳税人来源于境外的所得已经在境外缴纳企业所得税的，允许进行税额抵免，包括直接抵免和间接抵免。

股息红利等权益投资所得，除国务院财政、税务主管部门另有规定，按照被投资方做出利润分配决定的日期确认收入的实现。即对股息红利收益的确认允许推迟课税，当被投资方没有做出利润分配的决定时，投资方就不能确认股息红利所得，也不能对其征税。

在现行《企业所得税法》中，专门增加了“特别纳税调整”章节，规定由居民企业，或者由居民企业和中国居民控制的设立在实际税负明显低于《企业所得税法》第四条第一款规定税率水平的国家（地区）的企业，并非由于合理的经营需要而对利润不作分配或者减少分配的，上述利润中应归属于该居民企业的部分，应当计入该居民企业的当期收入。中国居民是指根据《个人所得税法》的规定，就其从中国境内、境外取得的所得在中国缴纳个人所得税的个人。控制包括：(1) 居民企业或者中国居民直接或者间接单一持有外国企业10%以上有表决权股份，且由其共同持有该外国企业50%以上股份；(2) 居民企业，或者居民企业和中国居民持股比例没有达到第 (1) 项规定的标准，但在股份、资金、经营、购销等方面对该外国企业构成实质控制。实际税负明显低于《企业所得税法》第四条第一款规定税率水平，是指低于《企业所得税法》第四条第一款规定税率的50%。此规定实质上取消了受控外国公司的推迟课税，在选择境外投资区域进行税务筹划时需要考虑这一因素。

2. 跨国投资区域的选择

在选择跨国投资地点时，应该尽可能选择税负较低的国家或地区投资，以减轻税收总体负担。其主要步骤是：

(1) 选择在公司所得税税率低于25%但高于12.5%、与我国签订税收协定、可以享受较低的预提税税率的国家建立控股公司，如受控金融公司、销售公司、保险公司、专利持权公司、运输公司等；

(2) 通过转让定价等手段将税前所得尽可能多地在控股公司实现；

(3) 控股公司实现的利润不分配或少分配。

例 3-10

A和B是跨国关联公司，A公司为中国居民企业，适用的所得税税率为25%，B公司所在国的税率为15%。某年度，A公司生产集成电路板100万块，全部出售给关联的B公司，再由B公司对外销售。该批集成电路板A公司生产销售成本为每块10美元，国际市场售价每块在16～22美元之间。假设A，B两个公司均有其他支出100万美元。上述售价均为不含税价格。

【分析】

方案1：A公司按照每块18美元的价格将这批集成电路板出售给B公司，B公司再按每块22美元的市场价格将这批集成电路板出售给一个非关联的客户。

A公司实现应纳税所得额＝100×18－100×10－100＝700(万美元)

A公司应纳税额＝700×25%＝175(万美元)

B公司实现应纳税所得额＝100×22－100×18－100＝300(万美元)

B公司应纳税额＝300×15%＝45(万美元)

A,B公司合计应纳税额＝175＋45＝220(万美元)

合计税后利润＝(700－175)＋(300－45)＝780(万美元)

方案2：A公司按每块16美元的价格向B公司出售这批产品，B公司再按每块22美元的市场价格将这批集成电路板出售给一个非关联的客户。

A公司实现应纳税所得额＝100×16－100×10－100＝500(万美元)
A公司应纳税额＝500×25%＝125(万美元)
B公司实现应纳税所得额＝100×22－100×16－100＝500(万美元)
B公司应纳税额＝500×15%＝75(万美元)
A,B公司合计应纳税额＝125＋75＝200(万美元)
合计税后利润＝(500－125)＋(500－75)＝800(万美元)

由于A公司位于高税国，而B公司位于低税国，A公司降低对B公司的转让价格会使两个公司的纳税总额减少20万美元（220－200），税后利润总额则从原来的780万美元增加到800万美元，相应增加20万美元。可见，A公司通过转让定价就可以轻而易举地将200万美元（700－500）从A公司所在的高税国转移到B公司所在的低税国。这种策略不仅适用于关联企业之间的产品销售，而且适用于关联企业之间的其他各类交易，如劳务提供、贷款和无形资产转让等。转让定价的税收效果如表3-12所示。

表3-12　转让定价的税收效果　单位：万美元

项目	A公司	B公司	A公司+B公司
方案1			
销售收入	1 800	2 200	2 200
销售产品成本	1 000	1 800	1 000
销售总利润	800	400	1 200
其他支出	100	100	200
应纳税所得额	700	300	1 000
所得税（25%/15%）	175	45	220
税后利润	525	255	780
方案2			
销售收入	1 600	2 200	2 200
销售产品成本	1 000	1 600	1 000
销售总利润	600	600	1 200
其他支出	100	100	200
应纳税所得额	500	500	1 000
所得税（25%/15%）	125	75	200
税后利润	375	425	800

应注意以下问题：

(1) 选择投资地区时，B公司所在地国家的所得税实际税收负担应该介于12.5%～25%之间，关税税率较低或不征进口关税；

(2) 关联方交易价格在国际市场平均价格水平范围内；

（3）A公司所在国对母公司的海外利润实行推迟课税，否则，母公司来源于受控子公司的股息和红利无论是否汇回都要申报纳税，那么跨国公司利用转让定价向受控子公司转移利润就达不到减轻税负的目的。

3.3 企业投资方向的税务筹划

国家根据不同时期的社会发展规划及产业导向，对不同行业、不同商品类别及不同的生产经营方向分别制定不同的税收政策，从而达到对整个国家或地区进行产业布局调整、对经济运行进行宏观调控的目的。国家在制定税收政策时，对应当支持的行业、商品类别等往往给予比较优惠的税收政策。投资者根据国家产业政策导向和税收政策的鼓励方向，通过对投资行业、产品的选择，既可降低税负，又体现了国家产业政策的导向。

企业的投资方向体现在注册企业登记时的投资项目中。投资方向是指国家允许企业法人生产和经营的商品类别、品种及服务项目，反映企业法人业务活动的内容和生产经营方向，是企业法人业务活动范围的法律界限。从法律上讲，核定的企业投资方向是区分企业合法经营与非法经营的界限。我国相关法律规定，企业法人应当在核准登记的投资方向内从事经营。这就规定了企业经营活动的范围。投资方向一经核准登记，企业就具有在这个范围内经营的权利，同时必须承担不得超越范围经营的义务。一旦超越，不仅不受法律保护，而且要受到处罚。

一个企业到工商行政管理机关进行注册登记时，就已经确定自己的投资方向，而且投资方向一旦确定，在以后的经营过程中是很难改变的。在我国，不同行业或产品之间以及不同的金融资产之间存在较大的税收政策差异。因此，企业在设立时应充分利用现有的税收优惠政策，精心地进行投资方向的税务筹划和测算，使企业在当前及一段时期内的整体税负水平降到最低限度。

3.3.1 我国行业之间税收政策的差异

行业之间税收政策的差异主要体现在税收优惠政策的不同，主要分为以下几大类。

1. 农林牧渔业的税收优惠

（1）增值税。农业机耕、排灌、病虫害防治、植物保护、农牧保险以及相关技术培训业务，家禽、牲畜、水生动物的配种和疾病防治免征增值税。

农业生产者销售的自产初级农业产品，免征增值税。

（2）企业所得税。企业从事下列项目的所得，免征企业所得税：

1）蔬菜、谷物、薯类、油料、豆类、棉花、麻类、糖料、水果、坚果的种植；

2）农作物新品种的选育；

3）中药材的种植；

4）林木的培育和种植；

5）牲畜、家禽的饲养；

6）林产品的采集；

7）灌溉、农产品初加工、兽医、农技推广、农机作业和维修等农、林、牧、渔服务业项目；

8）远洋捕捞。

企业从事下列项目的所得，减半征收企业所得税：

1）花卉、茶以及其他饮料作物和香料作物的种植；

2）海水养殖、内陆养殖。

对农民专业合作社销售本社成员生产的农业产品，视同农业生产者销售自产农业产品免征增值税。自 2019 年 4 月 1 日起，纳税人购进农产品，扣除率调整为 9%。纳税人购进用于生产或者委托加工 13%税率货物的农产品，按照 10%的扣除率计算进项税额。对农民专业合作社向本社成员销售的农膜、种子、种苗、化肥、农药、农机，免征增值税。对农民专业合作社与本社成员签订的农业产品和农业生产资料购销合同，免征印花税。

2. 公共基础设施项目的税收优惠

从事国家重点扶持的公共基础设施项目投资经营的所得，自项目取得第一笔生产经营收入所属纳税年度起，第 1～3 年免征企业所得税，第 4～6 年减半征收企业所得税。

3. 科教文卫行业的税收优惠

下列项目可以免征增值税：

（1）避孕药品和用具。

（2）向社会收购的古旧图书。

（3）国家规定的科学研究机构和学校（主要指省、部级单位所属的专门科研机构和国家教委承认学历的大专以上全日制高等院校），在合理数量范围之内，进口国内不能生产的科研和教学用品（如仪器、仪表、计算机），直接用于科研和教学的（同时免征关税、消费税）。

（4）经国务院批准成立的电影制片厂销售的电影拷贝。

（5）党报、党刊将其发行、印刷业务及相应的经营性资产剥离组建的文化企业，自注册之日起所取得的党报、党刊发行收入和印刷收入。

（6）托儿所、幼儿园提供的保育和教育服务。

（7）从事学历教育的学校提供的教育服务；政府举办的从事学历教育的高等、中等和初等学校（不含下属单位），举办进修班、培训班取得的全部归该学校所有的收入。政府举办的职业学校设立的主要为在校学生提供实习场所、由学校出资自办、由学校负责经营管理、经营收入归学校所有的企业，从事《销售服务、无形资产或者不动产注释》中现代服务（不含融资租赁服务、广告服务和其他现代服务）、生活服务（不含文化体育服务、其他生活服务和桑拿、氧吧）业务活动取得的收入。

（8）学生勤工俭学提供的服务。

（9）医疗机构提供的医疗服务。

（10）养老机构提供的养老服务。

（11）残疾人福利机构提供的育养服务。

（12）残疾人员本人为社会提供的服务。

（13）纪念馆、博物馆、文化馆、文物保护单位管理机构、美术馆、展览馆、书画院、图书馆在自己的场所提供文化体育服务取得的第一道门票收入；寺院、宫观、清真寺和教堂举办文化、宗教活动的门票收入。

（14）《财政部 税务总局 发展改革委等关于养老、托育、家政等社区家庭服务业税费优惠政策的公告》（财政部公告2019年第76号）规定，自2019年6月1日起至2025年12月31日，为社区提供养老、托育、家政等服务的机构，提供社区养老、托育、家政服务取得的收入，免征增值税。符合下列条件的家政服务企业提供家政服务取得的收入，比照《营业税改征增值税试点过渡政策的规定》（财税〔2016〕36号附件）第一条第（三十一）项规定，免征增值税：与家政服务员、接受家政服务的客户就提供家政服务行为签订三方协议；向家政服务员发放劳动报酬，并对家政服务员进行培训管理；通过建立业务管理系统对家政服务员进行登记管理。

自2019年6月1日起至2025年12月31日，为社区提供养老、托育、家政等服务的机构，提供社区养老、托育、家政服务取得的收入，在计算应纳税所得额时，减按90%计入收入总额。承受房屋、土地用于提供社区养老、托育、家政服务的，免征契税。

自2019年6月1日起至2025年12月31日，为社区提供养老、托育、家政等服务的机构自有或其通过承租、无偿使用等方式取得并用于提供社区养老、托育、家政服务的房产、土地，免征房产税、城镇土地使用税。

（15）《财政部 国家税务总局关于延续宣传文化增值税优惠政策的公告》（财政部 税务总局公告2021年第10号）规定，自2021年1月1日起至2023年12月31日，执行下列增值税先征后退政策。

1）对下列出版物在出版环节执行增值税100%先征后退的政策：中国共产党和各民主党派的各级组织的机关报纸和机关期刊，各级人大、政协、政府、工会、共青团、妇联、残联、科协的机关报纸和机关期刊，新华社的机关报纸和机关期刊，军事部门的机关报纸和机关期刊；专为少年儿童出版发行的报纸和期刊，中小学的学生教科书；专为老年人出版发行的报纸和期刊；少数民族文字出版物；盲文图书和盲文期刊；经批准在内蒙古、广西、西藏、宁夏、新疆五个自治区内注册的出版单位出版的出版物；列入本公告附件1的图书、报纸和期刊。

2）对下列出版物在出版环节执行增值税先征后退50%的政策：各类图书、期刊、音像制品、电子出版物，但执行增值税100%先征后退的出版物除外；列入本公告附件2的报纸。

3）对下列印刷、制作业务执行增值税100%先征后退的政策：对少数民族文字出版物的印刷或制作业务；列入本公告附件3的新疆维吾尔自治区印刷企业的印刷业务。

4. 环境保护与资源利用的税收优惠

（1）增值税优惠。财税〔2015〕74 号文件规定，自 2015 年 7 月 1 日起，对纳税人销售自产的利用风力生产的电力产品，实行增值税即征即退 50%的政策。财政部 税务总局公告 2021 年第 40 号文件规定，从事再生资源回收的增值税一般纳税人销售其收购的再生资源，可以选择适用简易计税方法依照 3%征收率计算缴纳增值税，或适用一般计税方法计算缴纳增值税。增值税一般纳税人销售自产的资源综合利用产品和提供资源综合利用劳务，可享受增值税即征即退政策。财税〔2015〕73 号文件规定，对纳税人销售自产的列入本通知所附《享受增值税即征即退政策的新型墙体材料目录》的新型墙体材料，实行增值税即征即退 50%的政策。

对销售自产的综合利用生物柴油实行增值税先征后退政策。

（2）所得税优惠。从事符合条件的环境保护、节能节水项目的所得，自项目取得第一笔生产经营收入所属纳税年度起，第 1～3 年免征企业所得税，第 4～6 年减半征收企业所得税。

企业购置用于环境保护、节能节水、安全生产等专用设备的投资额，可以按该专用设备投资额的 10%从企业当年的应纳税额中抵免；当年不足抵免的，可以在以后 5 个纳税年度结转抵免。

企业综合利用资源，生产符合国家产业政策规定的产品所取得的收入，可以在计算应纳税所得额时减按 90%计入收入总额。

5. 高新技术产业的税收优惠

（1）财税〔2018〕76 号文件规定，自 2018 年 1 月 1 日起，当年具备高新技术企业或科技型中小企业资格的企业，其具备资格年度之前 5 个年度发生的尚未弥补完的亏损，准予结转以后年度弥补，最长结转年限由 5 年延长至 10 年。

（2）软件和集成电路企业。《国务院关于印发新时期促进集成电路产业和软件产业高质量发展若干政策的通知》（国发〔2020〕8 号）规定，国家鼓励的集成电路线宽小于 28 纳米（含），且经营期在 15 年以上的集成电路生产企业或项目，第 1～10 年免征企业所得税。国家鼓励的集成电路线宽小于 65 纳米（含），且经营期在 15 年以上的集成电路生产企业或项目，第 1～5 年免征企业所得税，第 6～10 年按照 25%的法定税率减半征收企业所得税。国家鼓励的集成电路线宽小于 130 纳米（含），且经营期在 10 年以上的集成电路生产企业或项目，第 1～2 年免征企业所得税，第 3～5 年按照 25%的法定税率减半征收企业所得税。国家鼓励的线宽小于 130 纳米（含）的集成电路生产企业纳税年度发生的亏损，准予向以后年度结转，总结转年限最长不得超过 10 年。对于按照集成电路生产企业享受上述税收优惠政策的，优惠期自企业获利年度起计算；对于按照集成电路生产项目享受上述优惠政策的，优惠期自项目取得第一笔生产经营收入所属纳税年度起计算。国家鼓励的集成电路生产企业或项目清单由国家发展改革委、工业和信息化部会同相关部门制定。

国家鼓励的集成电路设计、装备、材料、封装、测试企业和软件企业，自获利年度起，第1～2年免征企业所得税，第3～5年按照25%的法定税率减半征收企业所得税。国家鼓励的集成电路设计、装备、材料、封装、测试企业条件由工业和信息化部会同相关部门制定。

国家鼓励的重点集成电路设计企业和软件企业，自获利年度起，第1～5年免征企业所得税，接续年度减按10%的税率征收企业所得税。国家鼓励的重点集成电路设计企业和软件企业清单由国家发展改革委、工业和信息化部会同相关部门制定。

6. 创业投资企业的税收优惠

为进一步支持创业投资发展，财税〔2018〕55号文件对创业投资企业和天使投资个人有关税收政策做了如下规定：

（1）公司制创业投资企业采取股权投资方式直接投资于种子期、初创期科技型企业（以下简称初创科技型企业）满2年（24个月，下同）的，可以按照投资额的70%在股权持有满2年的当年抵扣该公司制创业投资企业的应纳税所得额；当年不足抵扣的，可以在以后纳税年度结转抵扣。

（2）有限合伙制创业投资企业（以下简称合伙创投企业）采取股权投资方式直接投资于初创科技型企业满2年的，该合伙创投企业的合伙人分别按以下方式处理：

法人合伙人可以按照对初创科技型企业投资额的70%抵扣法人合伙人从合伙创投企业分得的所得；当年不足抵扣的，可以在以后纳税年度结转抵扣。

个人合伙人可以按照对初创科技型企业投资额的70%抵扣个人合伙人从合伙创投企业分得的经营所得；当年不足抵扣的，可以在以后纳税年度结转抵扣。

（3）天使投资个人采取股权投资方式直接投资于初创科技型企业满2年的，可以按照投资额的70%抵扣转让该初创科技型企业股权取得的应纳税所得额；当期不足抵扣的，可以在以后取得转让该初创科技型企业股权的应纳税所得额时结转抵扣。

天使投资个人投资多个初创科技型企业的，对其中办理注销清算的初创科技型企业，天使投资个人对其投资额的70%尚未抵扣完的，可自注销清算之日起36个月内抵扣天使投资个人转让其他初创科技型企业股权取得的应纳税所得额。

7. 经营出口产品、提供跨境服务的税收优惠

（1）增值税零税率。

1）出口货物；

2）国际运输服务；

3）航天运输服务；

4）向境外单位提供的完全在境外消费的研发服务、合同能源管理服务、设计服务、广播影视节目（作品）的制作和发行服务、软件服务、电路设计及测试服务、信息系统服务、业务流程管理服务、离岸服务外包业务和转让技术。

（2）免征增值税。

1）出口货物；

2）工程项目在境外的建筑服务、工程监理服务；

3）工程、矿产资源在境外的工程勘察勘探服务；

4）会议展览地点在境外的会议展览服务；

5）存储地点在境外的仓储服务；

6）标的物在境外使用的有形动产租赁服务；

7）在境外提供的广播影视节目（作品）的播映服务；

8）在境外提供的文化体育服务、教育医疗服务、旅游服务；

9）为出口货物提供的邮政服务、收派服务、保险服务；

10）向境外单位提供的完全在境外消费的电信服务、知识产权服务、物流辅助服务（仓储服务、收派服务除外）、鉴证咨询服务、专业技术服务、商务辅助服务、广告投放地在境外的广告服务和无形资产；

11）以无运输工具承运方式提供的国际运输服务。

12）为境外单位之间的货币资金融通及其他金融业务提供的直接收费金融服务，且该服务与境内的货物、无形资产和不动产无关。

8. 区域性税收优惠

《财务部 税务总局 国家发展改革委关于延续西部大开发企业所得税政策的公告》（财政部 税务总局 国家发展改革委公告2020年第23号）规定，自2021年1月1日至2030年12月31日，对设在西部地区的鼓励类产业企业减按15%的税率征收企业所得税。

财税〔2020〕31号文件规定，自2020年1月1日起至2024年12月31日，对注册在海南自由贸易港并实质性运营的鼓励类产业企业，减按15%的税率征收企业所得税。对在海南自由贸易港设立的旅游业、现代服务业、高新技术产业企业新增境外直接投资取得的所得，免征企业所得税。对在海南自由贸易港设立的企业，新购置（含自建、自行开发）固定资产或无形资产，单位价值不超过500万元（含）的，允许一次性计入当期成本费用在计算应纳税所得额时扣除，不再分年度计算折旧和摊销；新购置（含自建、自行开发）固定资产或无形资产，单位价值超过500万元的，可以缩短折旧、摊销年限或采取加速折旧、摊销的方法。

财税〔2020〕38号文件规定，自2020年1月1日起，新片区内从事集成电路、人工智能、生物医药、民用航空等关键领域核心环节相关产品（技术）业务，并开展实质性生产或研发活动的符合条件的法人企业，自设立之日起5年内减按15%的税率征收企业所得税。

3.3.2　企业投资方向税务筹划的基本思路

投资方向的选择除了要综合考虑原材料的供应、产品的销售、税负的轻重，还要考虑投资人在特定行业的竞争能力。另外，在投资方向选择的税务筹划中，不仅要考虑所得税的差别，还要考虑不同行业流转税的差别。

1. 合理选择企业组织的隶属关系

从行业税收优惠来看，隶属关系不同，税收优惠往往有很大的不同，比如归口农业、环保节能企业等，在税收方面有很多不同于一般企业的优惠。因此，在设置企业时，考虑到我国对境内所得的双重征税问题，采取免税法消除重复征税，可以选择在低税的行业设置独立企业或子公司。

在某一产业内部，利用税收优惠政策，选择不同的行业、商品类别等，使企业的投资方向尽可能避开一些税种的缴税范围。在某些税种的纳税范围之内，选择部分税种有优惠政策的税目作为企业的投资方向，并对涉及各税种的实际税负情况进行测算，使企业的实际整体税负降到最低限度。

2. 合理分离企业的高新技术产品单独投资

高新技术产业有很多税收优惠，但是税法对高新技术的认定有严格的限制条件。对制造业而言，其生产工艺一般很难达到高新技术条件，但是生产工艺中包含的核心技术可能符合高新技术条件，因此，如果能够把该项核心技术从生产工艺中分离出来，单独到高新技术开发区建立子公司或分公司，则可以最大限度地获得税收优惠。

3. 投资于环境保护、节能节水和资源综合利用项目

现行《企业所得税法》对从事符合条件的环境保护、节能节水项目的所得，实行3年免税、3年减半征税的定期税收优惠。对企业购置用于环境保护、节能节水、安全生产等专用设备的投资额，按该专用设备投资额的10%从企业当年的应纳税额中抵免；当年不足抵免的，可以在以后5个纳税年度结转抵免。对企业综合利用资源，生产符合国家产业政策规定的产品所取得的收入，实行减计收入的优惠方式。因此，企业如果选择投资上述项目，在减少环境污染、提高资源利用能力的同时，还可以获得税收优惠收益。

3.3.3 投资方向选择税务筹划的收益与风险

选择投资享有各种税收优惠的行业投资，可以获得税收利益，也不存在税收风险和财务风险，但存在经营风险。主要表现在：

（1）农业、公共基础设施建设等行业盈利能力相对较弱，一般发展相对落后，是国家经济发展的瓶颈行业，需要国家大力扶持，在投资时要考虑投资回收期较长的问题。

（2）享有大量优惠的行业可能是国家亟须发展的高新技术行业、创业投资企业，存在较大的经营风险。

（3）上述行业可能是国家在一定时期发展战略的重点。这些行业要么需要企业做额外的投资，比如节能环保，要么需要企业面对国际竞争，比如出口创汇等。

3.4　企业投资方式的税务筹划

投资方式可以划分为直接投资与间接投资、货币资金投资与非货币性资产投资等。

3.4.1　直接投资与间接投资的税务筹划

按照投资者对被投资企业的生产经营控制和管理方式不同，投资可以分为直接投资和间接投资。

1. 直接投资与间接投资的税收政策

直接投资是指投资者将资产直接投入投资项目，形成实物资产或者购买现有企业的投资。通过直接投资，投资者可以拥有全部或一定数量的企业资产及经营所有权，直接进行或参与投资的经验管理。直接投资包括对现金、厂房、机器设备、交通工具、通信、土地或土地使用权等各种有形资产的投资和对专利、商标、咨询服务等无形资产的投资。其主要形式有：

（1）投资者开办独资企业、直接开店等，并独自经营；

（2）与当地企业合作开办合资企业或合作企业，从而取得各种直接经营企业的权利，并派人员进行管理或参与管理；

（3）投资者投入资本，不参与经营，必要时可派人员任顾问或指导；

（4）投资者在股票市场上买入现有企业一定数量的股票，通过股权获得全部或相当部分的经营权，从而达到收买该企业的目的。

间接投资是指投资者以其资本购买公司债券、金融债券或公司股票等各种有价证券，以预期获取一定收益的投资。由于其投资形式主要是购买各种各样的有价证券，因此也称为证券投资。与直接投资相比，间接投资的投资者除股票投资，一般只享有定期获得一定收益的权利，而无权干预被投资对象对这部分投资的具体运用及其经营管理决策；间接投资的资本运用比较灵活，可以随时调用或转卖，更换其他资产，谋求更大的收益；可以减少因政治经济形势变化而承担的投资损失的风险。

直接投资与间接投资同属于投资者对预期能带来收益的资产的购买行为，但二者存在实质性的区别：直接投资是资金所有者和资金使用者的合一，是资产所有权和资产经营权的统一运动，一般是生产企业，会形成实物资产；而间接投资是资金所有者和资金使用者的分离，是资产所有权和资产经营权的分离运动，投资者对企业资产及其经营没有直接的所有权和控制权，其目的只是取得其资本收益或保值。

直接投资考虑的税收因素比较多。直接投资形成各种形式的企业，企业的生产经营成果既要缴纳增值税、消费税等流转税，也要缴纳企业所得税。直接投资还要考虑企业面临的各种税收待遇。我国现行《企业所得税法》规定了免税收入、减免所得、降低税率、加计扣除、减计收入、定期优惠、加速折旧、投资抵免、税额抵免、授权减免等多种类型的税收优惠待遇。比如，居民企业从居民企业取得的股息、红利等权益性投资收益，以及在中国境内设立机构、场所的非居民企业从居民企业取得与该机构、场所有实际联系的股息、红利等权益性投资收益，属于免税收入，但不包括连续持有居民企业公开发行并上市流通的股票不足 12 个月取得的投资收益；对国家需要重点扶持的属于《国家重点支持的高新技术领域》规定范围内的高新技术企业，减按 15%征收企业所得税；对符合条件的环境保护、节能节水项目的所得，自项目取得第一笔生产经营收入所属纳税年度起，第 1～3 年免征企业所得税，第 4～6 年减半征收企业所得税等。投资者应当在综合考虑目标投资项目的各种税收优惠的基础上，进行项目评估和选择，以期获得最大的投资税后收益。

间接投资考虑的税收因素较少，一般只涉及股息或利息的所得税和进行证券交易缴纳的印花税。

2. 直接投资与间接投资的选择

不同投资方式的税收因素不同，投资收益、投资风险、投资的变现能力等各种因素也不同。有些投资方式尽管可以少纳税，但投资收益非常差，或者投资风险非常大，投资的变现能力非常弱，也是不可取的。因此，在进行税务筹划时，必须全面考虑投资收益、投资风险和投资的变现能力。

例 3-11

永龙公司为中国居民企业，适用 25%的所得税税率，有闲置资金 1 500 万元准备对外投资，现有两个投资方案可供选择。

方案 1：与其他公司联营，共同出资创建一个新的高新技术企业 A 公司（在中国境内注册成立）。永龙公司拥有 A 公司 30%的股权。预计 A 公司每年可盈利 300 万元，税后利润全部分配。

方案 2：永龙公司用 1 500 万元购买国债，年利率为 6%，每年可获得利息收入 90 万元。

【分析】

如果采用方案 1，按现行税法规定，A 公司设立后被认定为国家重点扶持的高新技术企业，适用 15%的所得税税率，则

永龙公司分回税后股息＝300×(1－15%)×30%＝76.5(万元)

还原为税前收益＝76.5÷(1－15%)＝90(万元)

我国对居民企业之间的股息红利性收益采取免税法，以避免重复征税。永龙公司从中国居民企业 A 公司取得的 76.5 万元股息属于免税收入，无须补税，永龙公司取得实际投资收益 76.5 万元。

如果采用方案 2，根据税法规定，企业投资国债获得的利息收入也属于免税收入，无须缴纳企业所得税。利息收入为税前收益，直接免税，永龙公司获得的实

际投资收益即为90万元，比方案1多13.5万元（90—76.5）。

两种方案都免于缴纳企业所得税，但方案1是税后收益，方案2是税前收益，给永龙公司带来的收益金额不同。因此，如果从税负角度考虑，永龙公司应选择方案2。当然，公司在选择投资方式时，应综合考虑各种因素，选择税负最低、收益最高的方案，以实现企业投资收益最大化的目标。

3.4.2 货币资金投资与非货币性资产投资的税务筹划

直接投资按照投资物的性质不同，可分为货币资金投资、非货币性资产投资。投资方式不同，涉及的税收因素就不同，享受的实际税收待遇也不同。一般而言，从被投资企业的角度考虑，选择非货币性资产投资要优于货币资金投资。原因如下：

（1）非货币性资产投资中的设备，其折旧费可以在税前扣除；无形资产的摊销费也可以作为管理费用在税前扣除，缩小所得税税基。

（2）非货币性资产在产权变动时，必须进行资产评估。如果通过资产评估，能够高估设备和无形资产的价值，则投资企业可以节省投资成本，对被投资企业而言可以通过多列折旧费用和摊销费用，缩小所得税税基，达到减轻税负的目的。

但从投资企业的角度考虑，选择非货币性资产投资方式要承担更多的税收负担：

（1）企业所得税。企业发生的非货币性资产对外投资属于非货币性资产交换，应在投资交易发生时，将该项交易分解为按公允价值销售非货币性资产和投资两项业务进行所得税处理，并按规定计算确认资产转让所得或损失。如果发生资产转让所得，且数额较大，在一个纳税年度缴纳企业所得税确有困难，报经税务机关批准，可作为递延所得，在投资交易发生当期及随后不超过5个纳税年度内，平均摊转到各个年度的应纳税所得中。

（2）增值税。如果企业以存货等属于增值税应税范围的非货币性资产对外投资，根据增值税的有关规定，视同销售货物行为，须缴纳增值税。

（3）营业税改征增值税。如果企业以土地使用权或者不动产投资入股，参与接受投资方的利润分配，共同承担投资风险，不属于视同发生应税服务，不缴纳增值税。如果企业以土地使用权或者不动产投资入股，不与投资方共同承担风险，而是收取固定利润，则属于将场地、房屋等转让他人使用的业务，应按租赁业项目缴纳增值税。①

投资企业应综合考虑投资双方的税收负担情况，选择适当的投资方式。即使同样是非货币性资产投资，企业也可以通过对投资方式的选择，达到最大限度减轻企业税负的目的。

例3-12

2019年5月，中国居民企业A（增值税一般纳税人）准备与美国某企业联合

---

① 无形资产中，转让专利权、非专利技术按照研发和技术服务改征增值税，转让商标权、著作权和商誉按照文化创意改征增值税。以专利权、非专利技术、商标权、著作权和商誉对外投资，不属于视同提供应税服务，不征增值税。

投资，在中国注册成立中外合资企业B，投资总额为8 000万元，注册资本为4 000万元，中方出资1 600万元，占40%；外方出资2 400万元，占60%。

中方有五种出资方式。

【分析】

方案1：以货币资金1 600万元作为注册资本投入。

以货币资金1 600万元作为注册资本投入，在取得投资时，不需要纳税。

方案2：以A企业自产存货作价1 600万元作为注册资本投入。该存货的工厂完工成本为1 300万元。

将存货用于投资，属于视同销售货物。

$$应缴纳增值税额=\frac{1\,600}{1+13\%}\times13\%=184.07(万元)$$

$$应纳城市维护建设税和教育费附加=184.07\times(7\%+3\%)=18.41(万元)$$

将存货用于投资，属于非货币性资产交换。

$$应缴纳所得税额=\left(\frac{1\,600}{1+13\%}-1\,300-18.41\right)\times25\%=24.38(万元)$$

$$税后收益=1\,600-184.07-18.41-1\,300-24.38=73.14(万元)$$

方案3：以2008年11月20日购进的机器设备作价1 600万元作为注册资本投入。该设备原价为2 500万元，已经提取折旧1 200万元。

根据税法的规定，A企业以使用过的2009年1月1日之前购进的设备对外投资，属于视同销售行为，应按3%减按2%缴纳增值税。

$$应缴纳增值税=\frac{1\,600}{1+3\%}\times2\%=31.07(万元)$$

$$应纳城市维护建设税和教育费附加=31.07\times(7\%+3\%)=3.11(万元)$$

按现行《企业所得税法》的规定，A企业以使用过的设备对外投资，属于非货币性资产交换。

$$\begin{aligned}应缴纳企业所得税&=\left[\frac{1\,600}{1+3\%}-3.11-(2\,500-1\,200)\right]\times25\%\\&=62.57(万元)\end{aligned}$$

$$税后收益=1\,600-31.07-3.11-1\,300-62.57=203.25(万元)$$

方案4：以专利技术作价1 600万元作为注册资本投入。该专利2007年购进，原价为2 500万元，已摊销1 200万元。

根据营改增相关税法的规定，A企业以专利技术对外投资入股，参与被投资方利润分配、共同承担风险的行为，不属于视同发生应税服务，不缴纳增值税。而按现行《企业所得税法》的规定，A企业以专利技术对外投资，属于非货币性资产交换。

$$应缴纳企业所得税=[1\,600-(2\,500-1\,200)]\times25\%=75(万元)$$

$$税后收益=1\,600-1\,300-75=225(万元)$$

方案5：以厂房作价1 600万元作为注册资本投入。该厂房原价为2 500万元，已经提取折旧1 200万元。

根据税法规定，将不动产作为注册资本投资入股，参与被投资方利润分配，承担投资风险，不属于视同发生应税服务，不缴纳增值税。但按现行《企业所得税法》规定，A企业以不动产对外投资，属于非货币性资产交换。

应缴纳企业所得税=[1 600−(2 500−1 200)]×25%=75(万元)

税后收益=1 600−1 300−75=225(万元)

受让方需纳契税=1 600×3%=48(万元)

显然，以现金方式投资，没有税收问题是最好的。如果以非货币性资产对外投资，其流转税、所得税等问题需要详细分析。根据营改增相关税法的规定，以无形资产、不动产投资入股，不属于视同发生应税服务，不缴纳增值税。但按现行《企业所得税法》的规定，以非货币性资产对外投资，均需缴纳企业所得税。因此，区分不同资产投资的差异，主要在流转税上。方案2和方案3需要承担增值税及相应的城市维护建设税、教育费附加；方案4和方案5均属于投资行为，不需缴纳增值税及城市维护建设税、教育费附加；但对于方案5，受让方需承担契税。

3.4.3　非货币性资产投资与转让的税务筹划

当纳税人有自己不需用的非货币性资产时，是选择出售还是对外投资，承担的税负会有区别。下面以不动产为例，说明不动产对外投资与转让的税务筹划。

1. 以不动产对外投资与转让的税收政策

根据现行税法规定，转让不动产应征收增值税和企业所得税。

以不动产投资入股，参与被投资方的利润分配，共同承担投资风险的行为，不属于视同应税行为，不征收增值税。但若按销售额的一定比例获得转让收入或者取得固定收入，不承担投资经营风险，则不属于投资入股行为，而属于转让或租赁不动产，应按9%征收增值税。

现行《企业所得税法实施条例》规定，企业发生非货币性资产交换，以及将货物、财产、劳务用于捐赠、赞助、集资、广告、样品、职工福利或利润分配等用途的，应当视同销售货物、转让财产或者提供劳务，征收企业所得税。

企业处置资产，发生下列情形的，除将资产转移至境外以外，由于资产所有权属在形式和实质上均不发生改变，可作为内部处置资产，不视同销售确认收入，相关资产的计税基础延续计算：

(1) 将资产用于生产、制造、加工另一产品；

(2) 改变资产形状、结构或性能；

(3) 改变资产用途（如自建商品房转为自用或经营）；

(4) 将资产在总机构及其分支机构之间转移；

(5) 上述两种或两种以上情形的混合；

（6）其他不改变资产所有权属的用途。

企业处置资产，将资产移送他人发生下列情形的，因资产所有权属已发生改变而不属于内部处置资产，应按规定视同销售确定收入：

（1）用于市场推广或销售；

（2）用于交际应酬；

（3）用于职工奖励或福利；

（4）用于股息分配；

（5）用于对外捐赠；

（6）其他改变资产所有权属的用途。

企业以不动产对外投资，属于非货币性资产交换行为。根据现行税法，企业以经营活动的部分非货币性资产对外投资，应在投资交易发生时，将其分解为按公允价值销售有关非货币性资产和投资两项业务进行所得税处理，并按规定确认资产的转让所得或损失，依法缴纳企业所得税。也就是说，企业以非货币性资产对外投资时，其公允价值大于其账面价值的增值部分，视同转让所得纳入应税所得计征企业所得税。但如果数额较大，可以申请在5年内平均缴纳；其公允价值小于其账面价值部分视同转让损失，可以在所得税前扣除。

2. 以不动产对外投资与转让的选择

企业转让不动产与以不动产对外投资，二者之间主要的税收差别不在于所得税，而在于流转税。因此在选择投资或转让不动产时，主要考虑流转税等税收因素。

例3-13

永生公司是中国居民企业，为增值税一般纳税人。2019年10月，准备将其拥有的门面房转让或对外投资。该门面房账面价值为300万元，公允价值为400万元（含税价）。

方案1：转让该门面房。可以按公允价值获得400万元。

方案2：以该门面房对外投资（被投资方为中国居民企业）。

假设：

（1）以该门面房对外投资，预计每年可以获得分红50万元，有效期为10年。

（2）投资方与被投资方的所得税税率均为25%，城市维护建设税税率及教育费附加征收率分别为7%和3%，投资的必要报酬率为6%。

（3）计算结果保留两位小数。

【分析】

如果选择方案1，则

转让门面房应缴纳增值税＝400÷(1＋9%)×9%＝366.97×9%
＝33.03(万元)

城市维护建设税及教育费附加＝33.03×(7%＋3%)＝3.3(万元)

应纳所得税额＝(366.97－300－3.3)×25%＝15.92(万元)

税后收益＝366.97－300－3.3－15.92＝47.75(万元)

无须贴现，税后收益的现值就是 47.75 万元。

如果选择方案 2，以门面房对外投资无须缴纳增值税、城市维护建设税及教育费附加，但投资时应按视同销售行为计算所得税。

应缴纳企业所得税＝(400－300)×25%＝25(万元)

税法规定可以在 5 年时间内分期缴纳，则每年缴纳 5 万元（25/5）。

5 年缴纳所得税的现值＝5×(P/A,6%,5)＝5×4.212 4＝21.06(万元)

预计的每年分红所得属于免税收入，免缴企业所得税。

10 年红利收益的现值＝50×(P/A,6%,10)＝50×7.360 1＝368.01(万元)
税后收益的现值＝368.01－300－21.06＝46.95(万元)
方案 1 与方案 2 税后现值之差＝47.75－46.95＝0.8(万元)
应纳税总额的差异＝(33.03＋3.3＋15.92)－21.06＝31.19(万元)

从此例可以看出，以不动产对外投资比直接转让可以少缴纳增值税、城市维护建设税及教育费附加，而且所得税可以递延缴纳。但是，如果以不动产投资，不能够一次获得全部收益，其收益的获得需要视投资项目的收益情况以及被投资方的分配情况而定。因此，不动产的投资要比转让承担更多的风险。在此例中，每年获得分红达 50 万元，投资不动产的税后收益的现值仍低于转让不动产，那么，需要进一步分析每年的分红为多少时，投资与转让税后收益的现值相等。

设每年的分红为 y，其余条件不变，则可以得到等式：

y×(P/A,6%,10)－300－21.06＝47.75(万元)
y×7.360 1－300－21.06＝47.75(万元)
y＝50.11(万元)

也就是说，如果每年的分红未达到 50.11 万元，尽管不动产转让的税负高，但依然应该选择转让不动产，反之则应该选择以不动产对外投资。

3.5　企业投资规模的税务筹划

投资规模是指投资主体在一定时期内投入的资源总量。在投资资源、投资目标既定的条件下，企业可以通过对投资规模的控制和投资结构的调整，确定最佳投资规模，并通过各种努力，实现投资规模的最优化。对于企业的生产经营而言，投资规模过大或过小都不利于企业的发展。投资规模扩大，是企业发展壮大的标志，往往可以带来规模效益，但若不顾具体情况而过度膨胀，也往往会导致资源的浪费。投资规模小，一般可以使企业具有灵活运行的优点，但企业的投资规模太小，往往难以取得规模效益和缺乏经济实力，在残酷的市场竞争中容易被淘汰。因此，确定企业投资的合理水平是企业投资决策的重要内容。

3.5.1 企业投资规模的确定

企业投资规模的确定应按以下步骤进行：

（1）对企业自身运营能力进行分析，即通过对存量投资重组、潜能开发及增量投资优化组合的分析，确定投资的既有能力、潜在能力和追增能力。

（2）把握企业外部环境变动情况。市场经济环境变化多端，必须利用预测手段把握经济环境发展态势，决定投资规模的大小。如果预测产品在市场上供不应求，且供需缺口大，则投资项目建成投产后生产出来的产品在市场上能够及时销售出去，形成相应的效益，因此项目规模可以大一些。反之，如果预测产品供过于求，或虽然供不应求，但供需缺口很小，则不宜投入项目或项目规模小一些。

（3）对税前收益最大化的投资规模进行分析。税前收益最大化投资规模也称经济规模，其确定方法很多，常用的有最小费用法、方案比较法和规模效益曲线法。最小费用法根据制约项目规模的全部费用来确定项目的经济规模。它是将不同规模下发生的各项费用分别汇总比较，选择单位产品费用最低的规模作为项目经济规模。方案比较法是指在分析比较影响项目规模各因素后，拟出多个可能实施的方案规模：首先，确定项目规模的选择范围，也就是界定最小项目规模（即项目保本规模或称起始规模）和最大项目规模（即市场对产品的供需缺口量），剔除小于保本规模和大于产品市场供需缺口量的规模方案。其次，综合考虑原材料供应、资金供应和其他生产条件等的保证程度，再剔除规模方案中以上条件不能保证的方案，保留几个可能实施的方案。最后，分析比较几个可能实施的方案，通过对各方案的成本费用和经济效益进行分析和计算，并进行比较后，选择成本费用最低、经济效益最好的方案作为入选方案，该方案的规模即为项目的经济规模。规模效益曲线法也称盈利区间法，即通过作图在最高、最低两个盈亏平衡点之间找出一个使项目获得最大效益规模的方法。投资规模应该趋近于企业运营负荷能力的极限，即投资的追加边际成本等于其边际收益，此时投资规模是适宜且有效的。应注意的是，投资规模的确定依据是企业的运营能力和外部经济环境，因而必须注意到其动态演进的变化特征。

3.5.2 影响企业投资规模的因素

影响企业投资规模的因素有很多，在市场经济条件下，有产品的市场需求情况、行业的技术特点、原材料和燃料及动力的保证程度、专业化分工水平、可筹集到的资金数量和外部协作配套条件等，其中税收也是影响项目规模的重要因素之一。从企业投资理论的发展可以看出，企业投资规模不仅会受到资金使用的成本和企业投资机会的影响，企业自身的财务状况如资本结构、内部现金流量和流动性等也会对企业投资规模具有显著影响，而税收则会对企业内部的现金流量产生重大影响。在项目投资过程中，将涉及许多税收问题。项目建成投产后，企业要缴纳增值税、资源税、城市维护建设税和企业所得税等诸多税种，项目规模的大小将直接影响企业将来的生产经营规模及生产经营过程中的纳税水平。反之，企业的税负水平也制约着企业投资规模的确定。

首先，投资规模的大小决定增值税纳税人纳税身份的界定。增值税是我国的主体税种，它具有普遍缴纳的特点，大部分企业都会遇到缴纳增值税的问题。我国现行的增值税对一般纳税人和小规模纳税人实行差别税率。如果投资者在投资决策中确定的投资规模使项目建成投产后，企业符合小规模纳税人标准，则按小规模纳税人身份纳税；否则，以一般纳税人身份纳税。因此，投资者可在分析比较小规模纳税人和一般纳税人的税负后，对拟定的投资规模进行调整，使其具备适当低税负纳税人的身份。

其次，投资规模影响企业纳税的绝对水平。在一般情况下，企业规模大、获利能力强，纳税的绝对额也大；企业规模小、获利能力弱，纳税的绝对额也小。根据税法规定，企业应纳税额的计算依据法定税率和企业账面记录的应税收益额，并不考虑这种账面收益的实际现金流入状况。但税法的要求是，只要体现出账面或财务会计观念下的应税收益，企业就必须依法及时足额地以现金解缴，否则会受到税法的制裁，使企业利益遭受损害。因此，投资者在确定投资规模时，必须充分考虑纳税现金支付的刚性约束，即合理确定纳税目标约束下的投资规模，避免因投资规模过大而税前账面收益过大，由此发生应纳税金额超过企业现金供给的情况，给企业带来不利影响。

3.5.3 增值税纳税人身份的选择

如果市场供不应求，供应有充分弹性而需求缺乏弹性，纳税人可以通过将应缴纳的增值税加到销售价格中，将增值税完全转嫁出去，这样企业就无须进行一般纳税人和小规模纳税人的筹划选择。但这种绝对的情况通常是不存在的，因为受到市场条件的限制，提高价格很可能会使企业在市场竞争中处于不利地位，所以增值税客观上存在一部分不可转嫁的税负，要由纳税人自己承担。由于两类纳税人的适用税率和征税方法不同，两类纳税人承担的税负也不同，企业便可以合理选择纳税人身份，减轻企业税负。

1. 增值税纳税人的不同身份差异

目前小规模纳税人的标准规定如下：

（1）自2018年5月1日起，增值税小规模纳税人标准为年应征增值税销售额500万元及以下。

（2）年应征增值税销售额超过上述规定标准的其他个人。

（3）非企业性单位、不经常发生增值税应税行为的企业和个体工商户，可选择按小规模纳税人纳税。

（4）年应征增值税销售额超过上述规定标准的纳税人，会计核算健全、能够提供准确税务资料的，可以向主管税务机关申请一般纳税人资格认定，转为一般纳税人。

小规模纳税人销售货物或者提供应税劳务，按照销售额和《中华人民共和国增值税暂行条例》（简称《增值税暂行条例》）规定的征收率计算应纳税额，不得抵扣进项税额，不享受出口退税的优惠，也不得使用增值税专用发票。

小规模纳税人应纳税额的计算公式为：

应纳税额＝销售额×征收率(3%)

一般纳税人应纳税额的计算采用税款抵扣法，其应纳税额的计算公式为：

应纳税额＝当期销项税额－当期进项税额

＝不含税销售收入×税率－当期进项税额

2. 小规模纳税人与一般纳税人的税负比较

由于小规模纳税人不能抵扣进项税额，其进项税额只能计入成本，因此，一般情况下小规模纳税人的税负重于一般纳税人。但也并非任何情况下都是如此。企业可以通过增值率判断法、抵扣进项物资占销售额比重判断法和含税销售额与含税购货额比较法等方法，事先从不同角度计算两类纳税人的税负平衡点，合理选择纳税人身份。

（1）增值率判断法。

一般纳税人应纳税额＝不含税销售收入×适用税率×增值率

小规模纳税人应纳税额 ＝不含税销售收入×征收率

应纳税额无差别平衡点的计算如下：

不含税销售收入×适用税率×增值率＝不含税销售收入×征收率

增值率＝征收率÷适用税率

具体如表3-13所示。

表3-13 增值税税负平衡点计算表（%）

一般纳税人税率	小规模纳税人征收率	不含税纳税平衡点
13	3	23.08
9	3	33.33
6	3	50

当增值率为23.08%（33.33%，50%）时，两者税负相同；当增值率低于23.08%（33.33%，50%）时，小规模纳税人的税负重于一般纳税人；当增值率高于23.08%（33.33%，50%）时，一般纳税人税负重于小规模纳税人。

（2）抵扣进项物资占销售额比重判断法。

可抵扣的购进项目占销售额的比重＝1－增值率

增值率＝1－可抵扣的购进项目占销售额的比重

假设可抵扣的购进项目占不含税销售额的比重为x，则有

不含税销售额×适用税率×增值率=不含税销售额×征收率

适用税率×$(1-x)$=征收率

解得平衡点为：

$$x=1-\frac{\text{征收率}}{\text{适用税率}}$$

具体如表 3-14 所示。

表 3-14　增值税税负平衡点计算表（%）

一般纳税人税率	小规模纳税人征收率	不含税纳税平衡点
13	3	76.92
9	3	66.67
6	3	50

这就是说，当企业可抵扣的购进项目占销售额的比重为 76.92%（66.67%，50%）时，两种纳税人税负完全相同；当企业可抵扣的购进项目占销售额的比重大于 76.92%（66.67%，50%）时，一般纳税人税负轻于小规模纳税人；当企业可抵扣的购进项目占销售额的比重小于 76.92%（66.67%，50%）时，一般纳税人税负重于小规模纳税人。

（3）含税销售额与含税购货额比较法。增值税一般纳税人与小规模纳税人税负的均衡点用通用公式表示为：

$$\frac{y}{1+t_1}\times t_1-\frac{x}{1+t_2}\times t_2=\frac{y}{1+a}\times a$$

式中，y 为含税销售收入；x 为含税购进扣除项目金额；a 为征收率；t_1 和 t_2 分别为销项税额和进项税额的适用税率。

例 3-14

某音像产品制作公司 7 月 1 日设立，7—12 月的经营情况预测如下：

7—8 月，每月应纳增值税销售额 18 万元，可抵扣进项税额 0.3 万元；

9—10 月，每月应纳增值税销售额 21 万元，可抵扣进项税额 0.5 万元；

11—12 月，每月应纳增值税销售额 23 万元，可抵扣进项税额 0.65 万元。

【分析】

若公司按一般纳税人身份纳税，则 7—12 月应纳增值税计算如下：

$$(18\times2+21\times2+23\times2)\times13\%-(0.3\times2+0.5\times2+0.65\times2)=13.22(\text{万元})$$

若公司按小规模纳税人身份纳税，则 7—12 月应纳增值税计算如下：

$$(18\times2+21\times2+23\times2)\times3\%=3.72(\text{万元})$$

由于公司产品所需原材料较少，公司增值率和成本利润率较高，抵扣率较低，按小规模纳税人身份纳税比按一般纳税人身份纳税可节约税款 9.5 万元（13.22－3.72）。

3. 增值税纳税人身份选择的收益与风险

当纳税人的购进扣除项目金额占销售收入的比例比较低，导致增值税一般纳税人税负高于小规模纳税人时，如果企业选择作为小规模纳税人纳税，其收益是减轻税负，但其风险则可能是产品的售价需打折扣，否则会影响销量。

一般而言，购买方如果从增值税一般纳税人处购入货物，取得专用发票，可以按13%计算抵扣的进项税额；如果从小规模纳税人处购入货物，经税务机关代开专用发票，只可以按3%计算抵扣的进项税额。不同的抵扣额度会影响到购买方的税负，因此，只有当小规模纳税人产品的价格低于一般纳税人产品的价格时，小规模纳税人的销售才可能有竞争力。那么，产品价格到底打几折，作为小规模纳税人与一般纳税人的税后利润才是相当的？

例3-15[①]

如果企业作为一般纳税人，其购进货物的含税价格为113元，增值税税率为13%，完工产品的含税售价为226元，增值税税率也为13%。如果作为小规模纳税人，征收率为3%。另外，假定城市维护建设税税率及教育费附加征收率之和为10%，所得税税率为25%。企业分别作为一般纳税人和小规模纳税人时，税后利润相同，产品折扣率R为多少？

【分析】

$$\left[226-113-\left(\frac{226\times 13\%}{1+13\%}-\frac{113\times 13\%}{1+13\%}\right)\times(1+10\%)\right]\times(1-25\%)$$
$$=\left[226R-113-\left(\frac{226R}{1+3\%}\times 3\%\right)\times(1+10\%)\right]\times(1-25\%)$$

解得 $R=96.77\%$

为了完整地反映增值税的影响，式中采用含税价计算利润，但与无税价计算利润的金额一致。如果按含税价计算利润，增值税构成收入，也构成成本；如果按无税价计算利润，增值税不构成收入，也不构成成本。在本例中，有

按含税价计算的税前利润＝226－113－13×(1＋10%)＝98.7(元)

按无税价计算的税前利润＝200－100－13×10%＝98.7(元)

现在设购货的含税进价为P；增值税销项税额和进项税额的税率分别为t_1和t_2；作为一般纳税人，含税售价为S；作为小规模纳税人，其售价相对于一般纳税人售价的比例为R；征收率为a，则当二者的税后利润相等时，有

$$\left[S-P-\left(\frac{S\times t_1}{1+t_1}-\frac{P\times t_2}{1+t_2}\right)\times(1+10\%)\right]\times(1-25\%)$$
$$=\left[S\times R-P-\frac{S\times R\times a}{1+a}(1+10\%)\right]\times(1-25\%)$$

解得 $R=\left(\frac{1-0.1t_1}{1+t_1}S+\frac{1.1t_2}{1+t_2}P\right)\frac{1+a}{S(1-0.1a)}$

---

① 申嫦娥，张雅丽．税务筹划．西安：西安交通大学出版社，2007．本书引用时已按新税法调整。

3.6 投资时间结构的税务筹划

3.6.1 固定资产技术改造时间的税务筹划

投资时间结构是指投资在不同时间的数量比例关系。投资时间结构可以分为投资要素的时间结构、投资阶段的时间结构和投资项目的时间结构。各投资要素有的形成时间长，有的形成时间短，但是各投资要素必须在同一时间进行结合才能形成生产能力，这就在客观上形成了投资要素的时间结构。投资阶段是投资过程的各个阶段，包括投资项目确定、投资项目实施、资金流入。投资的各个阶段有各自的形成过程，也有各自的形成时间，这就是投资阶段的时间结构。投资项目的时间结构是指各投资项目之间是相互影响、互为条件的，企业必须合理安排各项目的投资时间，才能充分利用资金，实现最佳投资收益。本节主要涉及固定资产技术改造时间的不同对企业利润的影响。

机器设备的磨损一般分为三个阶段：第一阶段为初期磨损阶段，这一阶段，零件表面粗糙不平部分被迅速磨去，机器设备还未进入最佳运动状态；之后，迅速进入第二阶段，称为正常磨损阶段，这时设备的磨损速度趋于缓慢，曲线呈平稳状态，这是设备运行的最佳状态，设备给企业带来的利润最大，但是逐年递减；第三阶段称为急剧磨损阶段，磨损速度加快，曲线呈上升状态，设备给企业带来的利润迅速减少。基于固定资产的运行规律，企业的利润也是逐年递减的。为了改善固定资产的工作性能，使企业的收益维持在一个较高的水平上，企业应选择一定的时机对固定资产进行技术改造。从理论上说，技术改造的时间可以选在固定资产使用一段时间后的任一时间，但实际上，技术改造一方面会改善固定资产的工作性能，提高固定资产的工作效率，从而为企业带来更多的利润；另一方面会增加企业的成本，包括技术改造本身支出和随后若干年的折旧费用，以及利润增加带来的所得税费用。若将技术改造的时间选择在不同年限，那么，从那一年起到折旧年限结束为止的时间内，每年折旧、销售收入、利润、税金都会有明显的变化。因此，技术改造时间选择是否恰当，会对企业的税收负担大小产生不同的影响。

例3-16

甲企业拥有机器设备一台，原值为400万元，预计使用年限为8年，采用直线法计提折旧（不考虑净残值）。甲企业所得税税率为25%。在该机器设备正常使用的情况下，甲企业8年内的利润、折旧、应纳所得税额如表3-15所示。

表3-15　纳税情况表（一）　　单位：万元

项目	第一年	第二年	第三年	第四年	第五年	第六年	第七年	第八年	合计
折旧前利润	90	100	100	100	85	85	80	70	710
折旧	50	50	50	50	50	50	50	50	400

续表

项目	第一年	第二年	第三年	第四年	第五年	第六年	第七年	第八年	合计
应纳税所得额	40	50	50	50	35	35	30	20	310
应纳所得税额	10	12.5	12.5	12.5	8.75	8.75	7.5	5	77.5
税后利润	30	37.5	37.5	37.5	26.25	26.25	22.5	15	232.5

【分析】

方案1：甲企业在第五年用已提的折旧200万元进行技术改造，那么甲企业在8年内的利润、折旧、应纳所得税额如表3-16所示。

表3-16　纳税情况表（二） 单位：万元

项目	第一年	第二年	第三年	第四年	第五年	第六年	第七年	第八年	合计
折旧前利润	90	100	100	100	150	150	140	125	955
折旧	50	50	50	50	100	100	100	100	600
应纳税所得额	40	50	50	50	50	50	40	25	355
应纳所得税额	10	12.5	12.5	12.5	12.5	12.5	10	6.25	88.75
税后利润	30	37.5	37.5	37.5	37.5	37.5	30	18.75	266.25

方案2：甲企业在第六年用已提的折旧250万元进行技术改造，那么甲企业在8年内的利润、折旧、应纳所得税额如表3-17所示。

表3-17　纳税情况表（三） 单位：万元

项目	第一年	第二年	第三年	第四年	第五年	第六年	第七年	第八年	合计
折旧前利润	90	100	100	100	85	175	175	160	985
折旧	50	50	50	50	50	133.33	133.33	133.34	650
应纳税所得额	40	50	50	50	35	41.67	41.67	26.66	335
应纳所得税额	10	12.5	12.5	12.5	8.75	10.42	10.42	6.67	83.75
税后利润	30	37.5	37.5	37.5	26.25	31.25	31.25	19.99	251.25

从上面的计算中可以看出，甲企业在第五年进行技术改造比在第六年进行改造可以多获得税后利润15万元（266.25—251.25）。

如果考虑货币时间价值，把两种技术改造方案的税后利润换算成现值，可以得出相同的结论。假设折现率为10%。

第五年进行技术改造方案的税后利润现值为：

$$30\times(P/F,10\%,1)+37.5\times(P/F,10\%,2)+37.5\times(P/F,10\%,3)+37.5\times(P/F,10\%,4)+37.5\times(P/F,10\%,5)+37.5\times(P/F,10\%,6)+30\times(P/F,10\%,7)+18.75\times(P/F,10\%,8)=180.64(\text{万元})$$

第六年进行技术改造方案的税后利润现值为：

$$30\times(P/F,10\%,1)+37.5\times(P/F,10\%,2)+37.5\times(P/F,10\%,3)+37.5\times(P/F,10\%,4)+26.25\times(P/F,10\%,5)+31.25\times(P/F,10\%,6)+31.25\times(P/F,10\%,7)+19.99\times(P/F,10\%,8)=171.35(\text{万元})$$

第五年进行技术改造获得的税后利润现值比第六年进行技术改造获得的税后利润现值多9.29万元（180.64－171.35），因此，甲企业应选择在第五年进行技术改造。如果考虑技术改造对企业现金流量的影响，仍然可以得出相同的结论。

第五年进行技术改造方案的净现值为：

$$180.64+50\times(P/A,10\%,4)+100\times(P/A,10\%,4)\times(P/F,10\%,4)$$
$$-200\times(P/F,10\%,4)=418.98(\text{万元})$$

第六年进行技术改造方案的净现值为：

$$171.35+50\times(P/A,10\%,5)+133.33\times(P/A,10\%,3)\times(P/F,10\%,5)$$
$$-250\times(P/F,10\%,5)=411.03(\text{万元})$$

由于第五年进行技术改造方案的净现值比第六年进行技术改造方案的净现值多7.95万元（418.98－411.03），因此，甲企业应选择在第五年进行技术改造。

3.6.2　专用设备投资抵免的税务筹划

1. 专用设备投资抵免的税收政策

企业购置并实际使用《环境保护专用设备企业所得税优惠目录》《节能节水专用设备企业所得税优惠目录》《安全生产专用设备企业所得税优惠目录》规定的环境保护、节能节水、安全生产等专用设备的，该专用设备的投资额的10%可以从企业当年的应纳税额中抵免；当年不足抵免的，可以在以后5个纳税年度结转抵免。

享受上述优惠的企业应当实际购置并自身实际投入使用上述规定的专用设备；企业购置上述专用设备在5年内转让、出租的，应当停止享受企业所得税优惠，并补缴已经抵免的企业所得税税款。

2. 专用设备投资抵免的税务筹划

如何在5年的期限内将相当于设备价款10%的所得税全部抵免完，税务筹划的关键应围绕“连续5年的抵免期”进行分析，合理分配各年设备购置额。

企业获得最优投资抵免优惠的条件可以归纳为：

$$\text{年度设备投资额}\times10\%\leqslant\text{法定抵免期限内各年应纳所得税额之和}$$

所以企业在进行设备投资前，应预测未来各年盈利情况，并以预测应纳所得税额为依据，确定每一年度的设备购置额，分次购置设备，以获得更多的投资抵免额。

例3-17

A企业为中国居民企业，某年1月根据环保部门要求改造其废水处理设施。预计改造项目建设周期为2年，需要购买工业废水处理专用设备5套，投资总额为2 000万元。根据A企业历年纳税情况预测，项目改造后每年应纳所得税额为35万元。

【分析】

方案1：所有专用设备均在项目改造第1年购置完毕。从第1年开始到第5年的抵免期限内，每年可以抵免的应纳所得税为35万元，5年合计可以抵免的税额=35×5=175万元，而税法允许抵免的专用投资额=2 000×10%=200万元，还有25万元的投资抵免额因为超过5年抵扣期不能再抵免。根据分析，第1年专用设备的购置应该控制在1 750万元以下。

方案2：将专用设备在第1年和第2年分两年购置，第1年购置1 750万元（175/10%），第2年购置250万元。第1年购置的1 750万元专用设备，可以抵免175万元（1 750×10%），从第1年开始5年应纳税额正好可以全部抵扣完毕。第2年购置专用设备250万元，可以抵免25万元，抵免期限从第2年到第6年，其中第2年到第5年的应纳税额用来抵免当年的投资额，但是可以用第6年的应纳所得税35万元抵免专用设备投资额25万元。这样可以将法律规定允许抵扣的200万元（2 000×10%）全部抵免完。

3.7 企业投资决策的税务筹划

投资决策是指对一个投资项目的各种方案的投资支出和投资后的收益进行对比分析，以选择投资效果最佳的方案。

3.7.1 投资决策的现金流量构成

从投资过程中现金流量发生的时间看，现金流量由三部分构成，如图3-1所示。

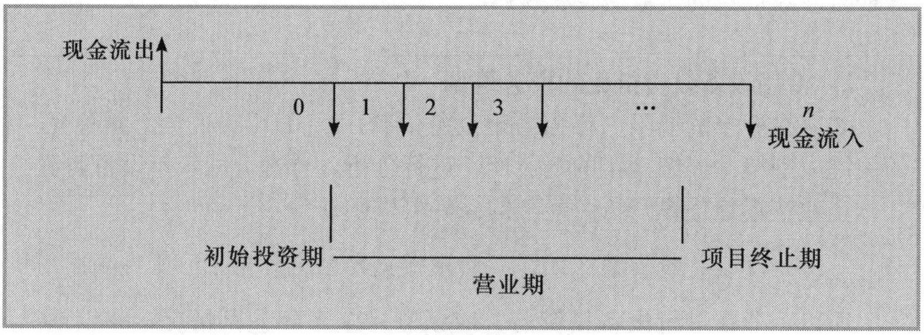

图3-1 现金流量构成图

1. 初始现金流量

初始现金流量是指开始投资时（建设期）发生的现金流量，一般是现金流出量，包括：

（1）固定资产的投资。包含固定资产的购入或建造成本、运输成本和安装成本等。

（2）流动资产的投资。包含对材料、在产品、产成品和现金等流动资产的投资。

（3）其他投资费用。指与投资有关的筹建小组费用、职工培训费用、谈判费用、注册费用等。

（4）原有固定资产的变价收入。主要指固定资产更新时，原有固定资产变卖所得的现金收入及由此而可能将支付或减少的所得税。

$$\begin{array}{c}\text{投资}\\\text{现金流量}\end{array}=\begin{array}{c}\text{投资在固定}\\\text{资产上的资金}\end{array}+\begin{array}{c}\text{固定资产}\\\text{变现价值}\end{array}-\left(\begin{array}{c}\text{固定资产的}\\\text{变现价值}\end{array}-\begin{array}{c}\text{原固定资产的}\\\text{折余价值}\end{array}\right)\times\begin{array}{c}\text{所得税}\\\text{税率}\end{array}+\begin{array}{c}\text{投资在流动}\\\text{资产上的资金}\end{array}$$

2. 营业现金流量

营业现金流量是指项目投入使用后，在其寿命周期内由生产经营所带来的现金流入和现金流出的数额，一般按年计算。这里，现金流入一般指营业现金收入；现金流出指营业现金支出（包括产品制造成本、销售费用、以现金支付的部分管理费用和财务费用以及销售税金）和缴纳的所得税税金。为了简化问题，假定一般投资项目的年销售收入等于营业现金收入，付现成本（不包括折旧）等于营业现金支出，那么年营业净现金流量（NCF）可用下列公式计算：

$$\begin{aligned}NCF&=\text{营业收入}-\text{付现成本}-\text{所得税}\\&=\text{税后利润}+\text{折旧}\\&=\begin{array}{c}\text{销售}\\\text{收入}\end{array}\times\left(1-\begin{array}{c}\text{所得税}\\\text{税率}\end{array}\right)-\begin{array}{c}\text{付现}\\\text{成本}\end{array}\times\left(1-\begin{array}{c}\text{所得税}\\\text{税率}\end{array}\right)+\text{折旧}\times\begin{array}{c}\text{所得税}\\\text{税率}\end{array}\end{aligned}$$

3. 项目终止现金流量

这部分现金流量是指投资项目寿命完结时发生的现金流量，一般表现为现金流入。主要包括：（1）固定资产的残值收入或变价收入；（2）原垫支在流动资产上的资金收回，一般认为该资金能全部收回。

$$\begin{array}{c}\text{项目终止}\\\text{现金流量}\end{array}=\begin{array}{c}\text{固定资产的}\\\text{实际残值收入}\end{array}-\left(\begin{array}{c}\text{固定资产的}\\\text{实际残值收入}\end{array}-\begin{array}{c}\text{预定}\\\text{残值}\end{array}\right)\times\begin{array}{c}\text{所得税}\\\text{税率}\end{array}+\begin{array}{c}\text{原投资在流动}\\\text{资产上的资金}\end{array}$$

综上所述，在不考虑货币时间价值的情况下，一个投资项目全过程的净现金流量可用下式表示：

$$\begin{aligned}\begin{array}{c}\text{净现金}\\\text{流量}\end{array}&=\begin{array}{c}\text{现金}\\\text{流入量}\end{array}-\begin{array}{c}\text{现金}\\\text{流出量}\end{array}\\&=\begin{array}{c}\text{营业净现金}\\\text{流量}\end{array}+\begin{array}{c}\text{项目终止}\\\text{现金流入量}\end{array}-\begin{array}{c}\text{初始投资}\\\text{现金流出量}\end{array}\\&=\sum\left(\begin{array}{c}\text{税后}\\\text{利润}\end{array}+\text{折旧}\right)+\begin{array}{c}\text{固定资产的}\\\text{实际残值收入}\end{array}+\left(\begin{array}{c}\text{固定资产的}\\\text{实际残值收入}\end{array}-\begin{array}{c}\text{预定}\\\text{残值}\end{array}\right)\\&\quad\times\begin{array}{c}\text{所得税}\\\text{税率}\end{array}-\begin{array}{c}\text{投资在固定}\\\text{资产上的资金}\end{array}-\begin{array}{c}\text{固定资产}\\\text{变现价值}\end{array}\end{aligned}$$

$$+\left(\begin{matrix}\text{固定资产的}\\\text{变现价值}\end{matrix}-\begin{matrix}\text{原固定资产}\\\text{的折余价值}\end{matrix}\right)\times\begin{matrix}\text{所得税}\\\text{税率}\end{matrix}$$

3.7.2 税收对投资决策现金流量的影响

首先，税收对投资决策现金流量的影响表现在税收直接构成了投资的现金流量。税收是企业的一种现金流出，具有强制性和无偿性。从投资交易的全过程来看，对投资行为一般应在三个环节课税：

（1）对投资交易行为进行课税。这是指只要发生投资交易行为，就要对交易中的交易额征税。这是一种商品课税，各国做法不一，有征增值税的，有征营业税的，两者的区别在于税基是交易的增值税还是全额。一般来说，营业税容易导致重复征收，大多数国家采用增值税形式，少数国家如美国虽然没有征收增值税，但对零售环节征收销售税，避免了重复征税的弊病。

（2）对投资交易的利得进行课税。这是指对投资交易实现的利得征税。这是一种所得课税，从各国的实践来说，这种课税大致有三种形式：第一种是将资本利得作为普通所得的一部分，将其与实物商品经营利润合二为一，统一征收公司所得税；第二种也是将资本利得作为普通所得的一部分，但在征收公司所得税时给予一定的优惠政策；第三种是征收独立的资本利得税。

（3）对投资交易的资本收益进行课税。即对投资收益如股息、债券利息等征税，这也是一种所得税。一般来说，债券利息作为普通所得的一部分，与营业利润一道征收公司所得税。

其次，税收对投资决策现金流量的影响表现在税收政策会影响固定资产成本、折旧等确认，从而影响投资现金流量。如前面所提及的投资抵免政策会直接使固定资产少缴所得税，减少投资的现金流出量。公司所得税中的损失结转方法会影响企业实际应纳所得税额，从而影响投资的现金流量。

最后，税收对投资决策现金流量的影响还表现在税收影响投资的现金流量所发生的时间不同，整个投资项目收益的净现值不同，从而影响投资决策的正确性。

3.7.3 投资决策的税务筹划分析方法

1. 静态分析方法

静态分析方法亦称简单分析方法，即不考虑资金的时间价值，利用项目正常生产年份的财务数据对项目的投资效益进行分析。其优点是计算简便，指标直观，容易理解，但结论不够准确、全面。运用静态分析计算的主要指标有投资利润率、资本金利润率、投资回收期和综合税负水平等。

（1）投资利润率。投资利润率指项目达到生产能力后的一个正常生产年份的年利润总额与项目总投资的比率。对生产期内各年的利润总额变化幅度较大的项目，应计算生产期年平均利润总额与总投资的比率。其计算公式为：

$$\text{投资利润率}=\frac{\text{年利润总额或平均利润总额}}{\text{总投资}}\times 100\%$$

式中

$$年利润总额=营业利润+投资净收益+营业外收支净额$$

$$总投资=\begin{matrix}固定资产\\投资\end{matrix}+\begin{matrix}无形资产\\投资\end{matrix}+\begin{matrix}其他长期\\资产投资\end{matrix}+\begin{matrix}建设期\\利息\end{matrix}+\begin{matrix}投资在流动\\资产上的资金\end{matrix}$$

式中

$$\begin{aligned}营业利润&=主营业务利润+其他业务利润-管理费用-销售费用-财务费用\\&=\left(\begin{matrix}主营业务\\收入\end{matrix}-\begin{matrix}主营业务\\成本\end{matrix}-\begin{matrix}税金\\及附加\end{matrix}\right)+\left(\begin{matrix}其他业务\\收入\end{matrix}-\begin{matrix}其他业务\\成本\end{matrix}\right)\\&\quad-\begin{matrix}管理\\费用\end{matrix}-\begin{matrix}销售\\费用\end{matrix}-\begin{matrix}财务\\费用\end{matrix}\end{aligned}$$

投资利润率指标反映项目效益与代价的比例关系。一般来说，项目的投资利润率越高，效益越好；反之越差。如果公式中的分子使用税后净利润，也可计算投资净利润率。在市场经济条件下，计算投资净利润率，对企业更具有现实意义，这是因为税收也是企业的一种支出。

（2）资本金利润率。资本金利润率是指项目达到设计生产能力后的一个正常生产年份的年利润总额或项目生产经营期内的年平均利润总额与资本金的比率，它反映拟建项目的资本金盈利能力。其计算公式为：

$$资本金利润率=\frac{年利润总额或年平均利润总额}{资本金}\times100\%$$

资本金利润率越高，项目的效益越好。同样，若把该式的分子改为税后净利润，也可计算出资本金净利润率。

（3）投资回收期。投资回收期是指项目净现金流量抵偿全部投资所需要的时间。其表达式为：

$$\sum_{t=1}^{P_t}CI_t=CO$$

式中，P_t为投资回收期，以年表示；CI_t为第t年项目净现金流量；CO为初始现金流出量。

投资回收期的计算可采用公式法或列表法。当拟建项目投资后各年的盈利水平相差不大，即各年的收益增减变动不大时，可取其平均收益额进行估算。其公式为：

$$P_t=\frac{CO}{R+D}$$

式中，R为正常年份利润总额或年平均利润总额；D为年新增折旧额和摊销费；CO为项目总投资。

当拟建项目的盈利水平相差较大时，可采用列表法计算投资回收期。采用列表法计算投资回收期时，可利用现金流量表累计净现金流量计算求得。其计算公式为：

$$P_t=\left(\frac{\text{累计净现金流量}}{\text{开始出现正值年份}}-1\right)+\frac{\text{上年累计净现金流量绝对值}}{\text{当年净现金流量}}$$

计算求出的投资回收期 P_t 与部门或行业的基准投资回收期 P_c 比较，当 $P_t \leqslant P_c$ 时，应认为项目具有较强的投资回收能力。投资回收期越短，项目的效益越好。投资回收期的计算起点可以从项目开始建设年份算起，也可以从项目投产时算起，分析比较应注意口径的一致。

（4）综合税负水平。综合税负水平指项目正常生产年份应税总额或年平均应税总额与年应税收益或年平均应税收益总额的比率关系。其计算公式为：

$$\text{综合税负水平}=\frac{\text{年应税总额或年平均应税总额}}{\text{年应税收益总额或年平均应税收益总额}}\times 100\%$$

该指标反映项目获得的收益在企业与国家之间的分配比例关系，综合税负水平越高，企业的税后收益额越小；反之，综合税负水平越低，企业的税后收益额越大。

2. 动态分析方法

动态分析方法又称现值法，它考虑资金时间价值和利息因素的影响，计算整个项目寿命期的财务数据，分析项目寿命期内各年的投资收益，并对各年的财务数据进行贴现，计算比较复杂，也比较精确。运用动态分析方法计算的主要指标有净现值、现值指数、内部收益率和动态投资回收期等。

（1）净现值（NPV）。净现值是反映项目在计算期内获利能力的动态指标。它是指按预期报酬率将项目计算期内各年净现金流量折现到建设期初的现值之和。用公式可表示为：

$$NPV=\sum_{t=1}^{n}\frac{CI_t}{(1+k)^t}-CO_p$$

式中，CI_t 为第 t 年的净现金流量；k 为预期报酬率；CO_p 为初始现金流出量现值。

如果预期报酬率是投资者预期在某投资项目中能赚取的收益率，那么如果公司投资一个净现值大于0的项目，公司股票的市场价格就会上升；如果公司投资一个净现值等于0的项目，公司股票的市场价格将保持不变。所以，如果某投资项目的净现值为0或比0大，则该项目是可以接受的；如果净现值比0小，则应放弃。

（2）现值指数（PVI）。现值指数是项目未来净现金流量的现值与初始现金流出量现值之比，即单位投资现值的净现金流量现值，它是反映项目单位投资效益的评价指标。其计算公式为：

$$PVI=\sum_{t=1}^{n}\frac{CI_t}{(1+k)^t}\Big/CO_p$$

式中，CI_t 为第 t 年的净现金流量；k 为预期报酬率；CO_p 为初始现金流出量现值。

用现值指数衡量项目的优劣，应选择现值指数大于或等于1的项目。现值指数越大，单位投资创造的效益越大，项目效益越好。

（3）内部收益率（IRR）。内部收益率是项目计算期内各年净现金流量现值累计等于初始现金流出量现值时的折现率。内部收益率不受外生变量的影响，不是可任意选择的一个利率，而取决于项目本身的收益状况，即项目本身的现金流出与流入的对比关系，完全根据项目自身的参数，试图在项目之内找到一个事先并不知道的利率，用这个利率去贴现未来的净现金流量，恰好使现金流出现值与流入现值相等。其表达式为：

$$\sum_{t=1}^{n}\frac{CI_t}{(1+IRR)^t}=CO_p$$

式中，CI_t 为第 t 年的净现金流量；k 为预期报酬率；CO_p 为初始现金流出量现值。

实际运用时，内部收益率可根据投资项目现金流量表中净现金流量现值，用插值法计算求得。

内部收益率与预期报酬率比较，当内部收益率大于或等于预期报酬率时，应认为项目的投资效益较好，可以接受；如果内部收益率没有超过预期报酬率，则投资项目不能接受。内部收益率越高，项目的效益越好。

以上三个指标各有优缺点，应结合应用，互相补充，综合考虑项目的投资效益。以下列表说明三个指标的运用（见表 3-18）。

表 3-18　动态分析方法运用表

指标	净现值（NPV）	内部收益率（IRR）	现值指数（PVI）
项目决策	$NPV\geqslant 0$ 可行	$IRR\geqslant R$ 可行	$PVI\geqslant 1$ 可行
互斥方案选择	投资额相同时，选择 NPV 较大者；投资额不同时，结合 PVI 一起考虑	不能直接用，可计算差额投资内部收益率 ΔIRR，当 $\Delta IRR\geqslant R$ 时，投资额大的方案较好	有资金限制时，PVI 大者为优
项目排队（独立方案按优劣排序的最优组合）	不能直接用	不能直接用	按 PVI 大小排序

（4）动态投资回收期（P_t'）。动态投资回收期是项目计算期内各年净现金流量现值抵偿初始现金流出量现值所经历的时间。其表达式为：

$$\sum_{t=1}^{P_t'}\frac{CI_t}{(1+k)^t}=CO_p$$

式中，P_t' 为投资回收期，以年表示；CI_t 为第 t 年的净现金流量；k 为预期报酬率；CO_p 为初期现金流出量现值。

例 3-18

某自行车配件厂在市场调查的基础上，准备对生产车间进行扩建，以提高生产能力。市场调查发现，该厂生产的自行车配件在今后 10 年中需求量很大，每年销售20万件的概率是60%，每年销售8万件的概率是40%。企业也可与某些自行车制造厂签订固定供应合同。每年供应10万件，只是价格比市场价格低5%。企业现有生产用固定资产500万元，每年生产能力为5万件。企业有两个投资方案可供选择。

方案1：用自有资金200万元对车间进行扩建，使生产能力达到每年生产10万件，每年分摊管理费用大约15万元，并按低于市价5%的价格销售给签订固定供应合同的公司。

方案2：用自有资金200万元，并从银行借款300万元对车间进行扩建，使生产能力达到每年生产20万件，每年分摊管理费用大约20万元，借款年利率为8%，并依据市价需求，按市价正常销售。

根据市场调查的资料，该种自行车配件的市场平均价格为50元/件，负担的流转税大约为售价的3%。目前企业自行车配件的单位变动成本为30元/件，如果每年的生产能力达到10万件，则单位变动成本可下降到25元/件；如果每年的生产能力达到20万件，则单位变动成本可下降到22元/件。企业固定资产按直线法在10年内计提折旧，适用25%的所得税税率。假设无纳税调整项目。

【分析】

如果企业采用方案1，即用自有资金200万元投资扩建生产车间，每年生产10万件产品，按低于市场价格5%的价格销售给签订固定供应合同的公司，则每年的利润实现情况计算如下：

$$主营业务收入=50\times(1-5\%)\times10=475(万元)$$

$$\begin{aligned}主营业务成本及税金&=25\times10+(500+200)\div10+475\times3\%\\&=334.25(万元)\end{aligned}$$

$$期间费用=15(万元)$$

$$税前利润=475-334.25-15=125.75(万元)$$

$$税后利润=125.75\times(1-25\%)=94.31(万元)$$

$$投资净利润率=\frac{94.31}{200}\times100\%=47.16\%$$

$$投资回收期=\frac{200}{94.31+20}\approx1.75(年)$$

如果企业采用方案2，即用500万元（自有资金200万元，借入资金300万元）投资扩建生产车间，每年生产20万件产品。则每年的利润实现情况计算如下：

$$主营业务收入=50\times(20\times60\%+8\times40\%)=760(万元)$$

$$\begin{aligned}\begin{matrix}主营业务\\成本及税金\end{matrix}&=22\times(20\times60\%+8\times40\%)+(500+500)\div10+760\times3\%\\&=457.2(万元)\end{aligned}$$

$$期间费用=20+300\times8\%=44(万元)$$

$$税前利润=760-457.2-44=258.8(万元)$$

$$税后利润=258.8\times(1-25\%)=194.1(万元)$$

$$投资净利润率=\frac{194.1}{500}\times 100\%=38.82\%$$

$$投资回收期=\frac{500}{194.1+50}\approx 2.05(年)$$

通过计算不同方案的静态指标投资净利润率和投资回收期可以看出，方案1的投资净利润率47.16%大于方案2的投资净利润率38.82%，方案1的投资回收期1.75年短于方案2的投资回收期2.05年，所以应选择方案1。

3.8　企业清算的税务筹划

企业清算是指企业由于经济或契约等原因，不能或不再继续经营时，按照国家有关法律法规以及企业具有法律效力的章程协议等文件精神，依照法定程序，对企业的资产、债权、债务等进行清理与结算，并对企业剩余财产进行分配，注销企业法人资格的法律行为。

3.8.1　企业清算的税收政策

我国现行《企业所得税法》及《企业所得税法实施条例》规定，企业依法清算时，应当在办理注销登记前，以清算期间作为一个纳税年度，就其清算所得向税务机关申报并依法缴纳企业所得税。

$$应纳税额=清算所得\times 适用税率$$

$$清算所得=企业的净资产或剩余财产-企业累计未分配利润-税后提取的各项基金结余-企业的资本公积金、盈余公积金+企业法定财产估价增值+企业接受捐赠的财产价值-企业的注册资本金$$

$$企业的净资产或剩余财产=全部清算财产变现损益-应付未付职工工资、劳保费等-清算费用-拖欠的各项税金-尚未偿付的各项债务-收取债权损失+偿还负债的收入$$

$$全部清算财产变现损益=存货变现损益+非存货资产变现损益+清算财产盘盈$$

企业清算的所得税处理就是指企业在不再持续经营，发生结束自身业务、处置资产、偿还债务以及向所有者分配剩余财产等经济行为时，对清算所得、清算所得税、股息分配等事项的处理，包括以下内容：

(1) 全部资产均应按可变现价值或交易价格，确认资产转让所得或损失；

(2) 确认债权清理、债务清偿的所得或损失；

(3) 改变持续经营核算原则，对预提或待摊性质的费用进行处理；

(4) 依法弥补亏损，确定清算所得；

(5) 计算并缴纳清算所得税；

(6) 确定可向股东分配的剩余财产、应付股息等。

被清算企业的股东分得的剩余资产的金额，其中相当于被清算企业累计未分配利润和累计盈余公积中按该股东所占股份比例计算的部分，应确认为股息所得；剩余资产减除股息所得后的余额，超过或低于股东投资成本的部分，应确认为股东的投资转让所得或损失。

被清算企业的股东从被清算企业分得的资产应按可变现价值或实际交易价格确定计税基础。

企业在清算期间，不仅要缴纳企业所得税，企业发生的销售产品、变卖机器设备和房屋等固定资产，以及转让商标权、专利权等无形资产业务，也要相应缴纳增值税和消费税。

3.8.2 企业清算的税务筹划

企业清算中税务筹划的基本思路是通过改变清算开始日期，合理调整正常生产经营所得和清算所得，达到降低整体税负的目的。根据税法规定，企业在清算年度，应划分为两个纳税年度，从1月1日到清算开始日为一个生产经营纳税年度，从清算开始日到清算结束日的清算期间为一个清算纳税年度。企业的清算日期不同，对两个纳税年度应税所得的影响不同。企业可以利用推迟或提前清算日期的方法来影响企业清算期间应税所得的数额。

例3-19

维信公司董事会于9月初向股东会提交解散申请书，股东会于9月25日通过并做出决议，清算开始日定于10月1日，清算期间为两个月。该公司财务部经理在开始清算后发现，1—9月公司预计盈利50万元（适用税率为25%），并且公司在清算初期会发生巨额的清算支出，于是建议将清算日期改为10月19日。假定整个清算期间（10月1日至11月19日）的清算损失为50万元，其中10月1—18日发生清算支出70万元。

【分析】

方案1：清算开始日定于10月1日。按照现行税法的规定，1月1日至9月30日的期间应作为一个纳税年度，应税所得为50万元。10月1日至清算结束日11月19日为一个纳税年度，清算所得为－50万元，则该公司应纳所得税计算如下：

(1) 生产经营年度（1月1日至9月30日）应纳税额为12.5万元（50×25%）；

(2) 清算年度（10月1日至11月19日）清算所得为清算损失50万元，不纳税。

方案2：清算开始日定于10月19日。如果公司将清算开始日推迟到10月19日，则1月1日至10月18日的支出应属于生产经营年度，因而生产经营纳税年度亏损20万元（50－70），10月18日以后的清算纳税年度有清算所得20万元。该公司应纳税额计算如下：

(1) 生产经营年度（1 月 1 日至 10 月 18 日）应纳税额为 0；

(2) 清算年度（10 月 19 日至 11 月 19 日）应纳税额为 5 万元（(70－50)×25%）。

由以上计算可知，清算开始日推迟到 10 月 19 日与清算开始日定于 10 月 1 日相比，通过税务筹划，公司可少缴所得税 7.5 万元（12.5－5）。

复习思考题

1. 企业设立时应如何进行组织形式的筹划?
2. 设立子公司与设立分公司应从哪些方面进行筹划?
3. 企业投资区域的税务筹划包括哪些方面? 应注意什么问题?
4. 企业投资方式的税务筹划包括哪些方面? 应注意什么问题?
5. 企业投资时，若考虑税收因素，应如何有效地确定投资方向?
6. 投资规模影响企业的税收负担，你认为应如何进行投资规模的税务筹划?

案例分析题

案例 1

某企业有闲置资金 500 万元。已知：当期银行 1 年期定期存款年利率为 1.85%，国家发行的 3 年期国债利率为 3%，国家发行的 3 年期重点建设债券年利率为 4%。

分析要求：该企业应如何运用这笔闲置资金?

案例 2

某企业现有 A，B 两个项目可以投资，投资所得的税前收益情况如下表所示。假设 A 项目适用 15%的所得税税率，B 项目适用 25%的所得税税率，贴现率为 10%。此外，其他情况相同。

投资项目测算表　　单位：万元

时间	A 项目	B 项目
第一年初	投资 2 400	投资 2 400
第二年初	建成投产	建成投产
第二年末	投资收益 2 000	投资收益 1 800
第三年末	投资收益 2 200	投资收益 2 000
第四年末	投资收益 1 600	投资收益 1 800

分析要求：该企业应投资哪个项目?

案例 3

某食品公司计划扩大业务规模，生产精美糖果或糕点，有甲、乙两个项目可选。据调查测算，甲、乙项目的投资和税前收益（未扣除折旧额）情况如下表所示。

投资项目测算表 单位：万元

时间	甲项目	乙项目
第一年初	投资 2 000	投资 1 600
第二年初	投资 2 000	投资 1 200
第三年初	投资收益 2 800	投资 1 200
第四年初	投资收益 2 400	投资收益 1 200
第五年初	投资收益 2 000	投资收益 1 600
第六年初	投资收益 1 200	投资收益 2 000
第七年初	—	投资收益 2 400
第八年初	—	投资收益 2 800

甲项目的年折旧额为 1 000 万元，乙项目的年折旧额为 800 万元；甲项目适用 15%的所得税税率，乙项目适用 25%的所得税税率；预期报酬率为 10%。

分析要求：对甲、乙两个投资项目的投资效益进行比较，并做出投资决策。

第4章

企业经营的税务筹划

学习目标

1. 掌握企业在采购、生产、销售等环节的涉税处理方法。
2. 理解企业在经营环节所涉及的税务筹划方法。
3. 了解不同税务筹划方案的区别。

税务筹划是一种理财行为，是纳税人行使的一项基本权利。企业如果想在激烈的市场竞争中立于不败之地，除了产品要有良好的市场前景，还必须不断降低产品成本，包括降低税务成本，避免多纳税。税务筹划不能仅仅依靠财务人员，更需要全体管理者的关注和参与。因此，税务筹划不仅仅体现在财务安排上，而且贯穿企业整个经营决策及日常生产经营活动过程。

一般来说，企业在采购活动中要考虑购货对象的选择、购货规模与结构的选择、购货时间的选择以及采购结算时间的选择；在生产过程中要考虑是扩大生产规模还是维持现状更能为企业带来最大收益；在销售活动中要考虑销售方式的选择、销售结算方式的选择、销售价格的制定以及销售地点的选择等问题。不同的选择会为企业带来不同的影响。税务筹划既可围绕企业经济运行的不同方式来展开，也可围绕具体税种类别来展开，没有固定的模式和套路，形式多种多样。因此，在税务筹划过程中，要具体问题具体分析，选择最合适的税务筹划方案。此外，还要树立长远的眼光，进行综合规划。有的税务筹划方案在某一时期税负最低，但不利于长远发展；有的筹划能减少流转税却增加了所得税；有的筹划减少了税负却增加了其他费用；有的筹划使得近期税收快速减少，而未来税收急剧增加，虽然可以获取货币时间价值，但大起大落的剧烈变化使企业承受的损失严重；等等。因此，在税务筹划过程中，应权衡利弊得失，进行综合分析，有选择地借鉴和参考各种筹划方案而择其最优，或者学会适当放弃，以避免成本性风险。有条件的企业可聘请税务筹划专家进行筹划，提高权威性和可靠性。

4.1 企业采购活动中的税务筹划

4.1.1 购货对象及应税（增值税）服务提供方选择的税务筹划

税金是企业购进货物及应税服务的成本之一。从不同的纳税人购得货物及应税服务，所承受的税收负担是不一样的，这就为利用购货对象及应税服务提供方的选择进行税务筹划提供了可能。在货物或服务不含税价格不变的情况下，自2019年4月开始，纳税人取得13%，9%，6%，5%，3%的增值税电子发票和不能取得电子发票时的纳税总额是依次递增的，但这种假设不现实，因为货物及应税服务不含税价格相同，小规模纳税人和个体工商户将无法生存，若要在市场中生存，必然要降低销售价格，才能与一般纳税人竞争。因此，采购时，无论是从一般纳税人购进货物及应税服务，还是从小规模纳税人购进货物及应税服务，都要计算比较销售价格以及增值税的影响。

根据纳税人与购货对象及应税服务提供方经济性质的不同，可以将纳税人与购货对象及应税服务提供方的关系分为：一般纳税人从一般纳税人购进货物或接受应税服务；一般纳税人从小规模纳税人购进货物或接受应税服务；小规模纳税人从一般纳税人购进货物或接受应税服务；小规模纳税人从小规模纳税人购进货物或接受应税服务。

1. 一般纳税人选择购货对象的税务筹划

一般纳税人企业在采购货物的时候，既可以选择增值税一般纳税人，也可以选择小规模纳税人作为供货商；在税率相同的前提下，根据是否选择使用增值税发票管理系统开具增值税专用发票，小规模纳税人又可以进一步划分为：选择开具增值税专用发票的小规模纳税人和选择开具增值税普通发票的小规模纳税人。一般纳税人选择的供货商不同，企业负担的税收不同。一般纳税人企业在采购货物的时候，无论是从一般纳税人还是从小规模纳税人购进，都要计算比较销售价格以及增值税的影响，以从哪些单位采购能更多地获得税后利润作为选择的总体原则。

假设从一般纳税人购进货物金额（含税）为A，从小规模纳税人购进货物金额（含税）为B，销售额为不含税销售额，本企业适用的增值税税率为增值税税率1，供应商作为一般纳税人适用的增值税税率为增值税税率2，供应商作为小规模纳税人适用的增值税税率为增值税税率3。

（1）从一般纳税人购进货物的净利润为：

$$\begin{aligned}\text{净利润额 } R_1 &= \text{销售额} - \text{购进货物成本} - \text{城市维护建设税及教育费附加} - \text{企业所得税} \\ &= \left(\text{销售额} - \text{购进货物成本} - \text{城市维护建设税及教育费附加}\right) \times \left(1 - \text{所得税税率}\right) \\ &= \Big[\text{销售额} - \frac{A}{1+\text{增值税税率 2}} - \Big(\text{销售额} \times \text{增值税税率 1} - \frac{A}{1+\text{增值税税率 2}}\end{aligned}$$

$$\times \frac{\text{增值税}}{\text{税率 2}}\Big) \times \Big(\frac{\text{城市维护}}{\text{建设税税率}} + \frac{\text{教育费}}{\text{附加征收率}}\Big)\Big] \times \Big(1 - \frac{\text{所得税}}{\text{税率}}\Big)$$

(2) 从小规模纳税人购进货物的利润计算如下。

1) 若小规模纳税人选择开具增值税普通发票，则

$$\begin{aligned}\frac{\text{净利润}}{\text{额 } R_2} &= \text{销售额} - \frac{\text{购进货物}}{\text{成本}} - \frac{\text{城市维护建设税}}{\text{及教育费附加}} - \frac{\text{企业}}{\text{所得税}} \\ &= \Big(\text{销售额} - \frac{\text{购进}}{\text{货物成本}} - \frac{\text{城市维护建设税}}{\text{及教育费附加}}\Big) \times \Big(1 - \frac{\text{所得税}}{\text{税率}}\Big) \\ &= \Big[\text{销售额} - B - \text{销售额} \times \frac{\text{增值税}}{\text{税率 1}} \times \Big(\frac{\text{城市维护}}{\text{建设税税率}} + \frac{\text{教育费附}}{\text{加征收率}}\Big)\Big] \\ &\quad \times \Big(1 - \frac{\text{所得税}}{\text{税率}}\Big)\end{aligned}$$

2) 若小规模纳税人选择开具增值税专用发票，则

$$\begin{aligned}\frac{\text{净利润}}{\text{额 } R_3} &= \text{销售额} - \frac{\text{购进货物}}{\text{成本}} - \frac{\text{城市维护建设税}}{\text{及教育费附加}} - \frac{\text{企业}}{\text{所得税}} \\ &= \Big(\text{销售额} - \frac{\text{购进}}{\text{货物成本}} - \frac{\text{城市维护建设税}}{\text{及教育费附加}}\Big) \times \Big(1 - \frac{\text{所得税}}{\text{税率}}\Big) \\ &= \Big[\text{销售额} - \frac{B}{1+\text{增值税税率 3}} - \Big(\text{销售额} \times \frac{\text{增值税}}{\text{税率 1}} - \frac{B}{1+\text{增值税税率 3}} \\ &\quad \times \frac{\text{增值税}}{\text{税率 3}}\Big) \times \Big(\frac{\text{城市维护}}{\text{建设税税率}} + \frac{\text{教育费}}{\text{附加征收率}}\Big)\Big] \times \Big(1 - \frac{\text{所得税}}{\text{税率}}\Big)\end{aligned}$$

当 $R_1 = R_2$ 时，则有

$$L = \frac{B}{A} = \frac{1 - \text{增值税税率 2} \times (\text{城市维护建设税税率} + \text{教育费附加征收率})}{1 + \text{增值税税率 2}}$$

当 $R_1 = R_3$ 时，则有

$$L = \frac{B}{A} = \frac{\Big(1 + \frac{\text{增值税}}{\text{税率 3}}\Big) \times \Big[1 - \frac{\text{增值税}}{\text{税率 2}} \times \Big(\frac{\text{城市维护}}{\text{建设税税率}} + \frac{\text{教育费}}{\text{附加征收率}}\Big)\Big]}{\Big(1 + \frac{\text{增值税}}{\text{税率 2}}\Big) \times \Big[1 - \frac{\text{增值税}}{\text{税率 3}} \times \Big(\frac{\text{城市维护}}{\text{建设税税率}} + \frac{\text{教育费}}{\text{附加征收率}}\Big)\Big]}$$

当一般纳税人选择从小规模纳税人还是从一般纳税人购进货物时，若实际含税价格比小于 L，应当选择购进小规模纳税人的货物；若实际含税价格比大于 L，应当选择购进一般纳税人的货物；若实际的含税价格比等于 L，从税收上而言选择两者均可，但是应该考虑货币时间价值。从一般纳税人购入货物时支付的进项税额占用资金较多，在下个月缴税时实际缴纳的税款较少；而从小规模纳税人购入货物时支付的进项税额较少，在下个月缴税时实际缴纳的税款较多。虽然总的现金流出量不变，但是后者显然可以获得比前者更多的货币时间价值。

将增值税税率、小规模纳税人征收率、城市维护建设税税率（假定统一为 7%）及教育费附加征收率（假定包括教育费附加征收率为 3%、地方教育附加征收率为

2%）代入上式，可以得到不同纳税人含税价格比率（L），计算结果如表4－1所示。

表4－1 不同纳税人含税价格比率（%）

一般纳税人适用的增值税税率	小规模纳税人适用的增值税征收率	小规模纳税人开具增值税专用发票后的含税价格比率	小规模纳税人开具普通发票后的含税价格比率
13	3	90.05	87.12
9	3	93.81	90.75

例4－1

甲企业为一般纳税人，3月欲购进某种商品，销售价格为20 000元（含税）。在采购时，甲企业可以选择三种不同性质的纳税人作为购货对象：增值税一般纳税人A、选择开具增值税专用发票的小规模纳税人B、开具普通发票的小规模纳税人C。假定从A，B，C企业进货的价格分别为18 000元、17 000元、16 500元（均为含税价）。试分析甲企业应如何选择从哪个企业购入货物。

【分析】

由不同纳税人含税价格比率得知：

当增值税税率为13%、小规模纳税人征收率为3%时，小规模纳税人开具增值税专用发票后的含税价格比率为90.05%，而实际含税价格比率为94.44%（即17 000÷18 000），后者大于前者，适宜选择A企业作为进货方。

当增值税税率为13%、小规模纳税人征收率为3%时，小规模纳税人开具普通发票后的含税价格比率为87.12%，而实际含税价格比率为91.67%（即16 500÷18 000），后者大于前者，也适宜选择A企业作为进货方。

由此可以看出，甲企业适宜选择A企业作为进货方。

方案1：以一般纳税人A为进货方。

本月应纳增值税＝20 000÷(1＋13%)×13%－18 000÷(1＋13%)×13%
＝230.09(元)

本月应纳城市维护建设税及教育费附加＝230.09×(7%＋3%＋2%)
＝27.61(元)

本月应纳企业所得税＝[20 000÷(1＋13%)－18 000÷(1＋13%)－27.61]×25%
＝435.58(元)

本月税后净利润＝[20 000÷(1＋13%)－18 000÷(1＋13%)－27.61]×(1－25%)
＝1 306.73 (元)

企业综合税收负担率＝(230.09＋27.61＋435.58)÷(1 306.73＋230.09＋27.61＋435.58)
＝34.66%

当期净现金流量＝20 000－18 000－230.09－27.61－435.58

$=1\ 306.72$(元)[①]

方案2：以选择开具增值税专用发票的小规模纳税人B作为进货方。

$$本月应纳增值税=20\ 000\div(1+13\%)\times13\%-17\ 000\div(1+3\%)\times3\%$$
$$=2\ 300.88-495.15=1\ 805.73(元)$$

$$本月应纳城市维护建设税及教育费附加=1\ 805.73\times(7\%+3\%+2\%)$$
$$=216.69(元)$$

$$本月应纳企业所得税=[20\ 000\div(1+13\%)-17\ 000\div(1+3\%)-216.69]\times25\%$$
$$=244.39(元)$$

$$本月税后净利润=[20\ 000\div(1+13\%)-17\ 000\div(1+3\%)-216.69]\times(1-25\%)$$
$$=733.18(元)$$

$$企业综合税收负担率=\frac{1\ 805.73+216.69+244.39}{733.18+1\ 805.73+216.69+244.39}$$
$$=75.56\%$$

$$当期净现金流量=20\ 000-17\ 000-1\ 805.73-216.69-244.39$$
$$=733.19(元)$$

方案3：以开具普通发票的小规模纳税人C作为进货方。

$$本月应纳增值税=20\ 000\div(1+13\%)\times13\%$$
$$=2\ 300.88(元)$$

$$本月应纳城市维护建设税及教育费附加=2\ 300.88\times(7\%+3\%+2\%)$$
$$=276.11(元)$$

$$本月应纳企业所得税=[20\ 000\div(1+13\%)-16\ 500-276.11]\times25\%$$
$$=230.75(元)$$

$$本月税后净利润=[20\ 000\div(1+13\%)-16\ 500-276.11]\times(1-25\%)$$
$$=692.25(元)$$

$$企业综合税收负担率=\frac{2\ 300.88+276.11+230.75}{692.25+2\ 300.88+276.11+230.75}$$
$$=80.22\%$$

$$当期净现金流量=20\ 000-16\ 500-2\ 300.88-276.11-230.75$$
$$=692.26(元)$$

由此可知，选择一般纳税人作为进货方时，税负最轻，申请代开增值税专用发票的小规模纳税人次之，开具普通发票的小规模纳税人税负最重。考虑净利润和当期净现金流量，作为一般纳税人，选择一般纳税人为进货方时现金流量最大，开具增值税专用发票的小规模纳税人次之，开具普通发票的小规模纳税人最小。因而，从综合税收负担及现金流量因素来看，企业应选择一般纳税人A为进货方。

---

① 当期净现金流量与本月税后净利润因四舍五入而存在尾数差异。下同。

另外，如果一般纳税人采购的货物用于在建工程、集体福利、个人消费等非应税项目，其选择方法同上，由于不能进行抵扣，只要比较各自的含税价格即可。

2. 一般纳税人选择应税（增值税）服务提供方的税务筹划

根据《财政部 国家税务总局关于全面推开营业税改征增值税试点的通知》（财税〔2016〕36号）的要求，经国务院批准，自2016年5月1日起，在全国范围内全面推开营业税改征增值税试点，建筑业、房地产业、金融业、生活服务业等全部营业税纳税人，纳入试点范围，由缴纳营业税改为缴纳增值税。在应税服务的税率设定上，按照完善税制和结构性减税的总体要求，尽可能考虑试点应税服务范围的自身特点，新增了两档税率。同时，为支持我国服务业出口，提高我国服务业的国际竞争力，规定部分出口应税服务适用增值税零税率。《财政部 税务总局 海关总署关于深化增值税改革有关政策的公告》（财政部 税务总局 海关总署公告2019年第39号）对部分征税范围适用的税率进行了调整。具体税率如下：

（1）应税服务增值税税率（适用于增值税一般纳税人一般计税方法）。

1）提供有形动产租赁服务，13%；

2）提供交通运输业服务、邮政业服务、电信业服务，9%；

3）提供部分现代服务业服务（有形动产租赁服务除外），6%；

4）财政部和国家税务总局规定的应税服务，零税率。

（2）征收率（适用于小规模纳税人及一般纳税人提供特定应税服务选择简易计税方法）：3%，5%。

相关详细的规定非本章重点，故此处不详细阐述，请读者自行查阅。与前面分析“一般纳税人选择购货对象的税务筹划”类似，一般纳税人企业在选择应税服务的提供方时，既可以选择一般纳税人，也可以选择小规模纳税人；在税率相同的前提下，小规模纳税人也可进一步分为选择开具增值税专用发票的小规模纳税人和选择开具增值税普通发票的小规模纳税人。仿照前面的分析方法（暂时不考虑以差额计税方式下的简易计税），得到的计算结果如表4-2所示。

表4-2 不同应税服务纳税人含税价格比率（%）

一般纳税人适用的增值税税率	小规模纳税人适用的增值税征收率	小规模纳税人开具增值税专用发票后的含税价格比率	小规模纳税人开具普通发票后的含税价格比率
13	3	90.05	87.12
9	3	93.81	90.75
6	3	96.82	93.66
13	5	92.02	87.12
9	5	95.87	90.75
6	5	98.94	93.66

如表4-2所示，当应税服务提供者既有一般纳税人又有小规模纳税人时，一般纳税人在做出选择前需要考虑这两类纳税人含税服务价格之间的价格比率这一因素。当小规模纳税人与一般纳税人之间开出的应税服务含税价格比高于表格中

的比率时，应选择一般纳税人为应税服务的提供方，反之应选择小规模纳税人。

3. 小规模纳税人选择购货对象或应税服务提供方的税务筹划

对于小规模纳税人来说，是从一般纳税人还是从小规模纳税人购得货物或接受应税服务，其选择是比较容易的。小规模纳税人可以获得增值税专用发票，但不能进行进项税额的抵扣，只要比较一下购货对象或应税服务的含税价格，从中选择价格较低的一方即可。

4.1.2　购货规模与结构的税务筹划

企业的采购活动与产销活动密切相关，采购活动是为产销活动准备劳动资料、劳动对象和劳动力的过程，不同的采购规模与结构形成不同的产销规模与结构，享受的税收待遇也各不相同。企业采购的质量、效率以及存货管理水平等直接影响企业成本的高低，进而影响企业税收负担的轻重。为了减轻税负，企业应该根据市场需求及自身的生产营运能力，确定适当的采购规模和合理的采购结构。

1. 合理确定不同税率货物的采购规模与结构

货物采购规模与结构不但对企业的生产具有极大影响，对企业当期的税负高低也有重要影响。企业应采取各种方式，充分享受各种低税率货物给企业带来的低税负。

例 4－2

某山楂加工厂向农民收购山楂片。由于山楂经过洗净、切片、晾干、杀菌，不能再作为初级农产品，且农民销售山楂片不能提供发票，山楂加工厂的农产品收购发票只能用于收购初级农产品。对此，山楂加工厂应该如何进行纳税筹划呢？

【分析】

针对山楂加工厂的税收困惑，有以下两个纳税筹划方案。

方案 1：山楂加工厂先向农民收购鲜山楂，然后委托农民加工并另外支付加工费。经过这样一种业务调整，山楂厂仍然从农民手中取得加工后的山楂，但可以在收购鲜山楂时开具农产品收购发票，按照收购价款的 10%（2019 年 4 月 1 日起，纳税人购进用于生产销售或委托加工 13%税率货物的农产品，按照 10%的扣除率计算进项税额）计算抵扣增值税进项税额。

方案 2：根据《中华人民共和国农民专业合作社法》，允许农民组成专业合作社开展合作经营。山楂加工厂组织当地农民成立专业合作社，进行山楂片的生产加工，然后向合作社收购。《财政部 国家税务总局关于农民专业合作社有关税收政策的通知》（财税〔2008〕81 号）规定，对农民专业合作社销售本社成员生产的农业产品，视同农业生产者销售自产农业产品免征增值税。增值税一般纳税人从农民专业合作社购进的免税农业产品，可按 10%（2019 年 4 月 1 日起，纳税人购进用于生产销售或委托加工 13%税率货物的农产品，按照 10%的扣除率计算进项税额）的扣除率计算抵扣增值税进项税额。对农民专业合作社与本社成员签订的农业产品和农业生产资料购销合同，免征印花税。

2. 选择合适的委托代购方式

企业在生产经营中需要大量购进各种原、辅材料。由于购销渠道的限制，企业常常需要委托其他企业代购各种材料。委托代购业务分为受托方只收取手续费和受托方按正常购销价格与购销双方结算两种形式。两种形式均不影响企业生产经营，但其会计核算和纳税利益各异。作为委托方和受托方，应该选择哪种方式，值得研究。

例 4-3

甲公司打算购进一批原材料，由于诸多原因，本身不采购，而是委托乙公司从丙公司代购，假设条件有三：(1) 三家公司皆为一般纳税人，在购销业务中都能按规定开具相应的增值税专用发票；(2) 原材料适用的增值税税率统一为 13%，城市维护建设税税率为 7%，教育费附加征收率为 3%，地方教育附加征收率为 2%，所得税税率为 25%，其他税种暂不考虑；(3) 甲公司购入后对外销售的价格为 B，丙公司销售价为 A（以上均为不含税价）。

方案一：决定选择收取手续费的方式代购货物，手续费率为 x，即乙公司代购这批材料，收益是 Ax。

方案二：决定选择加价销售方式代购货物，加价率为 y，即乙公司代购这批材料，收益是 Ay。

【分析】

方案一：

$$\text{乙公司应纳增值税}=Ax\times6\%$$

$$\text{应纳城市维护建设税及教育费附加}=Ax\times6\%\times(7\%+3\%+2\%)$$

$$\text{应纳企业所得税}=[Ax-Ax\times6\%\times(7\%+3\%+2\%)]\times25\%$$

$$\text{税后净利润 }R_1=[Ax-Ax\times6\%\times(7\%+3\%+2\%)]\times(1-25\%)$$

$$\begin{aligned}\text{甲公司应纳增值税}&=B\times13\%-A\times13\%-Ax\times6\%\\&=(B-A)\times13\%-Ax\times6\%\end{aligned}$$

$$\text{应纳城市维护建设税及教育费附加}=[(B-A)\times13\%-Ax\times6\%]\times(7\%+3\%+2\%)$$

$$\text{应纳企业所得税}=\{B-A-Ax-[(B-A)\times13\%-Ax\times6\%]\times(7\%+3\%+2\%)\}\times25\%$$

$$\begin{aligned}\text{税后净利润 }R_2=\{&B-A-Ax-[(B-A)\times13\%-Ax\times6\%]\\&\times(7\%+3\%+2\%)\}\times(1-25\%)\end{aligned}$$

方案二：

$$\text{乙公司应纳增值税}=(A+Ay)\times13\%-A\times13\%=Ay\times13\%$$

$$\text{应纳城市维护建设税及教育费附加}=Ay\times13\%\times(7\%+3\%+2\%)$$

$$\text{应纳企业所得税}=[Ay-Ay\times13\%\times(7\%+3\%+2\%)]\times25\%$$

税后净利润 $R_3=[Ay-Ay\times13\%\times(7\%+3\%+2\%)]\times(1-25\%)$

甲公司应纳增值税 $=B\times13\%-(A+Ay)\times13\%=(B-A-Ay)\times13\%$

应纳城市维护建设税及教育费附加 $=(B-A-Ay)\times13\%\times(7\%+3\%+2\%)$

应纳企业所得税 $=[B-A-Ay-(B-A-Ay)\times13\%\times(7\%+3\%+2\%)]\times25\%$

税后净利润 $R_4=[B-A-Ay-(B-A-Ay)\times13\%\times(7\%+3\%+2\%)]\times(1-25\%)$

当乙公司选择方案一时，$R_1>R_3$，即

$$[Ax-Ax\times6\%\times(7\%+3\%+2\%)]\times(1-25\%)$$
$$>[Ay-Ay\times13\%\times(7\%+3\%+2\%)]\times(1-25\%) \quad ①$$

式①整理得 $x\div y>0.9915$

当乙公司选择方案二时，$x\div y<0.9915$

当甲公司选择方案一时，$R_2>R_4$，即

$$\{B-A-Ax-[(B-A)\times13\%-Ax\times6\%]\times(7\%+3\%+2\%)\}\times(1-25\%)$$
$$>[B-A-Ay-(B-A-Ay)\times13\%\times(7\%+3\%+2\%)]\times(1-25\%) \quad ②$$

式②整理得 $x\div y<0.9915$

当甲公司选择方案二时，$x\div y>0.9915$

从以上可以看到，甲公司和乙公司只有在手续费与加价率之比等于 0.991 5 时，两者方案的选择保持一致，即选择方案一或方案二，两者的税后利润相同。当手续费与加价率之比在（$-\infty$，0.991 5）区间内时，甲企业将选择方案一，乙企业将选择方案二；反之，当手续费与加价率之比在（0.991 5，$+\infty$）区间内时，甲企业将选择方案二，乙企业将选择方案一。双方之间有争议，决定权在于双方之间的博弈。

例 4-4

北方商贸公司希望南方化工厂替其代购一批材料，有两种方案供对方选择，一种是支付手续费方式，手续费率为 10%；另一种是加价代购，加价率为 8%。假设该批材料南方化工厂的采购成本为 100 000 元，北方商贸公司该月销售额为800 000元（以上均为不含增值税的价款），同时假设双方该月皆无其他购销业务。

【分析】

测算出其手续费率与加价率之比为 1.25（即 10%÷8%），位于（0.991 5，$+\infty$）区间内，所以南方化工厂倾向于选择方案一，而北方商贸公司倾向于选择方案二，双方无法达成一致，需双方进一步协商。

方案一：支付手续费销售。

南方化工厂应缴纳增值税 $=100\,000\times10\%\times6\%=600$（元）

南方化工厂应缴纳城市维护建设税及教育费附加 $=600\times(7\%+3\%+2\%)=72$（元）

南方化工厂应缴纳企业所得税 $=(100\,000\times10\%-72)\times25\%=2\,482$（元）

南方化工厂税后净利润＝(100 000×10%－72)×(1－25%)＝7 446(元)

北方商贸公司应缴纳增值税＝800 000×13%－100 000×13%－600＝90 400(元)

北方商贸公司应缴纳城市维护建设税及教育费附加＝90 400×(7%＋3%＋2%)＝10 848(元)

北方商贸公司应缴纳企业所得税＝(800 000－100 000－100 000×10%－10 848)×25%
＝169 788(元)

北方商贸公司税后净利润＝(800 000－100 000－100 000×10%－10 848)
×(1－25%)＝509 364(元)

方案二：加价销售。

南方化工厂应缴纳增值税＝100 000×(1＋8%)×13%－100 000×13%＝1 040(元)

南方化工厂应缴纳城市维护建设税及教育费附加＝1 040×(7%＋3%＋2%)＝124.8(元)

南方化工厂应缴纳企业所得税＝(100 000×8%－124.8)×25%＝1 968.8(元)

南方化工厂税后净利润＝(100 000×8%－124.8)×(1－25%)＝5 906.4(元)

北方商贸公司应缴纳增值税＝800 000×13%－100 000×(1＋8%)×13%＝89 960(元)

北方商贸公司应缴纳城市维护建设税及教育费附加＝89 960×(7%＋3%＋2%)＝10 795.2(元)

北方商贸公司应缴纳企业所得税＝[800 000－100 000×(1＋8%)－10 795.2]×25%
＝170 301.2(元)

北方商贸公司税后净利润＝[800 000－100 000×(1＋8%)－10 795.2]×(1－25%)
＝510 903.6(元)

比较两种方案，可以看出南方化工厂倾向于选择方案一，北方商贸公司倾向于选择方案二，双方暂时不能达成一致意见，需进一步协商。

3. 合理确定劳动力规模与结构

企业应该在充分考虑国家税收政策的前提下，依据自身实际生产和营运能力来确定劳动力规模与结构。在雇用员工时，企业要善于利用税法中规定的优惠政策进行合理筹划。目前，为了解决残疾人员、转业军人、下岗人员等特殊人员的就业问题，我国诸多实体税法中都规定了企业雇用上述人员的税收优惠政策，而且优惠的力度越来越大。因此，企业应该根据企业的用人性质，并结合税法中的优惠规定，尽量聘用那些税法上给予优惠的员工，以降低企业的整体税负。

根据《企业所得税法》第三十条的规定，安置残疾人员及国家鼓励安置的其他就业人员所支付的工资，可以在计算应纳税所得额时加计扣除。根据《企业所得税法实施条例》第九十六条的规定，企业安置残疾人员所支付的工资的加计扣除，是指企业安置残疾人员的，在按照支付给残疾职工工资据实扣除的基础上，按照支付给残疾职工工资的100%加计扣除。残疾人员的范围适用《中华人民共和国残疾人保障法》的有关规定。企业安置国家鼓励安置的其他就业人员所支付的工资的加计扣除办法，由国务院另行规定。

假定某企业安置符合《中华人民共和国残疾人保障法》规定的残疾人员就业，如果企业支付的月工资为2 000元，则企业在计算应纳税所得额时，不仅可据实扣除2 000元，还可另外再多扣除2 000元。也就是说，在适用税率为25%的情况下，企业每安置一名残疾人员就业，将可享受到500元的企业所得税税收减免优惠。如果企业支付给该类职工更高的工资，其所获得的税收优惠就更多。

同时，根据《国家税务总局关于发布〈促进残疾人就业增值税优惠政策管理办法〉的公告》（国家税务总局公告2016年第33号）的规定，自2016年5月1日起，纳税人享受安置残疾人增值税即征即退优惠政策。

月应退增值税额＝纳税人本月安置残疾人员人数×本月月最低工资标准的4倍

在实施各税务筹划方案时应注意以下几点：

第一，必须保证所有业务的真实性，不能一味地为了节税而做出一些与合同内容截然相反的业务。

第二，招用可以享受税收优惠政策的人员，必须经过法律法规部门的认定，根据相关规定进行操作。例如，《财政部 国家税务总局关于安置残疾人员就业有关企业所得税优惠政策问题的通知》（财税〔2009〕70号）规定，企业享受安置残疾职工工资100%加计扣除应同时具备如下条件：(1) 依法与安置的每位残疾人签订了1年以上（含1年）的劳动合同或服务协议，并且安置的每位残疾人在企业实际上岗工作。(2) 为安置的每位残疾人按月足额缴纳了企业所在区县人民政府根据国家政策规定的基本养老保险、基本医疗保险、失业保险和工伤保险等社会保险。(3) 定期通过银行等金融机构向安置的每位残疾人实际支付了不低于企业所在区县适用的经省级人民政府批准的最低工资标准的工资。(4) 具备安置残疾人上岗工作的基本设施。

第三，是否选择上述税务筹划方案，以及选择哪种方案，还必须充分考虑企业的历史状况、市场环境以及企业以后的发展。

4.1.3　购货运费的税务筹划

自2014年1月1日起，在全国范围内开展铁路运输营改增试点。

原有的货物运输业增值税专用发票最迟可使用至2016年6月30日，7月1日起停止使用。增值税一般纳税人提供货物运输服务，使用增值税专用发票和增值税普通发票，开具发票时应将起运地、到达地、车种车号以及运输货物信息等内容填写在发票备注栏中，如内容较多可另附清单。

营改增后，一般纳税人外购货物和销售货物所支付的运输费用，可以根据运输企业按照规定开具的增值税专用发票注明的税金进行进项税额抵扣。因此，纳税人不论是选择自备车辆提供运输劳务，还是选择自备车辆设立独立的运输公司，若该纳税人都是一般纳税人，则税负水平保持一致；若自备车辆设立独立的运输公司为小规模纳税人，由于小规模纳税人不能抵扣税额，在物耗金额较多的情况下，选择自备车辆提供运输劳务可以抵扣更多的进项税额，从而降低企业增值税税负。

4.1.4 购货时间的税务筹划

企业在满足材料及时供应的前提下，根据生产经营的需要，可以合理选择适当的购货时间，以尽可能减轻购货过程中的税收负担。在安排购货时间时，具体应考虑以下几个方面：

首先，利用商品供求关系进行纳税筹划。企业应在不影响正常生产的情况下，选择供大于求时进行采购，因为在所需采购物品供大于求时，采购方往往可以大幅压低价格，容易实现税负转嫁。

其次，密切关注税制的变化趋势，利用税制变化进行纳税筹划。税制的稳定性决定了税制改革往往采取过渡的方式，过渡措施的存在为利用税制变化进行纳税筹划提供了空间。对负有纳税义务的企业来讲，及时掌握各类商品税收政策的变化，包括征税范围、税率等的变化，就可以在购货时间上做相应筹划安排，从而减轻税负。

最后，密切关注税制的规定，寻找税款抵扣时间差以减轻当期税收负担。增值税一般纳税人购进材料主要用于增值税应税项目，但是也有一些部分用于集体福利或个人消费。《增值税暂行条例》规定，进项税额不得从销项税额中抵扣，仅指“用于”，也就是在领用的时候要转出进项税额，不“用于”时就无须转出。一般情况下，材料在购进和领用之间都存在时间差，企业往往最容易忽视这段时间差的重要性。如果能充分利用材料购进和领用的时间差，也可以减轻企业税收负担，获得颇为可观的经济效益。

4.1.5 采购结算方式的税务筹划

企业在市场中购进货物时是采购方，在销售产品时又是销售方。面对不同的市场和事项，企业所扮演的角色不同，决定了它完全可能会做出在形式上相互矛盾甚至相反的税务筹划。结算方式的筹划可以分为采购结算方式的筹划和销售结算方式的筹划两种。

货物在采购时所采用的结算方式主要有两种：一种是现金采购，另一种是赊购。无论采取何种结算方式，作为采购方税务筹划的基本思路就是要在税法允许的范围内，尽量采取有利于本企业的结算方式，延迟付款，为企业赢得一笔无息贷款。具体而言，在应用时应注意以下几个方面：货款未付，先取得对方开具的发票；说服供应方接受托收承付与委托收款结算方式，尽量让对方先垫付税款；采取赊购和分期付款方式，使供应方垫付税款；尽可能少用现金支付。

例4-5

某电缆厂（增值税一般纳税人）6月发生采购业务5笔，共计应付货款1 800万元（不含税）。其中：3笔共计1 000万元，采购时货款两清；1笔为300万元，两年后一次付清；1笔500万元一年后付250万元，一年半后付150万元，余款100万元两年后结清。

该企业与销售方以书面合同的方式采用两种方案进行结算。

方案一：销售方对全部货款采取直接收款方式；

方案二：销售方对未收到的应收账款在货款结算中采用赊销和分期收款结算方式。

对于电缆厂而言，这两种方案中，哪种更节税？（假定上述货款均为不含税价。）

【分析】

方案一：销售方若全部采取直接收款方式，则应在当年6月全部计算销售，计提销项税额为：

1 800×13%=234(万元)

对于电缆厂，若当年6月收到销售方开具的全额增值税专用发票，则可抵扣的进项税额为234万元。

方案二：若销售方对未收到的300万元和500万元应收账款分别在货款结算中采用赊销和分期收款结算方式，根据《增值税暂行条例》的相关规定，采取赊销和分期收款方式销售货物，纳税义务发生时间为书面合同约定的收款日期当天，无书面合同或者书面合同没有约定收款日期的，纳税义务发生时间为货物发出的当天。但先开具发票的，纳税义务发生时间为开具发票的当天。

因此，若销售方分批开具发票给电缆厂，则可抵扣的进项税额为（假设以月底发货计算）：

第1年末可抵扣的增值税=250×13%=32.5(万元)

一年半后可抵扣的增值税=150×13%=19.5(万元)

第2年末可抵扣的增值税=(300+100)×13%=52(万元)

若销售方在采购当年6月一次性开具全额增值税专用发票，则电缆厂当年6月可抵扣的进项税额为234万元。

虽然两个方案所缴税金总额不变，但方案二采用赊销和分期收款方式，可以为企业节约大量的流动资金，以及银行利息支出，同时若要求销售方在采购发生时一次性开具全额增值税专用发票，则更有利于购买方节约税款资金。

对增值税一般纳税人购进货物取得防伪税控系统开具的增值税专用发票的进项税额抵扣问题，我国增值税相关政策规定，自2019年3月1日起，扩大取消增值税发票认证的纳税人范围。将取消增值税发票认证的纳税人范围扩大至全部一般纳税人。一般纳税人取得增值税发票（包括增值税专用发票、机动车销售统一发票、收费公路通行费增值税电子普通发票）后，可以自愿使用增值税发票选择确认平台查询，选择用于申报抵扣、出口退税或者代办退税的增值税发票信息。从相关规定可以看到，增值税一般纳税人购进货物并取得防伪税控系统开具的增值税专用发票，能否抵扣进项税额并非取决于是否付款，而取决于自身是否申报抵扣。

因此，根据上述分析，企业可以按如下方法进行筹划：一方面，在采购合同签订时，与对方协商采用赊购的方式或分期付款的方式，以尽可能延缓货币资金流出的时间，取得货币资金的时间价值；另一方面，与对方协商尽可能早地取得防伪税控系统开具的增值税专用发票，使进项税额的抵扣时间提前，减少当期的增值税义务。企业可以在减少当期现金流出的前提下达到节税目的。

4.1.6 购货合同的税务筹划

企业在采购过程中，为明确与供货方的权利与义务关系，需要与供货方签订购货合同。由于购货对象的确定、购货时间的早晚、结算方式的选择等最终都会具体反映在购货合同中，任何一项内容的差错都可能导致整个采购筹划的失败，因此可以说企业采购合同的筹划是企业采购筹划的落脚点。合同一旦签订，就意味着其他筹划活动的结束，购货合同签订的质量会对企业的生存与发展产生重要影响。在签订购货合同前，应向有关方面的专家进行咨询。在合同签订后应加强合同管理，适时检测销售方的生产经营情况，确保销售方能够按期交货，以尽可能规避合同风险。

购货合同筹划可以分为两个层次。第一个层次是不出现失误，这是最基本的要求。如在签订合同时，应该在价格中确定各具体款项包含什么内容，税款的缴纳如何处理等，不能用词含糊。第二个层次是使合同有利于自身防范其中的税收陷阱，减轻税收负担，获取最大的税后利益。如避免在采购合同中出现诸如“全部款项付完后，由供货方开具发票”此类条款，因为在实际工作中，由于质量、标准等方面的原因，采购方往往不会付全款，而根据合同，这种情况将无法取得发票，不能进行进项税额抵扣。对此，只要将合同条款改为“根据实际支付金额，由供货方开具发票”，就不会存在这样的问题。

例4-6

某集团公司于5月10日签订一份工业品买卖合同，购买护窗等产品，价税合计11 300元，规定交（提）货时间为5月并安装完毕。

【分析】

这种规定有一定的弹性空间，如果对方在5月（最后一天）安装完毕，那么合同规定，经验收合格付款，有可能6月初验收后，到6月底才付款。如果该集团公司4月取得增值税专用发票，除货款之外，该企业可晚垫付给供货方一笔无法抵扣的资金——进项税额1 300元，之所以说无法抵扣，是因为该集团为二级核算单位，更特殊的是其进项税额一直远远高于销项税额。如果该企业在5月底之前付款并拿到增值税发票，由于当月的销项税额不足以抵减进项税额，故在5月底付款和在 6 月底付款对企业来讲有较大的差别。在 6 月底付款，企业可以充分利用 11 300 元（含1 300 元）长达 1 个月的货币时间价值为企业创造更多的价值。

因此，在该集团公司无法及时抵扣进项税额的情况下，尽可能推迟付款时间或采用分期付款方式，推迟取得增值税发票是该企业增值税税务筹划的宗旨。

如果考虑货币时间价值（1 个月）：此合同价税合计 11 300 元，增值税税率为 13%，扣除增值税后的价款为：11 300÷(1+13%)=10 000 元。那么，增值税额为：11 300−10 000=1 300 元。如果考虑货币时间价值，1 个月后 1 300 元的价值为：1 300×(F/P，0.187 5%，1)=1 302.4 元（0.187 5%是目前银行存款 1 个月的利率），而货款 10 000 元在 1 个月后的价值为：10 000×(F/P，0.187 5%，1)=10 018.75元。这样，实际可节省资金为：10 018.75+1 302.4−1 300−10 000=21.15 元。

因该合同总价款不多，节税金额并不明显。对大型集团公司而言，一般合同金额都比较大，其节税效果还是比较可观的。

4.2　企业生产过程中的税务筹划

4.2.1　企业产销规模测算理论方法的初步分析

企业产销量在增长的过程中，至少会存在两个盈亏分界点。随着企业产销量的增长，企业到达第一个盈亏分界点，这个分界点使企业利润由亏转盈；当企业产销量超过一定的限度，企业到达又一个盈亏分界点，这次却是使企业利润由盈转亏。在这两个分界点内，企业产销量的增长会增加企业的盈利，而在这两个分界点之外，无论企业是扩大生产还是缩小生产，都不会增加企业盈利。因此，依托企业的变现能力、获利能力及营运能力，明确盈亏分界点，进而寻求利润最大化的产销业务规模，便成为企业财务决策的重要工作之一。

通常认为，利润定义为收入与成本的差额。假定一家厂商生产 n 种产品（y_1，y_2，…，y_n），使用 m 种投入品（x_1，x_2，…，x_m），产品的价格分别为（p_1，p_2，…，p_n），投入品的价格分别为（w_1，w_2，…，w_m）。

厂商获得的利润为：

$$\pi = \sum_{i=1}^{n} p_i y_i - \sum_{j=1}^{m} w_j x_j$$

式中，第一项为收入；第二项为成本。

在现实生活中，由于各种因素的影响，如市场供求变动，企业基于竞争考虑等，往往使产品的销售收入总额及成本费用总额并不完全与销售数量成正比例关系变动，即大多不是反映为直线关系，而是表现为不同程度的曲线关系。比如，在市场供求关系的影响下，往往在增加销量的同时，需要不断降低产品的销售价格，以强化竞争实力。在这种情况下，销售收入总额将会以递减的变动率增加，即收入的增幅小于销量的增幅。

根据上述分析，可以得出这样的结论：任何产品的生产与销售都具有一定周期性规律。在其不同的生产阶段，收入与成本费用呈现出差异的变动特征，即与业务量的变动反映为曲线的对应关系。

假设某厂商只购进一种材料生产一种产品，其成本函数为：

$$C(Q)=aQ^2+bQ+c$$

则其利润函数为：

$$\pi=pQ-(aQ^2+bQ+c)$$

式中，p 为产品的价格；a，b，c 为参数，可以根据企业历史资料及同行平均水平的若干组产销业务量与收入、成本费用的对应数组具体确定。

两个盈亏临界点计算如下：当 $\pi=pQ-(aQ^2+bQ+c)=0$ 时，有

$$Q_1=\{(p-b)+[(p-b)^2-4ac]^{1/2}\}\div 2a$$
$$Q_2=\{(p-b)-[(p-b)^2-4ac]^{1/2}\}\div 2a$$
$$\max \pi=pQ-(aQ^2+bQ+c)$$

一阶条件：$Q=(p-b)\div 2a$，即利润最大化条件下的产销量。

最大利润值为：

$$\pi_{\max}=(p-b)^2\div 4a-c$$

例 4-7

为今日公司经营甲产品（增值税税率为 13%，企业所得税税率为 25%），所需原材料的单位外购价（含税）为 100 元；产品的单价为 170 元，产品的成本函数为 $0.5Q^2+40Q+1\,248$（Q 单位为万件）。

【分析】

经调研测算，其利润函数为：

$$\pi=170Q-0.5Q^2-40Q-1\,248$$

则该产品的盈亏分界点产销量为：

$$Q_1=10(\text{万件})$$
$$Q_2=250(\text{万件})$$

因此，在（10，250）范围内，最大利润值为：

$$\pi_{\max}=7\,202(\text{万元})$$

最佳产销量为：

$$Q=130(\text{万件})$$

企业应做出这样的产销安排：目标利润为 7 202 万元，最佳产销量为 130 万件，销售收入为 22 100 万元（130×170，不含增值税），成本费用总额为 14 898 万元，应纳增值税额为 1 377.42 万元［22 100×13%－100÷(1＋13%)×13%×130］，应纳所得税 1 800.5 万元（7 202×25%）。

4.2.2　企业产销规模及结构测算的现实方法

上述企业的产销规模理论并不一定完全变为现实。这是因为理论产销规模的测算抽象掉了许多具体的条件，而现实经济活动是复杂多样的。由于市场、价格、原料等种种原因，企业或者生产规模达不到要求，或者生产出来的产品不能完全销售出去，这都会给企业带来不利影响。因此，在实际生产经营过程中，企业还必须结合自身特点，确定适当的产销结构。

1. 投产决策中的税务筹划

从广义上讲，决策就是人们在实践活动中为解决当前或未来可能发生的问题，选择最优行动方案的一种过程。因此，它是人们在日常生活和工作中时时进行的一种活动。对于一个企业来说，能否生存往往在很大程度上取决于投产决策的成功与否，这是成败的关键。在进行决策时要考虑很多因素，有内在因素和外在因素。内在因素包括企业自身生产规模、技术人员的配备、产品质量的高低、资金充沛程度、企业对市场需求的灵敏度、投资回收期的长短等；而外在因素包括市场对产品的需求量、市场信息传递的顺畅性、资金借贷的成本、国家的税收政策等。企业在做出决策时要认真考虑，加以量化，再做出决定。

例 4－8

某汽车钢圈厂生产轿车钢圈，出售给某汽车制造厂配套使用。经预测，销路好时，自当年起，在未来 10 年中每年可销 8 万只钢圈，概率是 0.4；销路差时，则每年只能销 4 万只钢圈，概率是 0.6。该汽车制造厂希望钢圈厂供给配套用钢圈。洽谈价格为：

（1）如果保证供应，则汽车制造厂在 10 年内不再配置其他厂的钢圈，每只钢圈价格为 150 元。

（2）如果钢圈厂每年只能供应 4 万只钢圈，则售价降低 3%。

（3）如果每年固定供应 8 万只钢圈，则价格降低 5%，超过 4 万只不足 8 万只，也按此价收购。

钢圈厂根据上述洽谈，分析本厂的情况：

（1）如果要达到年产 4 万只，需要成型车间改建，投资 50 万元，由企业自有资金解决，若下年初改建，年底可完工。

（2）如果要达到年产 8 万只，需扩建成型车间，投资 800 万元，除了自有 50 万元，其余资金由贷款解决，年利率为 6%，若下年初开工，年底可完工。

（3）钢圈厂现有生产轿车钢圈的固定资产为 1 000 万元，年折旧率为 20%，每年分摊管理费为 10 万元。车间改建后每只钢圈的变动成本为 75 元，扩建后可下降 8%。

（4）经市场预测，10 年后其他汽车制造厂也需要这种钢圈，预计每年若需求量大可达 3.2 万只，概率是 0.6；若需求量少也要 1.2 万只，概率是 0.4。每只售价 150 元。另外，须缴流转税（不是增值税）5%和企业所得税 25%。

该厂财务部门根据掌握的资料，对市场销售、购买者的要求以及本厂的具体情况进行了全面的分析，提出了3个可行性方案供厂长选择。

方案1：用自有资金投资50万元改建车间，生产4万只钢圈，全部卖给汽车制造厂。

方案2：用贷款750万元、自有资金50万元，总投资800万元扩建车间，生产8万只钢圈，全部卖给汽车制造厂。

方案3：扩建成型车间，达到8万只钢圈的生产能力，一部分产品供应汽车制造厂，一部分产品供应其他厂。

要求：进行测算，从中选择净利润最大者，决定最后的方案。

【分析】

方案1：用自有资金投资50万元改建车间，生产4万只钢圈，全部卖给汽车制造厂，则

产品单价＝150×(1－3%)＝145.5(元)

销售收入＝145.5×4＝582(万元)

年固定费用＝(年固定资产＋新增投资)×折旧率＋应分摊管理费
＝(1 000＋50)×20%＋10＝220(万元)

年变动成本总额＝75×4＝300(万元)

销售成本＝年固定费用＋年变动成本总额＝220＋300＝520(万元)

年销售利润＝销售收入－销售成本－流转税
＝582－520－582×5%＝32.9(万元)

年应纳所得税额＝年销售利润×所得税税率＝32.9×25%＝8.23(万元)

年税后利润＝年销售利润－年应纳所得税额＝32.9－8.23＝24.67(万元)

投资回收期＝投资额÷年税后利润＝50÷24.67＝2.03(年)

方案2：用贷款750万元、自有资金50万元，总投资800万元扩建车间，生产8万只钢圈，全部卖给该汽车制造厂，则

产品单价＝150×(1－5%)＝142.5(元)

销售收入＝142.5×8＝1 140(万元)

年固定费用＝(年固定资产＋新增投资)×折旧率＋应分摊管理费＋利息
＝(1 000＋800)×20%＋10＋(800－50)×6%＝415(万元)

年变动成本总额＝75×(1－8%)×8＝552(万元)

销售成本＝年固定费用＋年变动成本总额＝415＋552＝967(万元)

年销售利润＝销售收入－销售成本－流转税
＝1 140－967－1 140×5%＝116(万元)

年应纳所得税额＝年销售利润×所得税税率＝116×25%＝29(万元)

年税后利润＝年销售利润－年应纳所得税额＝116－29＝87(万元)

投资回收期＝投资额÷年税后利润＝800÷87＝9.20(年)

方案3：扩建成型车间，达到8万只钢圈的生产能力，一部分产品供应汽车制造厂，一部分产品供应其他厂。

每年供应汽车制造厂钢圈数量＝4×0.6＋8×0.4＝5.6（万只）
销售额＝150×（1－5%）×5.6＝798（万元）
每年供应给其他厂数量＝3.2×0.6＋1.2×0.4＝2.4（万只）
销售额＝150×2.4＝360（万元）
年总销售量＝5.6＋2.4＝8（万只）
销售收入＝798＋360＝1 158（万元）
年固定费用＝（年固定资产＋新增投资）×折旧率＋应分摊管理费＋利息
　　＝（1 000＋800）×20%＋10＋（800－50）×6%＝415（万元）
年变动成本总额＝75×（1－8%）×8＝552（万元）
销售成本＝年固定费用＋年变动成本总额＝415＋552＝967（万元）
年销售利润＝销售收入－销售成本－流转税
　　＝1 158－967－1 158×5%＝133.1（万元）
年应纳所得税额＝年销售利润×所得税税率＝133.1×25%＝33.28（万元）
年税后利润＝年销售利润－年应纳所得税额＝133.1－33.28＝99.82（万元）
投资回收期＝投资额÷年税后利润＝800÷99.82＝8.01（年）

从上述分析可以发现，方案 2 的税后利润是方案 1 的 3.53 倍，投资回收期是方案 1 的 4.53 倍，而方案 3 相对于方案 1 的这两个值分别为 4.05 倍和 3.95 倍，因此，应选择税后利润相对较大、回收期相对较短的方案 3。

2. 是否进一步扩大生产经营规模的税务筹划

处于持续经营期的企业若想扩大生产规模，必须考虑：（1）投产后产品的销路如何；（2）投产后产品的生产成本如何；（3）投产后税收是否有所增加，税收对利润的影响如何等。对于企业而言，盲目扩大生产经营规模不一定有利。

为贯彻落实党中央、国务院决策部署，进一步支持小微企业发展，《财政部 税务总局关于实施小微企业普惠性税收减免政策的通知》（财税〔2019〕13 号）、《国家税务总局关于实施小型微利企业普惠性所得税减免政策有关问题的公告》（国家税务总局公告 2019 年第 2 号）、《财政部 税务总局关于明确增值税小规模纳税人免征增值税政策的公告》（财政部 税务总局公告 2021 年第 11 号）、《财政部 国家税务总局关于实施小微企业和个体工商户所得税优惠政策的公告》（财政部 税务总局公告 2021 年第 12 号）和《国家税务总局关于落实支持小型微利企业和个体工商户发展所得税优惠政策有关事项的公告》（国家税务总局公告 2021 年第 8 号）等文件相继出台。政策有：（1）对月销售额 15 万元以下（含本数）的增值税小规模纳税人，免征增值税。（2）对小型微利企业年应纳税所得额不超过 100 万元的部分，减按 12.5%计入应纳税所得额，按 20%的税率缴纳企业所得税；对年应纳税所得额超过 100 万元但不超过 300 万元的部分，减按 50%计入应纳税所得额，按 20%的税率缴纳企业所得税。上述小型微利企业是指从事国家非限制和禁止行业，且同时符合年度应纳税所得额不超过 300 万元、从业人数不超过 300 人、资产总额不超过 5 000 万元等三个条件的企业。小型微利企业无论按查账征收方式还是按核定征收方式缴纳企业所得税，均可享受上述优惠政策。（3）由省、自治区、直辖市人民政府根据本地区实际情况，以及宏观调控需要确定，对增值税小规模纳税人可以在50%的税额幅度内减征资源税、城市维护建设税、房产税、城镇土地使用税、印花税（不含证券交易印花税）、耕地占用税和教育费附加、地方教育附加。以企业所得税为例，目前我国非小型微利企业的企业所得税税率为25%，对其全部应纳税所得额按25%计征企业所得税，而根据优惠政策，小型微利企业的企业所得税税率最终形成了二级超额累进税率，将小型微利企业的应纳税所得额进行分段征税，适用税率具体如表4-3所示。

表4-3 小型微利企业所得税二级超额累进税率表

级数	应纳税所得额	税率
1	0～100万元（含100万元）	2.5%
2	100万～300万元	10%

例4-9

某企业从业人数为299人，资产总额为4900万元，某年度12月30日测算的年度应纳税所得额为301万元。

方案1：该企业按标准进行纳税申报；

方案2：企业将下年初需支付的一笔费用1万元提前到12月31日支付。

请问两种方案哪种节税？

【分析】

方案1：该企业不进行税务筹划。

企业所得税的应纳税额＝301×25%＝75.25(万元)

方案2：12月31日支付费用1万元，则

该企业应纳税所得额＝301－1＝300(万元)

应纳税额＝100×12.5%×20%＋(300－100)×50%×20%＝22.5(万元)

通过比较我们发现，通过税务筹划，支付费用成本仅1万元，却获得节税收益＝75.25－22.5＝52.75万元，显然，税务筹划空间是相当大的。

那么，企业在哪种情况下扩大生产规模可以增加税后利润呢？应遵循一条原则——所得额的提高应该大于因所得额增加而增加的税负，即所得额的提高应大于因所得额增加而增加的税负。

假设企业扩大生产经营规模前的年应纳税所得额为x万元，扩大生产经营规模后的年应纳税所得额为y万元，且$y>x$。

(1) 当$x<100$且$y\leqslant 100$时，扩产前后的税后利润分别为$x\times(1-2.5\%)$，$y\times(1-2.5\%)$。因为$y>x$，所以$y\times(1-2.5\%)>x\times(1-2.5\%)$。企业扩产有利可图。

(2) 当$x\leqslant 100$且$100<y<300$时，扩产前后税后利润分别为$x\times(1-2.5\%)$，$100\times(1-2.5\%)+(y-100)\times(1-10\%)$。因为$y>100>x$，所以企业扩产后肯定也是有利可图的。

(3) 当 $100<x<300$ 且 $100<y<300$ 时，扩产前后税后利润分别为 $100\times(1-2.5\%)+(x-100)\times(1-10\%)$，$100\times(1-2.5\%)+(y-100)\times(1-10\%)$。因为 $y>x$，所以企业扩产后肯定也是有利可图的。

(4) 当 $x\leqslant 300$ 且 $y>300$ 时，扩产后税后利润为 $y\times(1-25\%)$，扩产前税后利润则有如下几种可能：

1) 当 $x\leqslant 100$ 时，扩产后的税后利润若大于扩产前的税后利润，则 $y\times(1-25\%)>x\times(1-2.5\%)$，此时 $y>1.3x$，由于 y 肯定大于 x 的 3 倍以上，因此扩产一定对企业是有利的。

2) 当 $100<x<300$ 且 $y>300$ 时，扩产后的税后利润若大于扩产前的税后利润，则 $y\times(1-25\%)>100\times(1-2.5\%)+(x-100)\times(1-10\%)$，假设 $y=100+200+z$，此时 $z>1.2x-290$，则扩产后企业是有利可图的。

若 $x=300$ 万元，则 $z>70$。当 $z<70$ 时，企业有必要降低当期应纳税所得额，使应纳税所得额低于或等于 370 万元，以达到降低税率、减轻税负的目的。

综上所述，并非企业所有扩大生产经营规模的决策都是可行的，而应区分不同情况，恰如其分地做出有利的决定。

4.3 企业销售过程中的税务筹划

4.3.1 销售方式的税务筹划

1. 折扣方式销售的税务筹划

企业在销售过程中，为了达到增加销售额而获得利润同步增长的目的，可以采取多种促销方式，如返还现金、礼券、红利卡、积分卡、抽奖、赠物等形式。然而在不同促销方式下，企业取得的销售额是不同的，与之相关的税负也有差异。企业应根据自身的实际情况，选择适当的促销方式，以降低税负，获取税收利益。

例 4-10

印度洋百货商场是一家服装专业零售企业，是增值税一般纳税人。公司以世界名牌服装零售为主，上年实现销售收入 45 000 万元，在当地拥有一定的知名度。公司销售部决定在当年国庆节黄金周期间开展一次促销活动，以提升该公司的盈利能力。

对于这项活动，公司决策层提出不同的促销方案：

董事长认为，现在人们越来越讲实惠，采用返还现金的方式进行促销，一定能吸引更多的顾客。

公司总经理认为，采用赠送货物的促销方式，可以减少公司的存货，同时可以刺激销售。

市场部经理认为，采用赠送优惠券的方式可以增加商品销售的吸引力，不仅可以销售更多的商品，而且可以为公司带来更多的利润。

财务部主管认为，采用让利方式，即折扣销售方式，可以减少税收负担。

各方从不同角度考虑，都有道理，彼此互不相让，最后没有达成一致意见。于是决定通过税务筹划，测算出哪种方案更能达到利润最大化的目的。

以10 000元销售额、6 000元平均成本为基数，提出四个操作方案。

方案1：购物就在商品原价的基础上打七折；

方案2：购物满100元赠送价值30元的商品（赠品成本为18元，均为含税价）；

方案3：购物满100元赠送优惠券30元（不可兑换现金，下次购物可代币结算）；

方案4：购物满100元返还30元现金。

仅考虑增值税、企业所得税和个人所得税，因城市维护建设税和教育费附加对计算结果影响较小，忽略不计。假定各种促销方式消费者都能接受，消费者在当月实现所有购买行为。

【分析】

方案1：此方案为折扣销售，也称为商业折扣，是指销货方在销售货物或提供应税劳务时，由于购货方购货数量较大等原因，给予购货方的价格优惠。

税法规定，如果销售额和折扣额在同一张发票上分别注明，按折扣后的销售额计征增值税；如果折扣额另开发票，不论其在会计上如何处理，均不得从销售额中扣除折扣额，须全额计征增值税。

假定1：该商场未将销售额和折扣额开在一张发票上，则

应纳增值税＝10 000÷(1＋13％)×13％－6 000÷(1＋13％)×13％
＝460.18(元)

应纳企业所得税＝[7 000÷(1＋13％)－6 000÷(1＋13％)]×25％
＝221.24(元)

税后利润＝7 000÷(1＋13％)－6 000÷(1＋13％)－221.24
＝663.72(元)

纳税合计数＝460.18＋221.24＝681.42(元)

假定2：该商场将销售额与折扣额开在同一张发票上，则

应纳增值税＝7 000÷(1＋13％)×13％－6 000÷(1＋13％)×13％
＝115.04(元)

应纳企业所得税＝[7 000÷(1＋13％)－6 000÷(1＋13％)]×25％
＝221.24(元)

税后利润＝7 000÷(1＋13％)－6 000÷(1＋13％)－221.24
＝663.72(元)

纳税合计数＝115.04＋221.24＝336.28(元)

在税后利润相同的情况下，该商场会选择纳税合计数更小的假定2的做法。

方案2：根据《国家税务总局关于确认企业所得税收入若干问题的通知》（国税函〔2008〕875号）第三条的规定，企业以买一赠一等方式组合销售本企业商品

的，不属于捐赠，应将总的销售金额按各项商品的公允价值的比例来分摊确认各项的销售收入。因此

应纳增值税＝[10 000÷(1＋13%)×13%－6 000÷(1＋13%)×13%
－1 800÷(1＋13%)×13%]
＝253.10(元)

应纳企业所得税＝[10 000÷(1＋13%)－6 000÷(1＋13%)－1 800
÷(1＋13%)]×25%
＝486.73(元)

税后利润＝10 000÷(1＋13%)－6 000÷(1＋13%)－1 800÷(1＋13%)－486.73
＝1 460.17(元)

纳税合计数＝253.10＋486.73＝739.83(元)

方案 3：该种方式的实质就是消费者及商场在使用该优惠券时，各自又发生了一次购买和销售行为。因此，该赠品的销售方式应以正常销售处理计征增值税。同时，根据《财政部 税务总局关于个人取得有关收入适用个人所得税应税所得项目的公告》(财政部 税务总局公告 2019 年第 74 号) 的规定，企业在业务宣传、广告等活动中，随机向本单位以外的个人赠送礼品 (包括网络红包，下同)，以及企业在年会、座谈会、庆典以及其他活动中向本单位以外的个人赠送礼品，个人取得的礼品收入，按照“偶然所得”项目计算缴纳个人所得税，但企业赠送的具有价格折扣或折让性质的消费券、代金券、抵用券、优惠券等礼品除外。因此，个人所得税不计征。

应纳增值税＝[10 000÷(1＋13%)×13%－6 000÷(1＋13%)×13%]
＋[3 000÷(1＋13%)×13%－1 800÷(1＋13%)×13%]
＝598.23(元)

应纳企业所得税＝[10 000÷(1＋13%)－6 000÷(1＋13%)
－1 800÷(1＋13%)]×25%
＝486.73(元)

税后利润＝10 000÷(1＋13%)－6 000÷(1＋13%)－1 800÷(1＋13%)－486.73
＝1 460.17(元)

纳税合计数＝598.23＋486.73＝1 084.96(元)

方案 4：当企业采取这种促销方式时，企业并没有对其所出售商品进行降价，所以消费者有权要求企业按照购买商品的实际价格开具发票，最终企业必须就发票上开具的 100 元销售额计税，同时还要就另行赠送的 30 元代顾客缴纳“偶然所得”的个人所得税。显然，这种做法将大大增加企业的实际成本，降低税后利润。实践中，有些企业采用最后抵扣的办法最终完成赠送，即消费者在累积消费满 100 元后凭购物小票在购买下一件商品时直接抵扣 30 元，而且该件商品的发票按照扣除 30 元后的金额开具。实际上这种做法在消费者对开具发票金额没有异议的情况下是可以实行的，相当于进行了 30 元的折扣销售。这样基于具有销售折扣或折让性质的红包，不征收个人所得税。但是，如果消费者要求必须全额开具该商品的发票，企业也无

权拒绝，因为企业并没有事先说明最后一件商品属于折扣销售。所以，如果企业采用这种方式，必须在活动规则中明确说明30元的赠送方式以及开具发票的方式，否则会带来不必要的麻烦。下面的计算仅考虑直接返还现金的方式。

应纳增值税＝10 000÷(1＋13%)×13%－6 000÷(1＋13%)×13%
　　＝460.18（元）

应替顾客缴纳个人所得税＝3 000÷(1－20%)×20%＝750(元)

应纳税所得额＝10 000÷(1＋13%)－6 000÷(1＋13%)－750－3 000
　　＝－210.18(元)

因为－210.18＜0，所以应缴纳的企业所得税为0。

税后利润＝10 000÷(1＋13%)－6 000÷(1＋13%)－3 000－750
　　＝－210.18(元)

纳税合计数＝460.18＋750＝1 210.18(元)

将以上四个方案的计算结果编制比较表如下（见表4-4）。

表4-4　纳税情况与获利情况比较表　　单位：元

方案		增值税	企业所得税/个人所得税	缴税合计	税后利润
折扣销售	折扣金额未开在一张发票上	460.18	221.24	663.72	681.42
	折扣金额开在一张发票上	115.04	221.24	663.72	336.28
赠商品		253.10	486.73	739.83	1 460.17
赠购物券		598.23	486.73	1 084.96	1 460.17
返现金		460.18	750	1 210.18	－210.18

从表中的数据可以看出，第一，从税后利润角度看，在所有方案中，购物返现金是最不可取的，最优方案应是购物赠商品或赠购物券；第二，从纳税合计数来看，纳税数会直接影响企业的现金流出量，折扣销售比较可取，现金流比较小，对企业的生产经营不会造成太大的影响。

企业进行促销的税务筹划思路是：

第一，购销差价是税务筹划需要考虑的重点问题。如果商品的购进成本较高，采用打折销售比较好；反之，如果商品的购进成本较低，则采用赠送商品或赠送购物券的方式比较好。赠送商品的价值越低，企业的成本利润率越高，企业获利面越大，同时现金流比较小；赠送购物券，在一般情况下可以扩大销售量，扩大企业的影响，提高企业商品的市场占有率。而且，商品成本越低，折扣优惠越大时，赠送购物券促销方式的优势就越明显，同时企业不用担心税后是否会亏损。

第二，个人所得税代扣代缴问题影响企业的经营业绩。如果促销商品需要代扣代缴个人所得税，而个人所得税的适用税率较高，对企业的经营成果就会产生较大的影响。

第三，进行促销活动的税务筹划需要关注促销活动的最终目的。商品零售企业在选择让利促销方式时，切不可只考虑节税效益，而要从企业整体的盈利能力加以考虑。对于不同的促销方式，纳税少并不意味着税后获利大。进行让利促销方式的选择，务必从企业的实际情况出发，事先做好筹划，选择较优的促销方式，这样才能确保企业利益最大化。

2. 混合销售与兼营行为的合理区分

（1）一般业务中混合销售与兼营行为的税务筹划。如果一个企业既涉及货物又涉及服务，就可能发生混合销售行为和兼营行为。而根据《营业税改征增值税试点实施办法》第三十九条的规定，纳税人兼营销售货物、劳务、服务、无形资产或者不动产，适用不同税率或者征收率的，应当分别核算适用不同税率或者征收率的销售额；未分别核算的，从高适用税率。第四十条规定，一项销售行为如果既涉及服务又涉及货物，为混合销售。从事货物的生产、批发或者零售的单位和个体工商户的混合销售行为，按照销售货物缴纳增值税；其他单位和个体工商户的混合销售行为，按照销售服务缴纳增值税。本条所称从事货物的生产、批发或者零售的单位和个体工商户，包括以从事货物的生产、批发或者零售为主，并兼营销售服务的单位和个体工商户在内。在这种情况下，就要考虑是按照销售货物缴纳增值税还是按照销售服务缴纳增值税的问题。在现实中，这些问题往往会被忽略，不利于企业降低营销成本，同时也不利于减轻企业的税收负担。

企业在进行税务筹划时，主要应比较混合销售行为与兼营行为下税负的高低，选择低税负的行为。

例4－11

12月，某商场销售空调1 000台，取得不含税销售额250万元，购进空调当月可抵扣进项税额30万元。商场下设的安装部门为客户提供上门安装空调业务，取得安装费23.2万元，与之相关的可抵扣进项税额为0.1万元。该商场有以下两种筹划方案可供选择：一种是该商场的安装部门为非独立核算部门；另一种是该商场成立独立核算的安装部门提供安装业务。判别该商场选择哪种方案更适宜。

【分析】

方案1：该商场的安装部门为客户提供上门安装空调业务。

根据税法规定，上述行为属于混合销售行为，安装部门取得的安装费收入23.2万元，应并入空调的价款缴纳销售货物增值税，则该商场应纳税额为5.07万元（$[250+23.2\div(1+13\%)]\times13\%-30-0.1$）。

方案2：该商场成立独立核算的安装部门。

根据税法的规定，上述行为属于兼营行为，空调的安装费属于营改增后的建筑服务中的安装服务，应按销售服务缴纳增值税。

若独立核算的安装部门被认定为一般纳税人，则该商场总共应纳税额为4.32万元（$250\times13\%-30+23.2\div(1+9\%)\times9\%-0.1$）。

若独立核算的安装部门被认定为小规模纳税人，则该商场总共应纳税额为3.18万元（$250\times13\%-30+23.2\div(1+3\%)\times3\%$）。

可见，方案2比方案1少缴税，因此，该商场应选择成立独立的安装公司为客户提供安装业务。

兼营行为的产生有两种可能：一是增值税的纳税人为加强售后服务或扩大经营范围，涉足应税服务的征税范围，提供应税服务；二是提供应税服务的纳税人为增强获利能力，转而销售增值税的应税商品或提供增值税的应税劳务。

在进行该项税务筹划时，还应注意：

第一，销售行为是否属于混合销售，需要主管税务机关认定。如果希望通过混合销售的税务筹划来节税，必须得到税务机关的认可。

第二，必须考虑筹划对象的成本变化，同时考虑产品售价的定价是否合理。

（2）还本销售中的税务筹划。还本销售是指纳税人在销售货物后，到一定期限由销售方一次或分次退还给购货方全部或部分价款的销售方式。其销售额就是货物的销售价格，不得从销售额中减除还本支出。

例4－12

某企业以还本销售方式销售货物，价格为300万元（含税），规定5年内每年还本60万元，该货物的市场价格为100万元（含税）。假定该企业当期允许抵扣的进项税额为0。

【分析】

该企业有以下两种筹划方案可供选择。

方案1：还本销售方式。由于还本销售的销售额就是货物的销售价格，不得从销售额中减除还本支出，因此，该企业应缴纳增值税34.51万元（300÷(1＋13%)×13%）。

方案2：该企业以市场价格销售货物，价格为100万元（含税），同时向购买方借款200万元，利率为10%，规定5年内每年还本付息60万元（200÷5＋200×10%），本息共计300万元（60×5）。该企业应缴纳增值税11.50万元（100÷(1＋13%)×13%）。

可见，方案2比方案1可少纳税23.01万元（34.51－11.50）。

（3）以物易物中的税务筹划。以物易物是指购销双方不以货币结算，而以同等价款的货物相互结算，实现货物购销的一种方式。税法规定，以物易物的双方都应做购销处理，以各自发出的货物核算销售额并计算销项税额，以各自收到的货物按规定核算购货额并计算进项税额（双方必须开具增值税专用发票）。

（4）代销方式中的税务筹划。代销就是委托销售，一般发生在工业企业与商业企业之间。工业企业委托他人为自己代销商品，而商业企业为他人代销。对商业企业来说，采用代销方式销售商品是一种明智的选择，本身能减轻销售等方面的风险，同时可以获得一定的经营利润；对于工业企业来说也可以通过此次委托适当降低营销成本，同时迅速拓宽销售市场。

根据税法规定，代销行为分为两种：

第一种是视同买断的代销行为。委托方根据签订的协议价格将货物交付受托方，受托方自行确定实际售价。货物售出后，委托方按协议价收取价款，受托方获得实际售价与协议价的差额。双方比照销售进行增值税会计处理，分别按不含税协议价和不含税实际售价计量收入，确定销项税额。受托方同时将委托方收取的增值税，作为进项税额予以抵扣。

第二种是收取手续费的代销行为。委托方按双方签订的协议确定代销货物的售价，受托方按其定价代销，并按售价的百分比收取手续费。双方同样按不含税售价计算销项税额，委托方将其销售货物的价款记作收入，受托方则记作应付账款；受托方将委托方开来的专用发票上的进项税额用于抵扣，同时在收到手续费时，按手续费金额的多少计算应纳增值税。

两种代销方式对于企业的税收负担影响不同，企业要认真分析，选择适宜的方式加以运作。

例 4-13

A 公司与 B 公司签订一项代销协议，由 B 公司代销 A 公司的产品，不论采取何种代销方式，A 公司的产品在市场上均以 1 000 元/件的价格销售。城市维护建设税税率为 7%，教育费附加征收率为 3%，地方教育附加征收率为 2%，增值税税率为 13%。

【分析】

方案 1：采取视同买断方式。假设在纳税期，B 企业代销 A 公司产品共 200 件，该产品在 A 公司与 B 公司的协议价为 800 元/件，同时 A 公司当期允许抵扣的进项税额为 20 000 元。

A 公司：收入增加 160 000 元（800×200），应缴增值税 800 元（160 000×13%－20 000），应缴城市维护建设税及教育费附加为 96 元（800×(7%＋3%＋2%)），A 公司应缴流转税合计 896 元（800＋96）。

B 公司：收入增加 200 000 元（1 000×200），成本增加 160 000 元，应缴增值税 5 200 元（200 000×13%－160 000×13%），应缴城市维护建设税及教育费附加 624 元（5 200×(7%＋3%＋2%)），B 公司应缴流转税合计 5 824 元（5 200＋624）。

A 公司与 B 公司应缴流转税合计 6 720 元（896＋5 824）。

方案 2：采取收取手续费方式。假设在纳税期，B 公司代销的 A 公司产品也是 200 件，同时根据代销数量，B 公司向 A 公司收取 20%的代销手续费40 000元，A 公司当期允许抵扣的进项税额为 20 000 元。A 和 B 公司均向对方开具了增值税专用发票。营改增后，手续费代销方式属于增值税征税范围中的商务辅助服务。

A 公司：收入增加 200 000 元（1 000×200），同时收到 B 公司开具增值税专用发票，应缴增值税 3 600 元（200 000×13%－20 000－40 000×6%），应缴城市维护建设税及教育费附加 432 元（3 600×(7%＋3%＋2%)），A 公司应缴流转税合计4 032 元（3 600＋432）。

B 公司：销售货物增值税销项税额与进项税额相等，相抵后，该项业务的应交增值税为 0，但 B 公司采取收取手续费代销方式，应缴纳增值税 2 400 元（40 000×6%），应缴城市维护建设税及教育费附加 288 元［2 400×(7%＋3%＋2%)］，B 公司应缴流转税合计 2 688 元（2 400＋288）。

A 公司与 B 公司应缴流转税合计＝4 032＋2 688＝6 720(元)

两种代销方式的比较：从整体税负来看，视同买断方式代销与收取手续费方式代销税收负担相同。但在现实销售过程中，在视同买断方式下，A公司节约3 136元（4 032－896），B公司要多缴3 136元（5 824－2 688）。因此，A公司可以考虑采取补偿的方式，来鼓励B公司接受视同买断的代销方式。

4.3.2 销售结算方式的税务筹划

销售结算方式通常有直接收款、委托收款、托收承付、赊销或分期收款、预收款销售、委托代销等。对于不同的销售方式，其纳税义务发生的时间是不相同的。销售结算方式的筹划就是在税法允许的范围内，尽量采取有利于本企业的结算方式，推迟纳税时间，获得纳税期的递延，或者打时间差，避免纳税税额过于集中，减轻企业资金的压力。比如，税法规定，赊销和分期收款结算方式都是以合同约定日期为纳税义务发生时间，因此，企业在产品销售过程中，在应收货款一时无法收回或部分无法收回的情况下，可以选择赊销或分期收款结算方式。再如，税法规定，委托代销商品指委托方将商品交付给受托方，受托方根据合同要求，将商品出售后开具销货清单并交给委托方，这时委托方才能确认销售收入的实现。因此，如果企业产品销售对象是商业企业，并且产品以商业企业再销售后付款结算方式销售，则可以采用委托代销结算方式，根据实际收到的货款分期计算销项税额，从而延缓纳税时间。

例4-14

某饮料厂2021年5月向外地某超市销售某款饮料，货款为113万元，货款结算采用销售后付款的形式。10月该超市汇来货款30万元。

该饮料厂与超市约定可以选择的结算方式如下。

方案1：委托代销方式销售；

方案2：直接收款方式销售。

该饮料厂应选择哪种结算方式？

【分析】

方案1：如按委托代销处理，5月可不计算销项税额，10月按规定向代销单位索取销货清单并计算销售，计提销项税额：

$$30\div(1+13\%)\times13\%=3.45(\text{万元})$$

对尚未收到销货清单的货款可暂缓申报计算销项税额。

方案2：如不按委托代销处理，则5月应计销项税：

$$113\div(1+13\%)\times13\%=13(\text{万元})$$

如不进行会计处理申报纳税，则违反税收规定。

因此，此类销售业务选择委托代销结算方式对企业更有利。

4.3.3 销售价格的税务筹划

与筹划有关的企业定价策略有两种表现形式：一种是与关联企业间合作定价，

目的是减轻企业间的整体税负；另一种是主动制定一个稍低的价格，以获得更大的销量，从而获得更多的收益。

1. 利用转让定价技术筹划税收

转让定价是指在经济生活中，有经济联系的各方为转移利润而在产品交换或买卖活动过程中，不按照市场买卖规则和市场价格进行交易，而是根据他们的共同利益，或者为了最大限度地维护他们之间的收入而进行的产品或非产品转让。在这种转让过程中，产品的价格根据双方的意愿，可高于或低于市场上由供求关系决定的价格，以达到减轻整体税收负担的目的。

例4-15

某化妆品生产企业生产了一批高档化妆品，对外销售时定价会根据销售对象的不同而不同，若对集团内部负责销售的企业销售，价格定为120 000元；若直接对外销售，价格定为150 000元。假定本期准予抵扣的进项税额为0。

该公司在确定销售对象时可选择的方案有两种。

方案1：该企业全部产品直接对外销售；

方案2：该企业全部产品对内销售。

【分析】

方案1：

本期应纳增值税＝150 000÷(1＋13%)×13%＝17 256.64(元)
本期应纳消费税＝150 000÷(1＋13%)×15%＝19 911.50(元)
合计税金＝17 256.64＋19 911.50＝37 168.14(元)

方案2：

本期应纳增值税＝120 000÷(1＋13%)×13%＝13 805.31(元)
本期应纳消费税＝120 000÷(1＋13%)×15%＝15 929.20(元)
合计税金＝13 805.31＋15 929.20＝29 734.51(元)

因此，对比方案1，方案2使集团少纳税7 433.63元（37 168.14－29 734.51）。

需要指出的是，化妆品生产企业在对内销售产品时，只能适度压低价格。由于独立核算的化妆品生产企业与化妆品销售公司之间存在关联关系，按照《税收征收管理法》的规定，企业或者外国企业在中国境内设立的从事生产经营的机构、场所与其关联企业之间的业务往来，应当按照独立企业之间的业务往来收取或者支付价款、费用；不按照独立企业之间的业务往来收取或者支付价款、费用，而减少其应纳税的收入或者所得额的，税务机关有权进行合理调整。因此，化妆品生产企业向集团内部销售的价格应当参照独立销售给其他商家当期的平均价格确定。如果压低幅度过大，就属于税法所称“价格明显偏低”，此时，税务机关就可以行使对价格的调整权。

转让定价具有双重性，有积极的一面，也有消极的一面。关联企业之间的内部交易价格可以采取与市场正常价格不同的价格，这是企业定价自主权的体现。但若仅仅出于税收上的动因，在价格上做文章，不正常地抬高或压低价格以达到少纳税的目的，则可能被税务机关认定为避税行为，从而导致对价格的调整。因而对转让定价行为，在具体操作时，应该确保调整后的价格与市场交易价格相差不大，以降低税收遵从成本。

2. 主动调整商品的价格

企业在制定价格时，应该特别注意价格的高低对企业税负可能造成的影响。在现实生活中，产品的销售价格提高，会导致销量减少，有可能引起总收入下降。同时，考虑到税收征管中的临界点因素，价格过高可能会导致税负大幅增加。因此，根据企业的经营情况灵活调整商品价格是进行销售价格筹划的主要方式。

例4-16

红满堂房地产开发公司主要从事房地产的开发与销售，现开发普通住宅一批，在制定销售价格时面临两种方案：(1) 若以每平方米11 800元的价格售出，可扣除项目金额为每平方米10 000元；(2) 若以每平方米12 100元的价格售出，可扣除项目金额也为每平方米10 000元。该企业应选择何种方案，以保证税后利益的最大化？

【分析】

方案1：

增值率＝(11 800－10 000)÷10 000＝18%

因为增值率小于20%，可以免缴土地增值税。

每平方米销售净收入＝11 800－10 000＝1 800(元)

方案2：

增值率＝(12 100－10 000)÷10 000＝21%

应纳土地增值税＝(12 100－10 000)×30%＝630(元)

每平方米销售净收入＝12 100－10 000－630＝1 470(元)

由此可见，虽然方案1中售价较低，但因为规避了土地增值税，反而比方案2中每平方米多获利330元（1 800－1 470）。可见，企业只有合理利用销售价格的适当选择权，才可以达到节税的目的。

4.3.4 销售地点的税务筹划

企业发展到一定规模以后，基于稳定供货渠道、开辟新市场或方便客户服务的考虑，不可避免地需要在销售业务相对集中的地区设立业务联络点。联络点的形式大致有两种：一是办事处，二是分公司。分公司可以从事经营活动，而办事处一般只能从事总公司营业范围内的业务联络活动。分公司、办事处的税收待遇不同，主要体现在流转税和企业所得税上。

从增值税看，办事处由于不从事经营活动，因此在当地无须缴纳增值税，而分公司的经营活动必须在当地缴纳增值税。

从企业所得税看，办事处由于不能从事经营活动，没有业务收入，不存在利润，也就没有应纳税所得额，无须缴纳企业所得税。对于分公司而言，企业所得税可以在分公司所在地税务机关缴纳，也可以汇总后由总公司集中缴纳。对于由总公司汇总缴纳的，由总公司所在地税务局开具企业所得税已在总机构汇总缴纳的证明，分公司凭此证明到所在地税务局办理相关手续。一般来说，汇总纳税优于独立纳税，因为总公司和分公司的盈亏可以互相弥补。

同时，也必须看到，国家为了鼓励某些地区的发展，在税法上体现出地区倾斜政策导致的地区性税负差别，以及不同国家之间税收政策的差异，这也是销售地点筹划的存在依据。从国内看，我国的税收政策在区域上的差别主要体现在所得税方面，其中有经济特区的税收优惠、经济开发区的税收优惠、沿江开发区的税收优惠、沿边开发区的税收优惠、民族自治区的税收优惠和我国西部开发的税收优惠等。在这些区域开办企业，一般情况下，不仅能够享受到税收的优惠，而且能享受到当地政府有关税费减免或者财政返还的优惠。特别是设立具有主体生产经营职能的二级分支机构，根据国家税务总局公告 2012 年第 57 号文件印发的《跨地区经营汇总纳税企业所得税征收管理办法》第十六条的规定，总机构设立具有主体生产经营职能的部门，且该部门的营业收入、职工薪酬和资产总额与管理职能部门分开核算的，可将该部门视同一个二级分支机构，按本办法规定计算分摊并就地缴纳企业所得税；该部门与管理职能部门的营业收入、职工薪酬和资产总额不能分开核算的，该部门不得视同一个二级分支机构，不得按本办法规定计算分摊并就地缴纳企业所得税。

例 4 - 17

某油品销售公司是经营原油及油品的企业，为增值税一般纳税人，某年 1—6 月该公司在某市设置了临时办事处，经营公司发来的油品及原油。根据办事处灵活多变的特点及现行税收法规，有以下三种经营方式及涉税处理方案。

方案 1：办事处作为固定业户外出经营活动的办事机构，向其机构所在地主管税务机关申请开具外出经营活动税收管理证明，持税务登记证副本、外出经营活动税收管理证明第二、三、四联，连同运抵货物或经营项目，一并向销售地税务机关申请报验。

销售地税务机关对其运抵的货物应对照外出经营活动税收管理证明载明的起运货进行查验、核对。纳税人在批准有效期结束后，应向销售地税务机关进行报告。

销售地税务机关查明销售情况后，填明销售经营情况的有关栏次，并将报验联留存。

办事处向销售地税务机关申请领购发票，并按月向销售地税务机关办理申报手续，最后由办事处凭外出经营活动税收管理证明向机构所在地主管税务机关申报纳税。

方案 2：办事处作为常设分支机构在经营地办理营业执照，并被认定为增值税一般纳税人，按规定在经营地申请领购发票，在经营地申报纳税，销售收入全额上缴总机构。

方案3：办事处作为独立核算机构，在经营地办理营业执照，并被认定为增值税一般纳税人，自主经营，实行独立核算，独立处理全部涉税及有关经济事宜。

该办事处在1—6月接到总公司拨来的货物500吨，取得销售收入200万元，拨入价为160万元，在经营地就地采购原油1万吨，购进价为900万元，取得销售收入1 000万元，1—6月盈利100万元。假定总公司所在地适用的企业所得税税率为25%，办事处所在地适用的企业所得税税率为15%（注：总公司上年度会计核算亏损200万元；上述进价及销售收入均为不含税价格）。

要求：应该优选哪种方案？

【分析】

方案1：办事处为固定业户外出经营活动办事机构。

（1）总公司拨来货物有合法经营手续，应回总机构所在地纳税。

应纳增值税=(200－160)×13%=5.2(万元)

（2）办事处在经营地所采购的货物。

根据《国家税务总局关于固定业户临时外出经营有关增值税专用发票管理问题的通知》（国税发〔1995〕87号）和《国家税务总局关于简并增值税征收率有关问题的公告》（国家税务总局公告2014年第36号）的规定，自2014年7月1日起，固定业户（指增值税一般纳税人）临时到外省、市销售货物的，必须向经营地税务机关出示外出经营活动税收管理证明回原地纳税，需要向购货方开具专用发票的，亦回原地补开。对未持外出经营活动税收管理证明的，经营地税务机关按3%的征收率征税。

根据《国家税务总局关于创新跨区域涉税事项报验管理制度的通知》（税总发〔2017〕103号）和《国家税务总局关于明确跨区域涉税事项报验管理相关问题的公告》（国家税务总局公告2018年第38号）的相关规定，自2017年9月，将“外出经营活动税收管理”更名为“跨区域涉税事项报验管理”，纳税人跨区域经营前不再开具相关证明，改为填报跨区域涉税事项报告表。纳税人跨省（自治区、直辖市和计划单列市）临时从事生产经营活动的，不再开具外出经营活动税收管理证明，改向机构所在地的税务机关填报跨区域涉税事项报告表。

因此，2017年9月后，建议纳税人应及时填报跨区域涉税事项报告表，且对外销售价格不变，则需缴纳增值税39.50万元（(200＋1 000)×(1＋13%)÷(1＋3%)×3%）。税负明显增加。

若不按期纳税，则回机构所在地后需缴纳一定数额的罚款，但目前税法无具体的比例限定。

（3）100万元汇回总公司弥补亏损。

共计纳税=5.2＋39.50=44.7(万元)

方案2：按分支机构缴税，在经营地纳税。

应纳增值税=[(1 000－900)＋(200－160)]×13%=18.2(万元)

100 万元利润按《企业所得税法》的规定，可弥补总公司上一年度亏损。

共计纳税＝18.2(万元)

方案 3：按独立核算企业。

应纳增值税＝[(1 000－900)＋(200－160)]×13%
＝18.2(万元)
应纳企业所得税＝100×15%＝15(万元)
共计纳税＝18.2＋15＝33.2(万元)

由此可以看出，上述 3 种处理方法纳税额不同，其中方案 2 最佳。

若总公司上年度并非亏损，而是应纳税所得额为 100 万元，方案的选择就会有所变化。

方案 1：办事处为固定业户外出经营活动办事机构。

(1) 总公司拨来货物有合法经营手续，应回总机构所在地纳税。

应纳增值税＝(200－160)×13%＝5.2(万元)

(2) 办事处在经营地所采购的货物超出外出经营活动税收管理证明的范围，应在经营地纳税。

应纳增值税＝(1 000－900)×13%＝13(万元)

若不按期纳税，则回机构所在地后需缴纳一定数额的罚款，但目前税法无具体的比例限定。

(3) 100 万元汇回总公司，汇总纳税。

应纳企业所得税＝(100＋100)×25%＝50(万元)
共计纳税＝5.2＋13＋50＝68.2(万元)

方案 2：按分支机构缴税，应在经营地纳税。

应纳增值税＝[(1 000－900)＋(200－160)]×13%＝18.2(万元)

100 万元汇回总公司，汇总纳税。

应纳企业所得税＝(100＋100)×25%＝50(万元)
共计纳税＝18.2＋50＝68.2(万元)

方案 3：按独立核算企业。

应纳增值税＝[(1 000－900)＋(200－160)]×13%
＝18.2(万元)
应纳企业所得税＝100×15%＋100×25%＝40(万元)
共计纳税＝18.2＋40＝58.2(万元)

由此可以看出，上述 3 种处理方法纳税额不完全相同，其中方案 3 最佳，充分享受了销售地的税收优惠政策。

复习思考题

1. 在日常生产和经营过程中，许多企业的负责人认为，与税收有关的一切事项都应当由财会人员来负责；财会人员也认为，一切涉税事项应当由自己来负责。但财会人员在处理涉税事项的过程中感到许多涉税事项他们想负责，却无力负责；他们想处理，却没有资格来处理；他们想控制，却没有权力来控制。这是什么原因呢？

2. 赊购与现金采购在税收方面有何差异？

3. 作为企业经营管理者，在销售时如何有效地确定销售价格达到最优？

4. 如何从税收角度正确确定企业扩大生产经营的规模与新上生产项目？

5. 如何从税负角度来合理确定产销规模与结构？

案例分析题

案例1

A家电销售公司是B公司知名品牌电视机在当地的独家经销商，是增值税一般纳税人。A家电销售公司全年销售电视机2 500台，销售方式有两种：

方案一，双方签订购销合同，A家电销售公司按照B公司规定的市场销售价格销售其生产的电视机，每销售一台，B公司返还A家电销售公司资金200元，按实际销售量结算。A家电销售公司取得返还资金50万元。

方案二，双方签订代销合同，规定A家电销售公司按照B公司规定的市场销售价格销售其生产的电视机，每销售一台，B公司支付A公司代销手续费200元，按实际销售量结算。

分析要求：两种方案哪种更节税？

案例2

某家电超市的商品销售利润率为35%，即销售100元商品，成本为65元。该家电超市是增值税一般纳税人，购货可以取得增值税专用发票。为了促销，该家电超市拟定三个方案。

方案1：将商品以八折销售；

方案2：凡购物满500元者，可获赠价值40元的商品（成本为26元，都为含税价）；

方案3：凡购物满500元者，将获返还现金40元。

分析要求：假设消费者购买一件价值500元的商品，该家电超市的应纳税情况和利润情况如何？该家电超市的经营者应如何选择促销方式？

案例 3

某制药厂主要生产抗菌类药物，也生产避孕药品。某年该厂抗菌类药物的销售收入为 800 万元，避孕药品的销售收入为 200 万元。全年购进货物的增值税进项税额为 80 万元。

分析要求：该制药厂是应把避孕药品车间分离出来，单独设立一家制药厂，还是应保持现状？

第5章

会计政策选择的税务筹划

学习目标

1. 掌握会计政策选择所涉及的税务筹划方法。
2. 熟悉会计政策选择所涉及的税种。
3. 了解会计政策的内容。

在各种税务筹划中，会计政策选择的税务筹划与会计准则、制度关系最为密切，且不受外部的经济、技术条件的约束。筹划成本低，易于操作，一般不改变企业正常的生产经营活动和经营方式。因此，利用会计政策选择进行税务筹划越来越受到企业的重视。我国企业会计准则和制度在不断完善，朝统一性、国际性方向发展，扩展了会计政策的选择空间。随着改革开放和经济发展速度的加快，以及加入世界贸易组织等各种因素的变化，我国税务筹划会计政策选择的空间将不断扩大。企业在进行会计政策选择的税务筹划时，应考虑各种因素，为税务筹划提供理论支持。

5.1 会计政策选择的税务筹划概述

5.1.1 会计政策及其选择

会计政策是指企业在会计确认、计量和报告中所采用的原则、基础和会计处理方法。其中，原则是指按照企业会计准则的规定适合企业会计核算所采用的具体会计原则；基础是指为了将会计原则应用于交易或者事项而采用的基础，主要是计量基础（即计量属性）；会计处理方法是指企业在会计核算时，按照国家统一的会计制度等采用或者选择的适合本企业的具体会计处理方法。由于企业经济业务的复杂性和多样性，某些经济业务可以有多种会计处理方法，即存在会计政策选择的可能性。

会计政策选择就是企业在国家会计法规的指导下，结合实际情况选择能恰当反映本企业财务状况和经营成果的某种会计原则、方法和程序。会计政策可以分为两类：一类是强制性的会计政策，包括会计期间的划分、记账货币、会计报告的构成和格式等，这些是企业必须遵循的，不受税务筹划的影响；另一类是可选择的会计政策，具体包括存货计价方法、坏账准备计提方法、资产减值准备的提取方法、固定资产折旧方法以及长期股权投资的核算方法等。这部分会计政策的运用需要借助会计人员的职业判断，而会计实践中职业判断（选择）的存在为企业进行税务筹划提供了条件。

5.1.2 会计政策选择的税务筹划的概念

会计政策选择的税务筹划是指企业为实现税后收益最大化的财务目标，在既定的税制框架内，通过对企业涉税事项会计处理原则、方法的预先确定和谋划，对不同会计政策选择下的纳税方案进行优化选择的一种财务决策活动。

会计政策选择的税务筹划是在既定的税法和税制框架内，根据自己的具体情况选择适合的会计政策，对企业涉税事项进行会计处理，从而降低纳税成本和纳税风险，因此具有一定的现实意义。①

5.2 资产会计政策的税务筹划

资产是指企业过去的交易或者事项形成的、由企业拥有或者控制的、预期会给企业带来经济利益的资源。将一项资源确认为资产，需要符合资产的定义，并同时满足以下两个条件：与该资源有关的经济利益很可能流入企业；该资源的成本或者价值能够可靠地计量。

资产可以按照不同的标准进行分类，比较常见的是按照流动性和按照有无实物形态进行分类。按照流动性，资产可以分为流动性资产和非流动性资产；按照有无实物形态，资产可以分为有形资产和无形资产。

资产的内容较多，但从税务筹划角度，本节只涉及存货、长期股权投资、投资性房地产、固定资产、无形资产等内容。

5.2.1 存货的税务筹划

存货是指企业在日常活动中持有以备出售的产成品或商品、处在生产过程中的在产品、在生产过程或提供劳务过程中耗用的材料、物料等，包括各种原材料、燃料、包装物、低值易耗品、在产品、外购商品、自制半成品、产成品等。其最

① 甘亚蓉. 论会计政策选择和税务筹划. 金融教育研究，2006 (6)：116-118.

基本的特征是，企业持有存货的最终目的是出售，不论是直接出售还是需要经过进一步加工后才能出售。因此，存货的税务筹划非常重要。

1. 存货的税务处理

（1）存货的计税基础。存货按照以下方法确定成本：

1）通过支付现金方式取得存货，以购买价款和支付的相关税费为成本。

2）通过支付现金以外的方式取得存货，以该存货的公允价值和支付的相关税费为成本。

3）生产性生物资产收获的农产品，以产出或者采购过程中发生的材料费、人工费和分摊的间接费用等必要支出为成本。

（2）存货成本的计价方法。企业使用或者销售的存货的成本计算方法可以在先进先出法、加权平均法、个别计价法中选用一种。计价方法一经选用，不得随意变更。

2. 存货的税务筹划

存货的税务筹划在本章仅指存货计价方法的税务筹划。《企业会计准则第1号——存货》第三章第十四条规定，企业应当采用先进先出法、加权平均法或者个别计价法确定发出存货的实际成本。①

（1）先进先出法。先进先出法即假设先入库先发出，每次发货时，先按第一批购入该种存货的单价计算，超出部分再按第二批购入该种存货的单价计算，以此类推。

（2）加权平均法。加权平均法即以月初结存的存货实际成本与全月收入该种存货实际成本之和除以月初结存的存货数量与全月收入该种存货数量之和，求得平均单价。这种平均单价每月计算一次。其计算公式如下：

$$\text{某种存货平均单价}=\left(\text{月初结存的存货实际成本}+\text{全月收入该种存货实际成本}\right)\div\left(\text{月初结存的存货数量}+\text{全月收入该种存货数量}\right)$$

$$\text{发出存货实际成本}=\text{该种存货平均单价}\times\text{本月发出该种存货数量}$$

（3）个别计价法。个别计价法是指原材料发出时认定每件或每批材料的实际单价，以计算该件或该批材料发出成本的方法。个别计价法由于在实际操作中工作繁重，成本较高，对大多数存货品种来说都不实用，因此本节重点讨论前面两种方法。

一般情况下，企业在利用存货计价方法进行税务筹划时，要考虑企业所处的环境及物价波动等因素的影响。具体包括：其一，在实行比例税率条件下，对存货计价方法进行选择，必须充分考虑市场物价变化趋势因素的影响。当材料价格不断下降，采用先进先出法来计价，会导致期末存货价值降低，销货成本增加，从而减少应纳税所得，达到节税目的；而当物价上下波动时，企业则应选择加权平均法对存货进行计价，以避免因销货成本的波动，而影响各期利润的均衡性，进而造成企业各期应纳所得税额上下波动，增加企业安排资金的难度。其二，

① 中华人民共和国财政部. 企业会计准则（2006）. 北京：经济科学出版社，2006.

在实行累进税率条件下，选择加权平均法对企业发出和领用的存货进行计价，可以使企业获得较轻的税收负担。采用加权平均法对存货进行计价，企业各期计入产品成本的材料等存货的价格比较均衡，不会时高时低，使企业产品成本不致发生较大变化，各期利润比较均衡。其三，如果企业正处于所得税的减免税期，意味着企业在该期间内获得的利润越多，其得到的减免税额也就越多，在物价上涨的情况下，企业就可以通过选择先进先出法计算材料费用，减少材料费用的当期摊入，扩大当期利润。因此，存货计价方法的税务筹划对于降低企业的成本是非常必要的。

以商业企业为例，其销货成本的计算公式为：

销货成本＝期初存货成本＋本期存货成本－期末存货成本

由上述公式可知，期末存货成本的大小与销货成本高低成反比。换言之，期末存货金额越大，销货成本越低，销货毛利随之加大，应纳税所得额及所得税负也会增加，从而对企业不利；反之，期末存货金额越小，销货成本便越高，销货毛利随之变小，应纳税所得额及所得税负均会减少，从而对企业有利。

在不同的存货计价方法下，所结转的当期销货成本的数额会有所不同，从而影响到企业当期应纳税所得额及所得税负的大小。因此，对存货的计价方法进行合理筹划，可以减轻企业的所得税税负。

例5-1

某商业企业第一年购销货情况如表5-1所示。请比较先进先出法和加权平均法。

表5-1　某商业企业第一年购销货情况表

日期	购货		日期	销货	
	数量（件）	单价（元）		数量（件）	单价（元）
2月1日	100	20	3月1日	80	40
4月1日	40	25	12月23日	100	60
9月1日	50	30			
12月20日	40	35			

【分析】

（1）根据表5-1，采用先进先出法计算的期末存货成本如表5-2所示。

表5-2　采用先进先出法计算的期末存货成本

日期	购货成本			销货成本			存货成本		
	数量（件）	单价（元）	金额（元）	数量（件）	单价（元）	金额（元）	数量（件）	单价（元）	金额（元）
2月1日							100	20	2 000
3月1日				80	20	1 600	20	20	400
4月1日	40	25	1 000				20 40	20 25	400 1 000
9月1日	50	30	1 500				20 40 50	20 25 30	400 1 000 1 500

续表

日期	购货成本			销货成本			存货成本		
	数量（件）	单价（元）	金额（元）	数量（件）	单价（元）	金额（元）	数量（件）	单价（元）	金额（元）
12月20日	40	35	1 400				20 40 50 40	20 25 30 35	400 1 000 1 500 1 400
12月23日				20 40 40	20 25 30	400 1 000 1 200	10 40	30 35	300 1 400

根据上述计算结果，产生的收入、成本、毛利及存货资料如下：

销货收入＝80×40＋100×60＝9 200(元)

销货成本＝1 600＋400＋1 000＋1 200＝4 200(元)

销货毛利＝9 200－4 200＝5 000(元)

期末存货＝300＋1 400＝1 700(元)

（2）采用加权平均法计算的期末存货成本如表5-3所示。

表5-3 采用加权平均法计算的期末存货成本

日期	购货成本			销货成本			存货成本		
	数量（件）	单价（元）	金额（元）	数量（件）	单价（元）	金额（元）	数量（件）	单价（元）	金额（元）
2月1日							100	20	2 000
3月1日				80	20	1 600			
4月1日	40	25	1 000						
9月1日	50	30	1 500						
12月20日	40	35	1 400						
12月23日				100					
合计	130		3 900	180	25.65	4 617	50	25.65	1 282.5

根据上述计算结果，产生的收入、成本毛利及存货资料如下：

销货收入＝80×40＋100×60＝9 200(元)

销货成本＝180×25.65＝4 617(元)

销货毛利＝9 200－4 617＝4 583(元)

期末存货＝50×25.65＝1 282.5(元)

从上述计算中，可以获得两种不同的存货计价方法所计算出来的收入、成本、毛利及存货，如表5-4所示。

表5-4 各种方法计算的期末存货成本比较 单位：元

存货计价方法	期末存货	销货收入	销货成本	销货毛利	应纳税所得额	有利顺序
先进先出	1 700	9 200	4 200	5 000	850	2
加权平均	1 282.5	9 200	4 617	4 583	779.11	1

由表5-4可知，当物价呈上升趋势时，宜采用加权平均法，因为采用此法期

末存货成本最低，销货成本最高，并可将净利递延至次年，从而起到延缓缴纳企业所得税的效果。本例中，企业购进货物单价呈上升趋势，经比较，采用加权平均法更有利。当物价呈下降趋势时，则采用先进先出法较为有利。因为采用此法，期末存货最接近成本（即以较低价计算），而销货成本则较高，同样可以将净利递延至次年，进而达到减缓缴纳企业所得税的目的。

对于生产型企业而言，企业选择计价方法的关键在于判断本企业主要材料的价格趋势。总体而言，物价总水平一般呈上涨趋势或保持平衡，因而对于普通材料而言，选择加权平均法比较稳妥。而对于一些技术更新快、供给不断增加的材料，价格可能呈下降趋势，比如家电生产企业在显像管价格不断下跌的过程中，就应选择先进先出法。同样，当物价上下波动时，企业应选择加权平均法，可避免因销货成本的波动，影响短期利润的均衡性，进而造成短期应纳所得税额上下波动，增加企业安排资金的难度。

企业如果处于减免税期，其获得的利润越多，享受税收减免的程度就越大，就可以通过选择有利的存货计价方法，减少成本费用在当期的摊入，使当期利润最大化；如果处于正常纳税期，其获得的利润越多，缴纳的税收金额就越大，就可以通过选择有利的存货计价方法，增加成本费用在当期的摊入，使当期利润最小化，从而减少当期缴纳的税款。

无论采用哪种存货计价方法，从长期看，其实际缴纳的税额相同，但考虑资金的时间价值，企业还是应该进行筹划。需要注意的是，存货计价方法一经选用，在一定时期内（一般为一年）不得随意变更，确实需要改变计价方法的，应当在下一纳税年度开始前报主管税务机关批准，并在财务报表附注中予以说明。否则，对应纳税所得额造成影响的，税务机关有权调整。因此，在进行税务筹划时，必须在会计年度末，根据企业经济运行的状况做出正确判断，按照以上原则选择下一年度对企业节税有利的存货计价方法。

5.2.2 长期股权投资的税务筹划

投资是企业为了获得收益或实现资本增值而向被投资单位投入资金的经济行为。长期股权投资的实质是权益性投资。根据《企业会计准则第 2 号——长期股权投资》的规定，下列范围内的投资应确认为长期股权投资：

（1）企业持有的能够对被投资单位实施控制的权益性投资，即对子公司投资。

（2）企业持有的能够与其他合营方一同对被投资单位实施共同控制的权益性投资，即对合营企业投资。

（3）企业持有的能够对被投资单位施加重大影响的权益性投资，即对联营企业投资。

根据企业长期股权投资活动的不同方式，税务筹划方法也各不相同。

1. 长期股权投资的计税成本

长期股权投资按照税法确定的成本称为计税成本，按照会计准则确定的成本称为会计成本。法规对二者规范的目的不同：税法上的投资成本（计税成本）确定是为了反映和贯彻有关投资的税收政策，准确计算投资所得（损失）、投资转让所得（损失），以及防止对企业利润重复征税或对企业亏损重复利用；而会计上的投资成本（会计成本）确定则是基于投资业务确认、计量、报告的需要，及时准确地反映投资损益、投资成本的增减变化。因此，企业在申报纳税时，对会计有关账户中的投资所得、投资转让所得和投资转让成本等数据要按照现行税收政策进行纳税调整。

2. 长期股权投资的税务筹划

由长期股权投资的概念可知，长期股权投资的投资方获得股权，对被投资方的生产经营活动具有投票权，并参与被投资方的利润分配。因此，对长期股权投资进行税务筹划是非常必要的。

（1）长期股权投资会计核算方法的税务筹划。我国现行会计准则规定，长期股权投资的持有收益核算方法有成本法和权益法两种。

成本法是指长期股权投资按投资成本计价的方法。长期股权投资成本法的适用范围是：投资企业能够对被投资单位实施控制的长期股权投资，即对子公司的投资。

权益法是指投资最初以初始投资成本计价，以后根据投资企业享有被投资单位所有者权益份额的变动对投资的账面价值进行调整的方法。长期股权投资权益法的适用范围是：投资企业对被投资单位具有共同控制的长期股权投资，即投资企业对合营企业的投资；投资企业对被投资单位具有重大影响的长期股权投资，即投资企业对联营企业的投资。

企业会计准则扩大了成本法的核算范围，将原来应用权益法核算的“属于具有控制”的范围纳入成本法核算范围，应该说这一变革对企业节税是有利的。这种核算方法具体有两个有利的方面：一是在收益的确认时间上税法与会计核算基本是一致的，按其实际获得的收益依法纳税，客观上很公平，而且无须做复杂的纳税调整。二是若被投资企业实现净利润，只有在宣告分派后，投资企业才能确认收益，将其计入应纳税所得额（投资企业所得税税率高于被投资企业的按差额补税）。如果被投资企业账面上保留一部分未宣告分配的利润，投资企业可以把这一部分已实现收益但未分回的部分作为将来追加投资或挪作他用继续保留在被投资企业的账面上，以规避或延缓这部分投资收益应缴纳的所得税。因此，选择成本法核算无论是为了规避还是为了延缓纳税对企业都较为有利。

（2）先分配股利再股权转让。《企业所得税法》第二十六条规定，符合条件的居民企业之间的股息、红利等权益性投资收益为免税收入。股息性所得是投资方从被投资单位获得的税后利润，属于已缴纳过企业所得税的税后所得，原则上应避免重复征税；所谓红利所得，是指资本利得，资本利得是投资企业处理股权的收益，即企业收回、转让或清算处置股权投资所获得的收入，减除股权投资成本后的余额，这种收益应全额并入企业的应纳税所得额，依法缴纳企业所得税。

因此，正确的做法是被投资企业保留利润暂不分配，待企业股权欲转让时，在转让之前将未分配利润进行分配。

例5-2

甲企业以700万元投资乙公司，占乙公司70%的股份，几年后，甲企业将其拥有的乙公司股份以910万元转让给丙公司，已知乙公司未分配利润为300万元。

方案1：甲企业直接转让给丙公司，甲企业转让收益为210万元。

方案2：甲企业先将30%的利润进行分配，再将乙公司股份转让给丙公司。

【分析】

方案1：如果甲企业直接转让，甲企业转让收益为210万元，需缴纳企业所得税52.5万元（210×25%）。

方案2：如果先将30%的利润分配，甲企业分得63万元（210×30%），甲企业再将股权以847万元（910－63）转让给丙公司，此时，甲企业仅需要缴纳企业所得税36.75万元（(847－700)×25%），节税15.75万元（52.5－36.75）。

此外，股权投资所得的税务筹划还要考虑投资地点、投资行业、不同投资结构。

5.2.3　投资性房地产的税务筹划

根据《企业会计准则第3号——投资性房地产》的规定，投资性房地产是指为赚取租金或资本增值，或两者兼有而持有的房地产。其范围限定为已出租的土地使用权、持有并准备增值后转让的土地使用权、已出租的建筑物。投资性房地产的实质是资本增值或赚取租金。判断一项资产是否属于投资性房地产，要注意两个方面：一方面，企业必须拥有产权（建筑物要拥有产权，土地要拥有使用权）；另一方面，该资产以经营租赁方式出租。

1. 投资性房地产的涉税处理

根据投资性房地产的定义和范围可知，其在转让或出租业务中所获得的转让收入或租金收入将涉及不同税种。由于税法对不同税种的规定不同，涉税处理也存在一定差异。

投资性房地产主要涉及的税种有增值税、城市维护建设税、教育费附加、土地增值税、房产税、印花税以及契税等。

（1）投资性房地产涉及增值税的税务处理。投资性房地产发生增值税应税劳务时主要涉及以下三个方面：1）已出租的土地使用权，是指企业通过出让或转让方式取得的、以经营租赁方式出租的土地使用权。例如，甲公司以拍卖方式在土地交易市场取得一宗土地使用权，使用年限为50年，甲公司将该土地使用权以经营租赁方式出租给乙公司，则该土地使用权属于投资性房地产。2）持有并准备增值后转让的土地使用权，是指企业取得的、准备增值后转让的土地使用权。例如，企业发生转产或厂址搬迁，部分土地使用权停止自用，管理层决定继续持有这部分土地使用权，待其增值后转让以赚取增值收益，则该土地使用权属于投资性房地产。3）已出租的建筑物，是指企业拥有产权的、以经营租赁方式出租的建筑物，包括自行建造或开发活动完成后用于出租的建筑物。

销售无形资产和销售不动产分属不同的税目，其中土地使用权属于无形资产中的自然资源使用权，转让土地使用权属于销售无形资产；但在转让建筑物或者构筑物时一并转让其所占土地使用权的，按照销售不动产缴纳增值税。转让土地使用权只有在与其之上的建筑物或者构筑物一并转让时才按照销售不动产的税目计税，否则按销售无形资产计税，二者计税规则不同。

《财政部 国家税务总局关于进一步明确全面推开营改增试点有关劳务派遣服务、收费公路通行费抵扣等政策的通知》（财税〔2016〕47号）规定，纳税人以经营租赁方式将土地出租给他人使用，按照不动产经营租赁服务缴纳增值税。对于单纯转让土地使用权的，规定纳税人转让2016年4月30日前取得的土地使用权，可以选择适用简易计税方法，以取得的全部价款和价外费用减去取得该土地使用权的原价后的余额为销售额，按照5%的征收率计算缴纳增值税。

（2）投资性房地产涉及土地增值税的税务处理。根据《中华人民共和国土地增值税暂行条例》（国务院令第588号）（简称《土地增值税暂行条例》）的规定，土地增值税是对转让国有土地使用权、地上的建筑物及其附着物并取得收入的单位和个人征收的一种税。土地增值税按照纳税人转让房地产所取得的增值额和规定的适用税率计算征收，纳税人转让房地产所取得的收入减除规定的扣除项目金额后的余额为增值额。

1）转让土地使用权的，只对转让国有土地使用权的行为征税，转让集体土地使用权的行为没有纳入征税范围。这是因为根据《中华人民共和国土地管理法》的规定，集体土地未经国家征用不得转让。转让集体土地是违法行为，不能纳入征税范围。

2）地上的建筑物是指建于土地上的一切建筑物，包括地上地下的各种附属设施。

3）附着物是指附着于土地上的不能移动，一经移动即遭损坏的物品。

4）取得的收入包括转让房地产的全部价款及有关的经济收益。

土地增值税的计税依据是纳税人转让房地产所取得的增值额。增值额为纳税人转让房地产取得的收入减除《土地增值税暂行条例》及其实施细则规定的扣除项目金额后的余额。其中，房地产转让收入包括货币收入、实物收入和其他与转让房地产有关的经济收益。扣除项目金额包括：取得土地使用权所支付的金额；开发土地的成本、费用；新建房及配套设施的成本、费用或者旧房及建筑物的评估价格；与转让房地产有关的税金；财政部规定的其他扣除项目。

《财政部 国家税务总局关于营改增后契税 房产税 土地增值税 个人所得税计税依据问题的通知》（财税〔2016〕43号）规定，《土地增值税暂行条例》等规定的土地增值税扣除项目涉及的增值税进项税额，允许在销项税额中计算抵扣的，不计入扣除项目，不允许在销项税额中计算抵扣的，可以计入扣除项目。

土地增值税的具体计算公式为：

$$应纳土地增值税=土地增值额\times适用税率-扣除项目金额\times速算扣除率$$

（3）投资性房地产涉及房产税的税务处理。企业拥有房产产权的，须缴纳房产税。根据《中华人民共和国房产税暂行条例》（国务院令第588号）的规定，房产税是在城市、县城、建制镇、工矿区范围内，对拥有房屋产权的单位和个人按照房产税原值或租金收入征收的一种税。

其一，从价计征，即房产税以房产原值一次减除10%～30%后的余值为计税依据。计算公式为：

年应纳税额＝房产原值×(1－扣除比例)×1.2%

其二，从租计征，即房产税以房产租金收入为计税依据，税率为12%（自2001年1月1日起，对个人按市场价格出租的居民住房用于居住的，暂减按4%的税率征收房产税）。计算公式为：

年应纳税额＝租金收入×12%(或4%)

（4）投资性房地产涉及城镇土地使用税的税务处理。企业拥有土地使用权的，须缴纳城镇土地使用税。城镇土地使用税是在城市、县城、建制镇和工矿区范围内，对拥有土地使用权的单位和个人以实际占用的土地面积为计税依据，按规定税额征收的一种税。计算公式为：

年应纳税额＝$\sum$(各级土地面积×相应税额)

（5）投资性房地产涉及印花税的税务处理。根据《中华人民共和国印花税法》（2021年6月10日第十三届全国人民代表大会常务委员会第二十九次会议通过）规定，在我国境内书立应税凭证、进行证券交易的单位和个人，为印花税的纳税人，应依法缴纳印花税；在我国境外书立在境内使用的应税凭证的单位和个人，应依法缴纳印花税；应税凭证是指税法所附《印花税税目税率表》列明的合同、产权转移书据和营业账簿。印花税的应纳税额按照计税依据乘以适用税率计算，计算公式如下：

应交印花税＝计税依据×适用税率

其中，计税依据的有关规定为：

1）应税合同的计税依据为合同所列的金额，不包括列明的增值税税款；

2）应税产权转移书据的计税依据为产权转移书据所列的金额，不包括列明的增值税税款；

3）应税合同、产权转移书据未列明金额的，印花税的计税依据按实际结算的金额确定；不能按实际结算的金额确定的，应按书立合同、产权转移书据时的市场价格确定。依法应当执行政府定价或政府指导价的，按国家有关规定确定。

（6）投资性房地产涉及契税的税务处理。根据《中华人民共和国契税法》（主席令第52号）（简称《契税法》）的规定，契税是对在中华人民共和国境内转移土地、房屋权属时向承受土地使用权、房屋所有权的单位征收的一种税。征收范围包括国有土地使用权出让、土地使用权转让（包括出售、赠与和交换）、房屋买卖、房屋赠与和房屋交换；其中，土地使用权转让不包括土地承包经营权和土地经营权的转移。契税的计税依据如下：

1）土地使用权出让、出售，房屋买卖，为成交价格。

2）土地使用权赠与、房屋赠与以及其他没有价格的转移土地、房屋权属行为，为税务机关参照土地使用权出售、房屋买卖的市场价格依法核定的价格。

3）土地使用权互换、房屋互换，为所互换的土地使用权、房屋价格的差额。

4）以划拨方式取得土地使用权，经批准转让房地产时，除承受方按规定缴纳契税，房地产转让者也应当补缴契税，计税依据为补缴的土地使用权出让费用或者土地收益。

5）承受土地、房屋部分权属，为所承受部分权属的成交价格；当部分权属改为全部权属时，为全部权属的成交价格，原已缴纳的部分权属的税款应予扣除。

契税的计算公式为：

应纳税额＝计税依据×税率

上述成交价格低于市场价格的差额明显不合理，并且无正当理由的，由契税征收机关参照市场价格核定。

（7）投资性房地产涉及企业所得税的税务处理。根据《企业所得税法》的规定，应纳税所得额是企业所得税的计税依据。应纳税所得额为企业每一个纳税年度的收入总额，减除不征税收入、免税收入、各项扣除以及允许弥补的以前年度亏损后的余额。收入总额包括以货币形式和非货币形式从各种来源取得的收入，具体有销售货物收入、提供劳务收入、转让财产收入、租金收入等，其中，转让财产收入包括转让固定资产、无形资产取得的收入；租金收入包括企业提供固定资产的使用权取得的收入。而税法将投资性房地产作为一般固定资产或无形资产对待。《企业所得税法》第十一条、第十二条也明确规定，在计算应纳税所得额时，企业按照规定计算的固定资产折旧、无形资产摊销费用，准予扣除。

2. 投资性房地产计量的税务筹划

（1）投资性房地产不同计量属性对企业所得税的影响。2007年1月1日实施的《企业会计准则第3号——投资性房地产》规定，投资性房地产后续计量可采取两种模式，即成本模式和公允价值模式。同一企业只能采用一种模式对其所拥有的投资性房地产进行后续计量，不得同时采用两种计量模式。

1）采用成本模式进行后续计量的投资性房地产，按照固定资产或无形资产的有关规定，按期（月）计提折旧或摊销，因此具有抵税（所得税）作用。

2）与成本模式相比较，采用公允价值模式进行后续计量，不对投资性房地产计提折旧或进行摊销，以资产负债表日投资性房地产的公允价值为基础调整其账面价值，公允价值与原账面价值之间的差异计入当期损益，不具有成本计量模式的折旧抵税功能。当然，采用公允价值模式进行后续计量的投资性房地产，应当同时满足以下两个条件：其一，投资性房地产所在地有活跃的房地产交易市场；其二，企业能够从活跃的房地产交易市场上取得同类或类似房地产的市场价格及其他相关信息，从而对投资性房地产的公允价值做出合理的估计。因此，采用不同的计量模式，所得税的税负不同。

（2）房地产开发公司的税务筹划。我国现行税法并不区分投资性房地产和非投资性房地产，对二者按照统一的原则征税。因此，本书将房地产开发公司的税务筹划也列入投资性房地产的税务筹划。一般情况下，房地产开发公司主要从事居民住宅及商业用房开发、城市配套设施建设，以及装饰、装修等业务。因此，房地产开发公司的税务筹划主要涉及以下业务。

1）资金筹措的税务筹划。由于房地产公司对资金的需求量较大，如何筹措资金对公司的经营发展起着至关重要的作用。从税收的角度考察，不同的筹资方式公司所承担的税负是不同的。

例 5-3

瑞祥房地产开发公司是主要从事居民住宅及商业用房开发、城市配套设施建设，以及欧式装饰、园林绿化等业务的股份制企业，拥有自己的建筑施工队、营销公司、广告公司、装修公司。每年居民住宅及商业用房开发量在10万平方米以上。公司注册资金为5亿元，每年销售收入为10亿元左右，属于政府甲级房地产开发企业。由于近几年房地产开发热潮，该公司各项业务呈迅速上升趋势。公司领导为了进一步增加收入，降低税负，特聘请税务顾问为其进行税务筹划。

【分析】

税务顾问通过对公司财税情况的分析，从以下方面拟定了税务筹划方案：

（1）通过金融机构融资。瑞祥房地产开发公司新开发一个项目，需要资金1 500万元。如果企业选择向银行贷款，按年利率8%计算，每年需支付利息120万元，该利息费用可以税前列支，因此采用银行贷款方式融资，对公司利润的影响额是120万元，即采用银行贷款融资可以为公司节税30万元（120×25%）。

（2）通过发行债券融资。对于上述项目，如果瑞祥房地产开发公司经批准发行债券融资，债券年利率为10%，则债券融资对公司利润的影响额为150万元，即采用发行债券融资可以少缴纳税金37.5万元（150×25%）。

2）收入确认的税务筹划。

例 5-4

续例5-3。瑞祥房地产开发公司对外签订了一份分期收款销售房产合同，合同中商品房总价款为400万元，分4次付清，首期付款40%。首期付款后，即把商品房所有权转让。

【分析】

如果首期付款时确认收入，应缴纳增值税20万元（400×5%）。如果按分期收款确认收入，第一次应缴纳增值税8万元（400×40%×5%），以后3次分别应缴纳增值税4万元（400×20%×5%）。虽然两种方法确认收入都是缴纳增值税20万元，但采用分次确认收入的方法可以延缓纳税时间。

3）土地增值税的筹划。

例5-5

瑞祥房地产开发公司商品房销售收入为1.2亿元，其中，普通住宅的销售额为8 000万元，豪华住宅的销售额为4 000万元。税法规定的可扣除项目金额为8 000万元，其中，普通住宅的可扣除项目金额为5 000万元，豪华住宅的可扣除项目金额为3 000万元。

【分析】

如果不分开核算，瑞祥房地产开发公司应缴纳的土地增值税计算如下。

增值率（增值额与扣除项目金额的比例）=(12 000－8 000)÷8 000×100%=50%，因此适用30%的税率，应纳土地增值税=(12 000－8 000)×30%=1 200万元。

如果分开核算，应缴纳土地增值税计算如下。

普通住宅：增值率=(8 000－5 000)÷5 000×100%=60%，适用40%的税率，速算扣除系数为5%，应纳土地增值税=(8 000－5 000)×40%－5 000×5%=950万元。

豪华住宅：增值率=(4 000－3 000)÷3 000×100%=33%，适用30%的税率，应纳土地增值税=(4 000－3 000)×30%=300万元。应纳土地增值税合计金额=950+300=1 250万元。

分开核算比不分开核算多支出税金50万元，因为普通住宅的增值率为60%，超过20%，还要缴纳土地增值税。进一步筹划的关键就是通过适当减少销售收入使普通住宅的增值率控制在20%以内。这样可以获得双重好处：一是可以免缴土地增值税；二是降低房价或提高房屋质量，改善房屋的配套设施等，可以在目前激烈的销售战中取得优势。

从例5-5中可以看出，尽管土地增值税对非房地产行业来说并不常见，但其中还是有不少筹划技巧。

其一，土地增值税有4档累进税率，具有累进效果，故适当地使计税依据处于低一档税率无疑是有好处的。

其二，在实际工作中，准确界定土地增值税的征税范围可以减少应纳税额。税法规定对以下所得征税：出售国有土地使用权；取得国有土地使用权后进行房屋开发建造后出售；存量房地产的买卖；房地产的抵押；以房地产进行投资和联营等。对房地产出租、继承，企业兼并转让房地产，房地产代建房行为等不征收土地增值税。因此，在实际生活中应准确把握土地增值税的征税范围，进行合理筹划，以减少应纳税额。

4）契税的税务筹划。根据契税的纳税人和征税对象可知，在契税的筹划过程中，可以把工夫花在寻找“中间传导”角色上，以更好地降低税负。

例5-6

甲将自有普通住宅以40万元的价格出售给乙，然后以120万元的价格向丙购买了一幢别墅（该地区规定契税的适用税率为4%）。

【分析】

甲应缴纳契税=120×4%=4.8(万元)

假设乙购买甲的住宅面积在 90 平方米以下，且是乙家庭第一套住房，则规定的税率为 1%。

乙应缴纳契税＝40×1%＝0.4(万元)

筹划方案：甲可先将自有普通住宅与丙的别墅进行交换，并支付补价 80 万元，然后由丙将普通住宅以 40 万元的价格出售给乙。《契税法》规定，房屋互换，契税的计税依据为所互换房屋价格的差额，由多交付货币、实物、无形资产或者其他经济利益的一方缴纳税款，交换价格相等的，免征契税。因此，按此方案实施后：

甲应缴纳契税＝80×4%＝3.2(万元)
乙应缴纳契税＝40×1%＝0.4(万元)

可见，按此方案实施，乙的契税负担没有增加，而甲可以少负担契税 1.6 万元（4.8－3.2）。

5）闲置房地产投资筹划。

例 5－7

瑞祥房地产开发公司在城市繁华地带有一处空置房产，该房产有两种不同的投资方式：出租取得租金收入；以房地产入股联营分得利润。这两种投资方式所涉税种及税负各不相同，存在较大的筹划空间。

【分析】

假设房产原值为 k，如果出租，每年可取得租金收入 x_1；用于联营，则预期每年的联营企业利润中瑞祥房地产开发公司所占份额为 x_2；出租和联营的税负分别为 y_1，y_2。

(1) 采取出租方式应承担的税负。

增值税：一般纳税人出租其 2016 年 4 月 30 日前取得的不动产，可以选择适用简易计税方法，按照 5%的征收率计算应纳税额，则增值税税负为 $5\%x_1$。

房产税：房产税依照房产租金收入计算缴纳，税率为 12%，则房产税税负为 $12\%x_1$。

城市维护建设税：该企业处于市区，城市维护建设税税率为 7%，以其缴纳的增值税税额为计税依据，则城市维护建设税税负＝$7\%\times5\%x_1=0.35\%x_1$。

教育费附加：$3\%\times5\%x_1=0.15\%x_1$。

印花税：在订立合同时必须缴纳印花税，《印花税法》第八条规定，按租赁金额的 1‰贴花，因此印花税税负为 $0.1\%x_1$。

所得税：城市维护建设税、教育费附加以及房产税、印花税可在税前扣除，租金收入应纳所得税，因此，所得税税负＝$25\%\times(x_1-12\%x_1-0.1\%x_1-0.35\%x_1-0.15\%x_1)=21.85\%x_1$。

$$
\begin{aligned}
\text{总体税负 } y_1 &= \text{增值税}+\text{房产税}+\text{城市维护建设税}+\text{印花税}+\text{所得税}\\
&\quad+\text{教育费附加}=5\%x_1+12\%x_1+0.35\%x_1+0.1\%x_1\\
&\quad+21.85\%x_1+0.15\%x_1
\end{aligned}
$$

$=39.45\%x_1$

（2）采取联营方式应承担的税负。

房产税：房产税依照房产原值一次减除10%～30%的余值计税，税率为1.2%，减除30%，则房产税税负$=1.2\%\times(1-30\%)k=0.008\,4k$。

土地使用税：假定该地区单位税额为0.7元/平方米，该房产使用面积为l平方米，土地使用税税负$=0.7\times l=0.7l$。

所得税：联营利润所得应缴所得税，所得税税负$=x_2\times 25\%=25\%x_2$。

总体税负 y_2 = 房产税税负 + 土地使用税税负 + 所得税税负

$=0.008\,4k+0.7l+0.25x_2$

（3）计算税负均衡点。由于租金收入相对固定，而且在出租前往往可以商议确定，而联营收入则因影响因素多，不确定性更大，所以可以用租金来预测联营收入。当二者税负相等时，有

$$0.394\,5x_1=0.008\,4k+0.7l+0.25x_2$$

$$x_2=(39.45x_1-0.84k-70l)\div 25$$

在利用房地产进行投资时可以利用以上的函数公式进行测算，基本结论如下：

若预期联营的收入x_2>(39.45×租金收入－0.84×房产原值－70×实际使用面积)/25，则该项房产采取联营方式的税负轻于采取租赁方式，从税收的角度考虑宜采用联营方式；反之，则应采取租赁方式。

5.2.4 固定资产的税务筹划

1. 固定资产的计税基础

《企业所得税法实施条例》规定，固定资产按照以下方法确定计税基础：

（1）外购的固定资产，以购买价款和支付的相关税费以及直接归属于使该资产达到预定用途发生的其他支出为计税基础。

（2）自行建造的固定资产，以竣工结算前发生的支出为计税基础。

（3）融资租入的固定资产，以租赁合同约定的付款总额和承租人在签订租赁合同过程中发生的相关费用为计税基础；租赁合同未约定付款总额的，以该资产的公允价值和承租人在签订租赁合同过程中发生的相关费用为计税基础。

（4）盘盈的固定资产，以同类固定资产的重置完全价值为计税基础。

（5）通过捐赠、投资、非货币性资产交换、债务重组等方式取得的固定资产，以该资产的公允价值和支付的相关税费为计税基础。

（6）改建的固定资产，除已足额提取折旧的固定资产和租入的固定资产的改建支出外，以改建过程中发生的改建支出增加计税基础。

2. 固定资产的税务筹划

（1）购置固定资产的税务筹划。固定资产具有耗资多、价值大、使用年限长、

风险大等特点，它在企业生产经营、生存发展中处于重要地位。因此，在实际工作中，必须重视固定资产购置的税务筹划。

1）购置固定资产须取得增值税发票。我国目前所采用的是消费型增值税，购入固定资产所含增值税就可以作为进项税额进行抵扣。因此，企业在购买固定资产的时候，就要充分考虑到这一点，使固定资产投资额从税基中最大限度地扣除。

2）设备类型的选择。企业购入固定资产的类型可分为用于环境保护、节能节水、安全生产等的设备及除此之外的一般设备。企业选择设备，除了考虑设备的性能、价格、用途，还应重点考虑企业的税收负担。根据相关规定，企业购置并实际使用《环境保护专用设备企业所得税优惠目录》《节能节水专用设备企业所得税优惠目录》《安全生产专用设备企业所得税优惠目录》规定的环境保护、节能节水、安全生产等专用设备的，该专用设备的投资额的 10%可以从企业当年的应纳税额中抵免；当年不足抵免的，可以在以后 5 个纳税年度结转抵免。面对这样的税收优惠，企业在决策前应好好进行筹划。

3）固定资产计价的税务筹划。按照会计准则的要求，外购固定资产成本主要包括购买价款、相关税费、使固定资产达到预定可使用状态前所发生的可归属于该项资产的运输费、装卸费、安装费和专业人员服务费等。按照税法的规定，购入的固定资产按购入价加上发生的包装费、运杂费、安装费，以及缴纳的税金后的价值计价。由于折旧费用是在未来较长时间内陆续计提的，为降低本期税负，新增固定资产的入账价值要尽可能地低。例如，对于成套固定资产，其易损件、小配件可以单独开票作为低值易耗品入账，因为低值易耗品领用时可以一次或分次直接计入当期费用，降低了当期的应税所得额；对于在建工程，则要尽可能早地转入固定资产，以便尽早提取折旧。例如，整体固定资产工期长，在完工部分已经投入使用时，对该部分最好分项决算，以便尽早记入“固定资产”账户。

为提高企业加大设备投资、更新改造及科技创新的积极性，促进制造业实现转型升级，提高产业国际竞争力，国务院审议通过了完善固定资产加速折旧政策方案，财政部、国家税务总局随后也颁布了固定资产加速折旧的具体规定，其主要内容是：

对生物药品制造业，专用设备制造业，铁路、船舶、航空航天和其他运输设备制造业，计算机、通信和其他电子设备制造业，仪器仪表制造业，信息传输、软件和信息技术服务业等六个行业的企业（以下简称六大行业）2014 年 1 月 1 日后新购进的固定资产，可缩短折旧年限或采取加速折旧的方法。对上述六大行业的小型微利企业 2014 年 1 月 1 日后新购进的研发和生产经营共用的仪器、设备，单位价值不超过 100 万元的，允许一次性计入当期成本费用，在计算应纳税所得额时扣除，不再分年度计算折旧；单位价值超过 100 万元的，可缩短折旧年限或采取加速折旧的方法。

对所有行业企业 2014 年 1 月 1 日后新购进的专门用于研发的仪器、设备，单位价值不超过 100 万元的，允许一次性计入当期成本费用，在计算应纳税所得额时扣除，不再分年度计算折旧；单位价值超过 100 万元的，可缩短折旧年限或采取加速折旧的方法。

对所有行业企业持有的单位价值不超过5 000元的固定资产，允许一次性计入当期成本费用，在计算应纳税所得额时扣除，不再分年度计算折旧。

（2）固定资产折旧的税务筹划。固定资产折旧是成本的重要组成部分，按照我国现行会计制度的规定，企业可选用的折旧方法包括平均年限法、双倍余额递减法及年数总和法等。运用不同的折旧方法计算出的折旧额在量上是不同的，因此分摊到各期的固定资产的成本也存在差异，最终会影响企业税负的大小。税法规定，企业的固定资产由于技术进步等原因，确需加速折旧的，可以缩短折旧年限。采取缩短折旧年限方法的，最低折旧年限不得低于规定折旧年限的60%；采取加速折旧方法的，可以采取双倍余额递减法或者年数总和法，这就给企业所得税税务筹划提供了新的空间。

固定资产折旧的筹划主要包括折旧年限和折旧方法的筹划。

1）折旧年限的筹划。根据固定资产折旧的税务处理，缩短折旧年限有利于加速成本收回，可以使后期成本费用前移，从而使前期会计利润发生后移。资金存在时间价值，因前期增加折旧额，税款推迟到后期缴纳。在税率稳定的情况下，所得税的递延缴纳相当于向国家取得了一笔无息贷款。

需要注意的是，税法对固定资产折旧规定了最低的折旧年限，税务筹划不能突破折旧年限的最低要求。

例5-8

某企业系盈利企业，未享受企业所得税优惠政策，企业所得税税率为25%。拟购进一项由于技术进步产品更新换代较快的固定资产，该项固定资产原值为500万元，预计净残值为20万元，预计使用寿命为5年。① 根据税法的规定，该项固定资产在折旧方面可享受税收优惠政策。假定按年复利利率10%计算，第1～5年的现值系数分别为：0.909，0.826，0.751，0.683，0.621。

【分析】

方案一采取通常折旧的方法：企业不考虑税收优惠政策而按通常折旧方法计提折旧，以平均年限法计提折旧，即将固定资产的应计折旧额均匀地分摊到固定资产预计使用寿命内。固定资产折旧年限为5年，年折旧额＝(500 － 20)÷5＝96万元，累计折旧现值合计＝96×0.909＋96×0.826＋96×0.751＋96×0.683＋96×0.621＝363.84万元，因折旧可税前扣除，相应抵税额＝363.84×25%＝90.96万元。

方案二采取缩短折旧年限的方法：企业选择最低折旧年限即固定资产预计使用寿命的60%，则该固定资产最低折旧年限＝5×60%＝3年，按平均年限法分析，年折旧额＝(500－20)÷3＝160万元，累计折旧现值合计＝160×0.909＋160×0.826＋160×0.751＝397.76万元，因折旧可税前扣除，相应抵税额＝397.76×25%＝99.44万元。

对上述两种方案进行比较分析，缩短折旧年限方法在固定资产预计使用寿命前期计提的折旧较多，因货币的时间价值效应，抵税效益比采取通常的折旧方法明显。

① 税法规定折旧年限不少于10年，本例为了简化，按5年分析说明。

2）折旧方法的筹划。按照会计准则的规定，固定资产折旧的方法主要有平均年限法、工作量法等直线法（或称平速折旧法）和双倍余额递减法、年数总和法等加速折旧法。不同的折旧方法对应税所得额的影响不同。虽然从整体上看固定资产的扣除不可能超过固定资产的价值本身，但是对同一固定资产采用不同的折旧方法会使企业所得税税款提前或滞后实现，从而产生不同的货币时间价值。以下针对几种固定资产折旧方法进行比较。

①平均年限法。平均年限法又称直线法，是指将固定资产的应计折旧额均衡地分摊到固定资产预计使用寿命内的一种方法。采用这种方法计算的每期折旧额相等。其计算公式为：

$$\text{年折旧额}=(\text{固定资产原值}-\text{预计净残值})\div\text{预计使用寿命(年)}$$

②双倍余额递减法。双倍余额递减法是在不考虑固定资产残值的情况下，用直线法折旧率的两倍作为固定的折旧率乘以逐年递减的固定资产期初净值，得出各年应提折旧额的方法。其计算公式为：

$$\text{年折旧率}=2\div\text{预计的折旧年限}\times100\%$$
$$\text{年折旧额}=\text{固定资产期初账面净值}\times\text{年折旧率}$$

③年数总和法。年数总和法又称折旧年限积数法或级数递减法。它是将固定资产的原值减去残值后的净额乘以一个逐年递减的分数计算确定固定资产折旧额的一种方法。逐年递减分数的分子代表固定资产尚可使用的年数，分母代表使用年数的逐年数字之总和。其计算公式为：

$$\text{年折旧率}=\frac{\text{折旧年限}-\text{已使用年数}}{\text{折旧年限}\times(\text{折旧年限}+1)\div2}\times100\%$$
$$\text{年折旧额}=(\text{固定资产原值}-\text{预计净残值})\times\text{年折旧率}$$

双倍余额递减法和年数总和法都属于加速折旧法，是假设固定资产的服务潜力在前期消耗较大，在后期消耗较少，为此在使用前期多提折旧，后期少提折旧，从而相对加速折旧的折旧方法。

例5－9

某企业某一生产工具原值为40 000元，预计残值率为3%，假设折旧年限为5年，所得税税率为25%。

【分析】

（1）平均年限法：

$$\text{预计净残值}=40\,000\times3\%=1\,200(\text{元})$$
$$\text{每年折旧额}=(40\,000-1\,200)\div5=7\,760(\text{元})$$

（2）双倍余额递减法：

$$\text{年折旧率}=2\div5\times100\%=40\%$$

每年应提折旧额如表5－5所示。

表5-5 折旧计算表

年份	折旧率	年折旧额（元）	账面净值（元）
1	40%	16 000（40 000×40%）	24 000
2	40%	9 600（24 000×40%）	14 400
3	40%	5 760（14 400×40%）	8 640
4	50%	3 720（7 440×50%）	4 920
5	50%	3 720（7 440×50%）	1 200

说明：表中第4年、第5年折旧额=(第3年末固定资产净值8 640－预计净残值1 200)÷2=3 720（元）。

（3）年数总和法：每年应提折旧额如表5-6所示。

表5-6 折旧计算表

年份	折旧率	年折旧额（元）	账面净值（元）
1	5/15	12 933（38 800×5/15）	27 067
2	4/15	10 347（38 800×4/15）	16 720
3	3/15	7 760（38 800×3/15）	8 960
4	2/15	5 173（38 800×2/15）	3 787
5	1/15	2 587（38 800×1/15）	1 200

假设每年的税前利润都是10万元，由于采用不同的折旧方法，每年的折旧额均不相同，因此每年的税前利润和所得税额均不相同，如表5-7所示。

表5-7 折旧计算表 单位：元

年份	平均年限法			双倍余额递减法			年数总和法		
	折旧额	年所得额	所得税额	折旧额	年所得额	所得税额	折旧额	年所得额	所得税额
1	7 760	92 240	23 060	16 000	84 000	21 000	12 933	87 067	21 767
2	7 760	92 240	23 060	9 600	90 400	22 600	10 347	89 653	22 413
3	7 760	92 240	23 060	5 760	94 240	23 560	7 760	92 240	23 060
4	7 760	92 240	23 060	3 720	96 280	24 070	5 173	94 827	23 707
5	7 760	92 240	23 060	3 720	96 280	24 070	2 587	97 413	24 353
合计	38 800	461 200	115 300	38 800	461 200	115 300	38 800	461 200	115 300

从表5-7可知，虽然各项数据合计相等，但不同计价方法对不同年份的数据产生了影响。以第1年为例，企业应纳所得税额在平均年限法、双倍余额递减法和年数总和法下分别为23 060元、21 000元、21 767元。若选用双倍余额递减法可以节税2 060元（23 060－21 000），若选用年数总和法可以节税1 293元（23 060－21 767）。

综上，采用直线法计提折旧，在折旧期间折旧费用均衡地在企业收益中扣除，对利润的影响也是均衡的，企业所得税的缴纳同样比较均衡。采用双倍余额递减法和年数总和法计提折旧，在折旧期间折旧费用会随着时间的推移而逐年减少，对企业收益的抵减也是逐年递减的，企业所得税会随着时间的推移而逐年上升。从税务筹划的角度出发，为获得货币的时间价值，应尽量采用加速折旧法。但需要注意的是，如果预期企业所得税税率会上升，则应考虑将在未来可能增加的税负与所获得的货币时间价值进行比较决策。同样的道理，在享受减免税优惠期内添置的固定资产，采用加速折旧法一般来讲是不合算的。

例5-10

某企业属于固定资产可以加速折旧的企业，系增值税一般纳税人。其在上年12月购入两台固定资产，其中一台用于研发的仪器设备A为80万元，另一台其他固定资产B为4 000元。假设企业每年未扣除折旧的利润均为100万元，企业适用25%的所得税税率。每年不同折旧政策下应计提折旧额如表5-8所示。

表5-8　不同折旧政策下应计提折旧额计算表　单位：元

年份	一次性计入成本费用	双倍余额递减法	年数总和法
1	804 000	321 600	268 000
2	0	192 960	214 400
3	0	115 776	160 800
4	0	86 832	107 200
5	0	86 832	53 600
合计	804 000	804 000	804 000

【分析】

按照企业所得税法的规定，固定资产的折旧额在计算企业所得税时允许税前扣除，但企业由于选择不同的会计折旧方法，计提的折旧额也不同（见表5-8），企业据以计算的应纳税所得额、应纳所得税额和税后利润也存在差异，其计算结果如表5-9所示。

表5-9　不同折旧政策下应纳税所得额、应纳所得税额和税后利润计算表　单位：元

年份	应纳税所得额			应纳所得税额			税后利润		
	一次性计入成本费用	双倍余额递减法	年数总和法	一次性计入成本费用	双倍余额递减法	年数总和法	一次性计入成本费用	双倍余额递减法	年数总和法
1	196 000	678 400	732 000	49 000	169 600	183 000	951 000	830 400	817 000
2	1 000 000	807 040	785 600	250 000	201 760	196 400	750 000	798 240	803 600
3	1 000 000	884 224	839 200	250 000	221 056	209 800	750 000	778 944	790 200
4	1 000 000	913 168	892 800	250 000	228 292	223 200	750 000	771 708	776 800
5	1 000 000	913 168	946 400	250 000	228 292	236 600	750 000	771 708	763 400
合计	4 196 000	4 196 000	4 196 000	1 049 000	1 049 000	1 049 000	3 951 000	3 951 000	3 951 000

综上，企业持有的单位价值不超过5 000元的固定资产，允许一次性计入当期成本费用在税前扣除，与其他折旧方法相比，当年缴纳的企业所得税最少，税后利润最大。

上述分析仅考虑绝对筹划原理，下面根据企业所得税的计算结果，在考虑货币时间价值的情况下（假设资本成本为10%），分析如何选择会计折旧方法。

通过查表可得复利现值系数，通过公式 $P=F\times(P/F, i, n)$ 可求得相应的现

值如表5-10所示。

表5-10 考虑时间价值情况下各折旧政策应纳所得税及税后利润 单位：元

年份	复利现值系数	应纳所得税额现值			税后利润现值		
		一次性计入成本费用	双倍余额递减法	年数总和法	一次性计入成本费用	双倍余额递减法	年数总和法
1	0.909 1	44 545.90	154 183.36	166 365.30	864 554.1	754 916.64	742 734.7
2	0.826 4	206 600.00	166 734.46	162 304.96	619 800	659 665.54	664 095.04
3	0.751 3	187 825.00	166 079.37	157 622.74	563 475	585 220.63	593 677.26
4	0.683 0	170 750.00	155 923.44	152 445.60	512 250	527 076.56	530 554.4
5	0.620 9	155 225.00	141 746.50	146 904.94	465 675	479 153.50	473 995.06
合计	—	764 945.90	784 667.13	785 643.54	3 025 754.1	3 006 032.87	3 005 056.46

可见，尽管5年的应纳所得税额合计数相等，但是考虑货币时间价值后发现，允许一次性计入当期成本费用在计算应纳所得税额和税后利润时使企业在更大程度上获得了货币时间价值。

3）固定资产计价和折旧的税务筹划方法的综合运用。推迟利润的实现从而获取货币的时间价值并不是固定资产税务筹划的唯一目的。在进行税务筹划时，还必须根据不同的企业或者企业处于的不同状态采用不同的对策。

盈利企业：盈利企业当期费用能够从当年的所得税前扣除，费用的增加有利于减少企业当年应纳税所得额，因此，购置固定资产时，购买费用中能够计入当期费用的项目，应尽可能计入当期费用而不宜通过扩大固定资产原值推迟到以后时期扣除；尽可能缩短折旧年限，使折旧费用能够在尽可能短的时间内得以税前扣除；选择折旧方法，宜采用加速折旧法，加速折旧法可以使折旧费用前移和应纳税所得额后移，相对降低纳税人当期应缴纳的企业所得税。

亏损企业：由于亏损企业费用的扩大不能在当期的企业所得税税前得以扣除，即使延续扣除也有5年时间的限定，因此，企业在亏损期间购置固定资产，应尽可能多地将相关费用计入固定资产原值，使这些费用通过折旧的方式在以后年度实现扣除；亏损企业的折旧年限可适当延长，以便将折旧费用在更长的周期中摊销；由于税法对折旧年限只规定了下限没有规定上限，因此，企业可以做出安排；折旧方法的选择应同企业的亏损弥补情况相结合。选择的折旧方法必须能使不能得到或不能完全得到税前弥补的亏损年度的折旧额降低，因此，企业亏损期间购买的固定资产不宜采用加速折旧法计提折旧。

享受企业所得税优惠政策的企业：处于减免所得税优惠期内的企业，由于减免税期内各种费用的增加都会导致应税所得额的减少，从而导致享受的税收优惠减少，因此，企业在享受所得税优惠政策期间购买的固定资产，应尽可能将相关费用计入固定资产原值，使其能够在优惠期结束以后的税前利润中扣除；折旧年限的选择应尽可能长一些，以便将折旧费用在更长的周期中摊销；折旧方法的选择应考虑减免税期折旧少、非减免税期折旧多的折旧方法。把折旧费用尽可能安排在正常纳税年度，以减少正常纳税年度的应纳税所得额，减轻企业所得税负担。

（3）固定资产发生减值的税务筹划。资产发生减值意味着企业发生了潜在亏损。企业会计准则规定，企业应当对减值资产合理提取减值准备，因此，资产减值会减少本年利润。税法规定，企业所得税税前允许扣除的项目原则上必须遵循据实扣除原则，企业根据财务会计制度等规定提取的任何形式的准备金不得在企业所得税税前扣除。可见，提取减值准备不能减少企业所得税应纳税所得额。在一定条件下，可以采取处置出售的手段将资产减值转化为应纳税所得额的减少，从而减少本期应缴企业所得税额。

（4）固定资产大修理的税务筹划。纳税人的一般性固定资产修理支出可在发生当期直接扣除。但是，符合规定条件的固定资产大修理支出要作为长期待摊费用，按照固定资产尚可使用年限分期摊销。

固定资产大修理支出是指同时符合以下条件的支出：

1）修理支出达到取得固定资产时的计税基础 50%以上；

2）修理后固定资产的使用年限延长 2 年以上。

合理地安排固定资产的修理支出应当考虑以下因素：

1）支出数额；

2）企业的盈亏情况；

3）生产经营要素。

例 5-11

某企业第一年 12 月对一台生产设备进行大修理，当月完工。设备的原值为 500 万元，发生修理费用 300 万元。修理前该固定资产还可以使用 3 年，维修后经济使用寿命延长了 3 年，仍用于原用途。当年实现税前会计利润 240 万元，无其他纳税调整项目。

【分析】

当年发生的固定资产修理支出达到固定资产原值的 50%以上，应视为固定资产大修理支出，不可以当期直接扣除，要作为长期待摊费用，按照固定资产尚可使用年限分期摊销。

每年摊销的修理费用＝300÷(3＋3)＝50(万元)

第一年应纳税所得额＝240－50＝190(万元)

第一年应纳所得税额＝190×25%＝47.5(万元)

如果该设备的修理可以分为两期进行，第一期维修工程在第一年 12 月完工，维修费用为 240 万元；第二期维修工程第二年 6 月完工，维修费用为 60 万元。其他条件不变。

第一年发生的固定资产修理支出可以在当期直接扣除。

第一年应纳税所得额＝0

第一年应纳所得税额＝0

5.2.5　无形资产及其他资产的税务筹划

《企业会计准则第 6 号——无形资产》规定，无形资产是指企业拥有或者控制的没有实物形态的可辨认非货币性资产，其内容包括专利权、非专利技术、商标权、著作权、特许权、土地使用权等；《企业所得税法》所称无形资产是指企业为生产产品、提供劳务、出租或者经营管理而持有的，没有实物形态的非货币性长期资产，包括专利权、商标权、著作权、土地使用权、非专利技术、商誉等，与企业会计准则中无形资产的定义存在一定的差异。

1. 无形资产的计税基础

无形资产按照以下方法确定计税基础：

（1）外购的无形资产，以购买价款和支付的相关税费以及直接归属于使该资产达到预定用途发生的其他支出为计税基础；

（2）自行开发的无形资产，以开发过程中该资产符合资本化条件后至达到预定用途前发生的支出为计税基础；

（3）通过捐赠、投资、非货币性资产交换、债务重组等方式取得的无形资产，以该资产的公允价值和支付的相关税费为计税基础。

2. 自主开发无形资产的税务筹划

企业研究开发新产品、新技术、新工艺所发生的技术开发费，按税法规定予以税前扣除。根据《企业所得税法》等规定，企业为开发新技术、新产品、新工艺发生的研究开发费用，未形成无形资产计入当期损益的，在按照规定据实扣除的基础上，按照研究开发费用的50%加计扣除；形成无形资产的，按照无形资产成本的150%摊销。目前，加计扣除及加计摊销的比例已上调为75%。

企业用于研发活动的仪器、设备，符合税法规定且选择加速折旧优惠政策的，在享受研发费用税前加计扣除政策时，就税前扣除的折旧部分计算加计扣除。

需要注意的是，企业研发活动直接形成产品或作为组成部分形成的产品对外销售的，研发费用中对应的材料费用不得加计扣除。

自主开发无形资产的税务筹划要求企业准确掌握、用好国家对企业自主创新进行研究开发的税收优惠政策。

例5-12

某公司自主开发一项新技术，研究开发项目人员工资、材料费等费用支出（不含研发设备支出）为200万元，其中，研究阶段支出为100万元，开发阶段支出为100万元（满足资本化条件）。公司另购入一台单价27万元的设备用于研究开发，预计使用年限为3年（符合税法规定），假设无残值，所得税税率为25%。

【分析】

会计上应将100万元费用化计入管理费用，100万元资本化计入无形资产，27万元计入固定资产。假设无形资产使用寿命为10年，采用直线法摊销，不考虑残值，则本期应摊销无形资产10万元（100÷10），应计提折旧9万元（27÷3）；而税法允许扣除的当期费用为222.25万元（100×(1+75%)+27×(1+75%)），从而造成本期所得税影响为25.8125万元（(222.25−100−10−9)×25%）。以后年度，若购置的设备和开发的技术不转让，则资本化计入无形资产的开发支出摊余价值为 90 万元（100－10）；每年纳税调增 10 万元，资本化计入固定资产的设备支出折余价值为 18 万元（27－9），第二年、第三年每年应调增应纳税所得额 9 万元。

3. 外购无形资产的税务筹划

税法规定，外购的无形资产，以购买价款和支付的相关税费以及直接归属于使该资产达到预定用途发生的其他支出为计税基础。而《企业会计准则讲解（2006）》规定，外购无形资产的成本，包括购买价款、相关税费以及直接归属于使该项资产达到预定用途所发生的其他支出。但是超过正常信用条件延期支付产生的价差，除按规定可以将一部分资本化，其余的应当在信用期间内计入当期损益。依据此规定，实际支付的价款不一定全部作为无形资产的成本。这是税法与会计之间的差异。

由于会计和税法对超过正常信用条件延期支付产生的价差处理不同，进行税务筹划时，企业应权衡正常信用支付与超过正常信用支付的成本与收益，考虑采用何种支付方式。

例 5－13

某公司计划外购一项技术，若现在支付价款，价款和相关税费为 100 万元；若延期一年支付，价款和相关税费为 120 万元，估计延期支付的价差有 10 万元可以资本化，无形资产采用直线法摊销，假设会计和税法规定的摊销年限为 5 年。

【分析】

若该公司选择现在支付价款，会计上每年计入当期损益 20 万元（100÷5），税法上允许每年扣除的费用也为 20 万元；若该公司选择以延期一年的支付方式购入此项新技术，会计上，该公司在第一年应将不能资本化的延期支付价差 10 万元计入损益，其余 110 万元计入无形资产；而税法上将实际支付的价款 120 万元作为此无形资产的价值。会计上每年计入成本费用依次为 32 万元、22 万元、22 万元、22 万元、22 万元，税法上每年允许扣除的费用＝120÷5＝24 万元。

与现在支付价款相比，延期支付价款共计获得抵税收益 5 万元（(24－20)×5×25%），获得推迟支付 100 万元资金的利益，但多支付 20 万元价款。企业应在延期支付获得的抵税收益和利息收益与多付价款间进行权衡。

4. 无形资产摊销的税务筹划

《企业所得税法实施条例》规定，无形资产按照直线法计算的摊销费用准予扣除。无形资产的摊销年限一般不得低于 10 年，作为投资或者受让的无形资产，有关法律规定或者合同约定了使用年限的，可以按照规定或者约定的使用年限分期摊销，即除了通过投资或者受让方式获取的无形资产，无形资产的摊销年限不得低于 10 年。

无形资产摊销的筹划，其要点是在受让无形资产签订合同或协议时，应尽可能体现受益期限，按较短的受益年限进行摊销，尽快将无形资产摊销完毕。

5. 无形资产减值的税务筹划

税法规定，企业计提的无形资产减值准备，因为属于或有支出，不符合确定性原则，因此不得在所得税税前扣除，应做纳税调整增加处理。由于无形资产减值损失确认后不得转回，而税法不考虑计提无形资产减值准备对无形资产摊销的影响，计提无形资产减值准备以后各年，会计确认的无形资产摊销费用将小于税法允许在所得税税前扣除的无形资产摊销费用，因此，每年应调减应纳税所得额。若在使用寿命期内处置无形资产，应转销计提无形资产减值准备导致的会计与税法的收益差异。

无形资产减值的税务筹划的要点是，如果无形资产预期不能或很少为企业带来经济利益，尽量通过转让或报损等方式将该无形资产的账面价值予以转销，而不是计提减值准备，因为计提的减值准备税法上不允许税前扣除，而出售无形资产的净损失可以税前扣除。

6. 无形资产转让的税务筹划

《企业所得税法》中的转让财产收入包括转让无形资产取得的收入，因此，有必要对无形资产转让进行税务筹划。

例5-14

A公司从事电脑批发零售，也从事软件开发业务。A公司与B公司经协商达成一致：由A公司向B公司销售一批专用电脑设备，价款为100万元，A公司另外向B公司提供与该批电脑设备有关的软件开发服务，价款也是100万元。A公司销售电脑设备，适用的增值税税率为13%；提供软件开发服务，适用的增值税税率为6%。

问题1：如果A公司与B公司签订一份合同，既约定电脑设备销售事宜，又约定软件开发服务事宜，A公司应如何计算缴纳增值税？

问题2：电脑批发零售、软件开发服务应该分别计税，还是必须将两个应税项目合并成一项交易，按混合销售计税，统一适用13%的税率？

问题3：如果双方签订两份合同，一份合同约定电脑设备销售事项，另一份合同约定软件开发服务，A公司又应如何计算缴纳增值税？

【分析】

纳税人兼营销售货物、劳务、服务、无形资产或者不动产，适用不同税率或者征收率的，应当分别核算适用不同税率或者征收率的销售额；未分别核算的，从高适用税率。一项销售行为如果既涉及服务又涉及货物，为混合销售。从事货物的生产、批发或者零售的单位和个体工商户的混合销售行为，按照销售货物缴纳增值税；其他单位和个体工商户的混合销售行为，按照销售服务缴纳增值税。上述从事货物的生产、批发或者零售的单位和个体工商户，包括以从事货物的生产、批发或者零售为主，并兼营销售服务的单位和个体工商户在内。

如果按混合销售缴纳增值税，A公司的销项税额是26万元（200×13%）。如果允许分别计税，A公司的销售税额是19万元（100×13%+100×6%）。前者比后者多出 7 万元。

应该注意的是，混合销售行为成立的行为标准有两点：一是其销售行为必须是一项；二是该项行为必须既涉及服务又涉及货物，其中货物是指《增值税暂行条例》中规定的有形动产，包括电力、热力和气体；服务是指属于营改增范围的交通运输服务、建筑服务、金融保险服务、邮政服务、电信服务、现代服务、生活服务等。

在确定混合销售是否成立时，其行为标准中的上述两点必须同时存在，如果一项销售行为只涉及销售服务，不涉及货物，这种行为就不是混合销售行为；反之，如果涉及销售服务和货物，但销售行为不是一项，则这种行为也不是混合销售行为。

除此之外，在无形资产的转让过程中，还可以利用免征企业所得税的优惠政策进行税务筹划。我国《企业所得税法实施条例》规定，居民企业转让技术所得不超过 500 万元的部分，免征企业所得税；超过 500 万元的部分，减半征收企业所得税。由于这项免征所得税优惠政策的存在，一味追求较高的转让价格不一定就能带来较高的税后收益。在企业全年所有的技术转让所得大致在 500 万元的情况下，可以适当降低转让价格，使全年技术转让业务的净收入刚好在 500 万元以下，以享受免征所得税的好处。

5.3 成本、费用会计政策的税务筹划

成本与费用既有联系又有区别。成本是企业为生产产品、提供劳务而发生的各种耗费。费用是企业为销售商品、提供劳务等日常活动所发生的经济利益的流出。二者的联系是，成本是对象化的费用；费用是成本计算的基础。二者的区别是，生产成本是相对于一定产品所发生的费用，是按产品品种等成本计算对象对当期发生的费用进行归集而形成的；费用是相对于一定的会计期间所发生的费用，是与收入相对应而存在的。

按照经济用途进行分类，要先将企业发生的费用划分为应计入产品成本、劳务成本的费用和不计入产品成本、劳务成本的费用两部分。对于应计入产品成本、劳务成本的费用再继续划分为直接费用和间接费用。直接费用包括直接材料、直接人工和其他直接费用；间接费用指制造费用，直接费用和间接费用构成了制造业的生产成本。已销产品的生产成本为销售成本，企业一般在月末根据本月销售产品的数量，采用先进先出法、加权平均法等计算已销产品的成本，并将计算出的销售成本记入“主营业务成本”账户。对于不应计入产品成本的费用（即期间费用）又可划分为财务费用、管理费用、销售费用。生产成本由直接材料费用、直接人工费用以及制造费用等成本项目构成。

有关生产成本、费用会计核算的税务筹划（包括存货计价方法、固定资产折旧的方法）在 5.2 节已经阐述，因此，本节仅涉及销售成本（主营业务成本）和期间费用的税务筹划。

5.3.1 销售成本的税务筹划

销售成本是销售产品过程中所发生的费用，它形成于销售过程。销售成本包括主营业务成本和其他业务成本两部分，其中，主营业务成本是企业销售商品产品、半成品以及提供工业性劳务等业务所形成的成本；其他业务成本是企业销售材料、出租包装物、出租固定资产等业务所形成的成本。

《企业所得税法》规定，企业实际发生的与取得收入有关的、合理的支出，包括成本、费用、税金、损失和其他支出，准予在计算应纳税所得额时扣除。其中，成本主要是指企业在生产经营活动中发生的销售成本、营业成本等。

例 5-15

甲公司是一家生产电子产品的上市公司，为增值税一般纳税人，增值税税率为13%；所得税税率为25%。假定在不同的存货计价方法下，甲公司的销售收入（主营业务收入）相同，即为1 900万元；而在先进先出法和加权平均法下的产品销售成本各不相同，分别为1 300万元和1 270万元。假设无其他纳税调整项目。

【分析】

（1）销售成本为1 300万元时：

甲公司应纳税所得额＝1 900－1 300＝600(万元)
应纳所得税额＝600×25%＝150(万元)

（2）销售成本为1 270万元时：

甲公司应纳税所得额＝1 900－1 270＝630(万元)
应纳所得税额＝630×25%＝157.5(万元)

由此可知，在营业收入既定的前提下，产品销售成本计算方法不同，致使其应纳税所得额不同，进而使两种方法下的应纳所得税额相差7.5万元（157.5－150）。因此，采用何种计价方法是企业税务筹划的重要内容。

存货计价方法的筹划应立足于使成本费用的抵税效应得到最充分或最快的发挥。不同企业应选择不同的计价方法，以使企业的所得税税负降低。

（1）盈利企业。由于盈利企业的销售成本可在应税收入中抵扣，销售成本的抵税效应能够得到充分发挥，因此，应选择前期成本较大的计价方法。当发生通货膨胀，材料价格不断上涨时，加权平均法计入成本的费用较高，应选择加权平均法；反之，在通货紧缩时期，可选择先进先出法。

（2）处于税收优惠期的企业。如果企业正处于所得税的减税或免税期，就意味着企业获得的利润越多，其得到的减免税额就越多，减免税期内的抵税效应会全部或部分被减免税优惠抵消。因此，应选择减免税优惠期内销售成本小的计价方法，减少存货费用的当期摊入，扩大当期利润。因为企业正处于所得税减免税优惠期，其实现的利润越多，所得税的减免额越大，就能更大幅度地享受减免税优惠。

（3）亏损企业。亏损企业选择计价方法应考虑亏损的税前弥补情况。选择的计价方法必须使不能得到或不能完全得到税前弥补的亏损年度的成本费用降低，保证成本费用的抵税效应得到最大限度地发挥。

5.3.2　管理费用的税务筹划

管理费用是企业为组织和管理企业生产经营所发生的费用，包括企业的董事会和行政管理部门在企业经营管理中发生的或者应由企业统一负担的公司经费（包括管理行政部门职工薪酬、修理费、机物料消耗、低值易耗品摊销、办公费和差旅费等）、工会经费、董事会费、聘请中介机构费、咨询费、诉讼费、业务招待费、研究费用、排污费等。

1. 利用企业“三新”技术研究开发费进行税务筹划

为了促进企业技术进步，鼓励企业积极研究开发新技术、新产品、新工艺，根据《企业所得税法》的相关规定，企业开发新技术、新产品、新工艺发生的研究开发费用，未形成无形资产计入当期损益的，在按照规定据实扣除的基础上，按照研究开发费用的 50%加计扣除；形成无形资产的，按照无形资产成本的 150%摊销。也就是说，前者费用按收益性支出可以直接在当期扣除，而后者要作为资本性支出进行摊销扣除，前者比后者能获得更多的时间价值。

目前加计扣除及加计摊销的比例已上调为 75%。

例 5－16

以前年度，某企业未单独核算研究人员工资等研究开发费用，未能享受技术开发费用的加计扣除。今年该企业不仅单独设立了技术开发部门，而且单独核算研究开发费用，并向税务机关报送了相关资料。如果今年的技术开发费用为 800 万元，则可以享受加计扣除，减少的所得税＝800×75%×25%＝150 万元。

2. 业务招待费的税务筹划

《企业所得税法实施条例》第四十三条规定，企业发生的与生产经营活动有关的业务招待费支出，按照发生额的 60%扣除，但最高不得超过当年销售（营业）收入的 5‰。因此，可以利用业务招待费的临界点进行税务筹划。即企业发生的业务招待费得以税前扣除，既要满足 60%发生额的标准，又最高不得超过当年销售收入的 5‰。企业如何既能充分利用业务招待费的限额，又可以减少纳税调整呢？

假设企业某年销售收入为 x，当年业务招待费为 y，则当年允许税前扣除的业务招待费＝$y\times 60\%\leqslant x\times 5‰$，只有在 $y\times 60\%=x\times 5‰$的情况下，即$y=x\times 8.3‰$，业务招待费在销售收入的 8.3‰的临界点时，企业才可能充分利用好上述政策。

一般情况下，企业的销售收入是可以测算的。假定当年企业销售收入 x＝10 000 万元，则允许税前扣除的业务招待费最高不超过 50 万元（10 000×5‰）。因此，财务预算中全年业务招待费 y＝50/60%＝83 万元，其他销售收入可以以此类推。

如果企业实际发生业务招待费100万元>计划83万元，即大于销售收入的8.3‰，则业务招待费的60%可以扣除，纳税调整增加40万元（100－60）。但是另一方面，销售收入的5‰只有50万元，还要进一步纳税调整增加10万元，按照两方面限额孰低的原则进行比较，取其低值直接纳税调整，共调整增加应纳税所得额50万元，计算缴纳企业所得税12.5万元，即实际消费100万元，则要付出112.5万元的代价。

如果企业实际发生业务招待费40万元<计划83万元，即小于销售收入的8.3‰，则业务招待费的60%可以全部扣除，纳税调整增加16万元（40－24）。另一方面，销售收入的5‰为50万元，无须再纳税调整，只计算缴纳企业所得税4万元，即实际支出40万元，则要付出44万元的代价。

因此，当企业的实际业务招待费小于销售收入的8.3‰时，可以充分利用60%的限额，只需就40%的部分做计税处理，等于发生1 000元业务招待费，实际要付出1 100元。当企业发生的业务招待费大于销售收入的8.3‰时，超过60%的部分需要全部计税，超过部分每支付1 000元，就会导致250元（1 000×25%）税金流出，即等于发生1 000元业务招待费，实际要付出1 250元的代价。

例5-17

某生产企业某年度实现销售净收入20 000万元，请计算业务招待费分别是小于销售收入8.3‰的160万元和大于销售收入8.3‰的170万元时的扣除限额及企业所得税税额。假设无其他纳税调整项目。

【分析】

根据税收政策规定的扣除限额计算如下。

（1）当业务招待费为160万元时：

业务招待费超标＝160－(160×60%)＝64(万元)

超标部分应缴纳企业所得税额＝64×25%＝16(万元)

（2）当业务招待费为170万元时：

业务招待费超标＝170－(20 000×5‰)＝70(万元)

(20 000×5‰与170×60%较小者为扣除标准)

超标部分应缴纳企业所得税额＝70×25%＝17.5(万元)

由此可见，在销售收入既定的前提下，当业务招待费小于销售收入的8.3‰时，实际发生的业务招待费支出增加，企业缴纳的所得税额减少；在销售收入既定的前提下，当业务招待费大于销售收入的8.3‰时，实际发生的业务招待费支出增加，企业缴纳的所得税额也会增加。企业要充分利用业务招待费的临界点进行税务筹划。

企业在核算业务招待费时，应将会务费（会议费）、差旅费等项目与业务招待费等严格区分，不能将会务费、差旅费等挤入业务招待费，避免对企业产生不利影响。因为纳税人发生的与其经营活动有关的合理的差旅费、会务费、董事费，只要能够提供证明其真实性的合法凭证，均可获得税前全额扣除，不受比例的限制。例如发生会务费时，按照规定应该有详细的会议签到簿、召开会议的文件，否则不能证实会议费的真实性，仍然不得税前扣除。同时，不能故意将业务招待费混入会务费、差旅费中核算，否则属于逃税。

例 5-18

某企业某年发生会务费、差旅费共计 18 万元，业务招待费为 6 万元，其中，部分会务费的会议邀请函以及相关凭证等保存不全，导致 5 万元的会务费无法扣除。该企业当年的销售收入为 400 万元。试计算企业所得税税额并拟进行税务筹划。

【分析】

根据税法的规定，如凭证票据齐全，则 18 万元的会务费、差旅费可以全部扣除，但其中凭证不全的 5 万元会务费只能算作业务招待费，而该企业当年可扣除的业务招待费限额为 2 万元（400×5‰）。超过的 9 万元（6＋5－2）不得扣除，也不能转到以后年度扣除。仅此项超支费用企业需缴纳企业所得税 2.25 万元（9×25％）。

下年度，企业加强财务管理，在准确把握相关政策的同时进行事先税务筹划。严格将业务招待费尽量控制在 2 万元以内，各种会务费、差旅费都按税法规定保留了完整合法的凭证，同时，在不违反规定的前提下，将部分类似会务费性质的业务招待费并入会务费项目核算，使得当年可扣除费用达 8 万元。由此可节约企业所得税 2 万元（8×25％）。

5.3.3　销售费用的税务筹划

销售费用是企业销售商品和材料、提供劳务的过程中发生的各种费用，包括广告费、运输费、装卸费、包装费、展览费、保险费、销售佣金、代销手续费、经营性租赁费及销售部门发生的差旅费、工资、福利费等费用。其中广告宣传费用支出具有一定的筹划空间。

依据目前的税收政策，企业所得税的节税思路主要有两个：一是提高税前费用扣除的计算基数，增加费用扣除数额；二是合法地增加无限额的费用，在税前扣除。

《企业所得税法实施条例》第四十四条规定，企业发生的符合条件的广告费和业务宣传费支出，除国务院财政、税务主管部门另有规定外，不超过当年销售（营业）收入 15％的部分，准予扣除；超过部分，准予在以后纳税年度结转扣除，其中销售收入中含视同销售收入。因此，对企业发生的广告费进行税务筹划，在考虑广告费实际发生数的同时，还要计算其基数。

（1）设立独立核算的销售公司可提高扣除费用额度。按规定，广告费和业务宣传费是以销售收入作为扣除计算标准的，如果将集团公司的销售部门设立成一个独立核算的销售公司，将集团公司产品销售给销售公司，再由销售公司实现对外销售，这样就增加了一道销售收入，在整个利益集团的利润总额并未改变的前提下，费用限额扣除的标准可同时获得提高。

例 5-19

某生产企业某年度实现销售收入 20 000 万元，企业发生广告费和业务宣传费 3 500 万元。假设无其他纳税调整项目，根据税收政策规定的扣除限额计算如下：

广告费和业务宣传费超标＝3 500－20 000×15％＝500(万元)
超标部分应缴纳企业所得税额＝500×25％＝125(万元)
该企业实际缴纳的企业所得税额＝(20 000－3 500)×25％＋125
＝4 250(万元)

【分析】

费用超标的原因是企业的收入低，如果收入基数提高，费用的扣除额就多了。问题是：企业没有那么大的市场份额，是无法靠市场销售迅速提高收入的。在这个条件下的节税技巧是拆分企业的组织结构，即通过分设企业来增加扣除限额，从而增加税前的扣除费用，减轻企业所得税。

筹划思路是：将企业的销售部门分离出去，成立一个独立核算的销售公司。企业生产的产品以 18 000 万元卖给销售公司，销售公司再以 20 000 万元对外销售。费用在两个公司分配，则生产企业与销售公司的广告费和业务宣传费分别为 1 500 万元和 2 000 万元。

由于增加了独立核算的销售公司这样一个新的组织形式，也就增加了扣除限额；而最后对外销售仍是 20 000 万元，没有增值，并不会增加企业增值税的税负。

这样，在整个利益集团利润总额不变的前提下，广告费和业务宣传费分别以两家企业的销售收入为依据计算扣除限额，结果如下：

生产企业：广告费和业务宣传费的发生额为 1 500 万元，扣除限额为：18 000×15％＝2 700 万元。从计算结果看，生产企业的广告费和业务宣传费的实际发生额低于抵扣限额，因此，无须做纳税调整。

销售公司：广告费和业务宣传费的发生额为 2 000 万元，扣除限额为：20 000×15％＝3 000 万元。从计算结果看，销售公司的广告费和业务宣传费的实际发生额也低于抵扣限额，无须做纳税调整。

两个企业均不必调增应纳税所得额，因此，两个企业实际缴纳的企业所得税额为 4 125 万元（(20 000－1 500－2 000)×25％)，两个企业比一个企业节约企业所得税 125 万元（4 250－4 125)。

需要注意的是，上述案例中的交易价格会影响两个公司的企业所得税，即生产企业以多少价款把产品卖给销售公司，才能保证两个企业都不亏损。如果一方亏损，一方盈利，亏损方的亏损额就无法产生抵税作用，盈利方则必须多缴企业所得税。因此，交易价格一定要慎重确定，以免发生不必要的损失。如果生产企业和销售公司是关联企业，那么在确定交易价格时，也要注意关联交易的限制规定，以免在受到税务机关稽查时说不清楚。但在实务中，产品大多有批发价和零售价，并且可以根据批量大小，确定不同的批发价。所以，生产企业和销售公司确定交易价格有很大的筹划空间。

（2）可考虑将委托他人促销改为员工促销。

例5-20

甲公司实行一品一策的营销策略，对新产品及新区域开拓采取终端营销策略，主要依靠人员直接对零售商进行产品宣传。2008年以前受计税工资税前扣除政策所限，甲公司为避免因计税工资纳税调增而委托广告公司进行上门宣传。新《企业所得税法》实施后，可考虑招聘一些员工进行促销。现拟开拓一新区域市场，在支付媒体广告费和提供实物促销品的同时，还需安排30人，计划用6个月的时间去上门促销。

【分析】

如果招聘员工按人均月工资2 000元计算，合计需36万元（6×30×0.2），加上社会保险费等费用合计为40万元。如果委托广告公司促销，假定也需支付促销费用40万元。因自2008年1月1日起，其发生的广告宣传费不能在税前扣除，如继续委托广告公司运作，将调增应纳税所得额40万元，相应调增应缴所得税10万元（40×25%）。相比之下，招聘员工促销为佳。不过，企业在选择营销策略时，不能只顾及税收因素，还应从多个方面去考虑，如招聘员工促销还应考虑《中华人民共和国劳动合同法》等有关规定，进行综合比较。

5.3.4　财务费用的税务筹划

财务费用是企业筹集经营性资金而发生的费用。实践中，一个企业很少能做到不借助外来资金来满足自身生产经营的需要，企业发生的资金拆借行为较为普遍，为此，企业要发生一定的费用，这些费用形成企业的财务费用，包括利息净支出、汇兑净损失、金融机构手续费以及其他非资本化支出等。

1. 借款费用的税务筹划

《企业所得税法实施条例》第三十七条规定，企业在生产经营活动中发生的合理的不需要资本化的借款费用，准予扣除。根据《企业会计准则第17号——借款费用》的有关规定，借款费用是指企业因借款而发生的利息及其他相关成本，包括借款利息、折价或者溢价的摊销、辅助费用以及因外币借款而发生的汇兑差额等。其中，借款利息是指企业向其他组织、个人借用资金而支付的利息，包括企业向银行或者其他金融机构等借入资金发生的利息、发行公司债券发生的利息等。以上列举的借款费用如果不需要资本化，则允许在发生当期扣除，这是借款费用扣除的一个原则性规定，只要不是明确被认定为资本化支出的费用，都应该视为不需要资本化的借款费用，予以当期扣除。因此，为了减轻税负，企业应尽可能加大借款费用计入费用的份额，减少借款费用资本化的金额。此外，企业还应适当增加债务资本，减少权益资本，使企业所得税税前扣除金额最大。

例5-21

某企业利用10年时间积累起1 000万元资金，利用这1 000万元购买设备进行投资，收益期为10年，每年平均盈利200万元，企业所得税适用税率为25%。该厂盈利后，每年平均缴纳所得税＝200×25%＝50万元；10年纳税总额＝50×10＝500万元。

【分析】

如果企业不是自己积累资金，而是向银行或其他金融机构贷款，则该厂为积累1 000万元所需的10年时间可以节省下来。假设在积累资金的10年里，企业从银行贷款投资，贷款投资额也为1 000万元，每年盈利均为200万元，利息年支付15万元，扣除利息后，企业每年盈利185万元，这样企业每年的纳税额＝185×25%＝46.25万元；10年纳税总额＝46.25×10＝462.5万元。

因此，对该企业来说，以贷款方式进行投资有许多好处。例如，该企业可以提前10年进行本企业所需要的投资活动；贷款使企业承担的资金风险降低；企业税负减轻。

此外，为购置、建造和生产固定资产、无形资产而发生的借款，在有关资产购建期间发生的借款费用，应作为资本性支出计入有关资产的成本；有关资产交付使用后发生的借款费用，可在发生当期扣除。

《财政部 国家税务总局关于企业关联方利息支出税前扣除标准有关税收政策问题的通知》（财税〔2008〕121号）规定，在计算应纳税所得额时，企业实际支付给关联方的利息支出，不超过规定比例和税法及其实施条例有关规定计算的部分，准予扣除，超过的部分不得在发生当期和以后年度扣除。企业实际支付给关联方的利息支出，除符合本通知第二条规定外，其接受关联方债权性投资与其权益性投资比例：（1）金融企业为5∶1；（2）其他企业为2∶1。

例5-22

甲企业和乙企业属于关联方（非金融法人企业），甲企业预计当年实现所得200万元，乙企业预计亏损160万元。未筹划前，合计缴纳所得税50万元（200×25%）。甲、乙企业如何筹划可以降低税负？

【分析】

如果甲企业在当年1月1日向乙企业发行债券2 000万元，按银行利率7%支付利息。

债券利息支出额＝2 000×7%＝140(万元)
甲企业所得税＝(200－140)×25%＝15(万元)
乙企业所得额＝－160＋140＝－20(万元)
合计缴纳所得税＝15(万元)

但根据财税〔2008〕121号文件的规定，企业从关联方取得的债权性投资与权益性投资的比例不得高于规定标准（一般企业不超过2倍，金融企业不超过5倍）。

假设乙企业在甲企业的注册资本为200万元。

甲企业取得的债权性投资/权益性投资＝2 000/200＝10倍，大于2倍，则应以权益性投资的 2 倍为基数计算利息。

甲企业准予扣除的利息＝200×2×7%＝28(万元)
纳税调增额＝140－28＝112(万元)
甲企业所得税＝(200－28)×25%＝43(万元)

对于乙企业自关联方取得的利息收入，根据财税〔2008〕121 号文件第四条的规定，无论利息支付方支付的利息是否符合比例，是否符合独立交易原则，是否符合税法规定的利率水平及范围，利息收入关联方都要按其实际取得的收入按税法规定缴纳所得税。

乙企业所得额＝－160＋140＝－20(万元)
合计缴纳所得税＝43(万元)

2. 企业间资金拆借的税务筹划

按照现行《企业所得税法实施条例》的规定，非金融企业向金融企业借款的利息支出、金融企业的各项存款利息支出和同业拆借利息支出、企业经批准发行债券的利息支出可据实扣除。非金融企业向非金融企业借款的利息支出，不超过按照金融企业同期同类贷款利率计算的数额的部分可据实扣除，超过部分不许扣除。进行企业间资金拆借的税务筹划时，应注意以下内容：

(1) 注意利息支出的合法性。其一，应该取得合法凭证；其二，借入款项应于账内载明债权人的真实姓名和地址。

(2) 应尽量向金融机构贷款。

(3) 纳税人之间拆借的利息支出可以列支。

复习思考题

1. 何为会计政策选择的税务筹划？包括哪些内容？
2. 纳税人如何进行资产的税务筹划？
3. 纳税人如何进行销售成本的税务筹划？
4. 纳税人如何进行期间费用的税务筹划？

案例分析题

案例 1

A 公司自当年 1 月 1 日开始筹建。当年 2 月从国内供应商购进机器设备 580 万元，并取得增值税专用发票，注明增值税额 80 万元。A 公司当年 3 月开始时没有被认定为增值税一般纳税人。预计当年 5 月可以被认定为增值税一般纳税人。

分析要求：结合现行税收法规，A 公司购进该设备应如何进行税务筹划？

案例2

某企业固定资产的原值为1万元，预计净残值为500元，会计和税法认可的使用年限都是5年。

分析要求：

(1) 假设企业适用的所得税税率为25%。比较该企业分别采用直线法、双倍余额递减法、年数总和法时折旧对所得税的影响。

(2) 假设企业适用的所得税税率为25%，但前两年免税，后三年减半征收。比较该企业分别采用直线法、双倍余额递减法、年数总和法时折旧对所得税的影响。

第 6 章

企业收益分配的税务筹划

学习目标

1. 掌握不同企业收益分配方式的税收制度及税务筹划方法。
2. 理解工资、薪金所得与劳务报酬所得的区别。
3. 了解企业收益分配的主要内容。

企业收益分配是指企业收益在企业各生产要素的提供者，如股东、债权人、经营者和员工等不同利益主体之间的合理分配过程。企业收益分配的税务筹划必须从企业收益分配的对象出发，其中息税前利润是企业收益分配的主要对象。息税前利润应由企业资本提供者参与分配，包括主权资本、人力资本、债务资本和环境资本。主权资本亦称权益资本，其筹资方式主要有吸收直接投资、发行普通股股票、发行优先股股票和利用留存收益。人力资本一般指人力资本所有者被雇用后所获得的报酬，包括基本工资、奖金、一般的福利等工资性收益和利润分享计划、股权分配、股票期权等分享利润性收益。债务资本是指债权人为企业提供的短期和长期贷款，不包括应付账款、应付票据和其他应付款等商业信用负债。企业债务资本的筹资方式主要有银行借款、发行债券、融资租赁、商业信用等。环境资本包括自然环境资本和社会环境资本两个重要的组成部分，是由企业的利益相关者诸如供应商、客户、债权人、员工、政府、社区等构成企业生存和发展的环境要素提供，以诸如使企业缴纳税收、履行社会责任等方式获得资本回报。因主权资本（权益筹资）、债务资本（负债筹资）的税务筹划已在本书第 2 章述及，本章不再重复；此外，因环境资本的内容未涉及具体税种，本章亦不考虑。

6.1 工资、薪金的税务筹划

一般来说，工资、薪金所得属于非独立个人劳动所得，具体是指个人因任职或者受雇而取得的工资、薪金、奖金、年终加薪、劳动分红、津贴、补贴以及与任职或者受雇有关的其他所得，其支付的形式包括现金、有价证券、实物和其他形式的经济利益。工资、薪金所得的税务筹划则是指充分利用税收法规所提供的有关政策规定，通过事前有目的的谋划和安排，在合理合法的前提下达到税负最小的方案。由于工资、薪金是与劳动者利益最为相关的一个税收项目，因此，企业收益分配的税务筹划重点之一就是工资、薪金的税务筹划。

6.1.1 工资、薪金所得计税的法律规定

2018年8月31日，第十三届全国人民代表大会常务委员会第五次会议对《中华人民共和国个人所得税法》做了第七次修正，将工资、薪金所得的费用扣除标准从每人每月3 500元提高到5 000元，目前，我国个人工资、薪金所得应纳个人所得税的计算分为预扣预缴法和汇算清缴。

1. 工资、薪金所得的预扣预缴

扣缴义务人向居民个人支付工资、薪金所得时，应按累计预扣法预扣预缴税款，并按月办理全员全额扣缴申报（另有规定的除外）。

累计预扣法是扣缴义务人在一个纳税年度内预扣预缴税款时，以纳税人截至当前月份累计工资、薪金所得收入额减去纳税人申报的累计减除费用（免征额）、专项扣除、专项附加扣除和依法确定的其他扣除后的余额为累计预缴应纳税所得额，根据工薪所得预扣率表计算累计应预扣预缴税额，再减去已预扣预缴税额，以确定本期应预扣预缴税额的一种计算方法。当余额为负值时，暂不退税，纳税年度终了后余额仍为负值时，可通过年度汇算清缴多退少补。计算公式如下：

$$\text{本期应预扣预缴个人所得税}=\left(\text{累计预扣预缴应纳税所得额}\times\text{预扣率}-\text{速算扣除数}\right)-\text{累计减免税额}-\text{累计已预扣预缴税额}$$

$$\text{累计预扣预缴应纳税所得额}=\text{累计收入}-\text{累计免税收入}-\text{累计减除费用}-\text{累计专项扣除}-\text{累计专项附加扣除}-\text{累计依法确定的其他扣除}$$

$$\text{累计减除费用}=5\ 000\text{ 元/月}\times\text{当期月份数}$$

计算居民个人的工资、薪金所得预扣预缴率适用3%～45%的差额累进税率，如表6-1所示。

表6-1 个人所得税预扣率表（居民个人工资、薪金所得预扣预缴适用）

级数	累计预扣预缴应纳税所得额	预扣率（%）	速算扣除数
1	不超过36 000元的	3	0
2	超过36 000元至144 000元的部分	10	2 520
3	超过144 000元至300 000元的部分	20	16 920
4	超过300 000元至420 000元的部分	25	31 920
5	超过420 000元至660 000元的部分	30	52 920
6	超过660 000元至960 000元的部分	35	85 920
7	超过960 000元的部分	45	181 920

例6－1

我国居民个人李某本年每月税前工资、薪金收入为30 000元；个人每月负担的“三险一金”合计5 550元。每月专项扣除金额合计2 000元，李某没有其他扣除。

【分析】

以1—3月份为例：

李某1月份工资、薪金所得应由公司预扣预缴的个人所得税＝(30 000－5 000－5 550－2 000)×3%
＝523.5(元)

李某2月份工资、薪金所得应由公司预扣预缴的个人所得税＝(30 000×2－5 000×2－5 550×2－2 000×2)×3%－523.5
＝523.5(元)

李某3月份工资、薪金所得应由公司预扣预缴的个人所得税＝(30 000×3－5 000×3－5 550×3－2 000×3)×10%－2 520－523.5－523.5
＝1 668(元)

2. 工资、薪金所得的汇算清缴

年度终了后，纳税人应在次年3—6月到主管税务机关进行个人所得税的汇算清缴，多退少补。

从工资、薪金所得包含的内容看，年终加薪、劳动分红不分种类和取得情况一律按工资、薪金所得课税；津贴、补贴则有例外。根据我国目前个人收入的构成情况，规定对一些不属于工资、薪金性质的补贴、津贴或者不属于纳税人本人工资、薪金所得项目的收入，不予征税。这些项目包括：(1) 独生子女补贴；(2) 执行公务员工资制度未纳入基本工资总额的补贴、津贴差额和家属成员的副食品补贴；(3) 托儿补助费；(4) 差旅费津贴、误餐补助。①

除此之外，按照相关规定，部分奖金、津贴免征个人所得税。与工资、薪金所得有关的免税项目有：(1) 省级人民政府、国务院部委和中国人民解放军军以上单位，以及外国组织、国际组织颁发的科学、教育、技术、文化、卫生、体育、环境保护等方面的奖金。(2) 生育妇女按照县级以上人民政府根据国家规定的生育办法，取得的生育津贴、生育医疗费或其他属于生育保险性质的津贴、补贴。(3) 按照国务院规定发给的政府特殊津贴、院士津贴、资深院士津贴和国务院规定免纳个人所得税的补贴、津贴；福利费、抚恤金、救济金；按照国家统一规定发给干部、职工的安家费、退职费、退休工资、离休工资、离休生活补助费；达到离休、退休年龄但确因工作需要，适当延长离休、退休年龄的高级专家（指享受国家发放的政府特殊津贴的专家、学者），其在延长离休、退休期间的工资、薪

① 误餐补助是指按照财政部规定，个人因公在城区、郊区工作，不能在工作单位或返回就餐的，根据实际午餐顿数，按规定的标准领取的误餐费。单位以误餐补助名义发给职工的补助、津贴不包括在内。

金所得，视同离休、退休工资；企业或个人按国家和地方政府规定比例提取并向指定机构实际缴纳的住房公积金、医疗保险金、基本养老保险金、失业保险金；个人实际领（支）取原提存的基本养老保险金、基本医疗保险金、失业保险金和住房公积金。

6.1.2 工资、薪金所得税务筹划的基本方法

在合法、合规的前提下，工资、薪金所得的税务筹划应坚持“应扣不漏，应免不扣”“综合考虑，免税效应”的基本思路。具体说来，应从以下几方面着手。一是要充分考虑影响工资、薪金所得应纳税额的因素。影响工资、薪金所得应纳税额的因素有两个，即应纳税所得额和税率。因此，要降低税负，就是运用合理合法的方法减少应纳税所得额，或者通过周密的设计和安排，使应纳税所得额适用较低的税率。在实行超额累进税率的条件下，费用扣除越多，所适用的税率越低。二是利用个人所得税的税收优惠政策。税收优惠是国家在税种设计时有意而为，纳税人可充分利用税收优惠条款，达到减轻税负的目的。三是充分利用个人所得税专项附加扣除标准，努力降低工资、薪金所得，使其适用较低的税率，以达到降低税负的目的。四是尽可能地实行工资、薪金的均衡发放。根据工资、薪金个人所得税税率的特点，纳税人的应税所得越多，适用的税率也就越高，所以在纳税人一定时期内收入总额既定的情况下，分摊到各个纳税期内（一般为每月）的收入应尽量均衡，达到降低税负的目的。

1. 利用降低应纳税所得额进行税务筹划

在实际工作中，可以通过福利减少名义工资，降低工资、薪金的应纳税所得额。福利与工资、薪酬一同被人们当作衡量企业发展和就业选择的两项相当重要的衡量指标，与员工工资、薪金不同，规定标准之内的福利一般不需要缴纳个人所得税，从这方面来看，福利对员工具有更大的价值。如冬季的取暖补贴费、夏季的防暑降温费、春节的探亲假路费等，还包括养育孩子的独生子女费、托儿费、教育补贴费等。但是在凭票报销费用时要注意以下事项：（1）在国家规定的标准范围内；（2）财务入账报销时要注意发票的真伪和适用标准；（3）发票收件人要签名；（4）报销发票的项目要直接或间接与企业管理相关。

例6-2

某公司业务经理月工资为12 000元，原住房与工作地方相距较远，不方便上下班，为了工作便利，需要在公司附近租住一套房屋，租房合同上规定每月需要缴纳的房租为2 000元。请为该业务经理的工资进行税务筹划。

【分析】

若房租全部由自己支付，则

$$\begin{aligned}\text{该经理每个月应缴纳个人所得税} &= (12\,000-5\,000)\times 10\% - 210\\ &= 490(\text{元})\end{aligned}$$

除去房租和个人所得税后的收入＝12 000－490－2 000
＝9 510(元)

若单位提供住房，环境与业务经理自己租住 2 000 元的房屋条件相当，但工资降为 10 000 元，则

该经理每个月应缴纳个人所得税额＝(10 000－5 000)×10%－210
＝290(元)

除去房租和个人所得税后的收入＝10 000－290
＝9 710(元)

经过税务筹划可节税 200 元（9 710－9 510），相当于提高收入 200 元，同时并不影响原有的生活水平或条件。

另外，有的企业不愿意为员工缴纳高比例的保险费和住房公积金，这时员工可以提出申请，以自己的工资补充企业没缴足的四险一金。单位和个人分别在不超过职工本人上一年度月平均工资 12%的幅度内，其实际缴存的住房公积金，允许在个人应纳税所得额中扣除。单位和职工个人缴存住房公积金的月平均工资不得超过职工工作地所在设区城市上一年度职工月平均工资的 3 倍，具体标准按照各地有关规定执行。单位和个人超过上述规定比例和标准缴付的住房公积金，应将超过部分并入个人当期的工资、薪金收入，计征个人所得税。个人实际领（支）取原提存的基本养老保险金、基本医疗保险金、失业保险金和住房公积金时，免征个人所得税。

例 6-3

假设某企业员工李某月工资收入为 9 600 元，关于缴存住房公积金，有以下两种方案。

方案 1：李某月缴存住房公积金 2 000 元（假设未超当地住房公积金规定标准），单位和个人各 1 000 元；

方案 2：假设该企业不想为职工增加支出总额，可以将李某月工资定为 8 600 元，另外 2 000 元单位以住房公积金的形式按月缴存（李某个人还需缴存 2 000 元，假设未超当地住房公积金规定标准）。

请为李某的工资进行税务筹划（只计算当月应预扣预缴的个人所得税，且不考虑其他因素）。

【分析】

方案 1：

企业当月为李某预扣预缴的个人所得税额＝(9 600－1 000－5 000)×3%
＝108(元)

该员工实际收入＝9 600－108＝9 492(元)

方案 2：

企业当月为李某预扣预缴的个人所得税额＝(8 600－2 000－5 000)×3%
＝48(元)

该员工实际收入＝8 600－48＝8 552(元)

两种方案比较：在从单位取得收入总额不变的情况下，缴存的住房公积金越多，个人实际获得的税后收入越少（方案2比方案1实际获得的税后收入少940元）。该结论仅限于当月收入的比较，如果李某退休之后公积金返还，则发生相反的变化（不考虑货币时间价值），方案1中李某的收入为11 492元（9 492＋2 000），方案2中李某的收入为12 552元（8 552＋4 000）。

2. 利用最佳临界点进行税务筹划

关于工资、薪金所得应纳税额的计算公式前面已经介绍，本节重点分析全年一次性奖金的税收政策及税务筹划方法。

2018年12月底，《财政部 税务总局关于个人所得税法修改后有关优惠政策衔接问题的通知》（财税〔2018〕164号）发布。该通知明确全年一次性奖金的发放方法为：居民个人取得全年一次性奖金，在2023年12月31日前，不并入当年综合所得，以全年一次性奖金收入除以12个月得到的数额，按月度税率表（见表6-2）确定适用税率和速算扣除数，单独计算纳税。计算公式为：

应纳税额＝全年一次性奖金收入×适用税率－速算扣除数

表6-2 个人所得税月度税率表

级数	应纳税所得额（含税）	税率（%）	速算扣除数（元）
1	未超过3 000元的部分	3	0
2	超过3 000元至12 000元的部分	10	210
3	超过12 000元至25 000元的部分	20	1 410
4	超过25 000元至35 000元的部分	25	2 660
5	超过35 000元至55 000元的部分	30	4 410
6	超过55 000元至80 000元的部分	35	7 160
7	超过80 000元的部分	45	15 160

现行税法下，年终奖目前适用的税率是3%～45%的七级超额累进税率，不同的全月应纳税所得额对应不同的税率，对应6个临界点，从表6-2可以看出，6个重复出现的应纳税所得额数值分别是3 000，12 000，25 000，35 000，55 000，80 000。用这6个数值分别乘以12的结果就是全年一次性奖金的临界点。

例6-4

某企业员工甲当年12月工资为13 600元，员工乙当年12月工资为14 500元，企业在本月分别给甲和乙发放36 000元和36 001元的一次性年终奖金。甲、乙两位员工的税后净收入是多少？

【分析】

（1）员工甲年终一次性奖金个人所得税计算如下：36 000÷12＝3 000元，年终奖适用税率为3%，速算扣除数为0。

应纳税额＝36 000×3%＝1 080(元)

税后所得奖金＝36 000－1 080＝34 920(元)

(2) 员工乙年终一次性奖金个人所得税计算如下：36 001÷12＝3 000.08 元，年终奖适用税率为 10%，速算扣除数为 210。

应纳税额＝ 36 001×10%－210＝3 390.1(元)

税后所得奖金＝36 001－3 390.1＝32 610.9(元)

由上述计算得出的员工甲和乙年终一次性奖金个人所得税可知：乙比甲多发了 1 元的奖金，但是乙缴纳了 3 390.1 元的个人所得税，比甲缴纳的1 080 元多缴纳了 2 310.1 元，导致乙领到手的奖金反而比甲少了 2 310.1 元。这主要是因为我国个人所得税税率和扣除标准是恒定的，而企业发放的年终奖处在两档之间的分隔点上（3%与 10%的税率）。因此，企业在发放年终奖时应事先进行计算，并适当调整年终奖额度。在某些特殊区段上，并不是奖金发得越多越好，应特别注意此类问题。

根据例 6－4 的计算原理，年终奖临界点缴纳个人所得税的计算如表 6－3 所示。

表 6－3　年终奖 6 个临界点

单位：元

临界点	应交个人所得税	超过临界点	应交个人所得税	多 1 元钱时多交个人所得税（到手工资少）
36 000	1 080	36 001	3 390.1	2 310.1
144 000	14 190	144 001	27 390.2	13 200.2
300 000	58 590	300 001	72 340.25	13 750.25
420 000	102 340	420 001	121 590.3	19 250.3
660 000	193 590	660 001	223 840.35	30 250.35
960 000	328 840	960 001	416 840.45	88 000.45

3. 利用年终奖不同计税方式进行税务筹划

如前所述，全年一次性奖金的发放方法为：居民个人取得全年一次性奖金，在 2023 年 12 月 31 日前，不并入当年综合所得，以全年一次性奖金收入除以 12 个月得到的数额，按月度税率表确定适用税率和速算扣除数，单独计算纳税（简称单独计税）。同时，税务机关也在财税〔2018〕164 号文件中说明，居民个人可以选择将取得的全年一次性奖金并入当年综合所得计算纳税（简称合并计税）。由此，年终奖的计税方式允许自主选择，为个人带来了个人所得税筹划的空间。

(1) 两种计税方式的计算原理。

在单独计税方式下，个人年终奖不并入当年综合所得，视同单独 1 个月的应纳税所得额，全额除以 12 个月按月度税率表（参见表 6－2）确定税率和速算扣除数，并按“应纳税额＝全年一次性奖金收入×适用税率－速算扣除数”的公式计算。

在合并计税方式下，居民个人需要先将年终奖和当月及本纳税年度当月之前的工资、薪金合并，用累计预扣法参照年度税率表（参见表 6－1）确定税率和速算扣除数，按“本期应预扣预缴税额=（累计预缴应纳税所得额×税率－速算扣除数）－已预扣预缴税额”的公式计算并预缴个人所得税；再在下一年的3月1日至6月30日期间，将本年的工资、薪金所得与劳务报酬所得、稿酬所得及特许权使用费所得一起汇算清缴，多退少补。

（2）两种计税方式的比较。

第一，应纳税所得额确定标准不同。选用单独计税方式时，年终奖因按月度税率表单独计税并不纳入当年综合所得，就不得抵扣每年60 000元的基本减除费用（即免征额）和其他个人专项附加扣除，故应当全额计入应纳税所得额。而选用合并计税方式时，年终奖和当月工资、薪金合并后可以扣除累计的基本减除费用和专项附加扣除。这实际上是使年终奖也能参与到每年60 000元的基本减除费用和个人专项附加扣除的过程中。

第二，速算扣除数不同。单独计税方式采用的是月度税率表，其使用的速算扣除数是月度速算扣除数。而合并计税时，使用的是综合所得的年度税率表，其速算扣除数是指年度速算扣除数（月度数额×12）。

例6-5

A先生2019年每月工资收入为8 000元，个人承担的“三险一金”为2 000元，专项附加扣除为3 000元，无其他综合所得和扣除项目。2019年3月，发放全年一次性奖金48 000元。

【分析】

（1）单独计税。不考虑年终奖，A先生2019年综合所得应纳税额为0。

年终奖应纳税额=48 000×10%－210=4 590(元)

合计纳税=0+4 590=4 590(元)

（2）合并计税。

A先生2019年综合所得=8 000×12－2 000×12－3 000×12－60 000+48 000
=24 000(元)

应纳税额=24 000×3%=720(元)

由上可知，合并计税最优，比单独计税少缴税3 870元（4 590－720）。

由此可见，当居民个人平时收入较低，扣除“三险一金”后的除年终奖外的全年收入不能完全覆盖全年60 000元的基本费用减除和全年专项附加扣除时（除年终奖外全年应纳税所得额为负数），不论年终奖金额大小，均应选择并入当年综合收入，参照表6-1按累计预扣法计税。

例6-6

B先生2019年综合所得为200 000元，2019年3月发放年终奖300 000元。

【分析】

（1）单独计税。不考虑年终奖：

B先生2019年综合所得应纳税额=(200 000－60 000)×10%－2 520
=11 480(元)

年终奖按照相关政策单独计算：

应纳税额＝300 000×20%－1 410＝58 590(元)

合计纳税＝11 480＋58 590＝70 070(元)

(2) 合并计税。

B 先生 2019 年综合所得＝200 000＋300 000＝500 000(元)

应纳税额＝(500 000－60 000)×30%－52 920＝79 080(元)

比较可知，单独计税更优，比合并计税少缴税 9 010 元（79 080－70 070）。

由此可见，当居民个人平时收入相对较高，扣除“三险一金”后的除年终奖外的全年收入可以完全覆盖全年 60 000 元的基本费用减除和全年专项附加扣除时（除年终奖外，全年应纳税所得额为正数或 0)：(1) 若年终奖的金额和除年终奖外应纳税所得额之和小于 36 000 元，两种计税方式无差别，可任意选择；(2) 若两者之和大于 36 000 元，如果单独计税方式下年终奖适用税率等于除年终奖外全年应纳税所得额适用税率，则应选用单独计税方式；如果两者税率不相等，则需对采用不同方式计税时全年综合收入应缴纳的个人所得税进行仔细测算后方能进行选择。

4. 利用专项附加扣除进行税务筹划

(1) 居民个人住房租金扣除的税务筹划。纳税人本人及配偶在纳税人的主要工作城市没有住房，而在主要工作城市租赁住房发生的租金支出，可以按规定标准定额扣除。住房租金支出由签订租赁住房合同的承租人扣除；纳税人及其配偶不得同时分别享受住房贷款利息专项附加扣除和住房租金专项附加扣除；纳税人应当留存住房租赁合同。

扣除条件：1) 直辖市、省会（首府）城市、计划单列市以及国务院确定的其他城市，扣除标准为每月 1 500 元；2) 除第一项所列城市以外，市辖区户籍人口超过 100 万的城市，扣除标准为每月 1 100 元；3) 市辖区户籍人口不超过 100 万的城市，扣除标准为每月 800 元。

纳税人的配偶在纳税人的主要工作城市有自有住房的，视同纳税人在主要工作城市有自有住房。

由此可见，住房租金只需要住房租赁合同或协议即可，纳税人可以掌控，有一定的筹划空间。

例 6－7

居民个人小张大学毕业后工作时间不长，在某省会城市工作，月收入为 10 000 元，和父母住在一起，不符合专项附加扣除的条件，请从个人所得税的角度为小张进行税务筹划。

【分析】

筹划前：

小张当年累计预扣预缴税额＝(10 000×12－5 000×12)×10%－2 520＝3 480(元)

筹划后：小张可以和父母签订住房租赁协议，租一个床位，每月租金为500元，缴纳极少的税费，就可以享受每个月1 500元的住房租金扣除。

$$\text{小张当年累计预扣预缴税额}=(10\,000\times12-5\,000\times12-1\,500\times12)\times10\%-2\,520$$

$$=1\,680(\text{元})$$

筹划后，小张全年少缴个人所得税1 800元（3 480－1 680）。

（2）居民个人住房贷款利息扣除的税务筹划。纳税人本人或配偶使用商业银行或住房公积金个人住房贷款为本人或其配偶购买住房，发生的首套住房贷款利息支出，在偿还贷款期间，可以按照每年12 000元（每月1 000元）标准定额扣除。经夫妻双方约定，可选择由其中一方扣除，且在1个纳税年度内不得变更。纳税人应当留存住房贷款合同、贷款还款支出凭证。

关于住房贷款利息扣除日期，《国务院关于印发个人所得税专项附加扣除暂行办法的通知》（国发〔2018〕41号）第十四条规定，发生的首套住房贷款利息支出，在实际发生贷款利息的年度，按照每月1 000元的标准定额扣除，扣除期限最长不超过240个月。因此，居民个人准确把握住房贷款利息的扣除时期，可以达到降低税负的目的。

例6-8

甲某2019年1月开始有住房贷款，还贷期为30年。如果甲某从2019年1月填报信息开始享受扣除，可扣至2039年。但是甲某刚参加工作的前10年工资低，不缴纳个人所得税。可在2029年填报信息，这样将允许扣除至贷款期限内的2049年。

6.2 劳务报酬的税务筹划

劳务报酬所得是指个人独立从事某种技艺，独立提供某种劳务而取得的所得。随着个人收入的来源和形式日趋多样化，越来越多的个人在取得固定收入的同时，利用掌握的知识和技能，取得合法的劳务报酬。目前，税务部门对劳务报酬所得的征管力度日益加大，对于个人来讲，如何在合法纳税的同时争取个人收入的最大化是本节讨论的重点。

6.2.1 劳务报酬所得计税的法律规定

根据《中华人民共和国个人所得税法实施条例》（简称《个人所得税法实施条例》）的规定，劳务报酬所得是指个人独立从事设计、装潢、安装、制图、化验、测试、医疗、法律、会计、咨询、讲学、翻译、审稿、书画、雕刻、影视、录音、录像、演出、表演、广告、展览、技术服务、介绍服务、经纪服务、代办服务以及其他劳务取得的所得。按现行税法规定，劳务报酬所得并入综合所得综合计征个人所得税；在实际征管中采取的是预缴与汇算清缴相结合的方法。扣缴义务人向居民个人支付劳务报酬时，按照以下方法按次或者按月预扣预缴税款：（1）劳务报酬所得以收入减除费用后的余额为收入额；（2）预扣预缴税款时，劳务报酬所得每次收入不超过 4 000 元的，减除费用按 800 元计算；每次收入在 4 000 元以上的，减除费用按收入的 20%计算；（3）劳务报酬所得以每次收入额为预扣预缴应纳税所得额，计算应预扣预缴税额。应预扣预缴税额计算公式为：

$$\text{劳务报酬所得应预扣预缴税额}=\text{预扣预缴应纳税所得额}\times\text{预扣率}-\text{速算扣除数}$$

居民个人取得综合所得，如属于需要办理汇算清缴，应在取得所得的次年 3 月 1 日至 6 月 30 日内办理汇算清缴。居民个人办理年度综合所得汇算清缴时，应当依法计算劳务报酬所得、稿酬所得、特许权使用费所得的收入额，并入年度综合所得计算应纳税款，税款多退少补。

劳务报酬所得适用个人所得税预扣预缴率表，如表 6－4 所示。

表 6－4　居民个人劳务报酬所得预扣预缴率表

级数	预扣预缴应纳税所得额	每次不含税收入额	预扣率（%）	速算扣除数（元）
1	不超过 20 000 元的	超过 3 360～21 000 元的部分	20	0
2	超过 20 000 元至 50 000 元的部分	超过 21 000～49 500 元的部分	30	2 000
3	超过 50 000 元的部分	超过 49 500 元的部分	40	7 000

6.2.2　劳务报酬所得税务筹划方法

劳务报酬所得税务筹划的主要方法如下：一是支付次数筹划法，因为劳务报酬分解的次数越多，可扣除的数额越多，税基越小，适用的预扣率越低；二是分项计算筹划法，因为劳务报酬分解的项目越多，可扣除的数额越多，税基越小，适用的预扣率越低；三是费用抵减筹划法，因为由接受劳务方承担费用可以减少税基，从而降低预扣率；四是不同收入项目转换法，因为个人所得税实行分类与综合相结合的征收模式，在不同税收项目之间相互转换，可减轻纳税人的税收负担。

1. 支付次数筹划法

《个人所得税法实施条例》规定，如果劳务报酬在性质上属于一次性收入，就以这一次收入全部作为基数，不论数额大小全部缴纳个人所得税，但是如果劳务报酬在性质上属于连续性收入，那么可以按月计税，以一个月内的全部收入作为一次收入，计算缴纳个人所得税，之后每月分别计算。在预扣预缴劳务报酬的税款时，劳务报酬所得每次收入不超过 4 000 元的，减除费用按 800 元计算；每次收入在 4 000 元以上的，减除费用按收入的 20%计算。在这种固定数额与固定比例的扣除模式下，花费成本较高的劳务报酬税负较高，为此，纳税人在取得劳务报酬时，可与劳务报酬的支付人商议，使该劳务报酬的支付较为平均，从而适用较低的预扣率，使得预扣税额负担较轻，即使年终汇算清缴时补缴税款，也达到了递延税款的目的。

例 6－9

注册会计师甲为 A 企业职工，他与某会计师事务所商定每年年终到该事务所兼职 3 个月，每月可获得 30 000 元劳务报酬。请为甲注册会计师获得的劳务报酬进行税务筹划。

【分析】

方案 1：如果甲注册会计师和该事务所按实际情况签约，则甲注册会计师应纳税额如下：

每月劳务报酬应预扣预缴税款＝30 000×(1－20%)×30%－2 000＝5 200(元)

劳务报酬所得应预扣预缴税款总计＝5 200×3＝15 600(元)

方案 2：如果甲注册会计师和该会计师事务所商定，年终的劳务报酬在以后的一年中分 12 个月支付，每月大约支付 7 500 元，则甲注册会计师应纳税额如下：

每月劳务报酬应预扣预缴税款＝7 500×(1－20%)×20%＝1 200(元)

劳务报酬应预扣预缴税款总计＝1 200×12＝14 400(元)

两者比较，方案 2 比方案 1 少缴纳个人所得税 1 200 元（15 600－14 400)。

2. 分项计算筹划法

劳务报酬所得根据不同劳务项目的特点，分别规定了按次征税的要求，因此，个人在缴纳所得税时应充分利用这一点。个人兼有不同劳务报酬所得的，应当分别减除费用，计算缴纳个人所得税。

例 6－10

王某 8 月给甲公司提供劳务，同时取得多项收入：(1) 设计一套工程图纸，获得设计费 2 万元；(2) 提供技术帮助，获得该公司支付的 3 万元技术服务费。

【分析】

方案 1：按 5 万元劳务报酬纳税。

应预扣预缴税额＝50 000×(1－20%)×30%－2 000＝10 000(元)

方案 2：按设计费 2 万元、技术服务费 3 万元纳税。

应预扣预缴税额＝20 000×(1－20%)×20%＝3 200(元)

应预扣预缴税额＝30 000×(1－20%)×30%－2 000＝5 200(元)

应预扣预缴税额合计＝3 200＋5 200＝8 400(元)

两者比较，方案 2 比方案 1 少预扣个人所得税 1 600 元（10 000－8 400)。若年终汇算清缴需要补税，则由于资金存在时间价值，前期预扣税款少，税款推迟到后期缴纳。

3. 费用抵减筹划法

费用抵减筹划法主要是通过减少名义劳务报酬所得的形式来筹划，将本应由纳税人负担的费用改由业主承担，以达到减少名义劳务报酬的目的。常用的方法有：由业主提供餐饮服务，报销交通费，提供住宿，提供办公用品等，以此来抵减名义劳务报酬所得，使该项劳务报酬所得适用较低的税率。这些费用如果由纳税人负担，则在计算企业所得税时不能在应纳税所得额中扣除；如果由业主提供，则能够在业主计算企业所得税时税前扣除。对于提供劳务的纳税人来说，采用费用抵减筹划法，虽减少了名义报酬额，但实际收益有所增加。

例6-11

某教授在另外一所高校进行学术讲座，所得报酬为30 000元，含食宿费、差旅费4 000元。

方案1：费用自理，高校全额发放酬金。

方案2：高校承担费用，扣除费用后的余额作为酬金。

请为该教授的劳务报酬所得进行税务筹划。

【分析】

方案1应预扣预缴税额＝30 000×(1－20%)×30%－2 000＝5 200(元)

方案2应预扣预缴税额＝(30 000－4 000)×(1－20%)×30%－2 000
＝4 240(元)

由此可见，由高校承担费用抵减劳务报酬，比费用自理全额发放酬金节税960元（5 200－4 240）。

4. 不同收入项目转换

我国个人所得税的征收采用的是分类征收制，在不同税收项目之间转换，可减轻纳税人的税收负担。有时工资、薪金所得转化为劳务报酬所得能节约税收，有时劳务报酬所得转化为工资、薪金所得能节约税收，有时将两者合理分解能够节约税收。

劳务报酬与工资、薪金的相互转化主要是因为两者的适用税率和计税方法不同，前者适用比例税率，并且对劳务报酬所得一次收入畸高的，实行加成征收；后者实行3%～45%的七级超额累进税率计税方法。工资、薪金和劳务报酬所得的区别在于工资、薪金所得存在稳定的雇佣和被雇佣关系（工资、人事方面），劳务报酬所得签订的是劳务合同协议。

例6-12

某高校教师某月获得本校工资性收入5 500元，该教师在同一月份为甲学校讲授某课程取得劳务报酬收入3 400元。从节税的角度看，该教师是否应该与甲学校建立固定的雇佣关系？（不考虑附加费用扣除等因素。）

【分析】

方案1：该教师与甲学校没有建立固定的雇佣关系。

$$\text{工资、薪金所得应预扣预缴税额}=(5\ 500-5\ 000)\times 3\%=15(\text{元})$$

$$\text{劳务报酬所得应预扣预缴税额}=(3\ 400-800)\times 20\%=520(\text{元})$$

$$\text{应预扣预缴税额合计}=15+520=535(\text{元})$$

方案2：该教师与甲学校建立固定的雇佣关系。

单位与个人之间存在稳定的雇佣与被雇佣的关系，其所得应该按照工资、薪金所得计算缴纳个人所得税。

$$\begin{matrix}\text{工资、薪金所得}\\\text{应纳个人所得税额}\end{matrix}=(5\ 500+3\ 400-5\ 000)\times 10\%-210=180(\text{元})$$

若采用方案2，则该教师当月可节税355元（535－180）。

例6-13

承上例，若该教师获得本校工资性收入8 500元，其他条件不变，则税务筹划结果如下。

【分析】

方案1：该教师与甲学校没有建立固定的雇佣关系。

$$\begin{aligned}\text{工资、薪金所得应预扣预缴税额}&=(8\ 500-5\ 000)\times 10\%-210\\&=140(\text{元})\end{aligned}$$

$$\text{劳务报酬所得应预扣预缴税额}=(3\ 400-800)\times 20\%=520(\text{元})$$

$$\text{应预扣预缴税额合计}=140+520=660(\text{元})$$

方案2：该教师与甲学校建立固定的雇佣关系。

单位与个人之间存在稳定的雇佣与被雇佣的关系，其所得应该按照工资、薪金所得计算缴纳个人所得税。

$$\begin{matrix}\text{工资、薪金所得}\\\text{应预扣预缴税额}\end{matrix}=(8\ 500+3\ 400-5\ 000)\times 10\%-210=480(\text{元})$$

若采用方案2，则该教师当月可节税180元（660－480）。

通过以上案例分析可以得知，由于工资、薪金所得和劳务报酬所得之间存在所得形式相互转化的可能性，因此也就存在纳税人进行税务筹划的可能性。纳税人通过合理选择所得的收入形式，在取得收入当月就可以达到节约税收、减轻纳税负担和递延税款的目的。但是，在相关筹划过程中，还应注意判断一项收入的性质，这与个人和雇佣单位签订的合同性质有关。如果合同中建立了固定的雇佣关系，就是工资、薪金所得；如果合同中没有建立固定的雇佣关系，就是劳务报酬所得。工资、薪金所得与劳务报酬所得的转化必须符合法律的规定，不得任意改变所得的性质，不能因为节税的需要而随意划定所得的类型，或者中途变化所得的性质，造成违法的后果。

6.3 股票期权的税务筹划

股票期权措施是一种财务激励模式，它把个人收益和企业长远利益联系起来，在一定程度上协调了个人行为与企业行为的冲突，有利于激励企业经营者与员工对企业保持责任心。

6.3.1 股票期权计税的法律规定

企业员工股票期权是指上市公司按照规定程序授予本公司及其控股员工的一项权利，该权利允许被授权员工在未来时间内以某一特定价格购买本公司一定数量的股票。上述某一特定价格称为授予价或施权价，即根据股票期权计划可以购买股票的价格，一般为股票期权授予日的市场价格或该价格的折扣价格，也可以是按照事先设定的计算方法约定的价格；授予日也称授权日，是指公司授予员工上述权利的日期；行权也称执行，是指员工根据股票期权计划选择购买股票的过程；员工行使上述权利的当日为行权日，也称购买日。

《财政部 国家税务总局关于个人股票期权所得征收个人所得税问题的通知》（财税〔2005〕35 号）规定，员工行权时，其从企业取得股票的实际购买价（施权价）低于购买日公平市场价（股票当日的收盘价）的差额，是因员工在企业的表现和业绩情况而取得的与任职、受雇有关的所得，应按工资、薪金所得适用的规定计算缴纳个人所得税。对因特殊情况，员工在行权日之前将股票期权转让的，以股票期权的转让净收入，作为工资、薪金所得征收个人所得税。员工行权日所在期间的工资、薪金所得，应按下列公式计算工资、薪金应纳税所得额：

$$\begin{array}{c}\text{股票期权形式的工资、}\\\text{薪金应纳税所得额}\end{array}=\left(\begin{array}{c}\text{行权股票的}\\\text{每股市场价}\end{array}-\begin{array}{c}\text{员工取得该股票期权}\\\text{支付的每股施权价}\end{array}\right)\times\begin{array}{c}\text{股票}\\\text{数量}\end{array}\qquad(6-1)$$

对该股票期权形式的工资、薪金所得可区别于所在月份的其他工资、薪金所得，在 2021 年 12 月 31 日前，不并入综合所得，全额单独适用综合所得税率表，按下列计算公式计算当月应纳税款：

$$\text{应纳税额}=\text{股权激励收入}\times\text{适用税率}-\text{速算扣除数}\qquad(6-2)$$

式中，股权激励收入应为式（6－1）的计算结果。

员工将行权后的境内上市公司股票再行转让的所得，根据现行税法规定暂不征收个人所得税；将行权后的境外上市公司股票再行转让所得，则按税法规定缴纳税款。

居民个人在一个纳税年度内取得两次以上（含两次）股权激励的，应合并按照综合所得的规定计算纳税。

6.3.2 股票期权税务筹划的方法

当个人被企业授予股票期权后，应尽可能选择在股票市价较低时行权，此时，行权价与行权日该种股票市价之间的差距较小，反映的行权者受益较少，则纳税较少。行权后市价较高时再卖出股票，以享受降低税负的好处。

例6-14

境内某公司于2015年实行企业员工股票期权计划，张先生于2015年1月10日在该计划中获得20 000股股票期权，授予日股票价格为每股6元，张先生可在一年后以每股6元的价格购买该公司20 000股股票。2016年1月10日，该股票每股市价为10元；2016年4月10日，该股票每股市价为12元。张先生有以下几种行权方案。

方案1：张先生于2016年4月10日行权，购买20 000股股票。

方案2：张先生于2016年1月10日行权，购买20 000股股票，并于2016年4月10日将该股票转让。

请问：张先生应如何选择行权时机?

【分析】

方案1：按现行税法规定，张先生获得股票期权时不需要纳税。当张先生于2016年4月10日行权时，应按照工资、薪金所得缴纳个人所得税。

应纳税所得额＝(12－6)×20 000＝120 000(元)

由于张先生持有期权的时间（15个月）超过规定月份数（12个月），因此，按规定月份数测算适用的税率和速算扣除数如下：

120 000÷12＝10 000元，适用10%的税率，速算扣除数为210。

应纳个人所得税＝(120 000÷12×10%－210)×12＝9 480(元)

方案2：张先生于2016年1月10日行权时，应按照工资、薪金所得缴纳个人所得税。

应纳税所得额＝(10－6)×20 000＝80 000(元)

规定月份数仍为12个月，测算适用的税率和速算扣除数如下：

80 000÷12＝6 666.67元，适用10%的税率，速算扣除数为210。

应纳个人所得税＝(80 000÷12×10%－210)×12＝5 480(元)

张先生于4月10日转让股票，获得财产转让所得＝(12－10)×20 000＝40 000元。个人将行权后的境内上市公司股票再行转让而取得的所得，暂不征收个人所得税。

通过以上两种方案的比较，方案2比方案1节税4 000元（9 480－5 480），即在股价较低时行权，较高时卖出更节税。

6.4　股息、红利的税务筹划

股息是股东定期按一定的比例从上市公司分取的盈利，红利则是在上市公司分派股息之后按持股比例向股东分配的剩余利润。获取股息和红利是股民投资上市公司的基本目的，也是股民的基本经济权利。投资者作为自然人，其获得的股息、红利所得应该缴纳个人所得税。

6.4.1　股息、红利所得计税的法律规定

为免除股息、红利的双重征税以鼓励投资，消除税收歧视，我国开始在个人环节，以税收减免的形式实行归并课征制。个人从公开发行和转让市场取得的上市公司股票，持股期限在 1 个月以内（含 1 个月）的，其股息、红利所得全额计入应纳税所得额；持股期限在 1 个月以上至 1 年（含 1 年）的，暂减按 50%计入应纳税所得额。上述所得统一适用 20%的税率计征个人所得税。持股期限超过 1 年的，暂免征收个人所得税。根据现行税法的规定，实际上我国对股息、红利实行的是双重征税制度。也正是双重征税制度的存在，使得股息、红利的税负较高，因此通过税务筹划降低实际税负，在实务中有迫切的要求。

此外，随着我国资本市场的进一步发展，对于股息、红利的征税也有了一些新的规定，如《财政部 税务总局 证监会关于继续实施全国中小企业股份转让系统挂牌公司股息红利差别化个人所得税政策的公告》（财政部 税务总局 证监会公告 2019 年第 78 号）规定，个人持有全国中小企业股份转让系统（简称全国股份转让系统）挂牌公司的股票，持股期限在 1 个月以内（含 1 个月）的，其股息、红利所得全额计入应纳税所得额；持股期限在 1 个月以上至 1 年（含 1 年）的，暂减按 50%计入应纳税所得额。上述所得统一适用 20%的税率计征个人所得税。持股期限超过 1 年的，暂免征收个人所得税。前面所称挂牌公司是指股票在全国股份转让系统挂牌公开转让的非上市公众公司；持股期限是指个人取得挂牌公司股票之日至转让交割该股票之日前一日的持有时间。

6.4.2　个人股息、红利所得的税务筹划

个人取得股息、红利收入是指个人拥有股权而取得的股息、红利所得。按照现行《企业所得税法》和《个人所得税法》的规定，个人向公司制企业投资，公司分配股息、红利前，投资所得在企业纳税环节要缴纳一道企业所得税，个人从企业取得股息、红利时还要缴纳一道个人所得税，也就是说，对个人投资取得的股息、红利所得实际上征收了企业所得税和个人所得税两道税。

因此，企业可以将实现的利润多积累、少分配，虽然投资者未多分股息、红

利，但投资者可以通过股份转让获取收益，这部分收益称为资本利得，资本利得目前在我国还是免税的。因而，企业将支付个人投资者的股息、红利转作积累，可起到节税作用。

除此之外，个人取得股息、红利所得还可以通过转化为工资、薪金所得的途径进行税务筹划，其筹划方法同股票期权税务筹划方法。

6.4.3 企业股利分配税务筹划

企业向股东、投资人等利益相关者分配股息、红利所进行的税务筹划活动主要从两方面着手：一是资本公积转增资本；二是股利分配形式的税务筹划。

1. 资本公积转增资本

企业支付股东的股利，采用各项公积金或者未分配利润转增资本（股份有限公司称为股本）的形式比较常见。这种方式的实质是公司向股东分配股息、红利，股东再将获得的股息、红利投资于该企业，增加企业的实收资本。

《国家税务总局关于股份制企业转增资本和派发红股征免个人所得税的通知》（国税发〔1997〕198号）规定，股份制企业用资本公积金转增股本不属于股息、红利性质的分配，对个人取得的转增股本数额，不作为个人所得，不征收个人所得税；股份制企业用盈余公积金派发红股属于股息、红利性质的分配，对个人取得的红股数额，应作为个人所得征税。

2. 股利分配形式的税务筹划

股利是公司将盈余按照持股比例分配给股东的收益，主要包括现金股利、股票股利和财产股利三种类型。目前，我国税法和相关经济法律法规对企业股利分配的不同形式规定了不同的处理规则和计税方法，这就为企业纳税提供了筹划空间。实务中，纳税人应结合实际盈利情况，预先针对股利分配的不同形式做出纳税筹划安排。具体筹划方法及案例见2.4.4节的相关内容。

6.5 非法人企业收益分配的税务筹划

非法人企业是指经工商行政管理机关登记注册，从事营利性生产经营活动，但不具有法人资格的经济组织。非法人企业主要包括个人独资企业、合伙企业、个体工商户等。

个人独资企业是指依照《中华人民共和国个人独资企业法》（以下简称《个人独资企业法》）在中国境内设立，由一个自然人投资，财产为投资人个人所有，投资人以其个人财产对企业债务承担无限责任的经营实体。个人独资企业是企业三种基本形式中的一种，它具有如下四个基本特征，反映了它与其他企业形式的区别，也反映了这种企业形式的基本属性。

(1) 个人独资企业是由一个自然人投资的企业；

(2) 个人独资企业的财产为投资人个人所有；

(3) 个人独资企业的投资人以其个人财产对企业债务承担无限责任；

(4) 个人独资企业是一个人投资的经营实体。

合伙企业是指依照《中华人民共和国合伙企业法》(以下简称《合伙企业法》) 在中国境内设立的由各合伙人设立合伙协议，共同出资、合伙经营、共享收益、共担风险，并对合伙债务承担无限连带责任的营利性组织。

个体工商户是指生产资料属于私人所有，主要以个人劳动为基础，劳动所得归个体劳动者自己支配的一种经济形式。个体工商户有个人经营、家庭经营和个人合伙经营三种组织形式。由于个体工商户对债务负无限责任，个体工商户不具备法人资格。

6.5.1　非法人企业有关个人所得税法的规定

个人独资企业和合伙企业生产、经营所得缴纳的个人所得税比照个体工商户的个人所得税计算公式，即

应纳税额=(全年收入总额−成本、费用及损失)×适用税率−速算扣除数

适用税率为五级超额累进税率。税率和速算扣除数如表 6-5 所示。

表 6-5　个人独资企业、合伙企业、个体工商户的生产、经营所得个人所得税税率表

单位：元

级数	全年应纳税所得额	税率 (%)	速算扣除数
1	不超过 30 000 元的	5	0
2	超过 30 000 元至 90 000 元的部分	10	1 500
3	超过 90 000 元至 300 000 元的部分	20	10 500
4	超过 300 000 元至 500 000 元的部分	30	40 500
5	超过 500 000 元的部分	35	65 500

说明：(1) 表中所称全年含税应纳税所得额和全年不含税应纳税所得额，均为按照税法规定以每一纳税年度的收入总额，减去成本、费用以及损失后的所得额。

(2) 对个人独资和合伙企业投资者的生产、经营所得比照个体工商户的生产、经营所得征收个人所得税。

(3) 个人独资和合伙企业每一纳税年度的收入总额，减去成本、费用以及损失后的余额为应纳税所得额。

6.5.2　非法人企业收益分配税务筹划方法

由于上述非法人企业适用同一税率，其应纳税额的计算公式和过程也基本相同，因此三者的筹划方法一并探讨。非法人企业收益税务筹划的基本思路是通过所得分散筹划法、增加费用筹划法等方法，减少应纳税所得额，进而降低所适用的超额累进税率，达到减少应纳税额的目的。此外，还可利用个人所得税的税收优惠政策进行税务筹划。

1. 所得分散筹划法

超额累进税率级距爬升现象会使税负急剧增加，故所得分散筹划法十分重要。一般来说，所得分散主要有以下几种类型：一是给雇员支付工资。由于个人的工资、薪金所得也要缴纳个人所得税，因此这种税务筹划需要经过缜密的计划，尽可能将所得分散而又不需要缴纳个人所得税。二是通过其分设机构进行转让定价，将所得转移到低税地，以减轻税负。三是通过联营或挂靠，将免税企业或减税企业作为联合的合作伙伴，从而分散所得。

例 6－15

A 公司系李某的个人独资企业，第一年的生产扣除经营费用后的所得为 80 000 元。请为李某进行税务筹划。

【分析】

按原方案，李某应缴个人所得税＝80 000×10%－1 500＝6 500 元。

采用分散筹划方法，李某与其妻子协商，让其妻子王某作为投资人占 50%份额（需要财产公证以及相应工商注册变更程序），A 公司变为合伙企业，假设第二年 A 公司生产、经营所得仍为 80 000 元，则李某应缴个人所得税＝40 000×10%－1 500＝2 500 元，王某应缴的个人所得税也为 2 500 元，两人合计缴纳个人所得税 5 000 元。

第二年，该家庭可节税 1 500 元（6 500－5 000）。

2. 增加费用筹划法

收入减去成本、费用后得到的余额就是个体工商户的应纳税所得额，在总收入确定的前提下，尽可能地扩大费用的支出，可以减少应纳税所得额的基数，从而减少个人所得税的支付。

例 6－16

A 公司为李某的个人独资企业，第一年的生产扣除经营费用后所得为 80 000 元，实行所得税查账征收的方式。若采用增加费用筹划法，应如何进行税务筹划？

【分析】

承前例，第二年除了将妻子王某注册为 A 公司的合伙人，李某与夫妻双方的四位父母签订聘用合同，从事公司内的维护与保洁工作，每人每月支付 800 元工资。

A 公司第二年应纳税所得额＝80 000－800×4×12＝41 600(元)

李某应缴个人所得税＝(41 600÷2)×5%＝1 040(元)

夫妻合计应纳税额＝1 040＋1 040＝2 080(元)

相比例 6－15 中将 A 公司变为合伙企业后夫妻合计应纳的个人所得税 5 000 元，可节税 2 920 元（5000－2 080）。

3. 捐赠抵税筹划法

个人将其所得通过中国境内的社会团体、国家机关向教育和其他社会公益事业以及遭受严重自然灾害地区、贫困地区捐赠，捐赠额未超过纳税人申报的应纳税所得额30%的部分，可从其应纳税所得额中扣除。因此，捐赠筹划重点在于如何使得捐赠支出最大化，也就是在符合税法规定的情况下，避免超出扣除限额。对于捐赠支出的税务筹划应关注以下四点：(1) 认清捐赠对象；(2) 提高可列支限额；(3) 取得合法凭证；(4) 预先调整超限金额。

个人捐赠计算公式为：

捐赠扣除限额＝应纳税所得额×30%

应纳税额＝(应纳税所得额－允许扣除的捐赠额)×适用税率－速算扣除数

式中，应纳税所得额为月收入扣除“三险一金”和免征额（5 000元/月）。

例6－17

李某在当年七八月份分别取得扣除“三险一金”后的工资收入8 000元、9 000元，决定这两个月一共捐赠3 000元。请为李某进行税务筹划。

【分析】

方案1：7月，李某通过民政部门向贫困地区捐赠3 000元，扣除限额为2 400元（8 000×30%），超过30%限额的部分为600元，需缴纳个人所得税。

两个月合计应缴纳个人所得税＝[(8 000－2 400－5 000)×3%]
＋[(9 000－5 000)×10%－210]
＝208(元)

方案2：李某在七八月份各捐赠1 500元，合计3 000元。这两个月扣除限额分别为2 400元和2 700元，均超过捐赠额1 500元，捐赠额可全额扣除。

李某两个月合计应缴纳个人所得税＝(8 000－1 500－5 000)×3%
＋(9 000－1 500－5 000)×3%
＝120(元)

比较可见，方案2比方案1可节省税款88元（208－120）。

复习思考题

1. 工资、薪金税务筹划的基本方法有哪些？
2. 劳务报酬税务筹划的基本方法有哪些？
3. 股票期权税务筹划的基本方法有哪些？
4. 股息、红利税务筹划的基本方法有哪些？
5. 非法人企业税务筹划的基本方法有哪些？

案例分析题

案例1

A上市公司2013年股权激励计划规定，2014年1月1日授予李某10万份股票期权，授权价格为10元/股；每份股票期权授予后自授予日起3年内有效；股票期权授予后至股票期权行权日之间的等待期为1年。

2015年1月1日，经考核李某符合行权条件，2016年6月1日李某按10元/股的价格购买10万股股票，当日该股收盘价格为16元/股。2016年11月1日李某按18元/股的价格转让10万股股票。

方案1：授予日是2014年1月1日，可行权日是2015年1月1日，行权日是2016年6月1日，出售日是2016年11月1日。

方案2：2015年7月1日行权，当日该股收盘价格为13.6元/股。

分析要求：如何通过行权日期的选择进行税务筹划？

案例2

李某为高级技工，由于技术水平高，不少工厂有聘用意向。李某现在对三家公司感兴趣，以下是三家公司的待遇：

(1) A公司签订合同，基本工资为4 500元，月奖金为400元；不签订合同，可得报酬4 200元/月。

(2) B公司签订合同，基本工资为3 800元，月奖金为800元；不签订合同，可得报酬4 000元/月。

(3) C公司签订合同，基本工资为4 000元，月奖金为600元；不签订合同，可得报酬4 100元/月。

个人所得税扣除基数为5 000元/月，无其他可抵免项目，若要签订合同，合同年限为2年。

分析要求：请为李某出具税务筹划方案，使其年度税后收益最大化。

案例3

甲公司2019年初为员工发放年终奖，小李和小王是一个部门的同事，每月的工资都是15 000元。公司年底考核，小李比小王高一档，因此小李的年终奖是36 500元，小王的年终奖则是35 000元（不考虑其附加扣除、专项附加扣除等因素）。

分析要求：

(1) 分别计算小李和小王的税后收益；

(2) 针对上述计算结果进行分析，并就年终奖设置给甲公司提出建议。

第 7 章

企业重组的税务筹划

学习目标

1. 掌握企业股权收购、资产收购、合并分立、债务重组的税务筹划。
2. 理解企业重组中的税收因素，以及普通重组与特殊重组的不同。
3. 了解跨境重组的税务筹划。

企业重组是指企业在日常经营活动以外发生的法律结构或经济结构重大改变的交易，包括股权收购、资产收购、合并、分立、债务重组、企业法律形式改变等。企业重组是企业在生存和发展中面对的重大机遇和挑战。企业重组各方不仅要考虑资源的整合和发展方向，还应充分关注重组的相关税务问题，有时税务本身甚至就是企业重组的主要目的之一。在设计重组方案时，企业需要充分考虑如何通过恰当的税务安排使重组后的税负最轻、重组过程中的税收成本最低。

7.1 企业重组的税收因素

企业重组要考虑的税收因素包括重组后的目标架构相关的税收问题和重组过程中的税收问题。税务筹划应使目标架构的税负最轻、重组过程中的税收成本最低。

7.1.1 与目标架构相关的税收因素

目标架构是企业重组后的结果，也是企业重组的目的所在。与其相关的税收问题应该考虑：

（1）整个经营模式税负是否最优。这是指企业重组后的组织架构和业务流程在税务上是否有利，比如是否将集团的主要利润集中在实际税负较低的成员企业实现。

（2）是否充分利用了税收优惠。我国为了促进特定地区、项目或行业的发展，对一些特定地区、项目或行业给予税收优惠政策，比如企业从事国家重点扶持的公共基础设施项目投资经营的所得，从事符合条件的环境保护、节能节水项目的所得，从项目取得第一笔生产经营收入所属年度起，第1～3年免缴企业所得税，第4～6年减半缴纳企业所得税。如果重组后的企业所处的地区、所从事的行业可以享受税收优惠，对企业的后续发展将更为有利。

（3）纳税身份是否有利。所得税的纳税身份可以划分为小型微利企业和一般企业（比如一般企业分立后可能构成小型微利企业）。增值税纳税人的纳税身份可划分为一般纳税人和小规模纳税人。每种纳税身份的税收待遇是不同的，要经过测算比较才能做出税负孰轻的选择。

7.1.2 与重组过程相关的税收因素

重组过程需要考虑重组方式、支付方式等的税收影响。

1. 重组方式

重组方式是指资产收购、股权收购、合并、分立等，如重组方希望取得被重组方的主要经营资产，可以采取合并方式，也可以采取资产收购的方式，但不同的重组方式适用的税收待遇可能不同。

2. 支付方式

支付方式有股权支付，也有非股权支付。股权支付是指企业重组中购买、换取资产的一方支付对价时，以本企业或由本企业直接持有股份的企业的股权、股份作为支付的形式；非股权支付是指以本企业的现金、银行存款、应收款项、本企业或其控股企业股权和股份以外的有价证券、存货、固定资产、其他资产以及承担债务等作为支付的形式。重组交易对价中涉及的股权支付金额符合税法规定的比例，是适用特殊重组的税务处理的必要条件之一。

如果从资产买卖的一般税收原则出发，企业的各项重组业务中涉及的全部资产交换都要确认转让所得或损失。虽然企业重组也是资产买卖交易，但它涉及的交易量实在太大，有时甚至是一个或几个企业的全部经营性资产，而且主要是非货币性交易。与普通资产买卖交易不同，企业重组活动对企业的投资者而言，只不过是以不同的形式继续他们的投资。如果对其投资形式的变化要求确认转让所得缴纳企业所得税，会对企业正常的投资和重组行为造成阻碍。最明显的就是企业或其投资者实际上并没有实现资产的变现，如果要确认资产转让所得并纳税，起码需要另筹资金纳税。因此，针对股权支付的企业重组可以适用特殊税收规则，以降低企业重组的税收成本。

7.1.3　普通重组与特殊重组的税务处理

普通重组和特殊重组的税务处理中的“税”是指所得税。普通重组和特殊重组的税务处理是不同的。

1. 资产处置

普通重组即一般情况的重组，转让企业应视为按公允价值销售、处置全部资产和进行投资或清算两项经济业务，计算确认资产的转让所得或损失，并做所得税纳税处理。但符合特殊重组条件的，转让企业暂不确认计算资产转让所得或损失。需要注意的是，特殊重组的税收政策并不是真正意义上的免税，它只是暂时不纳税。虽然转让资产的企业对资产增值部分不纳税，但接受资产的企业只能将资产的原账面价值作为计税基础。也就是说，资产隐含的增值转移到了接受企业。当接受企业处置资产时，其增值部分将会体现出来，需要缴纳所得税。因此，特殊重组实际上只是起到递延纳税的作用。

2. 税收待遇的结转

税收待遇的结转包括尚未确认的资产损失、分期确认收入的处理以及尚未享受期满的税收优惠政策承继处理问题等。一般情况的重组条件下，被吸收合并或被分立企业的税收待遇，不得结转到合并或分立企业。但在特殊重组条件下，被合并企业合并以前的全部企业所得税纳税事项，以及被分立企业已分离资产相对应的纳税事项，分别由合并企业及接受资产的分立企业承继，相关尚未超过法定弥补期限的以前年度亏损，也要由合并企业及分立企业按规定用以后年度实现的与被合并或被分立资产相关的所得弥补。

3. 资产计税基础的确定

普通重组中，接受企业可以按公允价值确认受让资产的计税价值，但特殊重组中，接受企业所受让资产的计税基础一般以其在原企业的计税基础确定，接受企业再次转让之前受让的资产，可以扣除的也是资产的原计税基础。

在企业重组中，各方考虑的税收事项如图 7－1 所示。

4. 特殊重组的条件

从前述普通重组与特殊重组的税务处理可以看出，特殊重组适用的税务处理减少了各方在重组当期的现金流出，有利于重组的资金保证。但是，特殊重组必须符合一定的条件。

特殊重组的必要条件之一是，重组中企业转让资产后，接受企业应将资产继续用于同样目的的经营业务，保持经营的连续性。法律形式被改变、资本结构被调整、被收购、被合并或被分立企业在重组后的连续 12 个月内，不改变原来的实质经营活动。

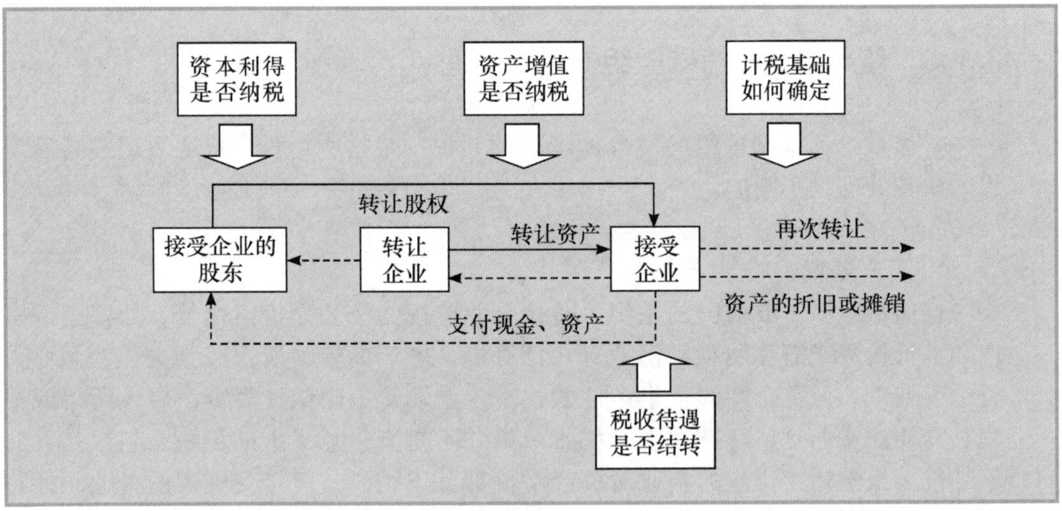

图 7-1 重组各方的税收事项

特殊重组的必要条件之二是，重组中转让资产的企业或其股东应通过持有接受资产企业的股权，继续保持对有关资产的控制，即保证权益的连续性。重组交易中取得股权的当事方不得在随后的12个月内转让该股权。

特殊重组的必要条件之三是，重组中涉及的现金流量很少，企业缺乏纳税必要资金。重组交易对价中涉及股权支付的金额符合税法规定的比例。

特殊重组的必要条件之四是，重组涉及大规模的资产交易。从经济行为分析，企业重组业务实际上由当事各方之间的一系列资产转让、股份交换和资产置换业务构成。普通的资产买卖是单项资产的交易，而企业重组实质上是大规模资产交易的组合。如果仅仅是少量资产的转让，可以按所得税的一般规定进行处理，没有必要将其纳入企业重组的范围。而且即使是企业重组的股权收购、资产收购等，也不一定涉及企业100%的资产转让，因为企业总会有一小部分资产是没有转让价值的。因此，被收购、合并或分立部分的资产或股权比例必须符合税法规定的比例。

特殊重组的必要条件之五是，具有合理的商业目的。税法对特殊重组给予不同的税收待遇，主要是为了鼓励重组行为的正常进行，促进资源配置效率的提高。但是，仅仅出于避税目的而不是正常经营目的的重组行为，并不是政策鼓励的对象。因此，特殊重组应具有合理的商业目的，且不以减少、免除或者推迟缴纳税款为主要目的。另外，对整个重组计划中涉及多个关联步骤的交易在税收上会予以合并看待，这是实质重于形式原则的具体体现。税法规定，企业应将连续12个月内发生的互为条件的交易，作为一项企业重组交易分多步骤进行处理。

此外，企业发生符合规定的特殊重组条件并选择特殊性税务处理的，当事各方应在该重组业务完成当年企业所得税年度申报时，向主管税务机关提交书面备案资料，证明其符合各类特殊性重组规定的条件。企业未按规定书面备案的，无法按特殊重组业务进行税务处理。这是税法对于特殊重组在程序上的要求。另外，企业在备案资料中特别要从以下方面说明企业重组具有合理的商业目的：

（1）重组活动的交易方式，即重组活动采取的具体形式、交易背景、交易时间、在交易之前和之后的运作方式和有关的商业常规。

（2）该项交易的形式及实质，即形式上交易所产生的法律权利和责任，也是该项交易的法律后果；交易实际上或商业上产生的最终结果。

（3）重组活动给交易各方税务状况带来的可能变化。

（4）重组各方从交易中获得的财务状况变化。

（5）重组活动是否给交易各方带来了在市场原则下不会产生的异常经济利益或潜在义务。

（6）非居民企业参与重组活动的情况。

7.1.4　股权收购与资产收购

收购一个企业的资产可以直接购买，也可以通过购买该企业的股权间接拥有或控制该资产。表 7-1 分析了普通的股权收购和普通的资产收购（即不适用特殊税务处理的股权收购和资产收购，详见 7.2 节和 7.3 节）的所得税涉税问题。

表 7-1　普通的股权收购与普通的资产收购涉税比较（一）

项目	普通的股权收购	普通的资产收购
是否会继承被转让方的原有税务风险	是	否
是否能延续被转让方的一些税务待遇	是	否
是否能对获得的资产在税务上重新计价和折旧	否	是
是否会涉及较多的转让交易税收问题	否	是

表 7-2 分析了普通的股权收购和普通的资产收购在所得税以外的其他税种的涉税问题。

表 7-2　普通的股权收购与普通的资产收购涉税比较（二）

税种	税率	征收范围	承担方
股权转让			
增值税	不适用	不适用	不适用
印花税	0.5‰，1‰（1‰仅适用于转让 A 股和 B 股公司股权）	相关合同的签订	买卖双方（A 股和 B 股公司股权转让仅由卖方承担）
资产转让			
契税	3%～5%	土地使用权或房屋产权的受让	买方
土地增值税	30%～60%	土地使用权及房屋的处置收益	卖方

续表

税种	税率	征收范围	承担方
增值税	按照存货、不动产和无形资产的适用税率	存货、不动产、无形资产的转让	卖方
进口关税和进口增值税	按照进口货物的适用税率	处置尚在海关监管期内的减免税进口货物	卖方
印花税	0.3‰ 0.5‰	货物合同文件 其他合同文件	买卖双方

一般来说，普通的股权收购的税收负担较轻，但收购方需要承担被收购方潜在的债务风险或其他法律风险，资产收购则不存在此问题。

7.2 股权收购的税务筹划

股权收购是指一家企业（以下称收购企业）购买另一家企业（以下称被收购企业）的股权，以实现对被收购企业控制的交易，如图 7 - 2 所示。本节通过对企业股权收购的一般税务处理（以下称普通股权收购）和特殊税务处理（以下称特殊股权收购）的分析，讨论企业股权收购的税务筹划。

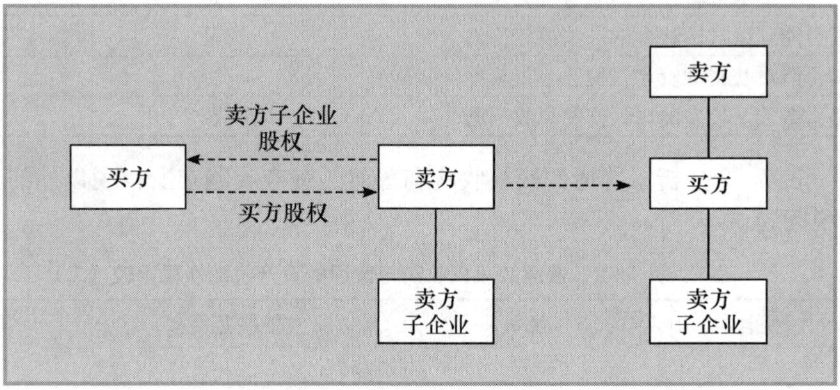

图 7 - 2　股权收购示意图

7.2.1 普通股权收购

企业股权收购的重组交易应按以下规定处理：

（1）被收购方应确认股权转让所得或损失；

（2）收购方取得股权的计税基础应以公允价值为基础确定；

（3）被收购方的相关所得税事项原则上保持不变。

例 7 - 1

买方股东持有的买方股权的计税基础为 6 000 万元，公允价值为 1 亿元。卖方持有的子企业股权的计税基础为 5 000 万元，公允价值为 8 000 万元（见图 7 - 3）。

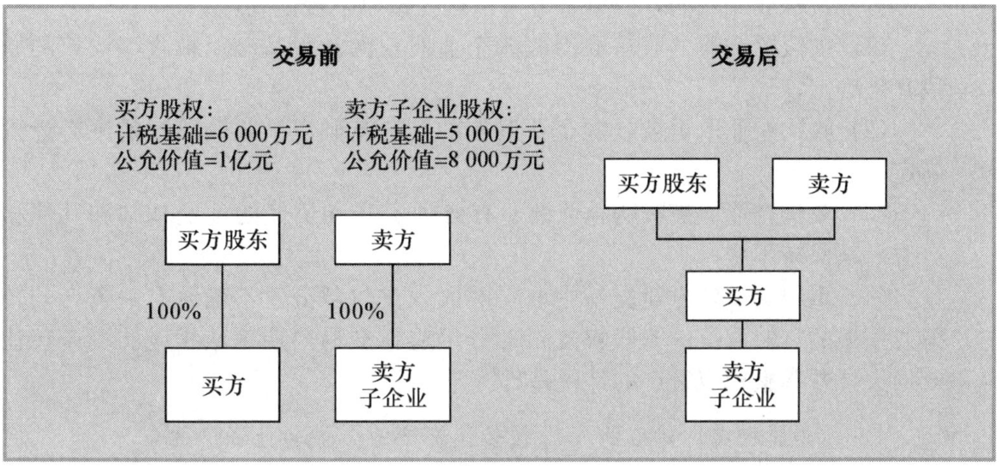

图 7 - 3　股权收购案例

买方将从卖方购得卖方子企业 75%的股权。交易价格为 6 000 万元（公允价值 8 000 万元的 75%），买方拟以 1 200 万元现金和 4 800 万元买方股权来支付。假定卖方子企业在该并购前没有未分配利润和盈余公积。

【分析】

该收购方案下各方的企业所得税影响分析如下：

（1）股权支付金额低于交易支付总额的 85%，所以该交易应用一般性税务处理。

（2）买方取得的卖方子企业股权的计税基础为 6 000 万元（现金和股权支付总额）。

（3）卖方取得的买方股权的计税基础为 4 800 万元（即取得的买方股权的公允价值）。

（4）$\text{卖方转让子企业 75\%股权的应纳税所得额} = \text{股权的公允价值} - \text{股权的初始计税基础}$

$= 6\,000 - (5\,000 \times 75\%) = 2\,250(\text{万元})$

对于普通的股权收购业务，应准备当事各方所签订的股权收购合同或协议以及相关股权、资产公允价值的合法证据，以备税务机关检查。

7.2.2　特殊股权收购

企业股权收购的交易同时符合下列条件的，适用特殊性税务处理规定：

（1）具有合理的商业目的，且不以减少、免除或者推迟缴纳税款为主要目的；

（2）收购企业购买的股权不低于被收购企业全部股权的 50%；

（3）收购企业在该股权收购发生时的股权支付金额不低于其交易支付总额的 85%；

（4）企业重组后的连续12个月内不改变重组资产原来的实质性经营活动；

（5）企业重组中取得股权支付的原主要股东在重组后连续12个月内，不得转让所取得的股权。

对于特殊股权收购，当事各方可以选择按以下规定处理：

（1）被收购企业的股东取得收购企业股权的计税基础以被收购股权的原有计税基础确定；

（2）收购企业取得被收购企业股权的计税基础以被收购股权的原有计税基础确定；

（3）收购企业、被收购企业的原有各项资产和负债的计税基础和其他相关所得税事项保持不变；

（4）重组交易各方对交易中取得的股权支付部分暂不确认有关资产的转让所得或损失的，对取得的非股权支付部分仍应在交易当期确认相应的资产转让所得或损失，并调整相应资产的计税基础。

$$\begin{array}{c}\text{非股权支付对应的}\\\text{资产转让所得或损失}\end{array}=\left(\begin{array}{c}\text{被转让资产的}\\\text{公允价值}\end{array}-\begin{array}{c}\text{被转让资产的}\\\text{计税基础}\end{array}\right)\times\left(\begin{array}{c}\text{非股权}\\\text{支付金额}\end{array}\div\begin{array}{c}\text{被转让资产的}\\\text{公允价值}\end{array}\right)$$

例7-2

买方股东持有的买方股权的计税基础为6 000万元，公允价值为1亿元。卖方持有的子企业股权的计税基础为5 000万元，公允价值为8 000万元，如图7-3所示。

买方从卖方购得卖方子企业75%的股权。交易价格为6 000万元（公允价值8 000万元的75%），买方拟以600万元现金和5 400万元买方股权来支付。假定卖方子企业在该并购前没有未分配利润和累积盈余公积。

【分析】

该收购方案下各方的企业所得税影响分析如下：

（1）由于所转让的股权不低于卖方子企业全部股权的50%，且股权支付金额不低于交易支付总额的85%，该交易可选用特殊性税务处理。

（2）买方取得的卖方子企业股权的计税基础为3 750万元（卖方子企业75%股权的原计税基础）。

（3）
$$\begin{array}{c}\text{卖方就取得的现金确认}\\\text{相应的股权转让所得}\end{array}=\left(\begin{array}{c}\text{被转让股份的}\\\text{公允价值}\end{array}-\begin{array}{c}\text{被转让股份的}\\\text{计税基础}\end{array}\right)\times\frac{\text{现金}}{\text{被转让股份的公允价值}}$$
$$=(8\,000-5\,000)\times(600\div8\,000)=225(\text{万元})$$

（4）
$$\begin{array}{c}\text{卖方取得的买方股权的}\\\text{计税基础}\end{array}=\begin{array}{c}\text{被转让股份的}\\\text{初始计税基础}\end{array}-\left(\begin{array}{c}\text{非股权}\\\text{支付金额}\end{array}-\begin{array}{c}\text{股权转让}\\\text{所得}\end{array}\right)$$
$$=3\,750-(600-225)=3\,375(\text{万元})$$

特殊的股权收购业务应准备以下相关资料向税务机关备案：

（1）当事方的股权收购业务总体情况说明，情况说明中应包括股权收购的商业目的；

（2）双方或多方签订的股权收购业务合同或协议；

（3）由评估机构出具的所转让及支付的股权公允价值；

（4）证明重组符合特殊性税务处理条件的资料，包括股权比例、支付对价情况，以及 12 个月内不改变资产原来的实质性经营活动和原主要股东不转让所取得股权的承诺书等；

（5）工商等相关部门核准相关企业股权变更事项证明材料；

（6）税务机关要求的其他材料。

7.2.3　普通股权收购与特殊股权收购的比较

通过上述案例，我们可以比较普通股权收购与特殊股权收购的不同之处。

1. 构成条件

特殊股权收购需要同时满足五个条件。

2. 应税所得 / 损失的确认

在普通股权收购中，被收购方应确认股权转让所得或损失；在特殊股权收购中，被收购方仅就取得的非股权支付部分确认相应的股权转让所得或损失。

3. 计税基础

在普通股权收购中，收购企业取得股权或资产的计税基础应以公允价值为基础确定。在特殊股权收购中，被收购企业的股东取得收购企业股权的计税基础，以被收购企业股权的原有计税基础确定；收购企业取得被收购企业股权的计税基础，以被收购企业股权的原有计税基础确定。

7.3　资产收购的税务筹划

资产收购是指一家企业（以下称受让企业或买方）购买另一家企业（以下称转让企业或卖方）实质经营性资产的交易，如图 7－4 所示。实质经营性资产是指企业用于从事生产经营活动、与产生经营收入直接相关的资产，包括经营所用各类资产、企业拥有的商业信息和技术、经营活动产生的应收款项、投资资产等。本节通过对企业资产收购的一般性税务处理（以下称普通资产收购）和特殊性税务处理（以下称特殊资产收购）的分析，讨论企业资产收购的税务筹划。

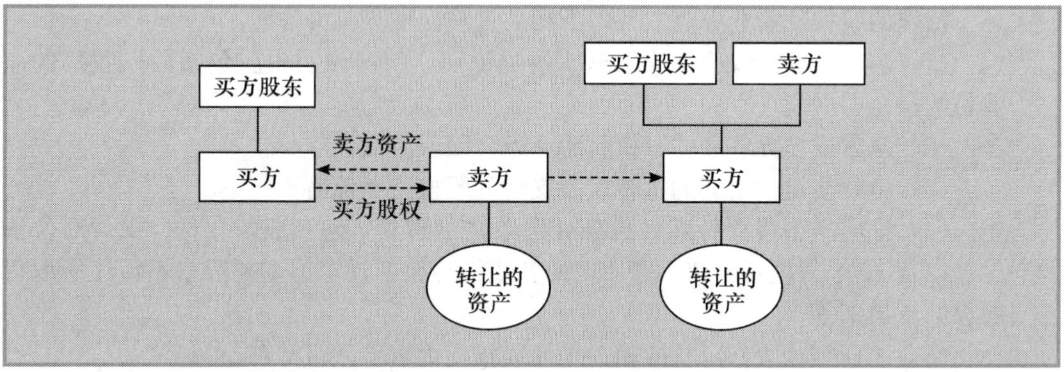

图7-4　资产收购示意图

7.3.1　普通资产收购

企业资产收购的交易应按以下规定处理：

（1）卖方应确认资产转让所得或损失；

（2）买方取得资产的计税基础应以公允价值为基础确定；

（3）卖方的相关所得税事项原则上保持不变。

例7-3

买方股东持有的卖方股权的计税基础为1亿元，公允价值为3亿元。卖方被转让的资产的计税基础为4 000万元，公允价值为8 000万元，占卖方总资产的75%，如图7-5所示。

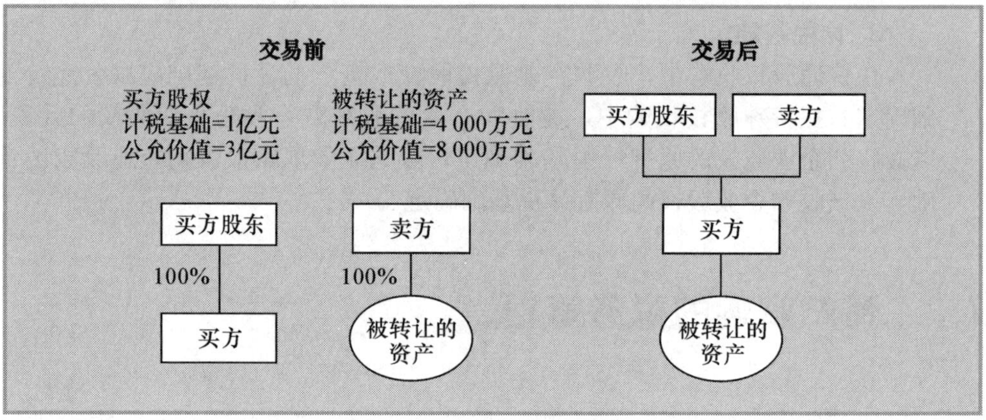

图7-5　资产收购案例

【分析】

双方拟定的交易价格为8 000万元，支付方式为1 600万元的现金和6 400万元的买方股权。该收购方案下各方的企业所得税影响分析如下（暂不考虑增值税）：

（1）由于股权支付金额低于交易支付总额的85%，该项交易应采用一般性税务处理。

（2）买方从卖方取得资产的计税基础为 8 000 万元（现金和股权支付总额的公允价值）。

（3）卖方取得买方股权的计税基础为 6 400 万元（收到股权的公允价值）。

（4）$$\text{卖方销售资产的应纳税所得额}=\text{被转让资产的公允价值}-\text{被转让资产的初始计税基础}=8\,000-4\,000=4\,000(\text{万元})$$

对于普通的资产收购业务，应准备当事各方所签订的资产收购合同或协议以及相关股权、资产公允价值的合法证据等相关资料，以备税务机关检查。

7.3.2　特殊资产收购

企业资产收购的交易同时符合下列条件的，适用特殊性税务处理规定：

（1）具有合理的商业目的，且不以减少、免除或者推迟缴纳税款为主要目的；

（2）受让企业收购的资产不低于转让企业全部资产的 50%；

（3）受让企业在该资产收购发生时的股权支付金额不低于其交易支付总额的 85%；

（4）企业重组后的连续 12 个月内不改变重组资产原来的实质性经营活动；

（5）企业重组中取得股权支付的原主要股东在重组后连续 12 个月内，不得转让所取得的股权。

对于特殊资产收购，可以选择按以下规定处理：

（1）转让企业取得受让企业股权的计税基础以被转让资产的原有计税基础确定；

（2）受让企业取得转让企业资产的计税基础以被转让资产的原有计税基础确定；

（3）转让企业对交易中取得的股权支付部分暂不确认有关资产的转让所得或损失；

（4）转让企业对取得的非股权支付部分仍应在交易当期确认相应的资产转让所得或损失，并调整相应资产的计税基础。

$$\text{非股权支付对应的资产转让所得或损失}=\left(\text{被转让资产的公允价值}-\text{被转让资产的计税基础}\right)\times\left(\text{非股权支付金额}\div\text{被转让资产的公允价值}\right)$$

例 7-4

买方股东持有的卖方股权的计税基础为 1 亿元，公允价值为 3 亿元。卖方被转让资产的计税基础为 4 000 万元，公允价值为 8 000 万元，占卖方总资产的 75%，如图 7-5 所示。

双方拟定的交易价格为 8 000 万元，支付方式为 1 200 万元的现金和 6 800 万元的买方股权。

【分析】

该收购方案下各方的企业所得税影响分析如下（暂不考虑增值税）：

（1）由于被转让的资产不低于卖方资产总额的 50%，且股权支付额不低于交易总额的 85%，所以该交易可以选择特殊性税务处理。

（2）买方取得的资产的计税基础为 4 000 万元（初始成本）。

（3）$$\begin{gathered}\text{卖方根据收到的现金}\\\text{对价确认资产转让所得}\end{gathered}=\left(\begin{gathered}\text{被转让资产的}\\\text{公允价值}\end{gathered}-\begin{gathered}\text{被转让资产的}\\\text{计税基础}\end{gathered}\right)\times\left(\frac{\text{收到的现金补价}}{\text{被转让资产的公允价值}}\right)$$
$$=(8\,000-4\,000)\times(1\,200\div 8\,000)=600(\text{万元})$$

（4）$$\begin{gathered}\text{卖方取得的买方}\\\text{股权的计税基础}\end{gathered}=\begin{gathered}\text{被转让资产的}\\\text{初始计税基础}\end{gathered}-\left(\begin{gathered}\text{非股权}\\\text{支付金额}\end{gathered}-\begin{gathered}\text{资产转让}\\\text{所得}\end{gathered}\right)$$
$$=4\,000-(1\,200-600)=3\,400(\text{万元})$$

特殊的资产收购业务应准备以下相关资料向税务机关备案：

（1）当事方的资产收购业务总体情况说明，情况说明中应包括资产收购的商业目的；

（2）当事各方签订的资产收购业务合同或协议；

（3）评估机构出具的资产收购所体现的资产评估报告；

（4）受让企业股权的计税基础的有效凭证；

（5）证明重组符合特殊性税务处理条件的资料，包括资产收购比例、支付对价情况，以及 12 个月内不改变资产原来的实质性经营活动、原主要股东不转让所取得股权的承诺书等；

（6）工商部门核准相关企业股权变更事项证明材料；

（7）税务机关要求提供的其他资料证明。

7.3.3 普通资产收购与特殊资产收购的比较

通过上述案例，可以比较普通资产收购与特殊资产收购的不同之处。

1. 构成条件

与普通资产收购相比，特殊资产收购应同时满足五个条件。

2. 应税所得 / 损失的确认

在普通资产收购中，转让企业应确认资产转让所得或损失。在特殊资产收购中，转让企业仅就取得的非股权支付部分确认相应的资产转让所得或损失。

3. 计税基础

在普通资产收购中，受让企业取得资产的计税基础应以公允价值为基础确定。在特殊资产收购中，转让企业取得受让企业股权的计税基础以被转让资产的原有计税基础确定；受让企业取得转让企业资产的计税基础以被转让资产的原有计税基础确定。

7.4 企业合并的税务筹划

合并是指一家或多家企业（以下称为被合并企业）将其全部资产和负债转让给另一家现存或新设企业（以下称为合并企业），被合并企业股东换取合并企业的股权或非股权支付，实现两个或两个以上企业的依法合并。本节通过对企业合并的一般性税务处理（以下称为普通合并）和特殊性税务处理（以下称为特殊合并）的分析，讨论企业合并的税务筹划。

7.4.1 企业合并的类型

合并包括吸收合并和新设合并。

1. 吸收合并或兼并

一个或几个被合并企业的全部或实质上几乎全部资产、负债转让给一个受让企业，被合并企业根据《公司法》等相关法律停止存在。

2. 新设合并

新设合并一般是指两个或两个以上的被合并企业将其资产和负债转让给一个新设立的企业。新设合并的基本法律机制与吸收合并是相同的：被合并企业全部或实质上是全部资产以交换新企业股份的方式，根据《公司法》等相关法律转移给新设企业。唯一的差异是：吸收合并中，合并企业是合并交易发生前就存在的企业；而新设合并中，合并企业是在交易中新成立的企业。

7.4.2 企业合并的税务动机

合并的税务动机主要是盈利企业选择有累计亏损的企业作为目标公司，以亏损企业的亏损冲抵自己的应纳税所得额。

7.4.3 普通合并

企业合并，当事各方应按下列规定处理：

（1）合并企业应按公允价值确定接受被合并企业各项资产和负债的计税基础；

（2）被合并企业及其股东都应按清算进行所得税处理；

(3) 被合并企业的亏损不得在合并企业结转弥补；

(4) 注销的被合并企业未享受完的税收优惠，不再由存续企业承继，合并而新设的企业不得再承继或重新享受上述优惠。

例7-5

A企业将被B企业合并，合并后B企业存续，A企业将被解散。A企业股权的计税基础是1亿元，公允价值是2亿元。A企业净资产总额的计税基础是1亿元，公允价值是2亿元，如图7-6所示。

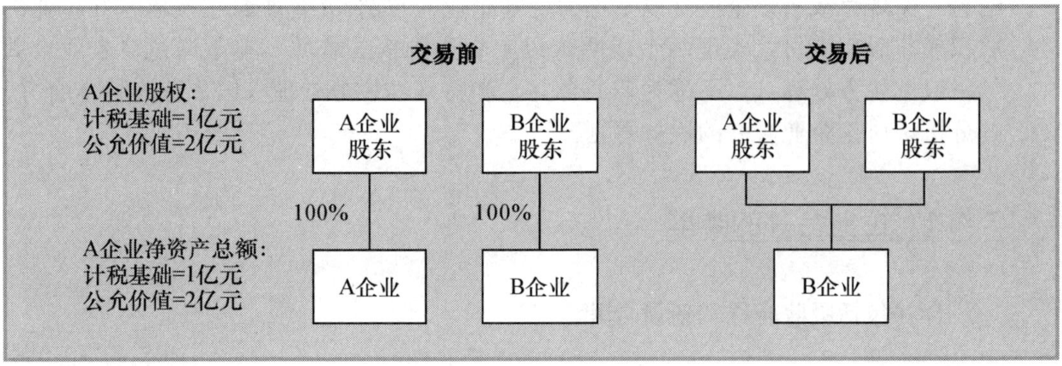

图7-6　企业合并案例

在合并交易中，A企业股东将获得4 000万元现金和1.6亿元的B企业股权。

【分析】

该合并方案下各方的企业所得税影响分析如下：

(1) 由于股权支付额低于交易支付总额的85%，此项交易应按照普通合并进行税务处理。

(2) B企业从A企业接受的净资产的计税基础为2亿元（公允价值）。

(3) A企业股东取得B企业股权的计税基础为1.6亿元（公允价值）。

(4) $$\begin{aligned}\text{A企业实现的应纳税所得额}&=\text{A企业净资产的公允价值}-\text{A企业净资产的原计税基础}\\&=2-1=1(\text{亿元})\end{aligned}$$

(5) A企业的亏损不能由B企业结转弥补。A企业和B企业涉及享受《企业所得税法》第五十七条规定中就企业整体（即全部生产、经营所得）享受的税收优惠过渡政策尚未期满的，如果合并后的B企业性质及适用税收优惠的条件未发生改变，仅就B企业未享受完的税收优惠，继续享受合并前B企业剩余期限的税收优惠，其优惠金额按B企业合并前一年的应纳税所得额（亏损计为零）计算。注销的A企业未享受完的税收优惠，不再由B企业承继。A企业和B企业按照《企业所得税法》的税收优惠规定中就企业有关生产经营项目的所得享受的税收优惠，可以在剩余期限内享受规定的减免税优惠。

在普通合并中，被合并企业应按照《财政部 国家税务总局关于企业清算业务企业所得税处理若干问题的通知》（财税〔2009〕60号）的规定进行清算。被合并企业在报送企业清算所得纳税申报表时，应附送以下资料：

（1）企业合并的工商部门或其他政府部门的批准文件；

（2）企业全部资产和负债的计税基础以及评估机构出具的资产评估报告；

（3）企业债务处理或归属情况说明；

（4）主管税务机关要求提供的其他资料证明。

7.4.4 特殊合并

企业合并同时符合下列条件的，适用特殊性税务处理规定：

（1）具有合理的商业目的，且不以减少、免除或者推迟缴纳税款为主要目的；

（2）企业股东在该企业合并发生时取得的股权支付金额不低于其交易支付总额的85%，以及同一控制下不需要支付对价；

（3）企业重组后的连续12个月内不改变重组资产原来的实质性经营活动；

（4）企业重组中取得股权支付的原主要股东在重组后连续12个月内，不得转让所取得的股权。

同一控制是指参与合并的企业在合并前后均受同一方或相同的多方最终控制，且该控制并非暂时性的。能够对参与合并的企业在合并前后均实施最终控制权的相同多方，是指根据合同或协议的约定，对参与合并企业的财务和经营政策拥有决定控制权的投资者群体。在企业合并前，参与合并各方受最终控制方的控制在12个月以上，企业合并后所形成的主体在最终控制方的控制时间也应达到连续12个月。

判断某一企业合并是否属于同一控制下的企业合并，应当把握以下要点：

（1）能够对参与合并各方在合并前后均实施最终控制的一方通常指企业集团的母公司。同一控制下的企业合并一般发生于企业集团内部，如集团内母子公司之间、子公司与子公司之间等，因为该类合并从本质上是集团内部企业之间的资产或权益的转移，能够对参与合并企业在合并前后均实施最终控制的一方为集团的母公司。

（2）能够对参与合并的企业在合并前后均实施最终控制的相同多方是指根据合同或协议的约定，拥有最终决定参与合并企业的财务和经营政策，并从中获取利益的投资者群体。

（3）实施控制的时间性要求是指参与合并各方在合并前后较长时间内为最终控制方所控制。具体是指在企业合并之前（即合并日之前），参与合并各方在最终控制方的控制时间一般在1年以上（含1年），企业合并后所形成的报告主体在最终控制方的控制时间也应达到1年以上（含1年）。

（4）企业之间的合并是否属于同一控制下的企业合并，应综合构成企业合并交易的各方面情况，按照实质重于形式的原则进行判断。通常情况下，同一控制下的企业合并是指发生在同一企业集团内部企业之间的合并。同受国家控制的企业之间发生的合并，不应仅仅因为参与合并各方在合并前后均受国家控制而将其作为同一控制下的企业合并。

特殊合并可以选择按以下规定处理：

（1）合并企业接受被合并企业资产和负债的计税基础以被合并企业的原有计税基础确定。

（2）被合并企业合并前的相关所得税事项由合并企业承继。合并后的企业性质及适用税收优惠条件未发生改变的，可以继续享受合并前各企业剩余期限的税收优惠。合并前各企业剩余的税收优惠年限不一致的，合并后企业每年度的应纳税所得额，应统一按合并日各合并前企业资产占合并后企业总资产的比例进行划分，再分别按相应的剩余优惠计算应纳税额。

（3）可由合并企业弥补的被合并企业亏损的限额＝被合并企业净资产公允价值×截至合并业务发生当年年末国家发行的最长期限的国债利率。

（4）被合并企业股东取得合并企业股权的计税基础以其原持有的被合并企业股权的计税基础确定。

例7-6

A企业将被B企业合并，合并后B企业存续，A企业将被解散。A企业股权的计税基础是1亿元，公允价值是2亿元。A企业净资产总额的计税基础是1亿元，公允价值是2亿元，如图7-6所示。

在合并交易中，A企业股东将获得0.2亿元现金和1.8亿元的B企业股权。

【分析】

该合并方案下各方的企业所得税影响分析如下：

（1）由于股权支付金额不低于交易支付总额的85%，此项交易可选用特殊性税务处理。

（2）A企业股东取得B企业股权的计税基础为1亿元（以其原持有的A企业股权的计税基础1亿元来确定）。

（3）
$$\begin{aligned}\begin{matrix}\text{A企业股东收到的}\\\text{现金部分确认转让所得}\end{matrix}&=\left(\begin{matrix}\text{A企业资产的}\\\text{公允价值}\end{matrix}-\begin{matrix}\text{A企业资产的}\\\text{初始计税基础}\end{matrix}\right)\\&\quad\times\frac{\text{收到的现金}}{\text{A企业资产的公允价值}}\\&=(2-1)\times(0.2\div 2)=0.1\text{(亿元)}\end{aligned}$$

（4）
$$\begin{aligned}\begin{matrix}\text{A企业股东取得B企业}\\\text{股权的计税基础}\end{matrix}&=\begin{matrix}\text{被合并企业股权的}\\\text{初始计税基础}\end{matrix}-\left(\begin{matrix}\text{非股权}\\\text{支付额}\end{matrix}-\begin{matrix}\text{应纳税}\\\text{所得额}\end{matrix}\right)\\&=1-(0.2-0.1)=0.9\text{(亿元)}\end{aligned}$$

（5）A企业合并前的相关所得税事项均由B企业承继，这些事项包括尚未确认的资产损失、分期确认收入的处理以及尚未享受期满的税收优惠政策承继处理问题等。其中，凡属于依照《企业所得税法》第五十七条规定中就企业整体（即全部生产、经营所得）享受税收优惠过渡政策的，B企业性质及适用税收优惠条件未发生改变的，可以继续享受合并前各企业剩余期限的税收优惠。合并前各企业剩余的税收优惠年限不一致的，合并后企业每年度的应纳税所得额，统一按合并日各合并前企业资产占合并后企业总资产的比例进行划分，再分别按相应的剩余优惠计算应纳税额。合并前各企业按照《企业所得税法》的税收优惠规定中就有关生产经营项目所得享受的税收优惠承继处理问题，可以在剩余期限内享受规定的减免税优惠。

(6) $\frac{\text{B企业弥补A企业}}{\text{亏损的限额}}=\frac{\text{A企业净资产}}{\text{公允价值}}\times\frac{\text{截至合并业务发生当年年末}}{\text{国家发行的最长期限的国债利率}}$

特殊合并应准备以下相关资料向税务机关备案：

(1) 当事方企业合并的总体情况说明，情况说明中应包括企业合并的商业目的；

(2) 企业合并的政府主管部门的批准文件；

(3) 企业合并各方当事人的股权关系说明；

(4) 被合并企业的净资产、各单项资产和负债及其账面价值和计税基础等相关资料；

(5) 证明重组符合特殊性税务处理条件的资料，包括合并前企业各股东取得股权支付比例情况，以及 12 个月内不改变资产原来的实质性经营活动、原主要股东不转让所取得股权的承诺书等；

(6) 工商部门核准相关企业股权变更事项证明材料；

(7) 主管税务机关要求提供的其他资料证明。

7.4.5　普通合并与特殊合并的比较

通过上述案例，我们可以比较普通合并与特殊合并的不同之处。

1. 构成条件

特殊合并需要同时满足四个条件。

2. 应税所得 / 损失的确认

在普通合并中，被合并企业及其股东都应按清算进行所得税处理。

(1) 被合并企业的全部资产均应按可变现价值或交易价格，确认资产转让所得或损失；企业的全部资产可变现价值或交易价格，减除资产的计税基础、清算费用、相关税费，加上债务清偿损益等后的余额，为清算所得。被合并企业应将整个清算期作为一个独立的纳税年度计算清算所得，并缴纳企业所得税。

(2) 被合并企业的股东分得的剩余资产的金额，其中相当于被合并企业累计未分配利润和累计盈余公积中按该股东所占股份比例计算的部分，应确认为股息所得；剩余资产减除股息所得后的余额，超过或低于股东投资成本的部分，应确认为股东的投资转让所得或损失。

在特殊合并中，被合并企业的股东仅就取得的非股权支付部分确认相应的转让所得或损失。

3. 计税基础

在普通合并中，合并企业应按公允价值确定接受被合并企业各项资产和负债的计税基础。在特殊合并中，合并企业接受被合并企业资产和负债的计税基础以被合并企业的原有计税基础确定；被合并企业股东取得合并企业股权的计税基础以其原持有的被合并企业股权的计税基础确定。

4. 所得税事项的承继

在普通合并中，被合并企业的亏损不能在合并企业结转弥补，其他所得税事项也无法由合并企业承继。在特殊合并中，被合并企业合并前的相关所得税事项由合并企业承继，这些事项包括尚未确认的资产损失、分期确认收入的处理以及尚未享受期满的税收优惠政策承继处理问题等，但亏损的结转弥补受到限额限制。

7.4.6 其他税种的处理

1. 增值税

纳税人在资产重组过程中，通过合并、分立、出售、置换等方式，将全部或者部分实物资产以及与其相关联的债权、负债和劳动力一并转让给其他单位和个人，不属于增值税的征税范围，其中涉及的货物、不动产、土地使用权转让，不征收增值税。

2. 土地增值税

按照法律规定或者合同约定，两个或两个以上企业合并为一个企业，且原企业投资主体存续的，对原企业将国有土地、房屋权属转移、变更到合并后的企业的，暂不征土地增值税。

3. 印花税

以合并或分立方式成立的新企业，其新启用的资金账簿记载的资金，凡原已贴花的部分可不再贴花，未贴花的部分和以后新增加的资金按规定贴花。

4. 契税

两个或两个以上的公司，依照法律规定、合同约定，合并为一个公司，且原投资主体存续的，对合并后公司承受原合并各方土地、房屋权属，免征契税。

7.5 企业分立的税务筹划

分立是指一家企业（以下称为被分立企业）将部分或全部资产分离转让给现存或新设的企业（以下称为分立企业），被分立企业股东换取分立企业的股权或非股权支付，实现企业的依法分立。本节通过对企业分立的一般性税务处理（以下称为普通分立）和特殊性税务处理（以下称为特殊分立）的分析，讨论企业分立的税务筹划。

7.5.1　分立的类型

分立包括衍生分立和新设分立。

1. 衍生分立

衍生分立包括让产分股（spin-off）和让产赎股（split-off）。企业可以将部分经营事业转让到一个全资子公司，然后将新创立或现存的子公司的股份分配给股东。目前，我国股票市场发展很快，其中，现有股份公司将其非法人的分公司或部分经营事业分拆上市，成立新的子公司性质股份，是存续分立的典型形态和目前我国公司分立中的实务案例。我国许多国有企业将部分社会服务职能从原企业分立出去，成立子公司性质的独立核算的服务公司，或将原企业部分优良资产拆分改组上市，也属于这种分立形式。

让产分股指企业转让部分经营事业给现存或新成立的子公司，然后将子公司的股份按原股东持股比例均衡地分配给企业的全部股东，如图 7－7 所示。

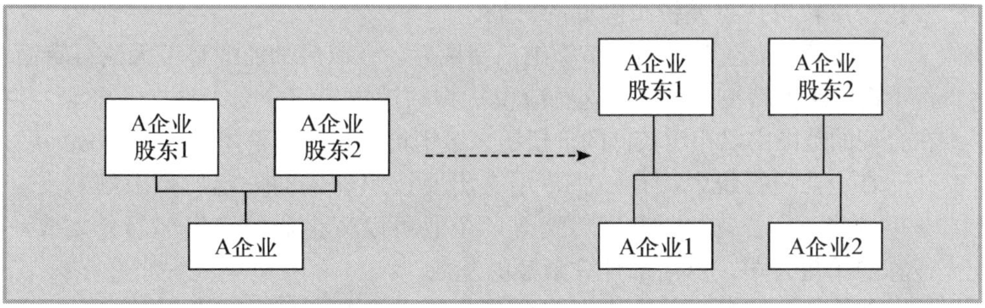

图 7－7　让产分股示意图

让产赎股指企业转让部分经营事业给现存或新成立的子公司，然后将子公司的股份分配给公司的部分股东或以与原持股比例不一致的比例分配给原企业的股东，取得子公司股份的股东需要放弃部分原企业股份作为交换代价。这种分立可能出现一些股东愿意持有被分立出去的部分经营事业，而其他股东可能愿意继续持有保留下来的经营事业或被分立出去的其他经营事业，如图 7－8 所示。

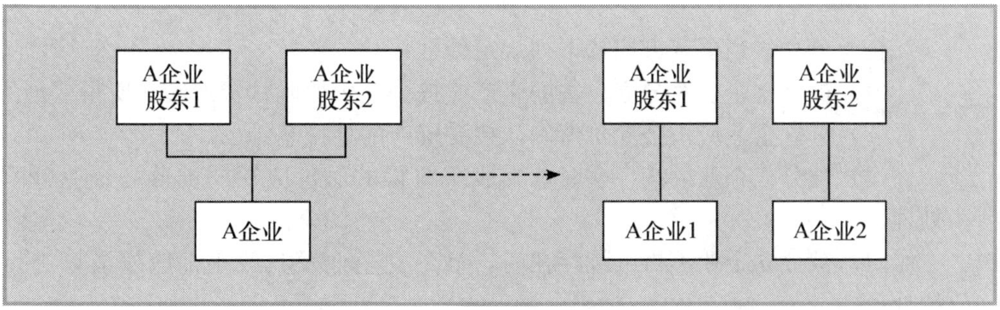

图 7－8　让产赎股示意图

2. **新设分立**（split-up）

在我国企业分立实务中，这种情形的分立还不常见。与上述方式的唯一差异是被分立企业将其全部资产转让给两个或两个以上新成立的子公司，这些子公司将其股份均衡地分配给被分立企业的原股东，然后被分立企业解散。也可以将新成立部分子公司的股份分配给原企业部分股东，新成立的其他子公司的股份分配给其他股东。

7.5.2 分立的税务动机

在我国的税收环境下，企业分立的税务动机主要是出于增值税、消费税、所得税的考虑。

在流转税中，一些特定产品是特殊的，或者适用税率较低，这类产品在税收核算上有一些特殊要求，而企业往往由于种种原因不能满足这些核算要求而丧失了税收上的一些利益。如果将这些特定产品的生产部门分立为独立的企业，也许会获得流转税优惠或税负降低的好处。

某些货物在生产销售环节缴纳消费税后，在以后的流通环节无论再转销多少次，都不再缴纳消费税。如果将这些应税货物的销售部门分立为独立的企业，生产企业在合理的范围内以相对较低的价格销售给销售企业，则整体的消费税税负可以降低。

在企业所得税中，有一些费用支出要按照收入的一定比例限额列支，例如业务招待费、广告费和业务宣传费等，企业可以将企业的销售部门分立成一个独立核算的销售公司，以增加计算限额的基数。

在企业所得税中，特定项目的所得可以免征、减征企业所得税；综合利用资源，生产符合国家产业政策规定的产品所取得的收入，可以在计算应纳税所得额时减计收入。如果这些项目或者产品属于企业内部的中间生产环节而非最终生产销售环节，并不对外销售，没有收入的实现，也就无法享受税收优惠政策。企业可以考虑将负责这些项目或者产品的内设非法人分支机构分立出来，从而享受税收优惠待遇。

7.5.3 普通分立

企业分立，当事各方应按下列规定处理：

（1）被分立企业对分立出去的资产应按公允价值确认资产转让所得或损失。

（2）分立企业应按公允价值确认接受资产的计税基础。

（3）被分立企业继续存在时，其股东取得的对价应视同被分立企业分配进行处理。

（4）被分立企业不再继续存在时，被分立企业及其股东都应按清算进行所得税处理。

（5）企业分立相关企业的亏损不得相互结转弥补。

(6) 注销的被分立企业未享受完的税收优惠，不再由存续企业承继；分立而新设的企业不得再承继或重新享受上述优惠。

例 7－7

A 企业的股东持有的 A 公司股权的计税基础是 8 000 万元，公允价值是 2 亿元。A 企业净资产总额的计税基础是 8 000 万元，公允价值是 2 亿元。A 企业股东将 A 企业平均分立为 A 企业和 B 企业，如图 7－9 所示。

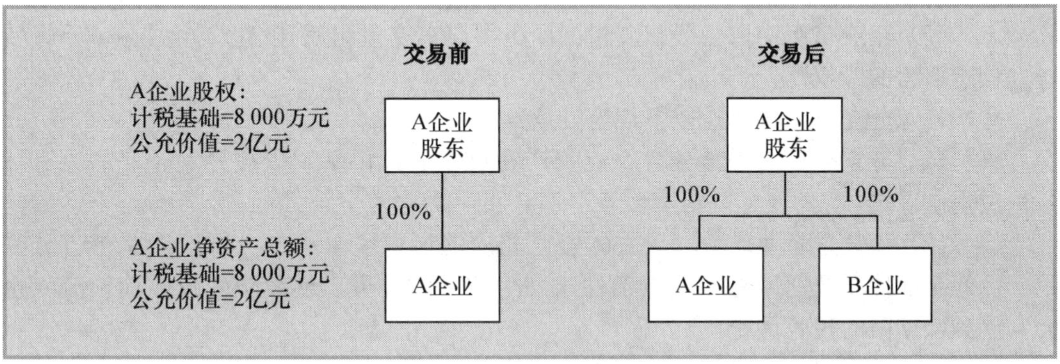

图 7－9　企业分立案例

在分立交易中，A 企业股东获得 2 000 万元现金和 8 000 万元 B 企业的股权。

【分析】

该分立方案下各方的企业所得税影响分析如下：

(1) 由于股权支付金额低于其交易支付总额的 85%，本项交易应按照普通分立进行税务处理。

(2) $$\begin{array}{c}\text{A 企业被分立给 B 企业的}\\\text{资产的应纳税所得额}\end{array}=\begin{array}{c}\text{公允}\\\text{价值}\end{array}-\begin{array}{c}\text{A 企业净资产的}\\\text{原计税基础}\end{array}$$
$$=10\,000-4\,000=6\,000(\text{万元})$$

(3) B 企业接受 A 企业资产的计税基础（公允价值）为 1 亿元。

(4) A 企业股东取得的 1 亿元支付对价应当视为 A 企业的分配。

(5) A 企业的亏损不得结转给 B 企业。

在普通分立中，被分立企业不再继续存在，应按照《财政部 国家税务总局关于企业清算业务企业所得税处理若干问题的通知》（财税〔2009〕60 号）的规定进行清算。被分立企业在报送企业清算所得纳税申报表时，应附送以下资料：

(1) 企业分立的工商部门或其他政府部门的批准文件；

(2) 被分立企业全部资产的计税基础以及评估机构出具的资产评估报告；

(3) 企业债务处理或归属情况说明；

(4) 主管税务机关要求提供的其他资料证明。

7.5.4　特殊分立

企业分立同时符合下列条件的，适用特殊性税务处理规定：

（1）具有合理的商业目的，且不以减少、免除或者推迟缴纳税款为主要目的。

（2）被分立企业所有股东按原持股比例取得分立企业的股权。

（3）企业重组后的连续12个月内不改变重组资产原来的实质性经营活动，分立企业和被分立企业均不改变原来的实质性经营活动。

（4）被分立企业股东在该企业分立发生时取得的股权支付金额不低于其交易支付总额的85%。

（5）企业重组中取得股权支付的原主要股东在重组后连续12个月内，不得转让所取得的股权。

特殊分立可以选择按以下规定处理：

（1）分立企业接受被分立企业资产和负债的计税基础以被分立企业的原有计税基础确定。

（2）被分立企业已分立出去的资产相应的所得税事项由分立企业承继。分立后的企业性质及适用税收优惠条件未发生改变的，可以继续享受分立前被分立企业剩余期限的税收优惠。

（3）被分立企业未超过法定弥补期限的亏损额可按分立资产占全部资产的比例进行分配，由分立企业继续弥补。

（4）被分立企业的股东取得分立企业的股权（以下简称新股），如需部分或全部放弃原持有的被分立企业的股权（以下简称旧股），新股的计税基础应以放弃旧股的计税基础确定；如无须放弃旧股，则其取得新股的计税基础可从以下两种方法中选择确定：直接将新股的计税基础确定为零，或者以被分立企业分立出去的净资产占被分立企业全部净资产的比例先调减原持有的旧股的计税基础，再将调减的计税基础平均分配到新股上。

（5）重组交易各方对交易中的股权支付部分暂不确认有关资产的转让所得或损失，但对于非股权支付仍应在交易当期确认相应的资产转让所得或损失，并调整相应资产的计税基础。

$$\begin{array}{c}\text{非股权支付对应的}\\\text{资产转让所得或损失}\end{array}=\left(\begin{array}{c}\text{被转让资产的}\\\text{公允价值}\end{array}-\begin{array}{c}\text{被转让资产的}\\\text{计税基础}\end{array}\right)\times\left(\begin{array}{c}\text{非股权}\\\text{支付金额}\end{array}\div\begin{array}{c}\text{被转让资产的}\\\text{公允价值}\end{array}\right)$$

（6）在企业存续分立中，分立后的存续企业性质及适用税收优惠的条件未发生改变的，可以继续享受分立前该企业剩余期限的税收优惠，其优惠金额按该企业分立前一年的应纳税所得额（亏损计为零）乘以分立后存续企业资产占分立前该企业全部资产的比例计算。

例7-8

A企业的股东持有的A公司股权的计税基础是8 000万元，公允价值是2亿元。A企业净资产总额的计税基础是8 000万元，公允价值是2亿元。A企业股东将A企业平均分立为A企业和B企业，如图7-9所示。

在分立交易中，A企业股东获得1亿元B企业的股权。

【分析】

该分立方案下各方的企业所得税影响分析如下：

(1) 由于股权支付金额等于其交易支付总额的 100%，本项交易可选用特殊性税务处理。

(2) B 企业取得的净资产的计税基础（A 企业的原计税基础）为 4 000 万元。

(3) A 企业股东取得的 B 企业股权的计税基础可以确定为 0。

(4) $\frac{\text{A 企业可以结转到 B 企业的}}{\text{未弥补亏损的比例}}$ = $\frac{\text{B 企业取得的资产}}{\text{A 企业原有的全部资产}}$

7.5.5　普通分立与特殊分立的比较

通过上述案例，可以比较普通分立与特殊分立的不同之处。

1. 构成条件

特殊分立需要同时满足五个条件。

2. 应税所得 / 损失的确认

在普通分立中，被分立企业对分立出去的资产应按公允价值确认资产转让所得或损失。被分立企业继续存在时，其股东取得的对价应视同被分立企业分配进行处理；被分立企业不再继续存在时，被分立企业及其股东都应按清算进行所得税处理。在特殊分立中，被分立企业的股东仅就取得的非股权支付部分确认相应的转让所得或损失。

3. 计税基础

在普通分立中，分立企业应按公允价值确认接受资产的计税基础。在特殊分立中，分立企业接受被分立企业资产和负债的计税基础以被分立企业的原有计税基础确定。

4. 所得税事项的承继

在普通分立中，被分立企业的亏损不能在分立企业结转弥补，其他所得税事项也无法由分立企业承继。在特殊分立中，被分立企业已分立出去的资产相应的所得税事项由分立企业承继，这些事项包括尚未确认的资产损失、分期确认收入的处理以及尚未享受期满的税收优惠政策承继处理问题等。被分立企业未超过法定弥补期限的亏损额可按分立资产占全部资产的比例进行分配，由分立企业继续弥补。凡属于依照《企业所得税法》第五十七条规定中就企业整体（即全部生产经营所得）享受税收优惠过渡政策的，分立后的企业性质及适用税收优惠条件未发生改变的，可以继续享受分立前被分立企业剩余期限的税收优惠。

特殊分立应准备以下资料向税务机关备案：

(1) 当事方企业分立的总体情况说明，情况说明中应包括企业分立的商业目的。

（2）企业分立的政府主管部门的批准文件。

（3）被分立企业的净资产、各单项资产和负债账面价值和计税基础等相关资料。

（4）证明重组符合特殊性税务处理条件的资料，包括分立后企业各股东取得股权支付比例情况，以及12个月内不改变资产原来的实质性经营活动、原主要股东不转让所取得股权的承诺书等。

（5）工商部门认定的分立和被分立企业股东股权比例证明材料；分立后，分立和被分立企业工商营业执照复印件；分立和被分立企业分立业务账务处理复印件。

（6）税务机关要求提供的其他资料证明。

7.5.6 其他税种的处理

1. 增值税和土地增值税

纳税人在资产重组过程中，通过合并、分立、出售、置换等方式，将全部或者部分实物资产以及与其相关联的债权、负债和劳动力一并转让给其他单位和个人，不属于增值税的征税范围，其中涉及的货物、不动产、土地使用权转让，不征收增值税。

按照法律规定或者合同约定，企业分设为两个或两个以上与原企业投资主体相同的企业，对原企业将国有土地、房屋权属转移、变更到分立后的企业的，暂不征土地增值税。

2. 印花税

分立后的两家企业实收资本与资本公积之和与原被分立企业的实收资本与资本公积之和相比，新增金额由新设企业贴花。

3. 契税

公司依照法律规定、合同约定分立为两个或两个以上与原公司投资主体相同的公司，对分立后公司承受原公司土地、房屋权属，免征契税。

7.6 债务重组的税务筹划

债务重组是指在债务人发生财务困难的情况下，债权人按照其与债务人达成的书面协议或者法院裁定书，就其债务人的债务做出让步的事项。

7.6.1 普通债务重组

企业债务重组，相关交易应按以下规定处理：

（1）以非货币资产清偿债务，应当分解为转让相关非货币性资产、按非货币性资产公允价值清偿债务两项业务，确认相关资产的所得或损失。

（2）发生债权转股权的，应当分解为债务清偿和股权投资两项业务，确认有关债务清偿所得或损失。

（3）债务人应当按照支付的债务清偿额低于债务计税基础的差额，确认债务重组所得；债权人应当按照收到的债务清偿额低于债权计税基础的差额，确认债务重组损失。

（4）债务人的相关所得税纳税事项原则上保持不变。

例7－9

AB公司欠AC公司钢材款4 000万元。当年，AB公司发生财务困难，短期难以支付上述款项。经协商，AB公司以其产品钢坯偿还债务，该部分钢坯实际成本为2 000万元，市场价格为2 400万元（不含税价）。双方均为增值税一般纳税人，适用税率13%。

【分析】

AB公司有关账务处理如下（单位：万元）：

借：应付账款——AC公司	4 000	
贷：主营业务收入		2 400
应交税费——应交增值税（销项税额）		312
营业外收入——债务重组利得		1 288

同时结转存货成本：

借：主营业务成本	2 000	
贷：库存商品		2 000

企业发生普通债务重组，应准备以下相关资料，以备税务机关检查：

（1）以非货币性资产清偿债务的，应保留当事各方签订的清偿债务的协议或合同，以及非货币性资产公允价格确认的合法证据等；

（2）债权转股权的，应保留当事各方签订的债权转股权协议或合同。

7.6.2　特殊债务重组

债务重组符合特殊重组的五个必要条件的，交易各方对其交易中的股权支付部分，可以按以下规定进行特殊性税务处理：

（1）企业债务重组确认的应纳税所得额占该企业当年应纳税所得额50%以上的，可以在5个纳税年度期间内，均匀计入各年度的应纳税所得额。

（2）企业发生债权转股权业务，对债务清偿和股权投资两项业务暂不确认有关债务清偿所得或损失，股权投资的计税基础以原债权的计税基础确定。企业的其他相关所得税事项保持不变。

例7－10

续例7－9。AB公司当年应纳税所得额为2 000万元（含债务重组收益1 288

万元)。债务重组收益占当年应纳税所得额的50%以上。

【分析】

如果AB公司自当年起4年内的所得税税率不变或者下降，那么AB公司会选择在5个纳税年度的期间内，均匀计入各年度的应纳税所得额。

如果AB公司自当年起4年内的所得税税率上升（比如AB公司是位于经济特区享受过渡期的企业），那么AB公司可能会选择将重组收益直接计入当年的应纳税所得额。

特殊债务重组，根据不同情形，应准备以下资料向税务机关备案：

（1）发生债务重组所产生的应纳税所得额占该企业当年应纳税所得额的50%以上，债务重组所得要求在5个纳税年度的期间内，均匀计入各年度应纳税所得额的，应准备的资料是：当事方的债务重组的总体情况说明（如果采取申请确认的，应为企业的申请，下同），情况说明中应包括债务重组的商业目的；当事各方所签订的债务重组合同或协议；债务重组所产生的应纳税所得额、企业当年应纳税所得额情况说明；税务机关要求提供的其他资料证明。

（2）发生债权转股权业务，债务人对债务清偿业务暂不确认所得或损失，债权人对股权投资的计税基础以原债权的计税基础确定的，应准备的资料是：当事方的债务重组的总体情况说明，情况说明中应包括债务重组的商业目的；双方所签订的债转股合同或协议；企业所转换的股权公允价格证明；工商部门及有关部门核准相关企业股权变更事项证明材料；税务机关要求提供的其他资料证明。

7.7 跨境重组的税务筹划

企业发生涉及中国境内与境外（包括港澳台地区）之间的股权和资产收购交易，除了要符合特殊重组的五个必要条件，还应符合特定条件，才可选择适用特殊性税务处理规定。

1. 转让方与受让方均为境外企业的股权转让

非居民企业向其100%直接控股的另一非居民企业转让其拥有的居民企业股权，没有因此造成以后该项股权转让所得预提税负担变化，且转让方非居民企业向主管税务机关书面承诺在3年内（含3年）不转让其拥有受让方非居民企业的股权，才可选择适用特殊性税务处理规定，如图7-10所示。

2. 转让方为境外企业、受让方为境内企业的股权转让

非居民企业向与其具有100%直接控股关系的居民企业转让其拥有的另一居民企业股权，才可选择适用特殊性税务处理规定，如图7-11所示。

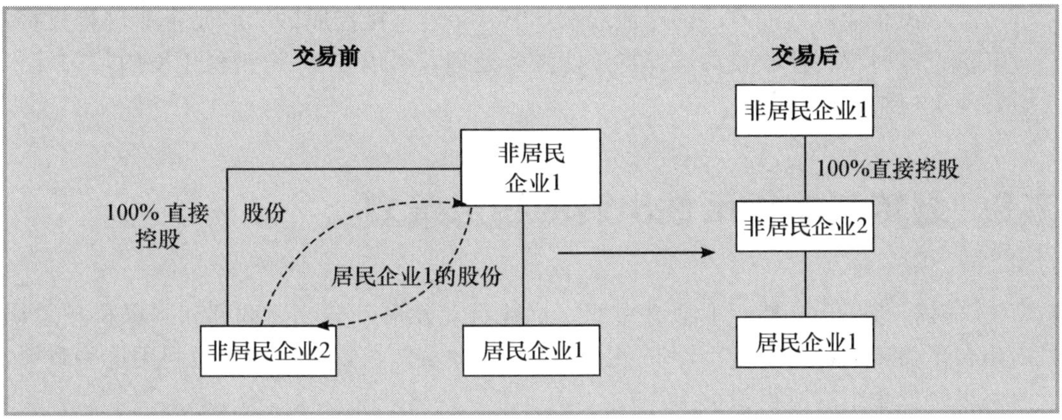

图 7－10　跨境股权转让示意图 1

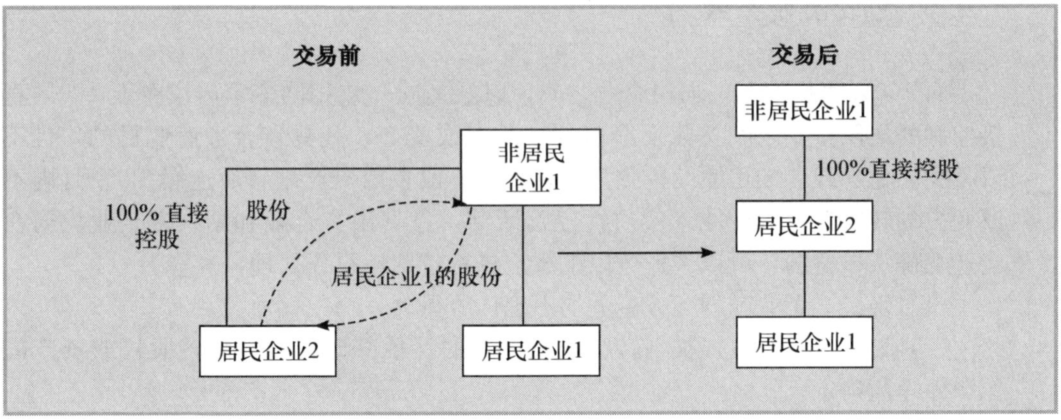

图 7－11　跨境股权转让示意图 2

3. 转让方为境内企业、受让方为境外企业的股权转让

居民企业以其拥有的资产或股权向其 100%直接控股的非居民企业进行投资，才可选择适用特殊性税务处理规定，如图 7－12 所示。

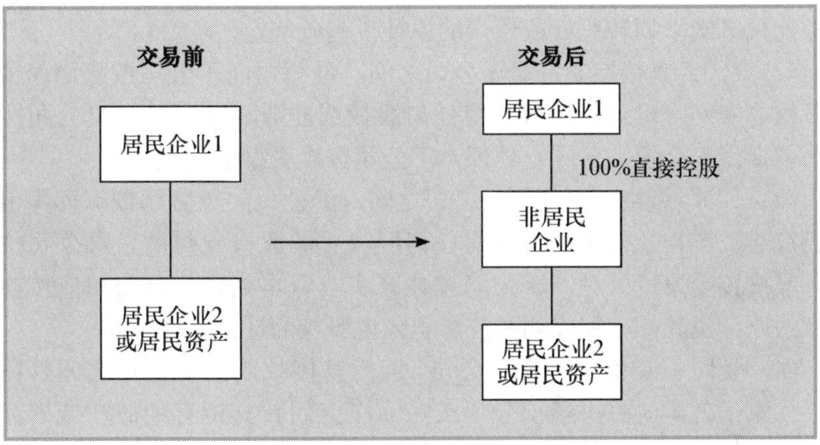

图 7－12　跨境股权转让示意图 3

居民企业以其拥有的资产或股权向其100%直接控股的非居民企业进行投资，其资产或股权转让收益如选择特殊性税务处理，可以在10个纳税年度内均匀计入各年度应纳税所得额。

7.8 划转与非货币性出资的税务筹划

为了进一步支持企业兼并重组，优化企业发展环境，财政部和国家税务总局出台了关于划转和非货币性资产出资的税收政策。在重组中合理地利用这些政策，可以降低重组的所得税负担。

7.8.1 划转的税务筹划

对100%直接控制的居民企业之间，以及受同一或相同多家居民企业100%直接控制的居民企业之间按账面净值划转股权或资产，凡具有合理商业目的，且不以减少、免除或者推迟缴纳税款为主要目的，股权或资产划转后连续12个月内不改变被划转股权或资产原来实质性经营活动，且划出方企业和划入方企业均未在会计上确认损益的，可以选择按以下规定进行特殊性税务处理：

（1）划出方企业和划入方企业均不确认所得。

（2）划入方企业取得被划转股权或资产的计税基础，以被划转股权或资产的原账面净值确定。

（3）划入方企业取得的被划转资产，应按其原账面净值计算折旧扣除。

100%直接控制的居民企业之间，以及受同一或相同多家居民企业100%直接控制的居民企业之间按账面净值划转股权或资产，限于以下情形：

（1）100%直接控制的母子公司之间，母公司向子公司按账面净值划转其持有的股权或资产，母公司获得子公司100%股权支付的，母公司按增加长期股权投资处理，子公司按接受投资（包括资本公积，下同）处理。母公司获得子公司股权的计税基础以划转股权或资产的原计税基础确定。

（2）100%直接控制的母子公司之间，母公司向子公司按账面净值划转其持有的股权或资产，母公司没有获得任何股权或非股权支付的，母公司按冲减实收资本（包括资本公积，下同）处理，子公司按接受投资处理。

（3）100%直接控制的母子公司之间，子公司向母公司按账面净值划转其持有的股权或资产，子公司没有获得任何股权或非股权支付的，母公司按收回投资处理，或按接受投资处理，子公司按冲减实收资本处理。母公司应按被划转股权或资产的原计税基础，相应调减持有子公司股权的计税基础。

（4）受同一或相同多家母公司100%直接控制的子公司之间，在母公司主导下，一家子公司向另一家子公司按账面净值划转其持有的股权或资产，划出方没有获得任何股权或非股权支付的，划出方按冲减所有者权益处理，划入方按接受投资处理。

股权或资产划转后连续12个月内不改变被划转股权或资产原来实质性经营活动，是指自股权或资产划转完成日起连续12个月内不改变被划转股权或资产原来实质性经营活动。

划入方企业取得被划转股权或资产的计税基础，以被划转股权或资产的原账面净值确定，是指划入方企业取得被划转股权或资产的计税基础，以被划转股权或资产的原计税基础确定。

划入方企业取得的被划转资产，应按其原账面净值计算折旧扣除，是指划入方企业取得的被划转资产，应按被划转资产的原计税基础计算折旧扣除或摊销。

进行特殊性税务处理的股权或资产划转，交易双方应在协商一致的基础上，采取一致处理原则统一进行特殊性税务处理。交易双方应在企业所得税年度汇算清缴时，分别向各自主管税务机关报送居民企业资产（股权）划转特殊性税务处理申报表和相关资料。

交易一方在股权或资产划转完成日后连续12个月内发生生产经营业务，公司性质、资产或股权结构等情况变化，致使股权或资产划转不再符合特殊性税务处理条件的，发生变化的交易一方应在情况发生变化的30日内报告其主管税务机关，同时书面通知另一方。另一方应在接到通知后30日内将有关变化报告其主管税务机关。

情况发生变化后60日内，原交易双方应按以下规定进行税务处理：

（1）属于第一项规定情形的，母公司应按原划转完成时股权或资产的公允价值视同销售处理，并按公允价值确认取得长期股权投资的计税基础；子公司按公允价值确认划入股权或资产的计税基础。

（2）属于第二项规定情形的，母公司应按原划转完成时股权或资产的公允价值视同销售处理；子公司按公允价值确认划入股权或资产的计税基础。

（3）属于第三项规定情形的，子公司应按原划转完成时股权或资产的公允价值视同销售处理；母公司应按撤回或减少投资进行处理。

（4）属于第四项规定情形的，划出方应按原划转完成时股权或资产的公允价值视同销售处理；母公司根据交易情形和会计处理对划出方按分回股息进行处理，或者按撤回或减少投资进行处理，对划入方按以股权或资产的公允价值进行投资处理；划入方按接受母公司投资处理，以公允价值确认划入股权或资产的计税基础。

例7-11

某国有集团的股权架构如图7-13所示。按照国资委的要求，为理顺股权结构，集团拟安排将C公司持有的D公司股权改由A公司持有。C公司对D公司的初始投资成本为1 000万元，目前该投资的账面净值为1 200万元，公允价值为3 000万元。

【分析】

第一种重组方案是有偿转让。C公司按照公允价值将D公司的股权转让给A公司，C公司需要确认股权转让的应纳税所得额2 000万元。

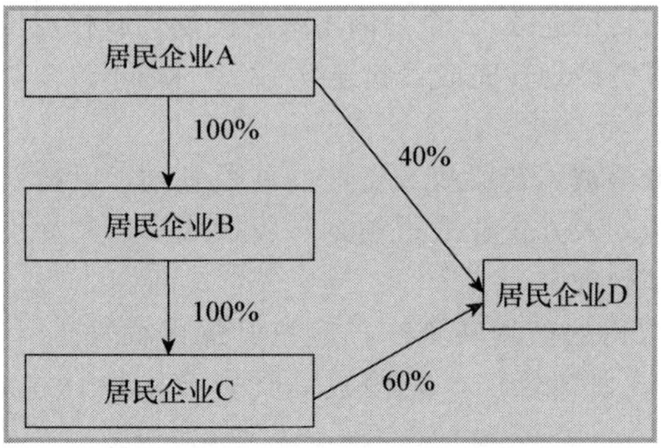

图7-13　某国有集团的股权架构

第二种重组方案是划转。第一步，C公司先将持有的D公司股权划转给B公司。C公司向B公司按账面净值划转其持有的股权，C公司没有获得任何股权或非股权支付，B公司按收回投资处理，C公司按冲减实收资本处理。B公司按被划转股权或资产的原计税基础，相应调减持有C公司股权的计税基础。第二步，B公司再将持有的D公司股权划转给A公司。B公司向A公司按账面净值划转其持有的股权，B公司没有获得任何股权或非股权支付，A公司按收回投资处理，B公司按冲减实收资本处理。A公司按被划转股权或资产的原计税基础，相应调减持有B公司股权的计税基础。C公司和B公司均无须确认股权转让的应纳税所得额。

7.8.2　非货币性出资的税务筹划

实行查账征收的居民企业以非货币性资产对外投资确认的非货币性资产转让所得，可自确认非货币性资产转让收入年度起不超过连续5个纳税年度的期间内，分期均匀计入相应年度的应纳税所得额，按规定计算缴纳企业所得税。

符合财税〔2014〕116号文件规定的企业非货币性资产投资行为，同时符合《财政部 国家税务总局关于企业重组业务企业所得税处理若干问题的通知》（财税〔2009〕59号）、《财政部 国家税务总局关于促进企业重组有关企业所得税处理问题的通知》（财税〔2014〕109号）等文件规定的特殊性税务处理条件的，可由企业选择其中一项政策执行，且一经选择，不得改变。

企业选择适用规定进行税务处理的，应在非货币性资产转让所得递延确认期间每年企业所得税汇算清缴时，填报非货币性资产投资递延纳税调整明细表。

企业应将股权投资合同或协议、对外投资的非货币性资产（明细）公允价值评估确认报告、非货币性资产（明细）计税基础的情况说明、被投资企业设立或变更的工商部门证明材料等资料留存备查，并单独准确核算税法与会计的差异情况。

例7-12

A公司持有甲公司40%的股权，投资成本为1000万元。A公司以对甲公司的股权作价4000万元，对乙有限责任公司增资，增资后A公司持有乙有限责任公司股权的60%。

【分析】

A公司在进行企业所得税汇算清缴时，选择每年确认股权转让所得600万元((4 000－1 000)/5)。如果A公司有即将过期的较大金额亏损，那么A公司也可能会选择将股权转让所得直接计入当年度的应纳税所得额。

复习思考题

1. 对于被并购方、被合并方、被分立方，它们的所得税税率在未来年度的变化是否会对其在重组时的方案选择产生影响?

2. 资产收购与资产交易在税务上有什么区别?

3. 自行选择我国某一上市公司的实例，分析其在上市前的重组过程中，有可能面临哪些税务考虑。

4. 比较股权收购的特殊性税务处理、划转的特殊性税务处理、非货币性资产出资的所得税递延分别适用的条件。

案例分析题

案例1

甲企业将整体资产转让给乙企业，转让前甲企业资产价值为4 000万元，其公允价值为1亿元。现在有两种对价方案：方案1，甲企业取得乙企业9 000万元股权（计税基础为7 000万元）和1 000万元现金；方案2，甲企业取得乙企业7 000万元股权和3 000万元现金。

分析要求：

(1) 比较两种方案下甲、乙企业的所得税处理。

(2) 如果甲企业处于累计亏损状态，对于甲企业的方案选择是否会有影响?

案例2

某年9月，上市公司A发布重大重组预案公告称，公司将通过定向增发，向该公司的实际控制人中国海外控股公司B（B公司注册地在英属维尔京群岛）和非关联方D公司发行36 809万股A股股票，收购其持有的水泥有限责任公司C的100%的股权，增发价为7.61元/股。收购完成后，C公司将成为A公司的控股子公司。C公司成立时的注册资本为856 839 300元，其中建工建材总公司D的出资金额为214 242 370元，出资比例为25%；B公司的出资金额为642 596 930元，出资比例为75%。

分析要求：对当事各方的所得税进行处理。

案例3

A公司持有B公司100%的股权，持有C公司80%的股权。对C公司的投资的计税基础为800万元，公允价值为1 000万元。A公司拟将其持有的C公司股权注入B公司。

分析要求：

（1）如果按照特殊性税务处理，分析当事各方的所得税处理。

（2）如果按照划转的特殊性税务处理，分析当事各方的所得税处理。

（3）如果按照非货币性出资处理，分析当事各方的所得税处理。

第 8 章

企业转让定价的税务筹划

学习目标

1. 掌握转让定价调整的各种筹划方法及其计算。
2. 理解转让定价的含义、特点及范围。
3. 了解预约定价安排的过程及作用。

随着经济全球化的发展以及我国经济实力的增强，大量企业走上集团化发展的道路。从国内情况看，以集团为纽带的关联企业之间存在大量的关联交易，这在发挥规模效益，促进集团利益最大化的同时，催生了通过转让定价来转移利润，以达到避税目的的现象。从国际范围来看，长期以来，很多跨国公司借助关联企业和关联交易，通过一系列较为激进的安排将大部分利润转移至低税地、避税地，大幅减轻其总体税负，使发达国家和发展中国家均课征不到应课征的税收，造成双重或者多重不征税的客观结果，不仅损害各国税收主权，也损害了公平良好的商业环境。

8.1 转让定价与关联企业

8.1.1 转让定价的概念

《税收大辞典》对转让定价的解释为：转让定价是指有联属关系的企业之间对贷款利率以及销售货物、提供劳务和转让无形资产等方面所制定的价格。转让定价不同于一般市场上的价格，它是各个有联系的企业之间人为提高或降低的价格，其目的是集中或分散收入，减少应纳税额，谋取非法利益。在跨国联属企业或跨国关联企业进行国际避税时，转让定价是常用的一种手段。①

① 王美涵. 税收大辞典. 沈阳：辽宁人民出版社，1991.

盖地主编的《企业税务筹划理论与实务》中对转让定价的解释是：转让定价本来是一个中性概念，指关联企业之间在相互销售商品、提供劳务、转让无形资产、借贷资金等经济往来中所制定的价格，也称划拨定价。①

转让定价有广义和狭义之分。现在它已发展成跨国企业进行国际避税的重要手段。广义的转移定价是指关联企业之间销售商品、提供劳务、资产转让、资金借贷等经济往来中所制定的价格，无论其是遵循市场定价原则，还是背离市场定价原则，都属于转让定价。狭义的转移定价仅指背离市场定价原则的关联企业之间的转让定价。本章采用的是狭义转移定价的概念。尤其在跨国企业集团的税务筹划中关联企业转让定价已成为不容忽视的重要方式，是征纳双方在避税与反避税问题上博弈的一个焦点问题。

8.1.2 关联企业的界定

1. 关联企业的认定标准

由于转让定价是存在于关联企业内部交易的定价形式，因此，有必要了解关联企业的确认标准。

关联企业是指资本股权和财务、税收相互关联达到一定程度，需要在国际税收上加以规范的企业。联合国和经济合作与发展组织（OECD）分别制定的《国际税收协定范本》对关联企业有比较一致的认定标准，即凡符合下列两个条件之一者，便被视为关联企业：一是缔约国一方企业直接或间接参与缔约国另一方企业的管理、控制或投资；二是同一法人或自然人直接或间接参与缔约国一方企业和缔约国另一方企业的管理、控制或投资。通常将具有下列关系的企业视为关联企业：总公司与其分支公司之间、同一总公司的不同分支公司之间、母公司与其子公司或孙公司之间、同一母公司的不同子公司或孙公司之间、总公司与其分支公司的子公司之间等。

从各国的税收实践看，对关联企业的认定主要有以下三种方法：(1) 股权测定法，即测算企业之间相互控股的比例，达到规定控股比例便构成关联企业；(2) 实际控制管理判定法，特点是更加注重实质，从企业之间相互控制管理的实际情况进行判断；(3) 避税地特殊处理法，少数国家对境内企业与设在避税地的企业进行交易，即认定为关联企业。

我国企业所得税相关法规中，把关联关系进一步明确为以下 8 种关系。

(1) 一方直接或间接持有另一方的股份总和达到 25%以上，或者双方直接或间接同为第三方所持有的股份达到 25%以上。若一方通过中间方对另一方间接持有股份，只要一方对中间方持股比例达到 25%以上，则一方对另一方的持股比例按照中间方对另一方的持股比例计算。

(2) 一方与另一方（独立金融机构除外）之间的借贷资金占一方实收资本的 50%以上，或者一方借贷资金总额的 10%以上由另一方（独立金融机构除外）

① 盖地．企业税务筹划理论与实务．4 版．大连：东北财经大学出版社，2015.

担保。

（3）一方半数以上的高级管理人员（包括董事会成员和经理）或至少一名可以控制董事会的董事会高级成员由另一方委派，或者双方半数以上的高级管理人员（包括董事会成员和经理）或至少一名可以控制董事会的董事会高级成员同为第三方委派。

（4）一方半数以上的高级管理人员（包括董事会成员和经理）同时担任另一方的高级管理人员（包括董事会成员和经理），或者一方至少一名可以控制董事会的董事会高级成员同时担任另一方的董事会高级成员。

（5）一方的生产经营活动必须由另一方提供工业产权、专有技术等特许权才能正常进行。

（6）一方的购买或销售活动主要由另一方控制。

（7）一方接受或提供劳务主要由另一方控制。

（8）一方对另一方的生产经营、交易具有实质性控制，或者双方在利益上具有相关联的其他关系，包括虽未达到第（1）项持股比例，但一方与另一方的主要持股方享受基本相同的经济利益，以及家族、亲属关系等。

关联企业之间进行交易时，双方根据意愿确定转让价格，这种转让价格可能高于或者低于市场价格。当卖方处于高税区而买方处于低税区时，其交易价格就以低于市场价格的标准确定；当卖方处于低税区而买方处于高税区时，其交易价格就以高于市场价格的标准确定，以达到向低税区汇集公司利润的目的。由于税率不同，高税国关联企业减少的税负将大于低税国关联企业增加的税负，从而使跨国企业整体税负趋于下降，达到少缴税款的目的。

2. 关联交易涉及业务范围

综观跨国企业的交易活动和经济往来，关联交易转让定价的运作范围涉及如下领域：

（1）有形资产的购销、转让和使用，包括房屋建筑物、交通工具、机器设备、工具、商品、产品等有形资产的购销、转让和租赁业务。主要是指货物购销和固定资产购置、租赁与投资的转让定价。

1）货物购销的转让定价。关联企业之间货物转让主要涉及的是有形动产购销，包括原材料、燃料、低值易耗品、零部件、半成品、产成品等内部购销，其价格制定的高低对购销双方的利润水平有截然相反的影响，从而使双方的税负此增彼减，但增减的税额是不相等的，一般而言增少减多，二者相抵集团整体税负应是下降的。货物购销的转让定价是转让定价最主要的形式。

2）固定资产购置、租赁与投资的转让定价。关联企业之间通过内部交易定价，控制固定资产的购置额与租赁费用。固定资产购置额的高低会影响折旧的摊销，在以固定资产作价投资的情况下，还影响企业的股权份额；而在设备租赁领域，由于各国对国际租赁业务应由哪一方计提折旧、由谁承担风险等问题的规定不尽一致，也为税务筹划留下了广阔的空间。

（2）无形资产的转让和使用，包括土地使用权、版权（著作权）、专利、商标、客户名单、营销渠道、牌号、商业秘密和专有技术等特许权，以及工业品外观设计或实用新型等工业产权的所有权转让和使用权的提供业务。关联企业之间相互提供专利、专有技术、版权、商标等无形资产，其价格标准难以掌握，但它为转让定价提供的机会相对更多，使用无形资产发生的特许权使用费会影响成本费用的分摊，而转让无形资产价格的高低直接影响应税收入，进而影响应税所得。

（3）融通资金，包括各类长短期资金拆借和担保以及各类计息预付款和延期付款等业务。从财务上讲，一笔正常的贷款利息是允许在所得税前扣除的，而支付的股息只能在税后列支，因此，跨国投资者多采用举借债务的形式改善资本结构，并且在关联企业相互借贷资金时，虚增或虚减利息费用，以达到人为调整利润的目的。

（4）提供劳务，包括市场调查、营销、管理、行政事务、技术服务、维修、设计、咨询、代理、科研、法律、会计事务等服务的提供。关联企业之间劳务涉及的范围非常广，甚至连总机构的管理活动也可看作广义的劳务，劳务费用的高低直接影响企业税前利润的多少。

转移定价的上述几种形式，在我国外资企业中表现为高进低出：一是作为投资的进口设备价款大大高于国际市场价格；二是进口材料作价高于国际市场价格；三是外销产品作价低于国际市场价格；四是接受转让的专利技术等无形资产作价高于国际市场价格；五是关联企业之间相互提供服务或劳务，通常是境外公司收费高，境内公司收费低甚至不收费。我国外资企业所得税实际税率并不算高，但由于非税务原因，一些企业采用了“高进低出”逆向税务筹划的方式。

8.2 转让定价的原因

转让定价的原因是多方面的，税收是其中一个重要因素，但也有非税收因素。概括起来，转让定价的原因主要有如下几个方面：

（1）躲避高额税收。借助转让定价不仅可以降低跨国企业所得税负担水平（当然对所得税的影响是最显著的），而且当关联企业之间支付股息、利息、特许权使用费时，如果适当降低支付标准，还可以减轻各国对非居民公司征收的预提税。此外，转让定价对关税也会产生影响，关联企业之间进行交易时，向设在高关税国的关联企业压低售价，可降低购买方关联企业的进口额，节省进口环节关税。如欧洲自由贸易区规定，如果某种商品的价值一半以上是在贸易区内成员国中增值，则该商品在贸易区内运销时可免征关税。这样，不属于该贸易区内成员国的关联企业在与贸易区内关联企业进行交易时，压低零部件的价格可提高在当地的增值比例，满足自由贸易区内免税的要求，与由自由贸易区外企业直接销往该贸易区或以较高价格销给贸易区内关联企业相比，将节省大量的关税。当然，企业不能仅从节省某一个税种的税款出发，而应该综合考虑关联交易涉及的所有税种，进行综合测算后决定是否转移价格。

（2）逃避外汇管制。在一个完全自由竞争的市场中，政府对跨国企业的经营行为是不应该进行直接干预的，但事实上，企业经营活动要受到政府贸易政策、金融政策、投资政策等的影响，比如在一些发展中国家普遍存在外汇管制。跨国关联企业为了逃避所在国的外汇管控，会利用转让定价，增大成本费用的列支范围和列支标准，尽量压低境内企业利润，而将资金转移出境。

（3）控制市场，树立企业形象。有时关联企业为了控制、垄断市场，会采取低价供货的方式，使买方关联企业能够倾销产品，以击败竞争对手，同时可以在消费者中树立具有雄厚资本和不凡实力的企业形象。

（4）规避外汇风险和政治风险。当预期某关联企业居住国货币贬值时，跨国企业可以利用转让定价，提前转出子公司的利润，避免或减少货币贬值带来的损失，或者在政局出现动荡的国家，跨国公司也可以通过转让定价，将关联企业的资产和利润事先转移出来，以躲避政治风险。

（5）谋求过分的合资利益。以合资形式组建子公司的跨国企业，必然涉及与当地合资者分配利润的问题，跨国企业具有资本优势，而且往往控制着合资企业外部的进货来源和产品出口渠道，通过抬高原材料购入价、压低成品销售价的方法，可以从合资企业谋求超过其股权比例的利益。

上述第（2）至第（5）条原因可以解释某些逆向税务筹划的现象，由此也说明转让定价的复杂性和适用广泛性。

8.3 转让定价的调整方法

由于关联企业的转让定价常常偏离正常市场价格，含有虚假的成分，为了正确计算和征收税款，税务机关需要对关联企业的应税所得进行调整，调整的依据是独立企业之间交易的正常价格标准，即独立核算原则，亦称正常交易原则，调整的一般标准有市场标准、比照市场标准、组成市场标准以及成本标准。根据我国转让定价税收法律法规以及《OECD 转让定价指南》的规定，具体的调整方法包括：（1）传统的转让定价方法——比较价格法，具体包括可比非受控价格法（comparable uncontrolled pricing method，简称 CUP 法）、再销售价格法（resale price method）及成本加成法（cost plus method）；（2）非传统的转让定价方法——比较利润法，具体包括交易净利润法（transactional net margin method）、利润分割法（profit split method）及其他符合独立交易原则的方法。

目前，许多国家除了采用三种传统的转让定价方法，即可比非受控价格法、再销售价格法、成本加成法外，还采用在 OECD 框架下被称作交易净利润法的方法，这些方法都采用了独立实体理论，即将跨国公司的内部成员视为彼此独立、互无关联的独立实体，并将跨国公司的转让定价与市场上独立的销售价格相对比，鉴定转让定价是否合理。

8.3.1 可比非受控价格法

可比非受控价格法将在受控交易中针对财产转让或服务提供而确定的价格与

在可比情形下进行的非受控交易中确定的价格加以比较。如果两项价格之间存在差异，则可能表明关联企业在其商业活动中不符合公平交易原则，需要按照非受控交易的价格来进行调整。

1. 适用范围及条件

可比非受控价格法适用范围广，可以用于所有类型的关联交易。如果满足以下两个条件之一，那么一项非受控交易与一项受控交易即为可比（即该项非受控交易就是可比非受控交易），可采用该法。这两个条件是：第一，在进行比较的交易之间或进行这些交易的企业之间存在的差异（如果存在），对公开市场上的价格没有实质性影响；第二，能够进行合理准确的调整，以消除此类差异所产生的实质性影响。在有可能确定为可比非受控交易的情况下，可比非受控价格法是运用公平交易原则最直接、最可靠的方法。相应地，在这种情况下，可比非受控价格法比其他所有方法更可取。①

采用可比非受控价格法最关键的是所选参照物的可比性，具体应考虑商品或服务的质量、性能、成交时间、成交数量、付款方式、地域性市场条件、风险等诸多因素的相同或类似之处。这种方法以非关联方之间进行的与关联交易相同或类似业务活动所收取的价格作为关联交易的公平成交价格。可比性分析应特别考察关联交易与非关联交易在交易资产或劳务的特性、合同条款及经济环境上的差异，按照不同交易类型具体包括如下内容。

（1）有形资产的购销或转让。

1）购销或转让过程，包括交易的时间与地点、交货条件、交货手续、支付条件、交易数量、售后服务的时间和地点等。

2）购销或转让环节，包括出厂环节、批发环节、零售环节、出口环节等。

3）购销或转让货物，包括品名、品牌、规格、型号、性能、结构、外形、包装等。

4）购销或转让环境，包括民族风俗、消费者偏好、政局稳定程度以及财政、税收、外汇政策等。

（2）有形资产的使用。

1）资产的性能、规格、型号、结构、类型、折旧方法。

2）提供使用权的时间、期限、地点。

3）资产所有者对资产的投资支出、维修费用等。

（3）无形资产的转让和使用。

1）无形资产类别、用途、适用行业、预期收益。

2）无形资产的开发投资、转让条件、独占程度、受有关国家法律保护的程度及期限、受让成本和费用、功能风险情况、可替代性等。

（4）融通资金：融资的金额、币种、期限、担保、融资人的资信、还款方式、计息方法等。

---

① 经济合作与发展组织．跨国企业与税务机关转让定价指南．北京：中国税务出版社，2006.

（5）提供劳务：业务性质、技术要求、专业水准、承担责任、付款条件和方式、直接和间接成本等。

关联交易与非关联交易之间在以上方面存在重大差异的，应就该差异对价格的影响进行合理调整，无法合理调整的，应选择其他合理的转让定价方法。

可比非受控价格法的调整公式如下：

调增收入＝(非受控价格－受控价格)×受控销售数量

可比非受控价格法的计算不仅限于上述公式，有时还可以比较同一产品的毛利率或利润率等。若企业既有内销又有外销，而外销交易是在关联企业之间进行，内销是在非关联企业之间进行，则关联企业的交易价格可以采用比照内销价格进行调整的办法。比如在无特殊原因的情况下进行可比性分析，如果外销价格明显低于内销价格，而且外销产品有同类产品的内销价格，这时可以按内销不含税价格换算成外销价格进行调整。

2. 筹划关键点

在这种方法下，转让价格的制定要参考独立企业之间或企业与无关联的第三方之间发生类似交易时使用的价格。虽然这种方法在理论上最容易应用，但在实务中不然。质量、数量、商标、品牌甚至市场经济水平等方面的差别经常使得直接对比价格很困难。例如，在受控交易与非受控交易中转让的财产之间的细小差别可能对价格产生重大影响。在这种情形下，应该进行一些调整，这类调整的范围和可靠性会影响按照可比非受控价格法所做分析的相对可靠性。但这恰恰也为企业的筹划留下了一定空间，企业应努力收集并向税务机关提交一切能证明受控交易定价不同于非受控交易价格的原因，说服税务机关接受自己的定价。

3. 案例分析

例 8－1

假设母公司按每吨 80 美元的价格将 1 000 吨产品销售给其跨国公司集团内的一家关联企业，也是其子公司。与此同时，按每吨 100 美元的价格将 200 吨同样的产品销售给一家独立企业。应如何确定母公司卖给销售子公司的独立交易价格？

【分析】

根据可比非受控价格法，就是要找一个销售同样产品，且其他交易条件相同或相似的非关联的第三方的价格。如果母公司正好把产品销售给另一个国家的经销商，这两个公司没有关联关系，销售产品等量或相差不多，销售的价格是 100 美元，那么这个价格就是独立交易价格，这样就可以确定销售给外国子公司的独立交易价格应该是 100 美元。

本例中，母公司卖给关联企业的商品数量与卖给非关联企业的商品数量相差较大，定价也存在一定差异，这样的定价很容易遭到税务部门的质疑，企业该如何应对税务机关的转让定价调查呢？其实销量差异是企业做文章的一个着眼点。企业可以从产品销售的数量、技术支持以及可能产生的坏账等方面出发，对向关联企业销售和非关联的第三方企业销售做进一步分析。比如，企业销售给关联公司的商品数量多，可以有一定的价格折扣。而且由于是集团内部，相应的营销费用和技术支持费用都能最小化，因此单件商品的成本相对要低一些。此外，考虑应收账款的坏账因素，关联企业间产生坏账的可能性也会小于第三方无关联的企业。综合以上种种因素，企业完全可能尝试说服税务机关接受自己的定价，毕竟80美元的单价与100美元的单价相差并不太大。当然这里面涉及的每项可能的因素都需要合理且公允的计算推导过程支持，才能安全通过税务机关的调查。企业需要做足功课，准备好充足的理由来防范转让定价调整风险。

例8-2

某市A公司为一家电子配件企业，是香港B公司在内地设立的一家全资子公司，主要生产手机、电脑的配件。A公司绝大部分产品用于出口，其中有一部分产品还通过其母公司B转售给设在其他地区的客户。企业所需要的原材料主要从B公司购进，假设美元记账汇率为6.15。

A公司开业当年账面亏损830万元，当地税务机关在纳税评估中将其列为怀疑目标，并对企业开展了进一步的税务检查。检查中发现，A公司与其关联公司之间的交易价格明显不合理，这是造成企业亏损的一个重要原因。当年企业出口某型号手机配件15万件，其中销售给B公司10万件，平均单价为3.5美元；而出口到非关联企业的同款配件5万件，平均单价为10美元。显然，企业出口相同的产品，销售条件相似，产品规格相同，但销售给关联企业的产品平均单价偏低6.5美元。随后，税务机关要求A公司提供所购原材料的厂家发票和其产品由B公司再销售给非关联的第三方所使用的价格，并要求A公司给予合理的解释说明。但A公司与B公司联系后，B公司决定放弃举证，同意A公司接受转让定价的调整。当地税务机关决定采用可比非受控价格法对A公司的转让定价进行调整。A公司生产的同一规格的手机配件既出口到非关联方，也出口到关联企业，而且产品销售条件相似，出口销售结算均为FOB价，这样就可以用其向非关联方出口产品的价格来调整关联交易使用的价格。由于关联交易的转让价格明显低于与非关联方的公平交易价格，A公司又拿不出充分的证据来证明其较低的转让价格是合理的，因此税务机关轻而易举地对其实施了转让定价调整。

【分析】

调增的销售收入为399.75万元（10×(10−3.5)×6.15)，由于企业申报账面亏损额为830万元，考虑到调增的销售收入399.75万元，税务机关确认A公司当年的亏损额为430.25万元。

从本例中可以看出A公司制定的关联交易转让价格与销售给独立企业的价格相差太大，很容易引起税务机关的怀疑，企业又无法提出对自己有利的理由自证清白，只能接受税务机关的转移定价调整。这也提醒企业，运用任何一种税务筹划方法，必须在洞悉税法的基础上适当筹划，过度筹划反而会招致税收风险。

8.3.2　再销售价格法

再销售价格法是以关联企业间交易的买方将购进的货物再销售给非关联企业时的销售价格（转售价格或再销售价格）扣除合理利润后的余额为依据来确定关联企业之间转让定价的方法。再销售价格法是一种倒算的方法，即以再销售给无关联第三方的价格为起点，通过对照可比非受控交易的毛利率推算关联企业之间的正常成交价格。

1. 适用范围及条件

再销售价格法通常适用于再销售者未对商品进行改变外形、性能、结构或更换商标等实质性增值加工的简单加工或单纯购销业务。

再销售价格法以关联方购进商品再销售给非关联方的价格减去可比非关联交易毛利后的金额作为关联方购进商品的公平成交价格。其计算公式如下：

$$公平成交价格=再销售给非关联方的价格\times(1-可比非关联交易毛利率)$$

$$可比非关联交易毛利率=\frac{可比非关联交易毛利}{可比非关联交易收入净额}\times 100\%$$

$$收入调整额=\left(\begin{matrix}公平成交\\价格\end{matrix}-\begin{matrix}被调整企业的\\实际销售价格\end{matrix}\right)\times\begin{matrix}被调整企业的\\受控销售数量\end{matrix}$$

可比性分析应特别考察关联交易与非关联交易在功能风险及合同条款上的差异以及影响毛利率的其他因素，具体包括销售、广告及服务功能，存货风险，机器、设备的价值及使用年限，无形资产的使用及价值，批发或零售环节，商业经验，会计处理及管理效率等。

关联交易与非关联交易之间在以上方面存在重大差异的，应就该差异对毛利率的影响进行合理调整，无法合理调整的，应根据本章规定选择其他合理的转让定价方法。

2. 筹划关键点

再销售价格法要求再销售方没有大幅提高产品的价值，如果再销售方采用了一些独有的无形资产或追加了一些实质性的东西（如商标、独有的许可权等），或者将购买的产品进一步加工或组装，使其原有功能彻底转变或丧失，再销售价格法就难以准确使用。也就是说，这种方法应限于再销售方未对商品（产品）进行实质性增值加工（如改变外形、性能、结构或更换商标等），仅是简单加工或单纯的购销时使用。

在使用可比交易中独立企业的再销售价格毛利时，如果关联企业开展业务的方式与独立企业有实质性差异，再销售价格法的可靠性可能会受到影响。这些差异包括对所考虑的成本水平有影响的差异（如存货维持的水平和范围、管理效率的作用等），它们会对企业的获利能力产生影响，但不一定影响企业在公开市场上购买或销售其产品或提供服务的价格。

当再销售企业没有实质性增加产品的价值时，最容易确定一个适当的再销售价格毛利；相反，如果在再销售之前，对货物做进一步的加工或将其组合在更为复杂的产品中，从而改变或丧失了原货物的根本特征（例如将零配件组装成半成品或成品），那么再销售价格法的使用可能会变得更困难。另一个需要对再销售价格毛利特别加以注意的例子是，再销售企业对由关联企业拥有且与产品有关的无形资产（如商标或名称）的产生或维护有实质性的贡献。在这种情形下，就不太容易评估原先转让的货物对最终产品价值的贡献份额。

再销售价格法的目的是通过检查再销售的功能、投入的资本、承担的风险等因素合理估算再销售方应有的毛利率。从相关法律规定描述中也可以看出，合理估计确定可比非关联交易的毛利率是关键，也是难点。

此外，在再销售企业购买货物以后较短时间内实现的再销售价格毛利是比较正确的。在最初购买和再次销售之间间隔的时间越长，就越有可能需要在任何要进行的比较中考虑其他因素，如市场、汇率、成本等方面的变化及其影响。

3. 案例分析

例8-3

日本A公司以170万美元的价格向中国境内子公司B销售一台设备，B公司以150万美元的价格将其转售给无关联关系的C公司。此项交易明显以低于成本的价格销售，极易引起税务机关的调查。

【分析】

税务机关依据再销售价格法的原则，可以将子公司的再销售价格减去正常利润后的余额作为A公司销售给其子公司的正常销售单价，调整A公司的销售收入。假设该子公司平时的合理销售毛利率为10%，则母子公司之间的合理价格应为135万美元（150×(1－10%)），调整B公司从A公司的进货价格，调减存货成本并调增应纳税所得额35万美元。

例8-4

某食品加工企业F系一家合资经营企业，合资的一方出资比例为55%，另一方为中国台湾一家公司（T公司），其出资比例为45%。F公司的产品主要用于出口。该公司在开办第一年出现30万元亏损。F公司生产前三年的产品全部出口给T公司。F公司近年对T公司的销售量分别为20万千克、40万千克、55万千克，销售收入分别为80万元、160万元、220万元。

【分析】

由于T公司在F公司中持有的股份超过25%，达到判定关联企业25%的股权标准，因此，F公司与T公司存在关联关系。

当地税务局在检查中要求F公司提供股东、产品销售以及关联业务往来的相关资料，并要求其对关联交易定价情况进行说明。F公司在规定的时间未提供T公司对无关联第三方的再销售价格和再销售费用，并承认了F公司与T公司之间关联交易定价不合理的事实。

税务调整方案如下：当地税务局决定采用转售价格法进行调整。F公司提供的 T 公司转售给非受控企业的价格为 10 元/千克，应扣除的费用包括：

（1）台湾关税报关费用 1.5 元/千克；

（2）运费 0.15 元/千克；

（3）其他费用，如销售费用、借款利息等 0.25 元/千克；

（4）商业利润，按照再销售价格的 10%计算为 1 元/千克。

F 公司的正常销售价格＝10－1.5－0.15－0.25－1＝7.1(元/千克)

按照税务局确定的合理价格 7.1 元/千克计算：

第一年调增应纳税所得额＝20×7.1－80＝62(万元)

第二年调增应纳税所得额＝40×7.1－160＝124(万元)

第三年调增应纳税所得额＝55×7.1－220＝170.5(万元)

转让定价调整后，第一年的 30 万元亏损不复存在，第一年即应视为开始获利年度。

8.3.3　成本加成法

成本加成法是以企业发生的成本加上合理利润后的金额为依据，来调整关联企业间不合理的转让定价的方法。它实际上是组成市场标准在转让定价调整中的具体应用。

1. 适用范围及条件

成本加成法除了被各国广泛用于有形资产的购销、转让和使用外，亦广泛用于提供劳务、无形资产转让和研究开发费用分摊、资金融通的转让定价方面。此方法下，独立交易价格就是关联企业中卖方的生产成本加上正常的利润，而正常的利润需要根据与非受控企业进行的类似交易的利润率来确定。

成本加成法以关联交易发生的合理成本加上可比非关联交易毛利作为关联交易的公平成交价格。其计算公式如下：

$$公平成交价格=关联交易的合理成本\times(1+可比非关联交易成本加成率)$$

$$可比非关联交易成本加成率=\frac{可比非关联交易毛利}{可比非关联交易成本}\times 100\%$$

可比性分析应特别考察关联交易与非关联交易在功能风险及合同条款上的差异以及影响成本加成率的其他因素，具体包括制造、加工、安装及测试功能，市场及汇兑风险，机器、设备的价值及使用年限，无形资产的使用及价值，商业经验，会计处理及管理效率等。

如果满足以下两个条件之一，那么一项非受控交易与一项受控交易即为可比，可适用成本加成法。这两个条件是：第一，在进行比较的交易之间或进行这些交易的企业之间存在的差异（如果存在）对公开市场上的成本加成额没有实质性影响；第二，能够进行合理准确的调整，以消除此类差异所产生的实质性影响。与再销售价格法一样，如果存在对受控交易和非受控交易中获得的成本加成额有实质性影响的差异（例如交易各方所发挥功能的性质有差异），则需要进行调整，消除此差异。调整的范围和可靠性会影响在具体实例中按照成本加成法所做分析的相对可靠性。

例如，假设A公司将烤面包机销售给一家销售商B，该销售商是A公司的关联企业。B公司将熨斗销售给一家销售商，该销售商是独立企业，并假设在小家电行业，生产普通烤面包机和熨斗的毛利一般相同（在这里使用成本加成法是先假定没有十分相似的烤面包机生产商）。如果使用成本加成法，那么受控和非受控交易中被比较的毛利就是生产商向销售商的售价与生产该产品的成本之差。然而，与B公司相比，A公司生产效率要高得多，从而成本较低。因此，即便A公司不生产烤面包机而生产熨斗，且其收取的价格与B公司对熨斗收取的价格相同（即不存在特别的条件），A公司的毛利比B公司高也是理所应当的。所以除非对这种因效率差异而使毛利受到的影响进行调整，否则在这个例子中使用成本加成法就不那么可靠。

2. 筹划关键点

在正常的应用过程中，成本加成法会带来一些困难，特别是成本的确定。根据规定，在计算关联企业转让定价时，卖方（生产商）的独立交易价格等于正常利润加上关联交易的合理成本。这里的合理成本包括制造成本，再加上其他正常成本，如运输费用、保险费及关税等，即该产品的全部成本。但在不同的会计制度或准则中，对成本的认定不一定相同，对于跨国经营的企业而言，可能会与税务机关在成本的认定上产生分歧。

另外，在使用成本加成法时应注意要在可比成本的基础上加上一个可比的加成额（成本×可比非关联交易成本加成率）。例如，在使用成本加成法时用作参考的供应方在进行其业务活动时使用了租赁的商业资产，而受控交易中的供应方拥有其商业资产，那么如果未经调整，其成本基础就不可比。与再销售价格法的情形类似，成本加成法依赖于受控交易中货物或服务的供应方的成本加成额与非受控交易中一个或多个公司在其可比交易中的成本加成额之间的比较。因此，必须对受控和非受控交易中对加成额的大小有影响的差异进行比较，以确定是否需要对各个非受控交易的加成额加以调整。

3. 案例分析

例8-5

某集团公司A销售一批产品给子公司B，产品作价50万元。经税务机关核查，A集团公司生产这批产品的成本为50万元，销售费用为5万元，正常情况下A集团公司的成本加成率为10%。

【分析】

税务机关决定运用成本加成法对A集团公司的成交价进行调整，调整方法如下：

$$公平交易价格=(50+5)\times(1+10\%)=60.5(万元)$$

所以 A 集团公司应调增 10.5 万元（60.5—50）的应纳税所得额。

例 8-6

我国 A 集团公司销售一批产品给境外分公司 C，作价 180 万元。A 集团公司生产这批产品的成本为 170 万元，销售这批产品的费用为 10 万元，正常情况下 A 集团公司的销售利润率应为 10%。

【分析】

根据前面所述，税务机关可以按成本加成法进行转让定价调整。

这批产品的公平交易价格＝(170＋10)÷(1－10%)＝200(万元)

因此 A 集团公司的产品销售收入应调增至 200 万元，相应地本年收入增加 20 万元。

由此可以看出，成本加成法与再销售价格法有相同之处，成本加成法也可以通过确定毛利率确定独立交易价格。不同之处在于成本加成法关注的是卖方（生产商）的毛利率，而再销售价格法要确定买方（销售商）的毛利率。

8.3.4 交易净利润法

交易净利润法是以可比非关联交易的利润率指标确定关联交易的净利润，进而确定转让价格的方法。

一般认为，作为确定转让价格是否符合公平交易原则，即是否存在影响关联企业间利润水平的特殊条件的方法，前面所讲述的可比非受控价格法、再销售价格法、成本加成法这三种传统交易方法应优先于交易净利润法及利润分割法。但目前随着交易净利润法和利润分割法的逐步推广，它们也已经成为转让定价调整中的重要方法。在我国 2005—2009 年间签署的预约定价安排（APA，后面有专门介绍）中，交易净利润法的使用占全部所采用方法的 60%。①

1. 适用范围及条件

交易净利润法通常适用于有形资产的购销、转让和使用，无形资产的转让和使用以及劳务提供等关联交易。

交易净利润法以可比非关联交易的利润率指标确定关联交易的净利润。

可比性分析应特别考察关联交易与非关联交易之间在功能风险及经济环境上的差异以及影响营业利润的其他因素，具体包括执行功能、承担风险和使用资产，行业和市场情况，经营规模，经济周期和产品生命周期，成本、费用、所得和资产在各交易间的分摊，会计处理及经营管理效率等。

利润率指标包括资产收益率、销售利润率、完全成本加成率、贝里比率等，具体计算公式如表 8-1 所示。

① 国家税务总局. 中国预约定价安排年度报告，2009.

表8-1 利润率指标

利润率指标	计算公式
资产收益率	营业利润÷营运资产
销售利润率	营业利润÷营业收入
完全成本加成率	营业利润÷(营业成本+营运费用)
贝里比率	毛利润÷营运费用

2. 筹划关键点

由于运用交易净利润法时要考察纳税人从某项受控交易中实现的、相对于一个适当基数（如成本、销售、资产）的净利润率，因此交易净利润法的操作方式类似于成本加成法和再销售价格法。即纳税人从某项受控交易中取得的净利润率，在理想情况下，应当参照同一纳税人可比非受控交易中取得的净利润率。在使用交易利润法时，有以下几点要注意：

（1）进行功能分析，确定可比数据。首先要分析关联企业发挥的功能及承担的风险，并决定它是否拥有有价值的无形资产；然后找出可比的交易或可比的公司，最好找出该关联企业与其他非受控企业的交易进行比较，只有当没有内部可比交易时才可以使用关联企业没有参与的交易作为参照。当确定可比企业或交易以后，还要进行功能和风险评估，确保将所有影响利润率的差异都识别出来，在转让定价调整时充分考虑这些差异。

（2）分析的时间选择。当选定利润指标以后，就要对受控交易和参照交易进行比较。但用哪一年的指标进行比较，国家税务总局出台的《国家税务总局关于印发〈特别纳税调整实施办法（试行）〉的通知》（国税发〔2009〕2号）中并没有说明。OECD在转让定价准则中也没有说明，只是表示要考虑多年的数据，以便考虑产品生命周期和短期经济波动对利润的影响。另外，企业可能采取市场侵蚀战略，在该时期，企业的利润可能会低于一般水平，但企业以后的利润率可能会高于正常水平。有的企业经营带有明显的周期性（比如与农、林、牧、渔产业相关的企业），必须用整个周期的数据进行分析，一般要选择3～4年的数据。

（3）选择分析的方法。对多年的利润率指标进行分析时一般要求出平均数，计算方法包括算术平均法或按销售额进行加权平均。如果考虑整个经营周期的情况，就可以对每一年的结果进行平均，这样，一年内企业与企业的差异就可以凸显出来，在这个时期内整个盈利模式也就很清楚了。当然，如果一个行业内企业的盈利性受产品周期的影响很大，而且在一个年度中进行比较的两个企业在产品生命周期中处于不同的位置，那么对一个年度的结果进行平均没有意义，这就要求选择合适的周期，比如季度。

3. 案例分析

例8-7

M公司是我国境内的一家通信设备制造企业，在A国和B国各有一个子公司，这两个子公司都使用母公司M研发的专有技术进行生产，是世界上仅有的生产这种产品的两家公司。M 公司使用资产利润率（ROA）来评价各个公司的业绩。A 国的子公司资产原始成本为 1 000 万美元，所生产的产品全部销往母公司 M，每年销售 20 万件产品，单位总成本（销售成本加上销售费用）为每件 40 美元。B 国的子公司生产的产品则销往第三国的非关联批发商，其资产利润率为 10%。那么如何合理确定 A 国子公司销售给母公司 M 的产品单价呢?

【分析】

由于 M 公司使用资产利润率指标来评价子公司的经营管理，所以在没有交易数据资料的情况下，使用资产利润率来确定转让定价就比较合适。已知 B 国的子公司取得的资产利润率为 10%（资产价值按资产的原始成本计算），A 国子公司使用的资产原始成本为 1 000 万美元。根据 B 国子公司 10%的资产利润率，A 国子公司销售给母公司 M 的产品应当取得 100 万美元的净利润。A 国子公司每年销售 20 万件产品给母公司 M，所以每件产品的净利润应当为 5 美元，加上单位总成本 40 美元，A 国子公司卖给母公司 M 每件产品的价格应当是 45 美元，成本利润率为 12.5%（即 5÷40）。

这种方法实际上可以转化为成本加成法，即成本×(1+成本利润率)=正常交易价格，但是在调整过程中需要根据资产利润率来确定净利润的总额，进而计算出关联企业转让定价中的单价应该包括的正常利润额度，然后推算出正常的单价水平。

例 8-8①

A 公司成立于 1993 年，1994 年正式投产，成立初期的投资总额为 15 亿日元，注册资本为 8 亿日元，其中 B 株式会社出资 2 亿日元，占注册资本的 25%；C 株式会社出资 6 亿日元，占注册资本的 75%。截至 2010 年末，A 公司变更为 B 株式会社的全资子公司，注册资金增至 94.17 亿日元。A 公司主要生产液晶显示盘、传感器、热敏记录头以及用于包装的塑料托盘。

公司于 2000 年进入获利年度并开始享受两免三减半的税收优惠政策。2008 年以前，企业一直按照 15%的税率缴纳企业所得税。2008—2010 年，A 公司适用的企业所得税税率分别为 18%，20%，22%。调查期间为 2002—2011 年的关联交易。

【分析】

（一）关联关系及关联交易的认定

关联关系：该公司的主要关联方为 B 株式会社及其下属各受控子公司。A 公司的关联企业及关联交易如表 8-2 所示。

表 8-2　A 公司的关联企业及关联交易

企业名称	与 A 公司的关联交易
B 株式会社	向 A 公司提供原材料、消耗品和机器设备 购买 A 公司的产品、机器设备 A 公司向 B 株式会社提供 CAD 制图服务 A 公司向 B 株式会社支付劳务费，如经营指导费、服务费、营业支付服务费 A 公司向 B 株式会社支付 Oneworld 系统使用费

① 杜秋娟．非居民税收政策与反避税实务及案例分析．北京：中国市场出版社，2014.

续表

企业名称	与A公司的关联交易
K株式会社（关联兄弟公司）	向A公司提供原材料、消耗品和机器设备 购买A公司的产品、机器设备
S公司（北京）	A公司向S公司支付劳务费（佣金）
D公司	A公司向D公司支付劳务费（佣金）

A公司与其关联方之间的具体关联交易情况和交易额如下。

（1）原材料采购。该公司日常经营中原材料采购大部分来自母公司及各关联方，历年具体情况如表8-3所示。

表8-3 历年原材料采购情况表（%）

项目	2002年	2003年	2004年	2005年	2006年	2007年	2008年	2009年	2010年	2011年
关联	98	98	98	98	98	98	98	98	98	98
非关联	2	2	2	2	2	2	2	2	2	2
合并	100	100	100	100	100	100	100	100	100	100

（2）产品销售。A公司生产的产品的99%销售给关联公司，历年经营利润率情况如表8-4所示。

表8-4 历年经营情况表（%）

项目	2002年	2003年	2004年	2005年	2006年	2007年	2008年	2009年	2010年	2011年
毛利率	9.0	9.4	9.6	7.6	7.0	2.5	0.1	3.6	15.3	11.3
息税前利润率	4.0	4.0	4.9	3.1	2.7	−2.8	−7.2	−4.3	9.0	4.5
息税前完全成本加成率	5.0	4.2	5.1	3.0	2.7	−2.7	−6.7	−4.1	9.3	4.6

（3）固定资产销售。A公司与关联企业间根据生产经营需要从对方采购或向对方销售部分已经使用的生产设备。采购、销售价格为该设备在原企业的账面残值加上销售过程中发生的各种费用。

（4）经营指导费。根据A公司与B株式会社签订的经营指导合同，A公司向B株式会社提供的经营指导主要有经营方针、预算制定管理、其他整体营业相关事项；制造业务的相关事项，主要包括产品制造、制造设备的安装与保全、生产管理与发货系统及品质保证、产品知识、制造方法、物流及整体生产活动的相关事项；管理业务的相关事项，主要包括总务、人事、财务、采购及其他管理业务整体的相关事项。作为对价，B株式会社每年向A公司支付销售收入扣除销售费用后的净额乘以0.1%的经营指导费。

（5）佣金。A公司有少量非关联销售是通过境内外关联方进行的，境内外关联方为D公司提供相关的销售服务。A公司销售给第三方的产品生产、销售计划由B株式会社制定，S公司和D公司则负责联络收款等事项，在实际操作中，A公司直接将产品运至第三方，向收货方开具发票并与之结算。由于以上销售服务，A公司向B株式会社、S公司和D公司支付相关服务费以及销售佣金，A公司向B

株式会社支付服务费的计算公式为：B 株式会社与 S 公司或 D 公司的约定价格－A 公司销售给 B 株式会社的产品的约定出厂价格×销售数量。向 S 公司和 D 公司支付服务费的计算公式为：A 公司产品最终销售给客户的价格－B 株式会社销售 A 公司产品给 S 公司或 D 公司的约定价格×销售数量。

（6）材料咨询费。B 株式会社向 A 公司提供原材料采购支持和服务，具体项目包括选择合适的供应商；与供应商或其关联公司就合理的原材料价格进行谈判；通过与供应商或其关联公司进行谈判或者通过其他合理方式，解决原材料质量问题。作为对价 A 公司向 B 株式会社支付从 B 株式会社挑选的第三方供应商采购原材料价格的 0.3%的营业支持服务费。

（7）技术使用费。根据 A 公司与 B 株式会社签订的半导体、电子零部件制造技术许可合同，由 B 株式会社提供制造技术，B 株式会社根据 A 公司的要求，提供定期的技术培训和协助。技术培训和协助包括机器的安装与运行、机器和工具的日常维护、产品的质量检验及产品的检测方法和程序。A 公司对于已销售的产品，按照销售净额的一定比例向 B 株式会社支付制造技术使用费。

（8）关联企业间融资。A 公司存在长期向其关联企业借款的情况。

（二）功能风险分析

A 公司主要从事液晶显示盘、图像传感器、热敏记录头、混合集成电路和光电图像传感器等半导体分立器件产品的生产业务。从企业提供的资料和历年经营情况来看，该企业按照 B 株式会社的订单和提供的工艺技术进行生产经营，生产经营过程中 70%以上的原材料从境外关联方采购，其绝大部分产品销售给 B 株式会社。在生产过程中生产技术和设备使用方面接受 B 株式会社等关联方的技术指导和援助。

1. 部门设置

企业设有管理部门、生产部门、财务部门等，但是没有研发部门和产品销售部门。A 公司的境外关联企业负责从事半导体元器件产品、所需材料和部件以及生产流程和工艺的核心研发与设计，并拥有生产该产品的核心技术。A 公司并不进行任何研发活动，也不拥有任何专利权和生产技术。A 公司生产过程中使用的制造图纸连同关键技术参数与规格均由 B 株式会社提供。A 公司各生产部门均设有制造技术部门，负责指导生产人员按照 B 株式会社提供的制造图纸进行生产，并在生产过程中对生产的方法和工艺进行一些简单的调整，以提高工作效率。

2. 主要职能

（1）生产。A 公司的制造部门根据 B 株式会社的订单分析原材料、人员、设备以及产能的情况以制定生产计划。生产计划分为年度计划、季度计划、月计划、周计划四个阶段。共有一个生产本部、三个生产车间，其生产的主要产品有热敏打印头、图像传感器、混合集成电路、显示板、四方向传感器等。可见，企业的最主要职能是生产制造。

（2）销售及售后服务。A 公司的产品几乎全部销售给其境外关联方 B 株式会社。作为 B 株式会社的生产基地，A 公司按照 B 株式会社的订单安排生产，其价格制定政策采用基于完全成本进行加成的方法，即 A 公司向关联公司销售产品的价格是由A公司在生产成本和相关费用，并考虑一定的目标利润基础上，由双方协商确定的。生产成本主要包括原材料成本、人工成本、制造费用等。销售给境外关联方的产品价格为FOB价，主要以日元结算，销售给境内关联方的产品，用人民币结算。A公司不承担任何市场和销售职能。A公司的境外关联方B株式会社代表A公司开展所有相关的市场营销和销售活动，包括市场研究、国内市场的宣传活动、市场开发以及销售网络的建立。产品销售给客户后，如果发生需要保修或维修的情况，品质保证部负责分析判断造成不良品的原因。如为材料或产品设计的原因，由B株式会社承担；如为生产、操作流程的原因，则由A公司承担。

从前述企业的经营情况来看，该企业不具有研发和销售功能，也不应该承担相关的风险。

3. 疑点分析

（1）财务分析。企业的毛利率及息税前利润率、息税前完全成本加成率指标的变动趋势如图8-1所示。

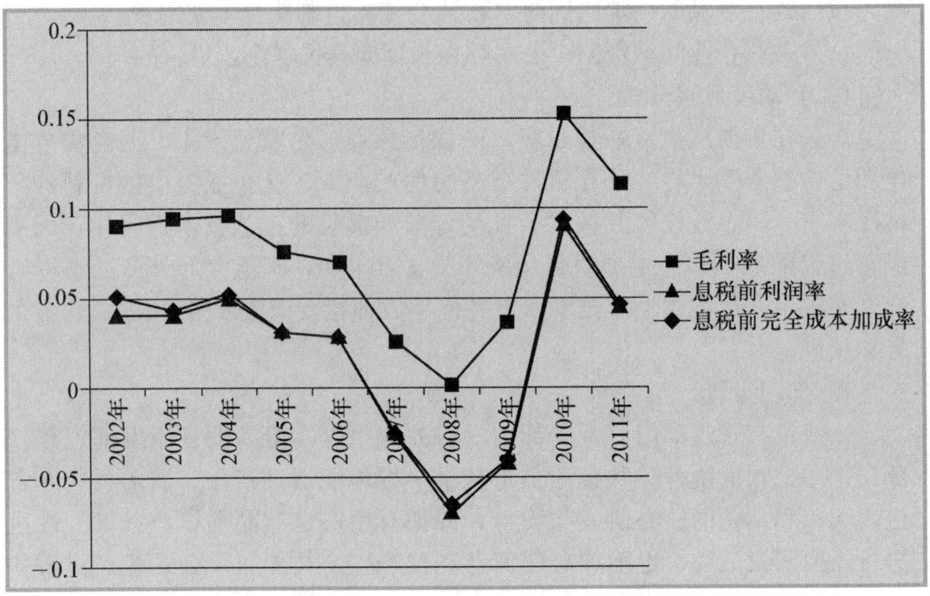

图8-1 毛利率及息税前利润率、息税前完全成本加成率指标的变动趋势

（2）比率分析。

表8-5至表8-9分别为A公司2002—2011年主要比率数据汇总。

表8-5 流动比率（流动资产/流动负债）

项目	2002年	2003年	2004年	2005年	2006年	2007年	2008年	2009年	2010年	2011年
流动比率	1.6	1.2	1.2	1.5	2	2.2	1	1.8	2.2	2.6

表8-6 速动比率（速动资产/流动负债）

项目	2002年	2003年	2004年	2005年	2006年	2007年	2008年	2009年	2010年	2011年
速动比率	1.2	0.8	0.8	0.9	1.3	1.5	0.95	1.04	1.45	1.4

表 8-7　总资产周转率（收入总额/平均总资产）

项目	2002 年	2003 年	2004 年	2005 年	2006 年	2007 年	2008 年	2009 年	2010 年	2011 年
总资产周转率	1.8	2	2	1.6	1.3	1	1.2	0.9	1.2	1.3

表 8-8　流动资产周转率（收入总额/总流动资产平均余额）

项目	2002 年	2003 年	2004 年	2005 年	2006 年	2007 年	2008 年	2009 年	2010 年	2011 年
流动资产周转率	3.5	4	4.2	4	3.5	2.4	3	2.4	2.6	2.5

表 8-9　总资产报酬率（总资产周转率×息税前总利润率）

项目	2002 年	2003 年	2004 年	2005 年	2006 年	2007 年	2008 年	2009 年	2010 年	2011 年
总资产报酬率	7.20%	8.00%	9.80%	4.96%	3.51%	−2.80%	−8.64%	−3.87%	10.80%	5.85%

从收入与成本的变动趋势来看，两者变动趋势基本相同，呈现先增后降的特征，即 2006 年以前逐年增长，随后逐年减少；从企业的流动比率和速动比率来看，虽有波动，但是趋于良好发展态势，且由于绝大部分的应收应付款是与关联企业间发生的，因此没有实质意义；总资产周转率、流动资产周转率均呈现先增后减的趋势，这两项指标 2006 年之后基本趋于平稳；从收益能力来看，毛利率、总资产报酬率、息税前利润率、息税前完全成本加成率无一不是从 2006 年之后一直呈现急速下滑趋势，2007 年开始几乎都变为亏损，直到 2010 年才变为盈利，这与其他财务指标的变动趋势不相符，也与企业定价原则即“A 公司向关联公司销售产品的价格是由 A 公司在生产成本和相关费用，并考虑一定的目标利润基础上，由双方协商确定”的说法相违背。

（3）其他疑点。从该企业的经营情况来看，2000 年进入获利年度，享受两免三减半税收优惠政策，而企业经营的拐点几乎就是从税收优惠政策结束后，即 2006 年开始出现的。从企业的投资情况来看，从投资初期的 1993—2010 年，注册资金已由 8 亿日元增加到 94.17 亿日元，增加了 10 多倍，不断增资的特点与实际经营成果相反。

（三）调整方案

根据企业的实际经营情况和关联交易特点，对该企业常规有形资产、无形资产关联交易的调整，拟采用交易净利润法，以息税前完全成本加成率作为审核指标进行调整。在采用交易净利润法的过程中，采用 BVD 数据库作为筛选可比企业的工具，可比企业的筛选标准如下：

（1）上市公司；

（2）审计公司意见为无保留意见；

（3）地域为远东及中亚；

（4）行业代码确定为 367；

（5）数据完整；

（6）剔除异常经营的企业；

（7）剔除有研发功能和销售职能的企业；

（8）剔除在功能和经营业务上明显不可比的企业；

（9）剔除具有明显无形资产的企业；

（10）剔除其他与被调查企业不可比的企业。

经上述标准筛选可比企业的结果如下：2002—2004年，可比公司的息税前完全成本加成率四分位中位值分别为6%，5%，6%。[①] 2005—2007年，可比公司的息税前完全成本加成率四分位中位值为5%，6.0%，6.0%。2008—2011年，可比公司的息税前完全成本加成率四分位中位值分别为5%，8%，4%，6%。根据以上可比公司的完全成本加成率情况，调整补税6 000余万元，且按照《企业所得税法》第四十八条和《企业所得税法实施条例》第一百二十一、第一百二十二条的规定加收利息。

8.3.5 利润分割法

利润分割法是指将企业与其关联方的合并利润（或者亏损）在双方之间按照合理标准进行分配的方法。在转让定价实践中，利润分割法可根据不同的具体对象分为一般利润分割法或剩余利润分割法。

一般利润分割法根据关联交易各参与方所执行的功能、承担的风险以及投入的资产来确定各自应取得的利润。在实践中，往往通过选用一个经济学上合理的分配要素来分配关联交易各方的合并利润以使其符合独立交易原则。

剩余利润分割法将关联交易各参与方的合并利润减去分配给各方的常规利润的余额作为剩余利润，再根据各方对剩余利润的贡献程度进行分配。常规利润一般指执行简单功能、承担有限风险所应分配的利润。由于其符合使用交易净利润法的前提条件，因此在实践中可用交易净利润法来确定。而剩余利润通常指企业为发展高价值无形资产而进行的投资活动或在企业运营中承担主要风险所应获得的利润。

1. 适用范围及条件

利润分割法的核心原则是根据关联交易中各企业对合并利润的贡献（包括剩余利润分割法中的剩余利润）来分配利润。因此，其应用的关键是如何定义及确定关联交易各方的贡献以使由此得出的分配方案能符合独立交易原则。在实践中，关联交易双方的关系越紧密或所共同创造的剩余价值越大，对关联交易双方的贡献展开深入分析就越重要。

一般利润分割法大多应用于金融行业，如分析关联金融机构在全球证券交易活动中的利润分配等问题，而在其他行业的利润分割实践中使用较少。它也适用于关联交易双方都拥有高价值无形资产的情况。在这种情况下，关联企业间的合并利润分割可以根据各自拥有的无形资产对整个价值链所做的贡献来

① 本案例用四分位法得到中位值。四分位法是统计学的一种分析方法。简单地说，就是将全部数据从小到大排列，正好排列在前1/4位置上的数（也就是25%位置上的数）称作第一四分位数，排在后1/4位置上的数（也就是75%位置上的数）称作第三四分位数，排列在中间位置的数（也就是50%位置上的数）称作第二四分位数，也就是中位值。

决定。

剩余利润分割法是利润分割法中应用最为广泛的一种，特别适用于汽车、机械等制造业，以及消费类电子产品企业。

2. 筹划关键点

区别于交易净利润法把关联交易一方作为评估方的单方面分析，利润分割法是以参与关联交易双方的合并利润为基础展开分析的。其目的在于根据交易双方对合并利润的贡献来分配它们各自应得的利润以使之符合独立交易原则。相比交易净利润法，利润分割法的应用为那些因其独特性而缺乏可比价格的关联交易的转让定价分析提供了操作可能。

在关联交易双方都拥有高附加值无形资产或交易双方的运营高度垂直整合的情况下，交易净利润法显然已无法作为最佳转让定价方法来评估关联企业间的利润分配。同时在缺乏可比非关联交易的情况下，很难仅依赖公开市场上的信息来评估关联交易是否符合独立交易原则。针对这种情况，根据《OECD 转让定价指南》以及我国现行的转让定价规范，利润分割法在目前是唯一合理的转让定价方法。

在转让定价实践中，利润分割法可根据不同的具体对象采用利润分配法。近年来，随着我国市场竞争的加剧，在借助海外关联企业资源的同时，很多外商投资企业为保持市场竞争优势往往需要持续稳定的研发经费投入以及市场营销资源来优化生产工艺流程，推动产品的升级更新和提高市场的占有率。对于如何合理分配外商投资企业与其海外关联方所共同创造的利润，利润分割法无疑是唯一的选择。在企业的经营利润和投入费用呈现相对稳定关系的情况下，外商投资企业与其海外关联方对研发及市场的投入可作为它们之间利润分割的合理依据。资本投入法就适合这类案例。而在企业的投入与利润不存在稳定关系的情况下，如高风险行业，则需要寻找其他更为合理的利润分割依据。

采用利润分割法时应注意以下问题：

第一，合并利润必须来自受控交易。如从事关联交易的各方还从事其他与交易无关的活动，应将与交易无关的其他利润进行合理拆分，即将其他交易产生的收入、成本及费用以合理方式与关联交易利润区别开来，并从合并利润中予以剔除。

第二，合并利润的确定应在统一核算口径、同一货币币种下进行。交易各方的会计核算应采用统一标准，如存在差异，应能进行合理调整。随着跨国企业全球价值链的发展，分处不同国家与地区的关联方将越来越多地成为价值链的参与者，各国采用的会计标准不同。此时，集团内部管理会计、成本会计等相关数据，可以为合并利润的计算提供基础或依据。

第三，以营业利润为合并利润，比以毛利润为合并利润更能减轻差异调整的工作量。如果交易双方会计核算存在较大差异，成本与费用归集原则不一致，毛利润会存在很大差异，而采用营业利润作为合并利润，会计核算方法、成本归集口径等方面的差异则得以消除。

3. 案例分析

例8-9

甲国A公司与乙国的B公司是关联企业，A公司生产的产品全部销售给B公司。A公司的经营资产为5 000万美元，销售成本为1 000万美元，取得的经营利润为200万美元；B公司的经营资产为15 000万美元，当期取得的经营利润为300万美元。用经营资产规模作为衡量对利润贡献大小的唯一参数，根据利润分割法确定A公司向B公司的合理销售价格。

【分析】

由于A，B公司的经营资产规模之比为1∶3，因此各自取得的利润之比也应为1∶3，这样A公司的利润就应在两个公司合计500万美元的总利润额中占1/4，即125万美元，而B公司的利润应为375万美元。由于A公司的销售成本为1 000万美元，其向B公司的合理销售额应为1 125万美元。

例8-10

1988年美国埃利莱利公司诉美国国内收入署一案中，该公司在其根据美国国内收入法典第351节规定为免税的一项交易中，向其在美国境外波多黎各新组建的子公司转让高盈利的无形资产，包括有关药品的专利和专有技术。美国国内收入署发现找不到该公司向非关联方转让专利的相关可比交易，法院只好采用利润分割法来判定。在确定了生产利润、销售利润、运输费用和母公司的研发支出之后，法院将未做股息分配的利润按45%∶55%的分配比率，分别作为原告母公司的销售性无形资产和子公司的生产性无形资产的回报。

在1983年美国医院公司（以下简称HCA公司）诉美国国内收入署一案中，这家从事医院管理的HCA公司，受托为沙特阿拉伯一家医院招募和培训管理人员。HCA公司在开曼群岛设立了一家子公司（以下简称LTD公司）来履行合同。HCA公司为LTD公司提供服务和专有技术。在HCA公司与LTD公司划分所得时，并没有可比的类似情况可以参考。法院在审理此案过程中，注意力集中在HCA公司提供给LTD公司的大量服务和无形资产上，包括合同谈判、为医院配备人员、提供实际经验和专有技术以及一整套管理系统等。法院在衡量了这些特征后，将75%的利润划给了HCA公司，余下的25%划给了LTD公司。

【分析】

由上述案例可知，在无法获得足够可比信息的情形下，利润分割法可能成为最合适的转让定价方法。在具体运用利润分割法时，焦点最终都会落在利润如何分割上。以上案例虽未披露利润分割的具体基准，但从其利润分配结果看，均遵循了利润分配与各方投入及贡献相匹配的原则，即将更多利润分给了投入及贡献更大的一方。从上述案例也可看出，美国在20世纪80年代就开始了利润分割法的应用。具体运用时，首先要进行功能分析，以判断交易各方的贡献情况，然后按贡献的性质及程度来分配合并利润。

8.4 各国对转让定价的限制与管理

8.4.1 国际范围内对转让定价的税收征管

2007 年 12 月，安永会计师事务所发布《全球转让定价调查报告（2007—2008)》，在对 24 个国家 850 家跨国公司进行深入访谈的基础上，总结和预测了转让定价的最新趋势。报告称，2007 年约有 40%的被调查者认为转让定价是集团所面临的最重要的税务问题，重要性超过其他的税务问题。74%的被调查母公司和 81%的被调查子公司相信未来两年内转让定价对于公司运营非常重要。从地区来看，42%的欧洲母公司和 44%的亚太母公司将转让定价作为它们的头等税收问题。从国家来看，位居前列的是德国和瑞士，都有 76%的母公司将转让定价作为最重要的税收事项。

与此同时，各国政府对关联企业转让定价也纷纷出台相应法规予以限制，如表 8 - 10 所示。

表 8 - 10　2006 年以来部分国家公布的转让定价法规

国家		时间	相关法规
亚太地区	澳大利亚	2006 年 1 月	无形资产市场补偿标准指南
		2006 年 4 月	内部服务费用税前扣除指南
		2006 年 4 月	关联方服务协议规定
	印度	2007 年 4 月	增加转让定价审计时间限制
		2007 年 5 月	关税和转让定价的联合工作小组通知
		2007 年 8 月	增加转让定价审计的工作人员
	日本	2006 年 3 月	无形资产分配、成本分摊协议的指南修订
		2007 年 6 月	无形资产和 APA 程序指南修正
	菲律宾	2006 年 1 月	采用行业标准和方法标准的收入备忘录
	韩国	2006 年 5 月	实质重于形式、APA 及成本分摊规定的修正
		2006 年 8 月	服务、无形资产、成本分摊规定的修订
	新加坡	2006 年 2 月	税务当局公布转让定价指南
	越南	2006 年 1 月	关于转让定价方法和文档有效性的通知
美洲	加拿大	2006 年 2 月	关于常设机构认定的备忘录
		2006 年 10 月	转让定价信息和关税评估
		2007 年 9 月	限制 APA 对以往税务年度的追溯
	墨西哥	2006 年 1 月	转让定价最佳调整方法条例生效
	美国	2006 年 10 月	相关税务当局消除双重征税的程序
		2006 年 12 月	服务成本法条例
		2007 年 4 月	离岸无形资产转让规则
		2007 年 9 月	企业内部贷款条例草案
		2007 年 9 月	成本分摊协议买入调整的协调

续表

国家		时间	相关法规
欧洲	法国	2006 年 10 月	中小企业申请 APA 规程
		2007 年 1 月	资本弱化条款修订
	德国	2006 年 7 月	相互协商和欧盟仲裁程序
		2006 年 10 月	APA 规程
		2007 年 8 月	严格跨境交易与收入匹配标准和转让定价问题
	意大利	2006 年 5 月	确认集团内部利息条例不适用常设机构
		2006 年 7 月	确认避税地交易成本扣除问题
	荷兰	2007 年 1 月	关联方利息和特许权使用费实行低税率
	波兰	2007 年 1 月	APA 和文档准备要求扩展到常设机构
	俄罗斯	2007 年 3 月	明确转让定价法规不允许核定无息贷款
	西班牙	2007 年 1 月	新的转让定价文档要求和罚款生效
	英国	2007 年 5 月	单边资本弱化 APA 草案

资料来源：安永会计师事务所．全球转让定价调查报告（2007—2008）．

近年来，加强国际税收合作，共同应对跨国企业转让定价的趋势方兴未艾。2013 年 G20 和 OECD 倡议启动了应对税基侵蚀与利润转移（BEPS）的行动计划，在全球掀起了打击 BEPS 的浪潮。该行动计划受到包括我国在内的全球主要经济体的高度重视和积极响应。

OECD 于 2015 年 10 月 5 日发布了 BEPS 十五项行动计划的最终一揽子报告，并在此后的 G20 秘鲁利马财长会议和 2015 年土耳其安塔利亚 G20 领导人峰会上获得批准而成为最终执行方案。BEPS 项目成果报告根据约束性强弱分为最低标准、共同方法、最佳实践三大类。最低标准是指参与国共识度最高，必须纳入各国国内法修订，约束性最强，并将纳入监督执行机制的行动计划。这方面共有 4 项行动计划，即 BEPS 第 6 项行动计划——防止税收协定滥用、BEPS 第 5 项行动计划——防止有害税收竞争、BEPS 第 13 项行动计划——转让定价文档和国别报告、BEPS 第 14 项行动计划——争端解决。共同方法是未来可能发展成为最低标准的规则，但目前统一监督执行的时机尚不成熟，如混合错配、利息扣除等。最佳实践则是推荐使用的，约束性相对低一些，如受控外国公司制度等。

例 8-11

脸书一年利润 245 亿元，却因涉嫌逃税被罚 300 亿元[①]

扎克伯格的心情应该会比库克好很多，因为对比 2016 年第二季度营业收入和净利润继续下滑的苹果，脸书的财报显然要亮眼很多。

脸书 2015 财年净利润为 36.9 亿美元（约合人民币 245 亿元）。而脸书在 2016 年 7 月 28 日公布的财报数据显示，其第二季度营业收入比上年同期增长 59%，净利润则达到 20.55 亿美元（约合人民币 136 亿元），相比上年同期的 7.19 亿美元增幅高达 186%。靓丽的财报也直接推升了公司的股价，脸书股价在周四最高上涨

① 改编自搜狐微财讯．Facebook 因涉嫌逃税被罚 300 亿．http://www.sohu.com/a/108414227-412022.

4%，涨至 128.33 美元，市值达到 3 670 亿美元，超过了伯克希尔-哈撒韦 B 类股 3 557 亿美元的市值规模。

扎克伯格还没来得及高兴，坏消息就来了，而且这次脸书可是搞了个大新闻——就在业绩公布的同一天，脸书因涉嫌逃税，被美国国内收入署要求补缴 30 亿～50 亿美元（约合人民币 199 亿～332 亿元）的税款。

7 月 28 日脸书提交给美国证券交易委员会的文件显示，美国国内收入署 7 月 27 日向脸书发出了补税公告，要求其补缴 30 亿～50 亿美元的税收，外加利息和罚金。50 亿美元是什么概念？这一数额将超过 2014 年和 2015 年所有税务成本的总和。

美国国内收入署根据备案调查脸书在 2008—2013 年度的纳税情况，发现数十亿美元资产被低估，并于 2010 年转移到爱尔兰的子公司。目前，美国司法部已经要求联邦法院强制脸书遵守美国国内收入署的命令，提交有关资产转移至爱尔兰国际总部的详细内部信息。

脸书方面则表示，它不同意美国国内收入署的立场和计划，准备向联邦税务法庭提起上诉，“公司不能让此次事情对经营业绩、现金流量等财务状况产生重大不利影响”。

其实脸书并非第一次遭到逃税的指控，早在 2014 年，其英国分公司就曾被指涉嫌逃税。据英国媒体在 2015 年初的披露，脸书 2014 年在英国的纳税额仅为 4 327 英镑（约合 6 628.9 美元），遭到了英国公众的批评。这甚至比一个普通英国人纳税还少，因为一个年薪 2.65 万英镑的英国人，全年纳税也达到5 393 英镑。

而据新华国际客户端了解，脸书英国分公司共有 362 名员工，2014 年人均薪酬高达 21 万英镑，销售额为 1.05 亿英镑。

公司销售额和员工薪酬如此之高，为何纳税额却如此低？

【分析】

知情人士介绍，脸书通过爱尔兰总部将英国销售利润转移到“避税天堂”开曼群岛，从而节省大笔税款，而这也是许多跨国公司的通行做法。除脸书以外，星巴克、亚马逊等跨国企业在英国的纳税额均较低，招致英国政府不满。

不仅仅是脸书，许多跨国公司都曾遭到逃税的指控，比如可口可乐、微软、亚马逊等公司就曾多次受到美国国内收入署的警告。

2015 年可口可乐公司接到通知称其有高达 33 亿美元的潜在逃税行为；微软也在周四证券备案文件中说，其税务审计仍在继续，可能会产生对公司财务状况有重大影响的事项；而微软还曾于 2014 年 11 月在中国因为跨境避税，被要求补缴 1.4 亿美元（当时约合 8.4 亿元人民币）的税款。

这些跨国公司在各个国家的经营，看似完全遵守当地的税收条例，却通过复杂的税收安排和腾挪设计，为合理避税而费尽心思。那么有哪些避税手段是这些大公司常用的呢？

转移定价就是最重要的手段之一，所谓转移定价，相关专家常季芳在其《关联方交易及转移定价浅析》中给出过定义，即大企业集团尤其是跨国公司，利用不同企业不同地区税率以及免税条件的差异，将利润转移到税率低或可以免税的分公司，实现整个集团的税收最小化。而其中使用最频繁的一种方式是实物交易中的转移定价，主要采取高进低出或低进高出的方式，借此转移利润或逃避税收。

另外，企业还不断在金融、专利领域进一步挖掘逃税空间。比如，一家在欧洲经营的跨国公司，在欧洲各国普遍实施量化宽松的低利率货币政策时，其放弃在当地银行的借款，转而向另一个低税收国家的关联公司举借高利息贷款，就是明显的逃税行为。

不同的行业还有更多逃税花样，比如高科技行业跨国公司最容易采用的逃税方式是无形资产的转移定价，它们通过分公司签订许可证合同或咨询合同等，以提高约定的支付价格，转移利润。

不仅如此，通过关联方交易减少企业的整体纳税支出也可以实现合理避税。例如，将企业的研发中心设在企业所得税税率较高地区的企业，这样发生的高额费用将使该企业利润降低，所得税额下降。

可以说，对于这些深谙法律知识和法律技术的跨国企业来说，利用钻法律的空子来实现合理避税并不是一件难事。不过，一些违法的避税行为一旦被所在国查出，跨国公司将面临税款补征和利息处罚。事实上，已经有不少大企业为此付出代价。

而对于跨国公司来说，英国前首相卡梅伦曾说过的一句话或许可以促使它们反思："逃税企业应该清醒过来，正视纳税责任。"

8.4.2 我国对关联企业转让定价的税收征管

我国自1991年在《外商投资企业所得税法》中首次提出转让定价的基本原则——独立交易原则起，相继颁布了一系列的转让定价管理办法，目前我国基本形成了比较完整的转移定价税收管理制度，如表8-11所示。

表8-11 我国涉及转让定价的税收法规

发布时间	相关法规
2006年3月	国家税务总局关于税收协定常设机构认定等有关问题的通知
2006年7月	国家税务总局关于外国企业在中国境内提供劳务活动常设机构判定及利润归属问题的批复
2006年9月	国家税务总局关于关联企业间业务往来转让定价税收管理有关问题的通知
2007年3月	《企业所得税法》转让定价条款
2007年3月	国家税务总局关于印发《涉外企业联合税务审计工作规程》的通知
2007年3月	《企业所得税法》专设第六章"特别纳税调整"
2009年1月	特别纳税调整实施办法（试行）
2014年7月	国家税务总局办公厅关于对外支付大额费用反避税调查的通知
2014年12月	一般反避税管理办法（试行）
2016年6月	国家税务总局关于完善关联申报和同期资料管理有关事项的公告

我国自2008年开始实施《企业所得税法》，以此为起点，我国对关联企业以转让定价为代表的避税问题逐渐加大征管力度。在《企业所得税法》中专设第六章"特别纳税调整"，这一章的内容实质上就是针对关联企业的避税行为做出的反

避税制度安排，在借鉴国际惯例的基础上，对关联方转让定价做出了规定，同时增加了防范资本弱化，防范避税地避税、核定程序和对补征税款加收利息等条款，强化了反避税手段。国家税务总局于 2009 年 1 月制定了《特别纳税调整实施办法（试行）》，适用于税务机关对企业的转让定价、预约定价安排、成本分摊协议、受控外国企业、资本弱化等特别纳税调整事项的管理，有利于防范和制止避税行为，维护国家利益。

《企业所得税法》第六章“特别纳税调整”第四十七条规定，企业实施其他不具有合理商业目的的安排而减少其应纳税收入或者所得额的，税务机关有权按照合理方法调整，为我国税务机关启动一般反避税规则（GAAR）应对避税行为提供了法律依据。《企业所得税法实施条例》第一百二十条进一步明确，《企业所得税法》第四十七条所称不具有合理商业目的，是指以减少、免除或者推迟缴纳税款为主要目的。

《特别纳税调整实施办法（试行）》单独设立第十章“一般反避税管理”，对《企业所得税法》第四十七条及《企业所得税法实施条例》第一百二十条进行了细化。其中第九十三条规定，税务机关应按照实质重于形式的原则审核企业是否存在避税安排。第九十四条规定，税务机关应按照经济实质对企业的避税安排重新定性，取消企业从避税安排获得的税收利益。对于没有经济实质的企业，特别是设在避税港并导致其关联方或非关联方避税的企业，可在税收上否定该企业的存在。上述这些规定虽然未涉及一般反避税的具体规定，但为《一般反避税管理办法》的出台奠定了基础。

《企业所得税法》第六章“特别纳税调整”规定了五项调整措施：预约定价安排、成本分摊协议、资本弱化、受控外国企业和一般反避税。一般反避税可以看作对前四项特别反避税措施的一个兜底措施，也是我国国际税收管理的最后一道屏障。能做到兜底，一般是内涵较窄而外延较宽的措施，并带有原则性的特征。总体来看，一般反避税在我国尚属较新的领域，上述法律法规提供了一般反避税管理的原则性规定，但是缺乏一套全面、综合的管理办法来规范各地税务机关的操作流程和执行标准，如一般反避税调查程序、调整方法、合理商业目的的界定等都有待明确。《一般反避税管理办法（试行）》（国家税务总局令第 32 号）的出台，完善了我国一般反避税的法律，可以确保各地税务机关一般反避税案件处理的统一性与规范性，建立更加透明、统一和公平的一般反避税机制。

2014 年 11 月，国家主席习近平在二十国集团领导人第九次峰会上指出，加强全球税收合作，打击国际逃避税，帮助发展中国家和低收入国家提高税收征管能力。这是我国最高领导人首次在国际重大政治场合就税收问题发表重要意见，将国际税收管理工作提升到一个新的高度。

2016 年 5 月 12 日，国家税务总局局长王军与加拿大、印度、以色列和新西兰税务局局长一起签署了《转让定价国别报告多边主管当局间协议》。根据该协议，签署国承诺将自动交换跨国企业集团按照各国国内法要求编制的转让定价国别报告。自我国 2016 年签署《转让定价国别报告多边主管当局间协议》以来，共与 79 个辖区建立了双边交换关系。79 个辖区中，有 15 个辖区为非互惠辖区，即这些辖区仅对外交换国别报告，但不从其他辖区收取国别报告。我国2016年6月发布的《国家税务总局关于完善关联申报和同期资料管理有关事项的公告》（国家税务总局公告2016年第42号）就是对协议的落实，它是与BEPS第13项行动计划——转让定价文档和国别报告相衔接的。

例8-12

企业长亏不倒为避税 涉案金额5 200万元[①]

福建省漳州市国税局近日完成对A汽车配件产品生产企业的转让定价特别纳税调整，追回税款近5 200万元。这是该局自2011年以来查实的第三起反避税调查补税超千万元案件。

【分析】

自2011年起，漳州市国税局为加强反避税管理，实施建立反避税案源库制度，要求各基层单位关注关联交易，定期上报反避税案源。在此机制下，2013年6月，A汽车配件产品生产企业（以下简称A企业）进入漳州市国税局稽查人员的视线。

征管信息显示，这家企业是2009年成立的跨国公司，主要从事汽车配件的生产销售，2009—2012年销售收入增势良好，账目显示却是连年亏损，各年度毛利率均为负值，4年累计亏损达1.8亿元。这种巨额亏损与其连年增长的销售收入显然不匹配。另外，该企业同期的销售成本与销售收入严重倒挂，费用金额较大。据此，稽查人员怀疑这家企业存在转让定价避税的可能。

了解情况后，漳州市国税局在上报案源报告前，一方面组织人员实地走访A企业，详细了解企业的生产经营、工艺流程、关联申报、货物流及资金流等情况，核实潜在的关联关系；另一方面综合工商查询等渠道提取第三方疑点信息，通过对反避税案源数据库中被查企业的财务数据、涉税信息等相关资料进行可比性分析和功能差异调整，拟定反避税案源审计报告。

经过一年半的审计，核查证实企业避税5 200万元。

同年6月13日，经国家税务总局批准，漳州市国税局正式对A企业特别纳税调整事项启动立案调查。

经过一年多的案头审计、实地核查、调取账簿、约谈协商，漳州市国税局终于厘清了A企业“通过不合理的产品作价方式、资本弱化等手段进行转让定价，向其境外关联方转移利润，造成巨额累计亏损以避税”的事实。

根据A企业的实际生产经营情况，该局充分考虑其合理诉求，决定采用所选取的可比企业2009—2012年完全成本加成率中位值，作为完全成本加成率的调整口径，对A企业2009年创办初期的特殊因素进行适当调整。

历经5轮谈判，双方终于就反避税调整方案达成共识。具体涉及两项调整，即企业关联销售收入调整和资本弱化问题调整。

（1）关联销售收入调整方面。税务调查证实，A企业自成立以来，与其国内

① 陈文裕．企业长亏不倒为避税 涉案金额5 200万元．中国税务报，2015-03-27．

外多家关联企业发生关联交易，且关联交易额巨大，每年与境内外关联商品销售金额占其当年主营业务收入的比重均达 98%以上，产品绝大部分销往其境外关联方。关联销售中，A 企业依据其境外母公司的订单生产和发货，不拥有产品定价权，生产所需的关键原材料主要来源于其境外母公司，采购及销售职能有限，也不承担相应的产品保修与售后服务责任，是典型的合约加工制造商。此外，A 企业不参与实际产品的研发活动，只翻译图纸及安排生产等，却每年定期向境外关联方支付金额为其年销售收入 3%的特许权使用费。根据这些因素，税务机关最终确认，A 企业 2009—2012 年关联销售收入分别为 0.25 亿元、3.02 亿元、4.82 亿元和 7.35 亿元，合计 15.44 亿元，扣除自行申报关联销售收入 13.24 亿元，应调增销售收入 2.2 亿元。

（2）资本弱化问题调整方面。税务调查证实，A 企业账面上长期亏损，自 2010 年起处于资不抵债的状况，依靠其境内关联企业提供的委托贷款维持生产经营，2010—2012 年累计委托贷款额高达 6.6 亿元，支付关联方利息 1 500 多万元，关联债资比分别为 1.5∶1，3.12∶1 和 4.71∶1。这表明，A 企业是利用债权性投资代替权益性投资多列利息支出。鉴于 A 企业除 2011 年外的其他年度，税负率与其境内关联方所在地所得税税率相同，2010 和 2012 年度所发生的关联借款利息准予税前扣除。因资本弱化不得抵扣的关联利息支出，由 1%的税负率差异产生应补所得税额，由此确定对 A 企业调增 2011 年应纳税所得额近 140 万元。

两项合计调增应纳税所得额 2.214 亿元。调整后 A 企业应税所得率为 2.7%，应补缴企业所得税 1 300 万元，并按规定另付利息。此外，相应核增 A 企业 2009—2012 年的免抵税额 3 700 多万元。

A 企业财务人员已到漳州市国税局补缴企业所得税 1 300 万元、利息 150 多万元，调增免抵税额 3 700 多万元。

8.5　预约定价安排与成本分摊协议

预约定价安排与成本分摊协议是化解关联企业转让定价税务风险的有效手段，与前面介绍的转让定价调整方法不同，预约定价安排与成本分摊协议注重事前对风险的预防，通过这两种方式，最大限度地争取税务机关对关联交易价格水平的认可，以避免出现事后再进行调整的麻烦。因此，这两种方式也应成为关联企业税务筹划中不容忽视的手段。

8.5.1　预约定价安排

1. 预约定价安排的概念

预约定价安排（advance pricing arrangements，APA）是指受控交易发生之前确定一套适当的标准（比如方法、可比对象及其适当调整、未来事件的临界假设），以此决定一段期间内这些交易的转让定价问题的协议。一般由纳税人正式启动APA，需要由纳税人、一个或多个关联企业、一个或多个税务机关进行谈判。APA旨在对解决转让定价问题的传统管理、司法及条约机制进行补充。在传统机制失效或难以适用时，APA可能很有帮助。

APA可以涉及纳税人的所有转让定价问题（有些国家倾向于如此），也可以使纳税人有一定的灵活性，将APA申请局限于指定的子公司及公司间交易。APA适用于以后年度的交易，其实际期限取决于所涉及的行业、产品或交易。关联企业可以将其申请局限于指定的以后纳税年度。APA可提供机会将双方同意的转让定价方法用于以前年度未解决的类似的转让定价问题。

2. 预约定价安排的程序

预约定价安排的谈签与执行通常经过预备会谈、正式申请、审核评估、磋商、签订安排和监控执行6个阶段。

（1）预备会谈。企业应首先向税务机关书面提出谈签意向，税务机关可以根据企业的书面要求，与企业开展预备会谈。

（2）正式申请。企业应在接到税务机关正式会谈通知之日起3个月内，向税务机关提出预约定价安排书面申请报告。

（3）审核评估。税务机关应自收到企业提交的预约定价安排正式书面申请及所需文件、资料之日起5个月内，进行审核和评估。

（4）磋商。税务机关应自单边预约定价安排形成审核评估结论之日起30日内，与企业进行预约定价安排磋商，磋商达成一致的，应将预约定价安排草案和审核评估报告一并呈报国家税务总局审定。

（5）签订安排。预约定价安排草案内容达成一致后，法定代表正式签订预约定价安排。

（6）监控执行。税务机关应建立监控管理制度，监控预约定价安排的执行情况。

3. 预约定价安排的优点

在APA过程结束时，税务机关应当向其管辖权域内的关联企业确认，只要纳税人遵守协议条款，就不会对其进行转让定价调整。在APA中也应有相应条款（可以参照一定区间范围），规定在经营情况发生重大变化时，或不可控制的经济情形（例如汇率发生明显变化）严重影响方法的可靠性，独立企业亦认为该情形会严重影响其转让定价时，有可能在今后年度修订或取消协议。

税务机关会采用一定方式监控其管辖权域内的纳税人对APA的遵从情况，这种监控一般以两种方式进行：第一种方式，要求实施APA的纳税人填报年度报告，说明其对APA条款和条件的遵从程度，并确认相关的临界假设依然成立。第二种方式，税务机关可在日常审计周期中继续检查该纳税人，但不对其方法进行再次评估；相反，税务机关可能会把对纳税人转让定价的检查局限在核实与APA申请有关的初始资料，并确定纳税人是否遵从了APA的条款和条件。

APA程序有利于纳税人，是因为APA增强了对国际交易税收处理的可预测性，从而消除了不确定性。只要临界假设能够满足，APA 就能使纳税人得到关于该 APA 中一段规定时间内转让定价问题税收处理的确定性。在有些情况下，APA 还附带一项选择，可以延长其 APA 使税务机关和纳税人有机会在非对抗性的情绪状态和环境中进行磋商与合作。这种在较少冲突气氛中讨论复杂税收问题的机会，比转让定价检查更能够促进所有当事人之间信息的自由沟通，从而实现达成合法且可行结果的目的。与身处对抗性氛围（如诉讼）相比，非对抗性环境使税务机关能较为客观地复查纳税人递交的资料及信息。APA 可防止纳税人与税务机关就重大转让定价问题进行花费高、耗时长的税务检查和诉讼。一旦签订 APA，即可了解纳税人的许多信息，只需较少的人力物力资源便可对纳税人申报进行后续检查。

4. 预约定价安排的不足

出于对双重征税的关注，大多数国家倾向于双边或多边 APA（即两国或多国同时签订协议），有些国家甚至不同意与其税收管辖权域内的纳税人签订单边 APA（即纳税人与一个税务当局签订的协议）。由于单边 APA 只是得到跨国关联中一方当事国的认可，而另一方国家税务当局可能并不接受这个结果，因此单边 APA 的运用并不一定带来有关纳税人确定性的增加及跨国公司集团经济或法律上双重征税的减少。

因此，只要有可能，有关主管当局应该通过相关协定的相互协商程序在双边或多边基础上签订 APA。双边 APA 还可明显减少利润完全没有被征税或被双重征税的机会。而对于缺少国内立法依据，无法直接与纳税人签订有约束力的协议的税务机关来说，通过相互协商程序缔结 APA 可能是其唯一能够采用的方式。

APA 实际上是纳税人事先将其和境外关联企业之间的内部交易与财务收支往来所涉及的转移价格制定方法向税务机关报告，经审查认可，作为计征所得税的会计核算依据，并免除事后税务机关对转让定价进行调整的协议。它的最大特点是将事后调整改为事先调整，有利于消除跨国企业与相关国家税务当局的争议。但并不是每一家跨国企业都适用 APA，因为 APA 费时且费钱，规模较小的纳税人一般负担不起，需要聘请独立专家帮助时尤其如此。因此 APA 一般只着力于解决重大转让定价个案。另外，APA 对资源的需求也限制了税务机关接受申请的数量。

8.5.2　成本分摊协议

1. 成本分摊协议的概念

成本分摊协议（cost contribution arrangements，CCA）是指参与方共同签署的对开发、受让的无形资产或参与的劳务活动享有受益权并承担相应的活动成本的协议。它是两个以上企业之间议定的一项框架，用以确定各方在研发、生产或获得资产、劳务和权利等方面承担的成本和风险，并确定这些资产、劳务和权利的各参与者的利益的性质和范围。

根据OECD《跨国企业与税务机关转让定价税务指南》的规定，CCA的签订应遵循公平交易原则。

最常见的CCA是无形资产共同开发协议，每一个参与者都可以获得所开发无形资产的一份权利。在这种CCA中，每个参与者都被授予独立的利用无形资产的权利。当参与者对CCA开发的资产拥有所有者权益，且贡献是按适当比例划分时，参与者无须为使用与其获得的权益相一致的资产而支付特许权使用费或其他报酬。

2. 协议的主要内容

协议的主要内容包括：参与方的名称、所在国家（地区）、关联关系、在协议中的权利和义务；成本分摊协议所涉及的无形资产或劳务的内容、范围，协议涉及研发或劳务活动的具体承担者及其职责、任务；协议期限；参与方预期收益的计算方法和假设；参与方初始投入和后续成本支付的金额、形式、价值确认的方法以及符合独立交易原则的说明；参与方会计方法的运用及变更说明；参与方加入或退出协议的程序及处理规定；参与方之间补偿支付的条件及处理规定；协议变更或终止的条件及处理规定；非参与方使用协议成果的规定。

按照我国2009年颁布的《特别纳税调整实施办法（试行）》的规定，企业应自成本分摊协议达成之日起30日内，呈报国家税务总局备案。税务机关判定成本分摊协议是否符合独立交易原则须呈报国家税务总局审核。

3. 成本分摊协议的税务处理

《特别纳税调整实施办法（试行）》有如下规定：

（1）对于符合独立交易原则的成本分摊协议，有关税务处理如下：

1）企业按照协议分摊的成本，应在协议规定的各年度税前扣除；

2）涉及补偿调整的，应在补偿调整的年度计入应纳税所得额；

3）涉及无形资产的成本分摊协议，加入支付、退出补偿或终止协议时对协议成果分配的，应按资产购置或处置的有关规定处理。

（2）企业与其关联方签署成本分摊协议，如有下列情形之一的，其自行分摊的成本不得税前扣除：

1）不具有合理商业目的和经济实质；

2）不符合独立交易原则；

3）没有遵循成本与收益配比原则；

4）未按本办法有关规定备案或准备、保存和提供有关成本分摊协议的同期资料；

5）自签署成本分摊协议之日起经营期限少于20年。

此外，还需要明确，企业可采取预约定价安排的方式达成成本分摊协议。也就是说，预约定价安排和成本分摊协议可以同时使用，预约定价安排是企业与税务机关之间的协议，成本分摊协议是关联企业之间的协议。如果运用得当，它们都可以发挥事前筹划的作用，避免企业事后的转让定价调整。

复习思考题

1. 分别从政府与企业两个角度说明，为什么转让定价问题越来越受到关注。
2. 转让定价常用的方法有哪些？阐述其各自适用范围。
3. 税法是如何界定企业之间的关联关系的？
4. 预约定价安排为什么可用来进行转让定价风险管理？对于税务机关和企业各有何好处？

案例分析题

案例 1

A 母公司将其所生产的产品以 50 美元的单价销售给其在国外的分公司 B，B 公司按 100 美元的单价在当地销售，其他公司销售同类型的产品毛利率为 20%。

分析要求：假设你是 A 公司的税务主管人员，现在的定价是否有不妥之处？若有不妥之处，应选择哪种方法调整？列出计算过程。

案例 2

B 公司销售产品采用成本加成 15%利润率的方法定价，当年销售产品给其国外子公司 C 共 10 万件，每件单价为 13 美元。其中 15%的比例加成中包括销售、管理费用等 9%，利润率 6%，同期同类型产品生产商单位产品利润率约为 12%。在税收检查中，税务机关认为 B 公司的销售单价定得过低，认为主要是单位净利润率定得过低，提出其他公司同类型的可比产品单位利润率为 12%，远远高于 B 公司销售给其子公司的单位产品利润率。B 公司税务主管举证 6%的利润率与 B 公司销售给无关联的第三方产品定价相同，所以可认为遵循了独立交易原则。而税务机关认为其以 6%的利润率定价销售给无关联的第三方是因销售折让，并非常态交易行为。

分析要求：针对上述情形，你认为是否应进行转让定价纳税调整？若应当进行纳税调整，请代为选择调整方法，并计算 B 公司需补缴的所得税额（所得税税率为 25%）。

案例 3

D 公司为 C 公司的全资子公司，位于某国家级高新开发区内，属于高新技术企业，享受 15%的优惠所得税税率。C 公司产品全部销售到 D 公司，D 公司利用专利技术再加工后对外销售，C 公司所得税税率为 25%。在以前各年度中，C 公司销售给 D 公司产品的价格按成本加价 15%，D 公司再按从 C 公司采购的成本加价 35%对外销售（10%的销售、管理费等，25%的利润率）。当年根据市场状况，C 公司预计年度生产产品的总成本为 6 000 万元，销售给 D 公司的售价为 6 900 万元。C公司的税务主管认为有必要进行转让定价税务筹划来降低税负，确定以下三个方案。

方案1：按照以前年度的销售价格计算。

方案2：C公司销售给D公司的售价成本加成率增加至20%，D公司对外销售加成率降低至29.4%。

方案3：C公司销售给D公司的售价成本加成率降低至10%，D公司对外销售加成率增加至41.14%。

分析要求：

(1) 计算并比较上述三个方案中，母子公司的整体税负与应缴企业所得税额（不考虑税务机关检查因素），并选定一个方案。

(2) 对于选定的某个方案，若税务机关进行转让定价调查，应从哪些方面做充分举证准备，以获得充分的理由避免转让定价的纳税调整。

(3) 假设税务主管提出了方案4，即将母子公司进行吸收合并成为一家公司，并申请15%的高新技术企业优惠所得税税率，不考虑其他因素，整体税负是否有所降低？若同时考虑其他因素，哪些因素的重要性可能超过税务筹划收益本身？

第9章

国际投资的税务筹划

学习目标

1. 掌握境外投资架构、境外融资架构的税务筹划。
2. 理解《企业所得税法》对于国际税务筹划的约束。
3. 了解国际税收的基本知识。

我国企业近年来通过国际并购和直接投资形式积极实践“走出去”战略，以期更好地利用国外的资源和市场，拓展境外业务，促进企业发展。我国企业在境外投资设立子公司，其投资形式的选择、融资安排等均会对母公司和子公司的税务状况产生重大影响。有关境外投资涉及的国际税务问题十分复杂，对初涉者是一个很大的挑战，及时、正确地进行国际税务筹划是成功的境外投资的一项先决条件。国际税务筹划是艺术地运用国际税务的原则来安排跨境交易，使资本流动和商业活动的税负低而合法。筹划的过程跟随着跨境的资金流动，从产生利润的东道国起，到最终归属的母国为止。税务筹划帮助削减税收的累计影响。与降低流经的每个国家的单独税务后果相比，国际税务筹划的主要目的是以最低的成本和风险取得税后的境外所得。①

国际税务筹划不是国内税务筹划的简单延伸，而要涉及独特的税务筹划方法。学习国际税务筹划首先需要了解一些国际税收常识，然后掌握在我国企业“走出去”过程中的税务筹划方法。

9.1 国际税收的基本概念

9.1.1 国际税务筹划与税收管辖权

跨国纳税人必须同时与两个或两个以上国家在其各自的权力管辖范围内发生税收征纳关系，因此，税收管辖权概念是国际税务筹划中的一个根本问题。税收

① Roy Rohatgi. Basic International Taxation. London：Kluwer Law International，2002：439.

管辖权是一个国家在税收领域内所行使的具有法律效力的管理权力，是国家主权在税收领域的体现。世界上的税收管辖权可分为居民管辖权、公民管辖权和地域管辖权。地域管辖权（又称收入来源地管辖权）是按照属地原则确立的税收管辖权，即一国政府只对来自或被认为是来自本国境内的所得拥有征税权力。居民管辖权和公民管辖权（又称国籍管辖权）都是按照属人原则确立的税收管辖权。居民管辖权是指征收国对其境内所有居民取得的来自世界范围的全部所得行使征税权力；公民管辖权是指一个国家对凡是属于本国公民取得的来自世界范围的全部所得行使征税权力。各国实行不同的税收管辖权，一方面，使纳税人面临国际双重缴税的风险；另一方面，也使纳税义务人面临利用不同的税收管辖权进行国际税务筹划的机遇。

居民管辖权的行使关键在于如何确定一个纳税人的居民身份。通常的标准有：

（1）法律标准，亦称组建地标准或注册地标准。它将凡按本国法律组建并登记注册的公司规定为本国居民公司。

（2）总机构标准。它以一个公司的总管理机构，如总公司、总部是否设在本国境内为判定标准。如果一个公司总机构在本国境内，即为本国居民公司。

（3）控制和管理中心标准。以公司经营活动的实际控制和管理中心所在地为依据，凡是实际控制和管理中心所在地被认定在本国境内的公司为本国居民公司。按照有关国家规定，实际控制和管理中心所在地一般是指公司董事会所在地，或董事会有关经营决策会议的召开地点。

（4）主要经营活动标准。以公司经营业务的数量为依据。实行这一标准的国家通常规定，如果一个公司占最大比例的贸易额或利润额是在本国境内实现的，该公司就是本国居民公司。

（5）控股标准。以一个公司拥有控股表决权股份的股东的居民身份为依据，有控股表决权的股东是本国居民，该公司也为本国居民公司，并负有纳税义务。

我国采取的是登记注册地和实际管理控制地相结合的原则。《企业所得税法》及其实施条例规定，居民企业是指依法在中国境内成立，或者依照外国（地区）法律成立但实际管理机构在中国境内的企业，实际管理机构是指对企业的生产经营、人员、账务、财产等实施实质性全面管理和控制的机构。

例9-1

甲跨国公司同时在A，B两国开展业务，A，B两国均行使居民管辖权，但A，B两国对判定公司法人的居民身份采用不同的标准。A国采用注册地标准，B国采用总机构标准。

【分析】

如果甲跨国公司在A国登记注册，同时将总机构设在B国，在A，B两国没有签订国际税收协定的情况下，甲跨国公司同时是A，B两国的居民，甲跨国公司来自世界范围的全部所得既要向A国又要向B国缴税，即产生国际双重缴税。相反，如果甲跨国公司在B国登记注册，同时将总机构设在A国，理论上，甲跨国公司不具备任何一国居民公司的身份地位，从而无须承担A，B两国中任何一国的无限纳税义务，减轻了税收负担。

9.1.2　国际税务筹划与税收协定

国际双重征税是指两个或两个以上国家的税务机关对同一纳税人的同一应税收入或所得进行重复征税。重复征税的根本原因是各国税收管辖权的重叠行使。为了避免国际双重征税，各个国家之间普遍签订了避免双重征税协定。

国际税收协定是指两个或两个以上的国家为了协调相互间在处理跨国纳税人征纳事务方面的税收关系，依照平等原则，通过政府间谈判所缔结的确定其国际税收分配关系的具有法律效力的书面税收协议。依据参加国的数量，国际税收协定可分为双边税收协定和多边税收协定。双边税收协定是指只有两个国家参加缔约的国际税收协定，也是目前国际税收协定的基本形式；多边税收协定是指有两个以上（不含两个）国家参加缔约的国际税收协定，现在国际上的案例还不多，但代表了国际税收协定的发展方向。

国际税收协定在很大程度上受经济合作与发展组织协定范本（以下简称 OECD 协定范本）和联合国协定范本的影响及制约。从各国所签订的一系列双边税收协定来看，其结构及内容基本上与两个范本一致，均包含七项主要内容。

1. 协定的适用范围

（1）人的适用。各类双边税收协定只适用于缔约国双方的居民，享有外交豁免权的外交代表或领事官员除外。

（2）税种的适用。各类税收协定一般将所得税和一般财产税列为税种适用的范围。

（3）领域的适用。一般的税收协定规定各缔约国各自的全部领土和水域。

（4）时间的适用。一般国际税收协定在缔约国互换批准文件后立即生效，通常没有时间限制。

2. 协定基本用语的定义

（1）一般用语的定义解释。一般用语的定义解释主要包括“人”“缔约国”“缔约国另一方”“缔约国一方企业”等。

（2）特定用语的定义解释。特定用语对协定的签订和执行具有直接的制约作用，必须对特定用语的内涵和外延做出解释和限定。如“居民”“常设机构”等。

（3）专项用语的定义解释。国际税收协定中有一些只涉及专门条文的用语解释，一般置于相关条款的附注中给予定义或说明。

3. 税收管辖权的划分

对各种所得征税权的划分是税收协定中的一项主要内容。各国对所得的征税有不同的内容，涉及的所得范围各异，但总的来看，可分为四大项：一是对营业所得的征税。对缔约国一方企业的营业所得，双边税收协定奉行居住国独占征税的原则；对常设机构的营业利润，一般适用来源地国优先征税的原则。二是对投资所得的征税。国际税收协定一般适用来源地国与居住国分享收入的原则。三是对劳务所得的征税。区分不同情况，对居住国、来源地国的征税权实施不同的规范和限制。四是对财产所得的征税。在各国所缔结的双边税收协定中，对上述各项所得如何征税，应划分明确的权限，并对有关问题加以规定。如对各项所得由哪方先行使税收管辖权，先行使税收管辖权的一方应受什么样的条件限制，征税国应对某些收入采取什么样的税率征税等。

4. 避免双重征税的方法

在签订税收协定时，还应考虑采用什么样的方法来避免对优先行使征税权而已征税的那部分所得的重复征税，如在免税法、抵免法和扣除法中选择一种方法以避免国际重复征税。如果缔约国双方确定给予对方跨国纳税人全部或部分优惠以饶让，也必须在协定中列出有关条款加以明确。

5. 税收无差别待遇原则

税收无差别待遇原则在国际税收协定条款规定中具体表现为：

（1）国籍无差别条款。即缔约国一方国民在缔约国另一方负担的税收或者有关条件，不应与缔约国另一方国民在相同情况下负担或可能负担的税收或有关条件不同或者比其更重，禁止缔约国基于国籍原因实行税收歧视。

（2）常设机构无差别条款。即缔约国一方企业设在缔约国另一方的常设机构的税收负担，不应高于缔约国另一方进行同样业务活动的企业。

（3）扣除无差别条款。缔约国一方企业支付给缔约国另一方居民的利息、特许权使用费和其他款项，应与在同样情况下支付给本国居民的一样，准予列为支出。

（4）所有权无差别条款。即资本无差别条款，是指缔约国一方企业的资本不论是全部还是部分、是直接还是间接为另一缔约国的一个或一个以上的居民所拥有或控制，该企业税负或有关条件都不应与该缔约国其他同类企业不同或比其更重。

6. 税务情报交换

OECD协定范本和联合国协定范本都规定，缔约国双方主管当局应交换为实施本协定的规定所需要的情报，或缔约国双方关于本协定所涉及税种的国内法律的规定所需要的情报（以根据这些法律征税与本协定不相抵触为限），特别是防止偷漏税的情报。

7. 相互协商程序

缔约国财政部门或税务主管机关之间通过缔结互助协议完善相互协商程序用以解决有关协定使用方面的争议和问题。该程序是各税务主管机关之间的一个讨论程序，旨在尽可能找到各方均能接受的方案。

根据税收协定，两国间发生的股利分配或跨国获取转让股权所得，在收入来源国可享受减低税率征税的优惠待遇。因此，跨国投资应充分考虑选择与母国（母公司所在国）签订国际税收协定的国家和地区，以避免国际双重征税。

例如根据中国与美国的税收协定，美国子公司向中国母公司汇出股利，只需在美国缴纳10%的预提所得税，远远低于没有税收协定时的30%的预提所得税。而根据荷兰、瑞士等欧洲国家与美国签订的税收协定，美国子公司将股利汇到荷兰或瑞士母公司，如果满足一定条件，则无须在美国缴纳预提所得税。

9.1.3 国际税务筹划与常设机构

绝大多数国家利用常设机构的概念，作为对非居民公司征税的依据：构成常设机构的，就可以认定其所得来源于该国境内，行使地域管辖权，对该所得征税；不构成常设机构的，就不对其所得征税。这在国际税收中称为归属原则。有的国家除了对归属于该常设机构的跨国营业所得征税，对于跨国企业并不通过常设机构，但是经营的业务与常设机构经营的相同或同类，由此而获取的所得，也要列入征税的范围。这在国际税收中称为引力原则。无论哪种原则，界定常设机构都是一个先决条件。

在国际税收协定中，常设机构是指企业进行全部或部分经营活动的固定场所。一般常设机构包括：

（1）管理场所、分支机构、办事处、工厂和作业场所；

（2）矿场、油井或气井、采石场或其他开采自然资源的场所；

（3）建筑工地，建筑、装配或安装工程，或者与其有关的监督管理活动，但这种工地、工程或活动，应以连续超过一定时间为限；

（4）企业通过雇员或其他非独立代理人在非居住国从事经常的营业活动，即使并未设立固定营业场所，也应视为设有常设机构；

（5）企业通过授权非独立代理人在对方国家经常代表该企业签订合同的，也可视为设有常设机构。

在许多税收协定中，还有一些不视为常设机构征税的特殊规定，这些特殊规定为税务筹划提供了机会。如我国与新加坡签订的《关于对所得避免双重征税和防止偷漏税的协定》中明确规定，对下列内容不能视为常设机构：

（1）以专为储存、陈列或者交付本企业货物或者商品的目的而使用的设施；

（2）以专为储存、陈列或者交付的目的而保存本企业货物或者商品的库存；

（3）以专为另一企业加工的目的而保存本企业货物或者商品的库存；

（4）以专为本企业采购货物或者商品，或者收集情报的目的所设的固定营业场所；

（5）以专为本企业进行其他准备性或辅助性活动的目的所设的固定营业场所；

（6）以专为（1）和（5）所述活动的结合所设的固定营业场所，如果由于这种结合使该固定营业场所全部活动属于准备性质或辅助性质。

这些协定还明确指出，缔约国一方企业仅通过按常规经营本身业务的经纪人、一般佣金代理人或者任何其他独立代理人在缔约国另一方进行营业，不应认为在该缔约国另一方设有常设机构（除非这个代理人的活动全部或几乎全部代表该企业，并且该代理人和该企业之间商业和财务关系的条件不同于独立企业之间关系的条件）。

同时，缔约国一方居民公司控制或被控制于缔约国另一方居民公司或者在该缔约国另一方进行营业的公司（不论是否通过常设机构），此项事实不能据以使任何一方公司构成另一方公司的常设机构。

跨国纳税人可以利用这些规定，依靠从事一项或多项免税活动来进行税务筹划，也可以利用服务公司来进行税务筹划。如果跨国纳税人的母公司建立在避税地或另一个设有税收条约或协定的国家，这些做法的效果就会更为明显。

例如，当我国某毛皮加工公司想了解北美洲国家关于裘皮服装行业对毛皮的需求情况并寻求合作伙伴时，可在加拿大设立专门为该公司收集北美洲国家裘皮服装信息的办事处。根据中加双边税收协定，该办事处不构成中国公司在加拿大的常设机构，避免了就中国公司向加拿大的销售所得被征收加拿大的企业所得税，可以达到减轻税负的目的。

9.2 境外投资架构的税务筹划

中国企业在境外进行投资，需要从税务角度设计投资架构，比如是在当地设立子公司还是分公司，如果要设立子公司，是直接投资设立还是通过中间控股公司间接投资设立等。应选择税务效益最高、最适应企业未来全球发展战略的投资架构，以提高境外投资的回报率，增加企业的整体价值。

9.2.1 分公司与子公司

中国企业在境外进行投资时，第一个考虑的问题往往是要在当地设立什么样的商业机构。商业机构的选择包括子公司、分公司、代表处等。

从商务角度，子公司与分公司在大多数国家可以开展的业务活动并没有区别，而代表处则不同。从国际税务筹划的角度出发，设立分公司还是子公司需要从以下方面加以考虑：

（1）在东道国设立子公司只负有限责任的债务（虽然有些需母公司担保），但设立分公司时，总公司则须负连带责任。

（2）当东道国适用税率低于居住国时，子公司的累积利润可得到递延纳税的好处；另外，某些国家子公司适用的所得税税率比分公司低。

（3）许多国家允许在境内的企业集团内部公司之间的盈亏互抵，子公司就可以加入某一集团以实现整体利益上的税务筹划。设立分公司时，在经营的初期，境外企业往往出现亏损，分公司的亏损可以冲抵总公司的利润，减轻税收负担。

(4) 子公司有时可以享有集团内部转移固定资产增值部分免税的税收优惠；而设立分公司时，因其与总公司之间的资本转移不涉及所有权变动，不必负担税收。

(5) 子公司向母公司支付的诸如特许权、利息、其他间接投资等，要比分公司向总公司支付更容易得到税务当局认可。

(6) 子公司利润汇回母公司要比分公司利润汇回总公司灵活得多，资本利得可以保留在子公司，或者可以选择税负较轻的时候汇回，获得额外的税收利益；而分公司交付给总公司的利润通常不必缴纳预提所得税。

(7) 母公司转售境外子公司的股票增值部分通常可享有免税待遇，而出售分公司资产取得的资本增值要被课税。

(8) 分公司属于外国企业在东道国的一个商业存在（也就是国际税收上所称的常设机构），依照东道国的税法，可能按照收入减成本、费用后的实际利润缴纳所得税，也可能依照核定征收的方式在当地缴纳所得税。子公司则属于独立法人，在当地需要保留规范的财务会计记录，通常按照收入减成本、费用后的实际利润在当地缴纳所得税。

从法律上讲，子公司是一个独立的法人，分公司则不是一个独立的法人。从税务的角度讲，不论是子公司还是分公司，都应在其所在国缴纳所得税。但是，大多数国家对在该国注册登记的公司法人（子公司）与外国公司设在该国的常设机构（分公司）在税收上是有不同规定的。前者往往承担全面纳税义务，后者往往承担有限纳税义务。此外，在税率、优惠政策等方面也互有差异。这是在设立公司时必须事先筹划的问题。

9.2.2 代表处

一般而言，外国公司的代表处只能在东道国参与非营业性经营活动。如果东道国和母国之间签订了税收协定，代表处在东道国从事的某些特定活动存在被认定为常设机构的风险；如果东道国和母国之间未签订税收协定，则除了纯粹的营销活动，外国公司在东道国从事的其他任何活动都存在被认定为常设机构的风险。

因此，如果设立代表处，一般应在与东道国之间有税收协定的国家设立。同时，公司应当严格注意代表处的职能和活动安排，避免构成常设机构风险。

1. 代表处可以从事的活动

(1) 拜访客户、收集订单；

(2) 在总部的销售过程中仅起中介作用；

(3) 从事预备性质和其他辅助性质的商业活动（如收集市场信息、联络等）；

(4) 作为非独立代理人，完全按照总部的指示从事活动。

2. 代表处不可以从事的活动

(1) 东道国在商务管理方面的法规不允许代表处从事的活动；

(2) 在东道国执行全部或部分总部的业务活动（如管理活动、销售活动等）；

（3）代表总部对外缔结合同，有权并经常行使这种权力；

（4）拥有更广泛的职能，例如管理职能或参与总部的决策；

（5）享有充分的授权以致约束总部介入其在东道国的业务活动（这种授权是经常性的，而不是个别情况），总部在交易活动中缺乏参与，会被认为是授权给代表处；

（6）与客户商谈合同的所有要素和细节（尽管合同是由总部签订的）。

例 9-2

中国某企业在德国设有代表处。该企业从与德国客户有关的业务中取得的利润为 1 000 万欧元。

【分析】

如果代表处未构成常设机构，且该企业没有其他在德国的业务活动，这笔利润仅在中国纳税，适用的税率为 25%；如果代表处构成常设机构，则这笔利润须在德国纳税，适用的税率为 30%～33%（取决于企业所得税的附加税税率）。

9.2.3 直接控股架构与间接控股架构

中国企业在境外设立子公司，是直接投资设立还是通过中间控股公司间接投资设立，会对投资项目的现金流、整体税负和回报率产生重大影响。投资架构的选择需要考虑母国、东道国和第三地的税务规定、国际税收协定，以及外汇与商业运作等方面的因素。

1. 东道国的税务规定

在控股架构的税务筹划中，中国企业需要关注如何降低东道国对股利汇出及股权转让所得的预提所得税税负。目前，大部分国家对外商投资企业除了征收企业所得税，还对税后利润汇出征税（通常征收预提所得税，但在某些国家会征收其他形式的税收）。例如，美国公司向境外母公司汇出股利时，在没有税收协定保护的情况下，需要缴纳 30%的预提所得税；俄罗斯公司向境外母公司汇出股利时，在没有税收协定保护的情况下，需要缴纳 15%的预提所得税。另外，当外国投资者转让子公司股权时，部分国家还会对该股权转让所得征收预提所得税。例如，澳大利亚对境外投资者转让澳大利亚不动产公司股权所取得的资本利得，征收 30%的预提所得税；保加利亚对境外投资者转让保加利亚子公司股权所取得的资本利得，征收 10%的预提所得税。

2. 母国的税务规定

如果中国企业直接投资设立境外子公司，那么中国作为母国，按照《企业所得税法》的规定，中国企业作为居民企业应当就其来源于中国境内外的所得缴纳企业所得税。居民企业来源于中国境外的应税所得已在境外缴纳的所得税额，可以从其当期应纳税额中抵免。

中国企业从境外子公司取得的股利所得，需要按照 25%的税率缴纳企业所得税；中国企业转让境外子公司取得的转让收益，也需要按照25%的税率缴纳企业所得税。

如果中国企业通过第三地的中间控股公司间接投资设立境外子公司，则需要研究第三地的税务规定。有些国家或地区对来源于境外的股利所得或股权转让收益并不征税，例如新加坡，这就为国际税务筹划提供了更多的选择。

3. **直接控股架构**

采取直接控股架构（见图9-1），在未来转让境外子公司股权时，会直接引发东道国针对资本利得的预提所得税和中国的企业所得税。在直接控股架构下，境外子公司的股利汇回在东道国承担的预提所得税，取决于东道国与中国之间的双边税收协定的规定。如果东道国与中国之间未签订双边税收协定，或者尽管签订了双边税收协定，但是东道国的税率已经高于中国的企业所得税税率，都会导致股利的整体税负较高。例如，美国公司的实际企业所得税税率为35%，向中国母公司汇出股利时，按照中国和美国双边税收协定的规定，还需要缴纳10%的预提所得税。每100元的税前利润，在美国缴纳的企业所得税为35元，预提所得税为6.5元，合计41.5元，超过了中国的抵免限额，无须在中国补缴税款，总体税负即为41.5%。

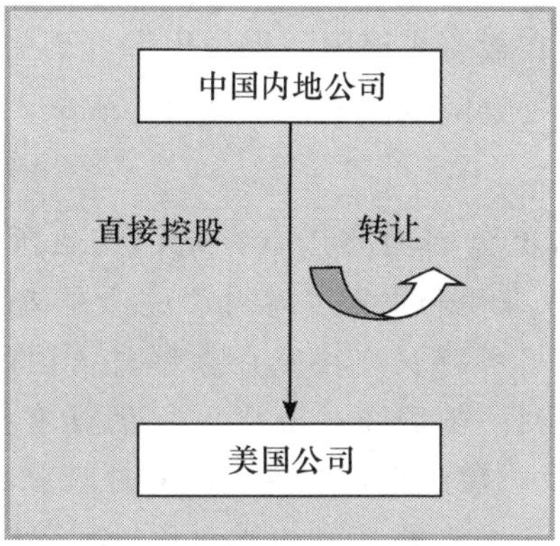

图9-1　直接控股架构

在直接投资方式下，中国企业从境外被投资企业取得的股利收入，需要在当年计入中国企业的应纳税所得额，缴纳企业所得税；如果未来中国企业退出该投资，则需要在转让被投资企业股权的当年就资本利得缴纳中国企业所得税。同时，虽然该股利和资本利得在境外缴纳的所得税可以在一定限额内抵免中国企业所得税，但若中国的企业所得税税率高于东道国的企业所得税税率与预提所得税税率之和，从整体税负以及纳税时间来看，采用直接投资方式会产生比较重的税收负担。

4. **间接控股架构**

如果采用间接控股架构（见图9-2），将中间控股公司设在与东道国有优惠税收协定的国家或地区，不仅可以降低股利分配的预提所得税税率，而且在未来转让时，由中间控股公司向买方转让股权，可以达到实际转让被投资企业股权的目的，从而有可能避免投资东道国针对股权转让资本利得征收的预提所得税。

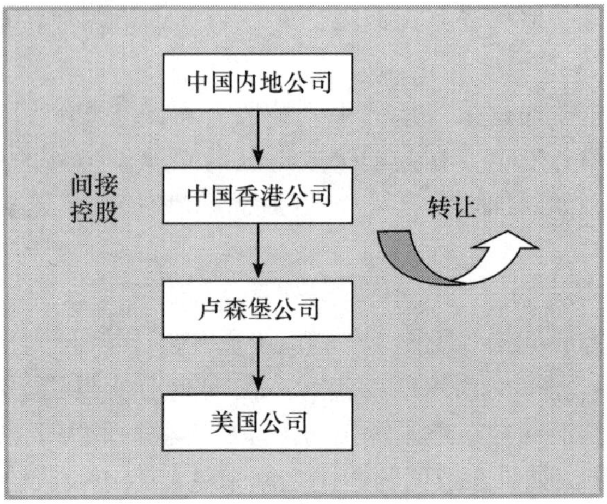

图9-2 间接控股架构

在间接投资的方式下，未来被投资企业分配的股利可以暂时保留在境外低税率国家或地区的中间控股公司，暂时不分配到中国母公司，并且如果在符合合理商业目的的前提下，中国母公司可以在中间控股公司的层面上，将该股利再用于其他境外项目的投资，从而在一定程度上实现资金高效利用、递延中国企业所得税纳税义务的效果。在投资东道国所得税税率低于中国企业所得税税率的情况下，上述方法可以有效改善集团现金流，降低整体税负。

例9-3

假定美国公司的税前利润为100万元，企业所得税税率是35%（不考虑州税）。一般情况下，卢森堡和中国香港对于境外分回的股利所得不征所得税，也不对汇出的股利征收预提所得税。按照卢森堡与美国的双边税收协定，如果卢森堡公司直接拥有支付股利的美国公司至少10%的具有投票权的股份，则在美国适用5%的股利预提所得税。按照中国与美国的双边税收协定，中国公司从美国子公司取得的股利所得，在美国适用10%的股利预提所得税。

表9-1和表9-2比较了直接控股架构和间接控股架构下股利的整体税负。

表9-1 直接控股架构下的股利整体税负

公司	项目	金额（万元）
美国公司	A. 税前利润	100
	B. 税前利润应缴纳所得税（税率35%）	35
	C. 税后利润	65
	D. 股利分配到中国公司应缴纳的预提所得税（税率10%）	6.5
中国内地公司	K. 分回股利还原为境外税前所得	100
	L. 该境外所得在国内应缴纳的企业所得税	25
	M. 该境外所得在境外已缴税款	41.5
	N. 该境外所得分回中国应补缴企业所得税	0
税款合计		41.5
税负		41.5%

表 9-2 间接控股架构下的股利整体税负

公司	项目	金额（万元）
美国公司	A. 税前利润	100
	B. 税前利润应缴纳所得税（税率 35%）	35
	C. 税后利润	65
	D. 股利分配到卢森堡公司应缴纳的预提所得税（税率 5%）	3.25
卢森堡公司	E. 分回的股利	61.75
	F. 股利所得在卢森堡应缴纳的所得税	0
	G. 股利分配到卢森堡公司应缴纳的预提所得税（税率 0%）	0
中国香港公司	H. 分回的股利	0
	I. 股利所得在中国香港应缴纳的所得税	0
	J. 股利分配到中国内地公司应缴纳的预提所得税（税率 0%）	0
中国内地公司	K. 分回股利还原为境外税前所得	100
	L. 该境外所得在国内应缴纳的企业所得税	25
	M. 该境外所得在境外已缴税款	38.25
	N. 该境外所得分回中国应补缴企业所得税	0
税款合计		38.25
税负		38.25%

【分析】

在直接投资架构下，美国公司向中国母公司汇回股利，需要代扣代缴 10%的预提所得税。在间接投资架构下，根据美国与卢森堡的税收协定，美国公司向卢森堡公司汇回股利，最低只需要缴纳 5%的预提所得税。卢森堡对满足一定条件的股利收入不征收所得税，根据卢森堡与中国香港的税收安排，从卢森堡向中国香港汇回股利也不需要缴纳卢森堡的预提所得税。

此外，中国香港只就来源于香港的收入征收利得税，而不对股利收入征税，也不对股利汇出征收预提所得税。尽管中国内地母公司收到中国香港公司汇回的股利需要缴纳所得税，但在境外已经缴纳的所得税可以获得一定抵免，而且如果中国内地母公司将利润保留在中国香港进行境外再投资，还可以递延股利汇回的所得税纳税义务。

在直接投资架构下，中国公司转让持有的美国公司股权产生的资本利得，通常需要在美国缴纳预提所得税。在间接投资架构下，中国内地公司可以通过中国香港公司转让卢森堡公司股权的方式，间接达到转让美国公司股权的目的，有可能避免美国对资本利得的预提所得税。

9.2.4 中间控股公司的选择

如前所述，如果将一家中间控股公司设立在与最终投资国存在优惠税收协定条款的国家或地区，那么将会减轻股利红利与股权转让所得在最终投资国的税负，但需要考虑这个中间控股公司收到股利或者股权转让所得、未来汇出股利以及未来母公司转让该中间控股公司的股权，是否需要再缴纳所得税或预提所得税。

一般而言，选择设立境外中间控股公司的地点需要考虑以下因素：

（1）一般为无税或低税率国家，或者虽是中等和高税率但对离岸控股公司有特殊税收优惠政策的国家；

（2）无外汇管制；

（3）具有明确且实施有效的法律制度；

（4）设立公司的手续简便；

（5）尽可能是与母国没有双边信息交换协议且有保护企业信息私密性的法定制度的国家和地区；

（6）与其他国家有广泛的双边税收协定网络。

在实践中，新加坡、毛里求斯、阿拉伯联合酋长国、卢森堡、瑞士、爱尔兰、中国香港等国家和地区都和较多国家和地区存在优惠税收协定，并且对股利和资本利得的所得税规定较为优惠，属于国际上比较常见的中间控股公司设立地点。

9.2.5 税收协定的利用

从前述案例中，已经了解到利用税收协定进行国际税务筹划的重要性。利用税收协定进行税务筹划，大体可归纳为以下三类。

1. 建立直接导管公司

直接导管公司（direct conduit companies）是指为获取某一特定税收协定待遇的好处，而在某一缔约国中建立的一种具有居民身份的中介体公司。例如，A国甲公司原计划在B国设立子公司乙，但B国要对B国公司汇往A国的股利征收较高的30%的预提所得税。B国与C国缔结有相互减按5%征收股利的预提所得税的税收协定，A国与C国也签订了相互减按5%征收股利的预提所得税条款的税收协定。此时，A国公司便可以在C国建立一个持股公司丙，通过丙公司收取来自B国公司的股利。这样，A国公司就可以减少其股利所得的总纳税义务。由于A国甲公司通过C国丙公司就能得到C国与A，B两国签订的税收协定的税收优惠，C国丙公司犹如一根直接吸取缔约国公司所得的导管，因此被形象地称为直接导管公司（见图9-3）。

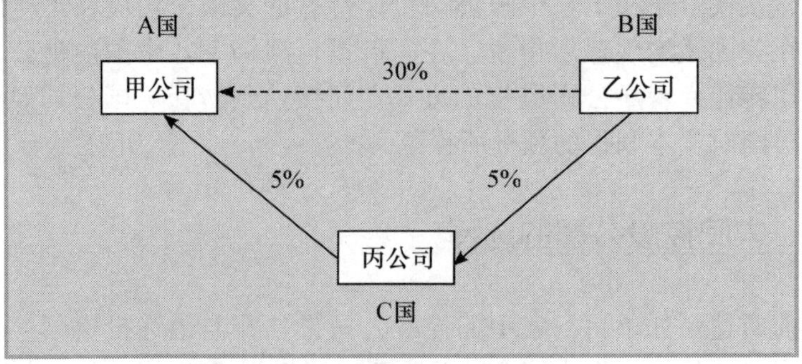

图9-3 直接导管公司示意图

2. 建立脚踏石导管公司

脚踏石导管公司（stepping stone conduit companies）是指为获取某些特定税收协定待遇的好处，而在相关缔约国中建立的两个或两个以上具有居民身份的中介体公司。这是在设立直接导管公司不能直接奏效的情况下所采取的一种更间接、更迂回的税务筹划方式，涉及在两个以上国家设立子公司来利用有关国家所签订的两个或两个以上税收协定。

例如，A国甲公司原计划在B国拥有一公司乙，但B国要对B国公司汇往A国的股利征收较高的30%的预提所得税，而B国与C国、A国与D国都缔结有相互减按5%征收股利的预提所得税的税收协定，C国与D国则签订相互对持股公司免征股利的预提所得税的税收协定。此时，A国甲公司便可以在D国建立一个持股公司丁，通过丁公司在C国建立一个持股公司丙，再通过丙公司在B国建立一个子公司乙。这样，A国甲公司通过丁公司和丙公司才能取得B国乙公司股利并规避税负，丁公司和丙公司在其中犹如两块到达目的地所必需的脚踏石，通过它们作为中介吸取C国与D国、C国与B国税收协定所给予的税收优惠才能减轻税负，因此被形象地称为脚踏石导管公司（见图9-4）。

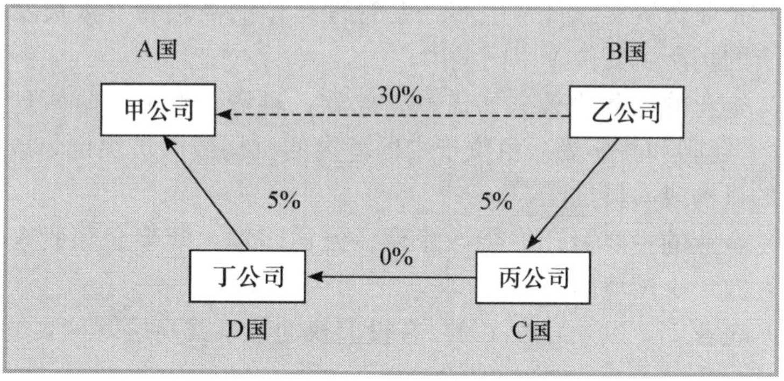

图9-4　脚踏石导管公司示意图

3. 直接利用双边关系设置高股权控股公司

由于一些国家对外签订的税收协定中明确规定，如果股利受益所有人是缔约国另一方居民，缔约国一方居民向股利受益所有人支付的股利享受协定优惠的必要条件是，受益所有人直接拥有支付股利公司的股权不得低于一定比例。因此，这些国家的跨国公司拟在缔约国另一方建立子公司时，就需要将持有该子公司的股份保持在限额之上，以便股利能够享受到优惠。例如，中国签订税收协定的惯例就是将这一比例定为25%，假若某国的跨国公司拥有在中国的全资子公司，而两国之间签有上述税收协定，那么，该跨国公司从子公司取得的股利就可以享受5%预提所得税的优惠待遇（一般情况下是10%）。

9.2.6　企业所得税法的约束

我国《企业所得税法》的规定对于海外投资的架构设计会产生重大的影响。

1. 居民企业

我国税法规定，居民企业是指依法在中国境内成立，或者依照外国（地区）法律成立但实际管理机构在中国境内的企业。从事境外投资的中国母公司就属于中国居民企业，需要就全球收入（包括境外投资取得的股利和资本利得）缴纳25%的企业所得税。

国际税务筹划的一个要点是找到适用税率较低的中间控股公司。但是，如果中间控股公司或者东道国的被投资企业构成了中国的税务居民，税务筹划方案在一定程度上就失去了意义。

《国家税务总局关于境外注册中资控股企业依据实际管理机构标准认定为居民企业有关问题的通知》（国税发〔2009〕82号）对境外注册中资控股企业（以下简称境外中资企业）实际管理机构的判定标准、判定为税务居民后的税务处理和居民身份的确认程序等事项做出了较为具体的规定。

该法规的第二条规定，境外中资企业同时符合以下条件的，应判定其为实际管理机构在中国境内的居民企业（以下称非境内注册居民企业），并就其来源于中国境内、境外的所得征收企业所得税：

（1）企业负责实施日常生产经营管理运作的高层管理人员及其高层管理部门履行职责的场所主要位于中国境内；

（2）企业的财务决策（如借款、放款、融资、财务风险管理等）和人事决策（如任命、解聘和薪酬等）由位于中国境内的机构或人员决定，或需要得到位于中国境内的机构或人员批准；

（3）企业的主要财产、会计账簿、公司印章、董事会和股东会议纪要档案等位于或存放于中国境内；

（4）企业1/2以上（含1/2）有投票权的董事或高层管理人员经常居住于中国境内。

从法规的字面上理解，企业必须满足第二条规定的所有四项认定标准，才会被认定为中国居民企业。但该法规也规定，对于实际管理机构的判断，应当遵循实质重于形式的原则。

中国企业可以参考该法规制定和实施境外公司的管理和控制方案，例如，中国企业应向境外公司派驻人员进行管理，将其高层管理中心设在中国境外；在境外制定关键性决策和召开董事会；公司签章、会计记录及账簿也应在中国境外保管等。

2. 一般反避税原则

境外投资架构的设计还需要注意《企业所得税法》中一般反避税条款的规定，企业实施其他不具有合理商业目的的安排而减少其应纳税收入或者所得额的，税务机关有权按照合理方法调整。不具有合理商业目的是指以减少、免除或者推迟缴纳税款为主要目的。例如，境外投资方（实际控制方）通过滥用组织形式等安排间接转让中国居民企业股权，且不具有合理的商业目的，规避企业所得税纳税义务的，主管税务机关呈报国家税务总局审核后，可以按照经济实质对该股权转让交易重新定性，否定被用作税收安排的境外控股公司的存在。很多国家（地区）也有类似规定，很多国际税收协定也对中间控股公司的商业实质提出了要求，没有实际商业存在的“纸上公司”往往无法享受相应的税收协定优惠税率。一般而言，若出现滥用税收优惠、滥用税收协定、滥用组织机构、与避税地公司频繁业务往来以及不具有合理商业目的的其他商业安排等相关情形，将很可能成为一般反避税的调查对象。在安排境外投资架构时，应从合理的商务需要出发，并且能够在实际运作中满足商务需要。

3. 受控外国公司

根据《企业所得税法》的规定，由中国居民企业单独控制的，或与中国居民共同控制的，设立在实际税负低于 12.5%的国家（地区）的企业，并非由于合理的经营需要而对利润不做分配或者减少分配的，上述利润中应归属于该中国居民企业的部分，应当计入该居民企业的当期收入，缴纳企业所得税。

《企业所得税法实施条例》对上述规定中的控制加以明确，即居民企业或者中国居民直接或者间接单一持有外国企业 10%以上有表决权股份，且由其共同持有该外国企业 50%以上股份，或者居民企业和中国居民持股比例虽没有达到上述标准，但在股份、资金、经营、购销等方面对该外国企业构成实质控制。

因此，境外投资架构的设计还需要考虑中国企业设立的境外企业（尤其是中间控股公司）所在地的实际税负是否低于 12.5%，以及将利润（例如股利和资本利得）保留在该公司的做法是否具有合理的经营需要。

一般而言，那些提供普遍的税收优惠供跨国公司用于经常性避税活动的国家或地区，包括巴哈马、百慕大、开曼、英属维尔京群岛等传统的避税港，容易被认为是实际税率低于 12.5%的国家或地区。如果中国企业在上述国家或地区设立公司，将存在较大的受控外国公司风险。

中国企业在境外低税率地区设立中间控股公司时，需要从商务角度做好定位，比如定位为某一地区的投资平台，将其取得的投资收益用于该区域其他项目的投资，以降低被认定为受控外国公司的税务风险。

4. 外汇与商业运作

在设计境外投资架构时，还需要考虑外汇管理方面的限制、未来重组的灵活性、间接投资架构的设立与维持成本等方面的因素。

根据中国外汇管理的有关规定，境内投资者转让境外投资企业的股份，应在发生之日起 60 天内，持境外直接投资外汇登记证、境外直接投资主管部门的核准或者备案文件及相关真实性证明材料到所在地外汇管理局办理境外直接投资外汇变更手续；境内机构因所设境外企业转让取得的收入，应在获得该收入的 90 天内汇回境内。但是，在间接投资架构下，中间控股公司转让被投资企业（或下一层中间控股公司）取得的股权转让所得（外汇收益），目前并没有明确被要求向中国外汇管理部门报告并调回境内。因此，考虑到外汇管理的因素，间接投资方式比直接投资方式在境外资金运作上更具有灵活性。

此外，设立和维持成本也是境外投资架构设计时需要重点考虑的一个方面。值得关注的问题包括中间控股公司所在国对当地董事人数、公司注册资本的要求、设立费用和时间，公司建成后是否需要进行年度审计以及中间控股公司所在地的国际声誉（如是否属于 OECD 的避税港黑名单等）。

9.3 融资架构的税务筹划

在中国企业进行境外投资的过程中，设计科学合理的融资架构，选择税务最优的融资方式，以及确定适当的融资金额，可以加强境外投资项目的资金管理，提高资本运作效率和项目投资回报。境外投资目标企业的融资方式通常包括股权融资和债权融资两种。在选择融资方式时，企业需考虑投资东道国对资本弱化、亏损弥补年限、利息费用资本化等方面的规定，对两种融资方式的税务成本进行综合平衡。

9.3.1 债权融资与股权融资

各国对股利和利息的税收政策通常不同：对企业支付的利息，往往允许其作为费用扣除，而对企业分配的股利则作为企业所得，不允许其扣除；对企业汇出的利息的预提所得税税率往往较低，而对企业汇出的股利的预提所得税税率往往较高。在同样多的投资和同样高的回报率的情况下，企业通过加大借款（债权性融资）从而减少股份资本（权益性融资）比例的方式增加税前扣除，可以降低企业税负，这也被称为资本弱化。

例9-4

M国企业B在N国设立了子公司A。M国企业所得税税率为25%，N国企业所得税税率为40%，假定不需要考虑流转税。

【分析】

A公司有五种融资方案（见表9-3）。

表9-3 A公司的五种融资方案对比　　单位：万元

企业	项目	A方案	B方案	C方案	D方案	E方案
A公司	负债额	0	6 000	8 000	9 000	9 600
	权益资本额	12 000	6 000	4 000	3 000	2 400
	负债比率	0	1∶1	2∶1	3∶1	4∶1
	年息税前利润	1 200	1 200	1 200	1 200	1 200
	减：负债利息成本	—	360	720	900	1 152
	年税前利润	1 200	840	480	300	48
	企业所得税税率	40%	40%	40%	40%	40%
	应纳所得税	480	336	192	120	19.2
	年税后净利润	720	504	288	180	28.8
B企业	利息收入需要在N国缴纳的预提所得税（税率10%）	—	36	72	90	115.2
	企业所得税税率	25%	25%	25%	25%	25%
	利息收入需要在M国缴纳的所得税（考虑抵免在N国已缴税款以后）	—	54	108	135	172.8
	税后利息净收益	—	270	540	675	864
A公司与B企业的税后利润合计		720	774	828	855	892.8

上例清楚地说明资本弱化在国际税务筹划中的意义，但是投资东道国通常会对公司的股权融资和债权融资比例进行限制。OECD 提倡采用两种方法应对资本弱化：

（1）正常交易方法。在决定贷款或募股资金的特征时，要看关联方的贷款条件是否与非关联方的贷款相同。如果不同，则关联方的贷款超过正常利率的利息，不得税前扣除。

（2）固定比率方法。如果公司资本结构超过特定的债务-股份率，则超过的利息不允许税前扣除，可以将超过的利息视同股利征税。

目前，发达国家税务机关在实践中采用的方法与 OECD 提倡的这两种方法大多一致。中国也有类似的规定，前一种方法体现为非金融企业向非金融企业借款的利息支出，不超过按照金融企业同期同类贷款利率计算的数额的部分，后一种方法体现为企业从其关联方接受的债权性投资与权益性投资的比例超过规定标准而发生的利息支出，不得在计算应纳税所得额时扣除。

债权融资与股权融资的选择还要考虑亏损弥补年限。境外被投资企业在运营初期往往会产生一定的亏损，而投资东道国的税法一般允许用以后年度的盈利来弥补亏损，但是会有一定的年度限制（例如中国是 5 年）。因此，如果运营初期采用较大比例的债权融资，则可能存在利息费用造成的亏损无法在规定年限内用盈利弥补的风险。

另外，利息费用能否资本化也与融资方式的选择密切相关。如果筹建阶段的利息费用能够资本化，即该利息费用能够在以后年度逐年摊销，那么前期费用将有所降低，也能降低确认的亏损无法用以后年度利润弥补的风险。反之，若前期利息费用不能资本化而只能在当期税前扣除，容易导致相关的亏损在规定年限内无法完全弥补，从而引起企业整体税负上升。

9.3.2　直接融资与间接融资

1. 直接融资

在直接融资的模式下（见图 9－5），中国母公司直接借款给境外被投资企业，按照市场公允利率向境外被投资企业收取利息。但是，投资东道国通常会对来源于本国的利息征收预提所得税。如果中国与投资东道国之间没有签订税收协定，或者签订的税收协定没有将利息的预提所得税税率限制在一个较低的水平，则该借款利息可能在投资东道国缴纳较高的预提所得税。

另外，根据税法的规定，中国母公司收到利息，必须缴纳 25%的企业所得税（该利息在境外缴纳的预提所得税通常可在一定限额内抵免中国企业所得税）。因此，直接融资方式涉及的境内外税负有可能较高。

2. 间接融资

在间接融资的模式下（见图 9－6），中国母公司通过第三国（地）的子公司（融资公司），间接借款给境外被投资企业，可以在一定程度上节税，并提高资金运作的灵活性。

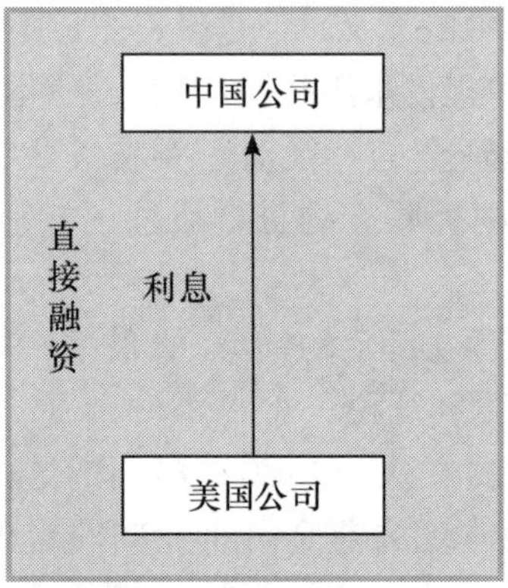

图9-5　直接融资模式

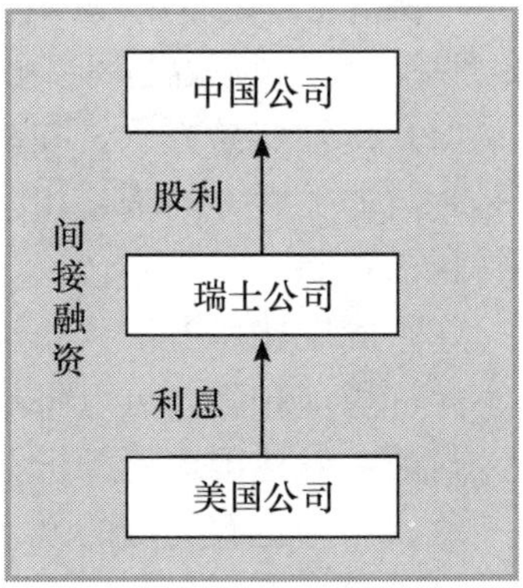

图9-6　间接融资模式

在间接融资的模式下，一般会在第三地设立融资公司。融资公司取得的利息收入通常必须在当地缴纳所得税，而该利息收入在以股利或利息的形式从融资公司所在地汇至中国母公司时，还可能需要缴纳当地预提所得税。因此，融资公司的设立地点一般是所得税税率较低，与东道国签订有税收协定，可以适用较低的利息预提所得税税率的国家和地区。

例9-5

某中国公司投资设立的美国子公司出于经营需要，计划向其中国母公司借入一笔款项。

【分析】

根据中美避免双重征税协定，如果该利息直接支付给中国的公司，预提所得税税率可降低到10%。但是，如果该中国公司在瑞士等地投资设立一家子公司，专门为美国子公司提供融资，则根据美国和瑞士的税收协定，该美国子公司支付给瑞士公司的利息在一定条件下可以免缴美国的预提所得税。尽管瑞士公司要获得该利息收入，仍必须缴纳一定的当地所得税，并且中国公司在最终取得该利息收入（例如瑞士公司将该利息收入以股利的形式汇回中国）时，可能也必须按25%的税率补缴中国企业所得税，但在该笔收入汇回中国之前，可以用来满足其他项目的资金需求，在一定程度上减轻或递延了整体税负。

9.3.3　其他融资方式

1. 贸易收款／支付

在中国公司销售给境外子公司的运营模式下，可以给予境外子公司更长的信用期限，以解决境外子公司的贸易应付账款，从而改善境外子公司的现金流。

使用类似的概念，在中国公司从境外子公司采购的运营模式下，可以以更短的信用期限（甚至是提前支付）从境外子公司购买商品，从而改善境外子公司的现金流。

2. 租赁安排

中国企业可以与境外子公司订立经营租赁安排，将其所拥有的资产（例如设备、机械等）租赁给境外子公司，满足境外子公司对资产的需要，并减少该公司的整体投资。租赁安排中应当考虑设备租赁的税收影响（包括东道国的关税和进口增值税），以及租赁在东道国的预提所得税。

9.4 资金回收的税务筹划

在境外投资的主要目的之一就是获得更多（大）的投资回报，但由于跨境投资的税务环境和其他商务问题（如外汇）错综复杂，回收现金或利润并非易事，有效的资金回收策略就是将税收、外汇管制等问题综合考虑。

9.4.1 资金回收的关键考虑点

1. 外汇管制

在存在外汇管制的国家，往境外汇款通常必须经相关政府机构的批准或经汇款银行核实。绝大部分所允许的汇款支付的种类中，以下文件通常可能需要通过有关机关审查和批准：

（1）说明汇款原因的申请信；

（2）相关合同；

（3）发票；

（4）完税凭证或免税证明。

以上文件中，非应税项目的完税凭证有时难以获得。举例来说，所支付的境外发生的服务费，例如佣金、广告费、设计费、咨询费、代理费和培训服务费等，根据支付地的法律有可能属于非应税项目，因此，为了汇款的目的，可以要求税务部门出具一个非应税项目的证明。但是，汇款方或纳税人必须向税务机关证明，这些服务实际发生在境外，而且这种价格是合理的。在审查证据时，取决于当地税务机关的态度，非应税项目的证明可能难以获得或者需要花费一定时间才能获得，因此，其结果往往可能延误向境外汇出资金。

2. 收款人的纳税义务和付款人的费用扣除

投资回报最大化的关键一点就是用相对较低的预提所得税来代替更高的所得税。例如，某国的企业所得税税率为35%，特许权使用费的预提所得税税率为10%。如果设在该国的外商投资企业向母公司支付特许权使用费100万美元，必须缴纳10万美元的预提所得税，但是可以将特许权使用费作为费用扣除，节约了本国的企业所得税3.5万美元。当然，在设计这类税务筹划方案时，还要考虑到母公司的企业所得税税率。

3. 回收时间

设计资金回收方案时的另一个重要因素就是回收的时间。投资者无疑都希望根据业务需求回收利润/现金，但是这在存在外汇管制或者其他复杂监管的国家几乎是不可能的。比如，发放中期股利（公司年度股东大会举行及公布全年财务报表前支付的股利）在理论上是可行的，但是在实践中可能很难实施，更实际的方法可能是通过支付利息、支付公司间服务费用或公司间租赁安排等方式进行。

9.4.2 股利

股利是最常用的利润/现金的回收方法之一。一般来说，将当年的净利润加上年初的未分配利润（或减去年初的未弥补的亏损），加上转入的其他余额，可以作为可分配利润。股利支付方式有多种，常见的有以下几种：

（1）现金股利。现金股利是以现金支付的股利，它是股利支付的主要方式。公司支付现金股利，除了要有累计盈余（特殊情况下可用弥补亏损后的盈余公积金支付）外，还要有足够的现金，因此，公司在支付现金股利前需筹备充足的现金。

（2）财产股利。财产股利是以现金以外的资产支付的股利，主要是以公司所拥有的其他企业的有价证券，如债券、股票，作为股利支付给股东。

（3）负债股利。负债股利是公司以负债方式支付的股利，通常以公司的应付票据支付给股东，在不得已的情况下也有发行公司债券抵付股利的。财产股利和负债股利实际上是现金股利的替代。

（4）股票股利。股票股利是公司以增发的股票作为股利的支付方式。

对于跨国企业来说，发放股利的税务影响主要是发放地的股利预提所得税和收取地的企业所得税。如本章 9.2 节所讨论的，在设计投资架构时就应该做好税务筹划。

9.4.3 公司间贷款

如 9.3 节所讨论的，外商投资企业的融资选择之一是公司间贷款，可以根据贷款协议将利息和本金支付给外国投资者。

9.4.4 公司间服务费

公司间的服务费安排是另一种回收现金的方法。东道国的被投资企业可以向对其提供服务的境外关联企业支付服务费。具体的服务费内容应当在服务协议中阐明。服务费有别于成本分摊，成本分摊方式下需要按照独立交易原则与其关联方分摊共同发生的成本，并达成成本分摊协议，且一般需要取得东道国税务机关的认可。

对于提供服务的境外关联企业而言，收取的服务费可能会在东道国纳税。如果该服务在东道国境内提供且达到一定时间，可能会构成常设机构，那么来源于该服务的净利润应按照东道国的税率缴纳企业所得税。如果服务提供完全在东道国境外进行，则服务费无须缴纳东道国的企业所得税，但是可能需要证明服务确实是在境外提供的。

9.4.5 特许权使用费

公司间的特许权使用费安排是另一种利润/现金回收策略。特许权使用费一般是指使用或有权使用文学、艺术或科学著作，包括电影影片、无线电或电视广播使用的胶片、磁带的版权，专利、商标、设计或模型、图纸、秘密配方或秘密程序所支付的作为报酬的各种款项，或者使用或有权使用工业、商业、科学设备或有关工业、商业、科学经验的情报所支付的作为报酬的各种款项。

东道国的被投资企业支付特许权使用费应扣缴预提所得税。如果支付的数额可以为产生的经济利益所弥补，东道国的被投资企业支付的特许权使用费可以做企业所得税的税前扣除。但是，如果该企业持续处于亏损状态，东道国的税务机关可能会考虑转让定价的问题，对关联公司之间此类支付的合理性提出质疑。

9.4.6 资本回收

一般情况下，减资无须缴纳额外的税收。对于企业清算的情况，被清算企业的股东分得的剩余资产的金额，其中相当于被清算企业累计未分配利润和累计盈余公积中按该股东所占股份比例计算的部分，一般会被确认为股利所得；剩余资产减除股利所得后的余额，超过或低于股东投资成本的部分，一般会被认为是股东的投资转让所得或损失。从东道国的角度，会对股利所得和投资转让所得征收预提所得税。因此，正如9.2节所讨论的，在设计投资架构时就应该做好税务筹划。

复习思考题

1. 根据《企业所得税法》及其实施条例的规定，2008年1月1日起，非居民企业从我国居民企业获得的股息将按照10%的税率征收预提所得税，但是，我国政府同外国政府订立的关于对所得避免双重征税和防止偷漏税的协定以及内地与香港、澳门间的税收安排（以下统称协定），与内地税法有不同规定的，依照协定的规定办理。哪些国家或者地区的企业，在直接拥有支付股息的我国公司股份至少25%的情况下，可以享受5%的协定税率？

2. 查询两个企业所得税税率低于25%的欧洲国家（地区）和两个企业所得税税率低于25%的亚洲国家（地区），并查询这些国家（地区）与中国有无签订双边税收协定。

3. 举例说明国际税务筹划的方法与国内税务筹划的方法相同或者类似的地方。

4. 在OECD网站上查询BEPS项目工作成果。

案例分析题

案例1

据中国香港报纸2009年5月的报道，继中国移动（00941）之后，另外两只红筹股中国联通（00762）及中国海洋石油（00883），因为《国家税务总局关于境外注册中资控股企业依据实际管理机构标准认定为居民企业有关问题的通知》（国税发〔2009〕82号）的出台，推迟股息除净日期。其中，中国联通已确认需代境外企业股东扣缴10%的股息税，但中国海洋石油只表示很可能有此需要，若公司不被认定为中国居民企业，日后会将扣缴的税款退还投资者。新规定下，并非所有红筹股都要代扣股息税，例如中信资源（01205）表示，其主要公司运作于中国香港进行，所以不受影响。昆仑能源（00135）亦表示，其资产主要在海外，并没有收到中国内地税务局通知。

分析要求：

（1）对于主体业务在中国内地的红筹股，如果中国境外的企业被认定为中国居民企业，对于境内企业、境外企业、大股东、公众股股东各有哪些税务影响？

（2）对于主体业务在中国境外的红筹股，如果中国境外的企业被认定为中国居民企业，对于境内企业、境外企业、大股东、公众股股东各有哪些税务影响？

案例2

2009年3月，新疆维吾尔自治区某公司（以下简称B公司）与另一公司（以下简称C公司）共同出资成立液化天然气生产和销售的公司（以下简称A公司）。注册资金为8亿元，其中，B公司为主要投资方，出资7.8亿元，占注册资金的97.5%；C公司出资2 000万元，占注册资金的2.5%。

2012年7月，A公司出资方B公司和C公司与巴巴多斯某公司（以下简称D公司）签署了合资协议。D公司是美国NB投资集团依照巴巴多斯法律注册成立的企业，成立日期为2012年5月10日，公司地址位于巴巴多斯××大街××花园。但公司登记的三位董事都是美国籍，家庭住址均为美国××州××镇××街××号。D公司通过向B公司购买其在A公司所占股份的方式参股A公司。D公司支付给B公司3 380万美元，占A公司33.32%的股份。此次股权转让后，A公司的投资比例变更为：B公司占64.18%，C公司占2.5%，巴巴多斯D公司占33.32%。合资协议签署27天后，投资三方签署增资协议，B公司增加投资2.66亿元。增资后，A公司的注册资本变更为10.66亿元，各公司相应持股比例再次发生变化。其中，B公司占73.13%，D公司占24.99%，C公司占1.88%。

2013年6月，D公司决定将其所持有的A公司24.99%的股权以4 596.8万美元的价格转让给B公司，并与B公司签署了股权转让协议，由B公司支付D公司股权转让款4 596.8万美元。至此，D公司从2012年7月与中方签订3 380万美元的投资协议到2013年6月转让股权撤出投资（均向中方同一家公司买卖股份），仅一年的时间取得收益1 216.8万美元。

分析要求：

（1）美国NB投资集团设立巴巴多斯D公司的税务目的是什么？

（2）美国NB投资集团的交易安排存在哪些税务风险？

（3）该案例对于中国企业境外投资的税务筹划有哪些借鉴意义？

参考文献

1. 中华人民共和国税收法规公告.

2. 中华人民共和国税收法规汇编.

3. 财政部 税务总局公告.

4. 国家税务总局公告.

5. 国家税务总局函（发）.

6. 国家税务总局办公厅. 国家税务总局公布 G20 税基侵蚀和利润转移项目 2014 年成果. 国家税务总局网站，2014-09-17.

7. 张雅丽. 税收筹划. 北京：清华大学出版社，北京交通大学出版社，2008.

8. 熊晴海. 税务筹划学. 上海：上海财经大学出版社，2010.

9. 翟继光. 新税法下企业纳税筹划. 3 版. 北京：电子工业出版社，2013.

10. 盖地，梁虎. 契约理论视角下的企业税务筹划：基于企业和利益相关者之间契约关系的分析. 审计与经济研究，2011（2）：17-22.

11. 盖地. 税务筹划：目标、原则与原理. 北京工商大学学报（社会科学版），2012（5）：6-11.

12. 盖地. 避税的法理分析. 会计之友，2013（26）：4-7.

13. 盖地，等. 税务筹划理论研究：多角度透视. 北京：中国人民大学出版社，2013.

14. 盖地. 全面推开“营改增”及其对会计与税务筹划影响探析. 会计之友，2016（14）：91-97.

15. 盖地. 税务筹划. 7 版. 北京：高等教育出版社，2019.

16. 盖地. 税收与会计：依存与共生. 北京：中国财政经济出版社，2018.

图书在版编目（CIP）数据

税务筹划学/盖地主编；孙莉副主编. --8版. --北京：中国人民大学出版社，2022.3
高等学校经济管理类主干课程教材. 会计与财务系列
ISBN 978-7-300-30287-4

Ⅰ. ①税… Ⅱ. ①盖… ②孙… Ⅲ. ①税务筹划-高等学校-教材 Ⅳ. ①F810.42

中国版本图书馆CIP数据核字（2022）第015371号

高等学校经济管理类主干课程教材·会计与财务系列
税务筹划学（第8版）
主　编　盖　地
副主编　孙　莉
Shuiwu Chouhuaxue

出版发行	中国人民大学出版社		
社　　址	北京中关村大街31号	**邮政编码**	100080
电　　话	010－62511242（总编室）		010－62511770（质管部）
	010－82501766（邮购部）		010－62514148（门市部）
	010－62511173（发行公司）		010－62515275（盗版举报）
网　　址	http://www.crup.com.cn		
经　　销	新华书店		
印　　刷	北京昌联印刷有限公司	**版　　次**	2009年11月第1版
开　　本	787 mm×1092 mm　1/16		2022年3月第8版
印　　张	20 插页1	**印　　次**	2025年7月第2次印刷
字　　数	423 000	**定　　价**	46.00元

中国人民大学出版社　管理分社

教师教学服务说明

中国人民大学出版社管理分社以出版工商管理和公共管理类精品图书为宗旨。为更好地服务一线教师，我们着力建设了一批数字化、立体化的网络教学资源。教师可以通过以下方式获得免费下载教学资源的权限：

★ 在中国人民大学出版社网站 www.crup.com.cn 进行注册，注册后进入“会员中心”，在左侧点击“我的教师认证”，填写相关信息，提交后等待审核。我们将在一个工作日内为您开通相关资源的下载权限。

★ 如您急需教学资源或需要其他帮助，请加入教师 QQ 群或在工作时间与我们联络。

中国人民大学出版社　管理分社

教师 QQ 群： 648333426（工商管理）　114970332（财会）　648117133（公共管理）
教师群仅限教师加入，入群请备注（学校 + 姓名）

联系电话： 010-62515782，82501868，82501048，62514760

电子邮箱： glcbfs@crup.com.cn

通讯地址： 北京市海淀区中关村大街甲 59 号文化大厦 1501 室（100872）

管理书社　　人大社财会　　公共管理与政治学悦读坊